高等院校文科教材

XIANDAI HANYU GAILUN

现代汉语概论

第二版

邵霭吉 冯寿忠 主编

中国社会科学出版社

图书在版编目(CIP)数据

现代汉语概论 / 邵霭吉，冯寿忠主编. —2 版. —北京：中国社会科学出版社，2016.3（2023.8重印）
ISBN 978 – 7 – 5004 – 7709 – 9

Ⅰ. ①现… Ⅱ. ①邵…②冯… Ⅲ. ①汉语 – 现代 – 高等学校 – 教材 Ⅳ. H109.4

中国版本图书馆 CIP 数据核字（2009）第 058169 号

出 版 人	赵剑英	
责任编辑	任　明	
责任校对	周　昊	
责任印制	李寡寡	

出　　版	中国社会科学出版社	
社　　址	北京鼓楼西大街甲 158 号	
邮　　编	100720	
网　　址	http://www.csspw.cn	
发 行 部	010 – 84083685	
门 市 部	010 – 84029450	
经　　销	新华书店及其他书店	
印刷装订	北京君升印刷有限公司	
版　　次	2016 年 3 月第 2 版	
印　　次	2023 年 8 月第 5 次印刷	
开　　本	710×1000　1/16	
印　　张	28.25	
插　　页	2	
字　　数	478 千字	
定　　价	68.00 元	

凡购买中国社会科学出版社图书，如有质量问题请与本社营销中心联系调换
电话：010 – 84083683
版权所有　侵权必究

《现代汉语概论》编委会

主　编　邵霭吉　冯寿忠

副主编　王俊霞　宁方民　吉照远　李　尧
　　　　　安俊丽　赵贤德　皇甫素飞

编写者（按姓氏笔画为序）
　　　　王玉梅　王俊霞　乐守红　冯寿忠
　　　　宁方民　吉照远　刘云汉　安俊丽
　　　　李　尧　肖应平　张怡春　张晓旭
　　　　邵霭吉　武荣强　赵贤德　皇甫素飞
　　　　姚晓丹　徐　彬　唐　浩　唐余俊
　　　　程树铭　蔡　旭

目 录

第一章 绪论 (1)
第一节 汉语 (1)
一、汉语和汉藏语系 (1)
二、汉语的历史 (2)
三、汉语的地位及影响 (3)
第二节 现代汉语 (4)
一、什么是现代汉语 (4)
二、现代汉民族共同语 (4)
三、现代汉语方言 (6)
四、现代汉语的规范化 (7)
第三节 现代汉语学 (8)
一、什么是现代汉语学 (8)
二、现代汉语学的分支学科 (8)
三、现代汉语课程 (9)
思考和练习 (10)

第二章 现代汉语语音 (11)
第一节 语音概说 (11)
一、语音 (11)
二、语音学 (15)
三、汉语音节分析方法 (18)
四、标音方法 (19)
附录一 国际音标简表 (21)
附录二 汉语拼音方案 (22)
思考和练习一 (24)
第二节 现代汉语声母 (25)
一、什么是声母 (25)
二、声母的发音分析 (26)

三、声母的描写及发音训练 …………………………………… (28)
　　四、普通话声母系统的特点 …………………………………… (31)
　　思考和练习二 …………………………………………………… (33)
第三节　现代汉语韵母 ………………………………………………… (35)
　　一、什么是韵母 ………………………………………………… (35)
　　二、韵母的结构 ………………………………………………… (35)
　　三、韵母的分类 ………………………………………………… (36)
　　四、韵母的发音及训练 ………………………………………… (38)
　　五、普通话韵母的特点 ………………………………………… (43)
　　六、押韵 ………………………………………………………… (44)
　　思考和练习三 …………………………………………………… (46)
第四节　现代汉语声调 ………………………………………………… (47)
　　一、什么是声调 ………………………………………………… (47)
　　二、调值和调类 ………………………………………………… (48)
　　三、普通话声调与古四声和方言声调的比较 ………………… (50)
　　四、普通话声调的特点 ………………………………………… (51)
　　思考和练习四 …………………………………………………… (52)
第五节　现代汉语音节 ………………………………………………… (53)
　　一、音节的结构 ………………………………………………… (53)
　　二、音节的拼合 ………………………………………………… (55)
　　思考和练习五 …………………………………………………… (58)
第六节　现代汉语语流音变 …………………………………………… (59)
　　一、轻声 ………………………………………………………… (59)
　　二、儿化 ………………………………………………………… (61)
　　三、连读变调 …………………………………………………… (65)
　　四、语气词"啊"的音变 ……………………………………… (67)
　　思考和练习六 …………………………………………………… (68)
第七节　现代汉语音位 ………………………………………………… (70)
　　一、音位概说 …………………………………………………… (70)
　　二、普通话音位系统 …………………………………………… (73)
　　思考和练习七 …………………………………………………… (77)
第八节　现代汉语语调和朗读 ………………………………………… (78)
　　一、语调 ………………………………………………………… (78)

二、朗读 ··· (85)
　　思考和练习八 ··· (86)
 第九节　现代汉语语音规范化 ······································· (86)
　　一、审定标准音 ·· (86)
　　二、推广普通话 ·· (90)
　　附录　普通话水平测试等级标准（试行） ······················· (90)
　　思考和练习九 ··· (91)

第三章　现代汉字 ·· (93)
 第一节　汉字概说 ··· (93)
　　一、汉字 ··· (93)
　　二、现代汉字 ·· (93)
　　三、现代汉字学 ·· (96)
　　思考和练习一 ··· (97)
 第二节　现代汉字的字量 ··· (98)
　　一、现代汉字的组成 ·· (98)
　　二、现代汉字的的总字数 ······································· (98)
　　三、现代汉语常用字的字数 ·································· (100)
　　四、现代汉语通用字的字数 ·································· (101)
　　思考和练习二 ·· (102)
 第三节　现代汉字的字形 ··· (103)
　　一、现代汉字的构形法 ······································· (103)
　　二、现代汉字的字体、字号 ·································· (109)
　　三、现代汉字的构字法 ······································· (111)
　　思考与练习三 ·· (114)
 第四节　现代汉字的字音 ··· (115)
　　一、现代汉字的读音标准 ····································· (115)
　　二、现代汉字字音的特点 ····································· (116)
　　三、多音字 ·· (117)
　　四、同音字 ·· (119)
　　思考和练习四 ·· (121)
 第五节　现代汉字的字义 ··· (121)
　　一、现代汉字字义的特点 ····································· (121)
　　二、现代汉字字形与字义的关系 ······························ (123)

三、单义字和多义字 ……………………………………… (126)
　　四、同义字 ………………………………………………… (127)
　　思考和练习五 ……………………………………………… (128)
第六节　现代汉字的字序 ……………………………………… (128)
　　一、笔画序 ………………………………………………… (129)
　　二、部首·笔画序 ………………………………………… (130)
　　三、拼音·笔画序 ………………………………………… (131)
　　四、字角号码序 …………………………………………… (132)
　　思考和练习六 ……………………………………………… (133)
第七节　现代汉字的信息处理 ………………………………… (133)
　　一、汉字信息的输入 ……………………………………… (134)
　　二、汉字信息的处理 ……………………………………… (139)
　　三、汉字信息的输出 ……………………………………… (140)
　　四、汉字信息处理和汉字研究 …………………………… (141)
　　思考和练习七 ……………………………………………… (142)
第八节　现代汉字的整理、标准化及前途 …………………… (142)
　　一、现代汉字的整理 ……………………………………… (142)
　　二、现代汉字的标准化 …………………………………… (144)
　　三、现代汉字的前途 ……………………………………… (146)
　　思考和练习八 ……………………………………………… (148)

第四章　现代汉语词汇 ……………………………………… (149)
第一节　词汇概说 ……………………………………………… (149)
　　一、什么是词汇 …………………………………………… (149)
　　二、词汇的属性 …………………………………………… (150)
　　三、现代汉语词汇学 ……………………………………… (152)
　　思考和练习一 ……………………………………………… (153)
第二节　现代汉语词汇的构成 ………………………………… (154)
　　一、词、固定词组 ………………………………………… (154)
　　二、传承词、新造词 ……………………………………… (160)
　　三、口语词、书面语词、方言词、外来词、行业词 …… (163)
　　思考和练习二 ……………………………………………… (167)
第三节　现代汉语构词法 ……………………………………… (168)
　　一、词根、词缀 …………………………………………… (168)

二、单纯词的构成 …………………………………… (169)
　　三、复合词的构造 …………………………………… (171)
　　四、派生词的构造 …………………………………… (174)
　　五、复杂合成词的构造 ……………………………… (175)
　　思考和练习三 ………………………………………… (175)
　第四节　现代汉语词义分析 …………………………… (176)
　　一、词义 ……………………………………………… (176)
　　二、义项 ……………………………………………… (177)
　　三、义素 ……………………………………………… (182)
　　四、语义场 …………………………………………… (184)
　　思考和练习四 ………………………………………… (187)
　第五节　同音词、同形词、异形词 …………………… (187)
　　一、同音词 …………………………………………… (188)
　　二、同形词 …………………………………………… (191)
　　三、异形词 …………………………………………… (192)
　　附录　第一批异形词整理表（节选）………………… (197)
　　思考和练习五 ………………………………………… (200)
　第六节　同义词、反义词 ……………………………… (201)
　　一、同义词 …………………………………………… (201)
　　二、反义词 …………………………………………… (207)
　　思考和练习六 ………………………………………… (210)

第五章　现代汉语语法 …………………………………… (213)
　第一节　语法概说 ……………………………………… (213)
　　一、语法和语法学 …………………………………… (213)
　　二、现代汉语语法学 ………………………………… (215)
　　三、语法单位和语法结构 …………………………… (217)
　　思考和练习一 ………………………………………… (220)
　第二节　现代汉语语素 ………………………………… (220)
　　一、什么是语素 ……………………………………… (220)
　　二、语素的语法分类 ………………………………… (221)
　　三、现代汉语语素组 ………………………………… (223)
　　思考和练习二 ………………………………………… (225)
　第三节　现代汉语词类 ………………………………… (226)

一、什么是词 ……………………………………………（226）
　　二、什么是词类 …………………………………………（227）
　　三、汉语词类系统简述 …………………………………（228）
　　四、现代汉语实词 ………………………………………（230）
　　五、现代汉语虚词 ………………………………………（239）
　　六、词的归类 ……………………………………………（243）
　　思考和练习三 ……………………………………………（246）
第四节　现代汉语词组 ………………………………………（248）
　　一、什么是词组 …………………………………………（248）
　　二、词组的结构类型 ……………………………………（250）
　　三、复杂词组的结构分析 ………………………………（255）
　　四、词组的语法功能分析 ………………………………（259）
　　五、现代汉语的多义词组 ………………………………（260）
　　思考和练习四 ……………………………………………（262）
第五节　现代汉语句子和句子成分 …………………………（263）
　　一、什么是句子 …………………………………………（263）
　　二、现代汉语句子的语气成分 …………………………（264）
　　三、现代汉语句子的语用成分 …………………………（265）
　　四、现代汉语句子的句法成分 …………………………（269）
　　思考和练习五 ……………………………………………（276）
第六节　现代汉语句型、句式、句类 ………………………（278）
　　一、现代汉语句型 ………………………………………（278）
　　二、现代汉语句式 ………………………………………（282）
　　三、现代汉语句类 ………………………………………（293）
　　思考和练习六 ……………………………………………（296）
第七节　现代汉语复句 ………………………………………（298）
　　一、复句概说 ……………………………………………（298）
　　二、联合复句 ……………………………………………（301）
　　三、偏正复句 ……………………………………………（304）
　　四、多层复句 ……………………………………………（307）
　　五、跟复句有关的几个问题 ……………………………（309）
　　思考和练习七 ……………………………………………（311）
第八节　现代汉语句组 ………………………………………（312）

一、句组概说 …………………………………………………… (312)
　　二、句组的基本类型 …………………………………………… (315)
　　三、多层句组 …………………………………………………… (318)
　　思考和练习八 …………………………………………………… (320)
　第九节　病句的分析和修改 ………………………………………… (321)
　　一、病句的类型 ………………………………………………… (321)
　　二、病句修改的原则 …………………………………………… (325)
　　三、病句修改的方法 …………………………………………… (326)
　　思考和练习九 …………………………………………………… (327)

第六章　现代汉语修辞 ……………………………………………… (329)
　第一节　修辞概说 …………………………………………………… (329)
　　一、修辞 ………………………………………………………… (329)
　　二、修辞学 ……………………………………………………… (332)
　　三、修辞学同语言学、逻辑学、语用学的关系 ……………… (334)
　　思考与练习一 …………………………………………………… (336)
　第二节　现代汉语词语的锤炼 ……………………………………… (336)
　　一、词语的修辞价值 …………………………………………… (336)
　　二、词语锤炼的要求 …………………………………………… (340)
　　三、词语锤炼的方法 …………………………………………… (343)
　　思考和练习二 …………………………………………………… (347)
　第三节　现代汉语句子的锤炼 ……………………………………… (349)
　　一、句子锤炼的要求 …………………………………………… (350)
　　二、句子锤炼的方法 …………………………………………… (359)
　　思考与练习三 …………………………………………………… (363)
　第四节　现代汉语辞格：形象类 …………………………………… (364)
　　一、比喻 ………………………………………………………… (365)
　　二、比拟 ………………………………………………………… (369)
　　三、借代 ………………………………………………………… (372)
　　四、通感 ………………………………………………………… (374)
　　五、移就 ………………………………………………………… (375)
　　六、对比 ………………………………………………………… (377)
　　七、映衬 ………………………………………………………… (378)
　　思考与练习四 …………………………………………………… (380)

第五节　现代汉语辞格：趣味类 ································ (381)
　　一、拈连 ··· (381)
　　二、顶针 ··· (383)
　　三、回环 ··· (385)
　　四、仿拟 ··· (386)
　　五、拟误 ··· (389)
　　思考与练习五 ·· (392)

第六节　现代汉语辞格：气势类 ································ (393)
　　一、夸张 ··· (393)
　　二、对偶 ··· (395)
　　三、排比 ··· (396)
　　四、层递 ··· (398)
　　五、反复 ··· (400)
　　六、双关 ··· (402)
　　七、反语 ··· (404)
　　八、婉曲 ··· (406)
　　九、设问 ··· (407)
　　十、反问 ··· (409)
　　思考与练习六 ·· (410)

第七节　现代汉语辞格的综合运用 ····························· (412)
　　一、辞格的连用 ··· (412)
　　二、辞格的兼用 ··· (413)
　　三、辞格的套用 ··· (414)
　　四、连用、兼用、套用的交织运用 ······················· (415)
　　思考与练习七 ·· (416)

第八节　现代汉语语体 ·· (417)
　　一、什么是语体 ··· (417)
　　二、口头语体及其特点 ····································· (419)
　　三、书面语体及其特点 ····································· (427)
　　四、各类语体的相互渗透 ·································· (432)
　　思考与练习八 ·· (435)

第 1 版后记 ·· (436)

第 2 版后记 ·· (438)

第一章 绪论

第一节 汉语

一、汉语和汉藏语系

世界上的语言，据统计有 5000 多种。汉语是其中之一。汉语是汉民族的语言。

根据语言之间的亲属关系，我们可以把 5000 多种语言分为汉藏语系、印欧语系、阿尔泰语系、南亚语系等十几个语系，汉语属于汉藏语系。语系是根据谱系分类法分出的最大的语言系属，由具有共同历史来源的语言组成。

我们还可以继续根据语言之间的亲属关系，把汉藏语系分为汉语族、藏缅语族、壮侗语族、苗瑶语族等四个语族。藏缅语族、壮侗语族、苗瑶语族都可以再分为若干语支，每个语支包含若干语言。汉语族则仅有汉语一种语言。具体情况如下：

汉藏语系的语族和语支

1. 汉语族
   汉语
2. 藏缅语族
   藏语支：藏语　嘉戎语　门巴语
   缅语支：缅甸语　载佤语　阿昌语　库启—钦语
   景颇语支：那加语　景颇语　博多语
   彝语支：彝语　哈尼语　傈僳语　拉祜语　纳西语
   语支未定的：羌语　普米语　独龙语　怒语　土家语　白语 ……
3. 壮侗语族
   壮傣语支：壮语　布依语　傣语　泰语　老挝语　掸语　侬语 ……
   侗水语支：侗语　水语　仫佬语　毛南语　拉珈语

黎语支：黎语
　　仡佬语支：仡佬语
4. 苗瑶语族
　　苗语支：苗语　布努语
　　瑶语支：勉语　曼语
　　语支未定的：畲语

二、汉语的历史

汉语历史悠久。从出土的公元前 14 世纪至公元前 11 世纪的甲骨卜辞来看，当时的汉语已是词汇丰富、语法结构严密的成熟的语言。再用古籍中有关材料同地下发掘的材料相对照，可以设想，在这之前汉语早已形成并一步一步走向成熟。因此，我们把汉语的历史分成 5 个时期：

1. 原始汉语时期

公元前 14 世纪以前，是汉语发生发展的时期。这一时期书面文献极其稀少。根据传说和《史记》以及现代人的研究，五帝（黄帝、颛顼、帝喾、尧、舜）时代为公元前 30 世纪至公元前 21 世纪初，夏代约为公元前 2070 年至公元前 1600 年，商于公元前 1600 年建立。由于书面文献的匮缺，原始汉语的面貌如何，现在很难说清楚。

2. 上古汉语时期

公元前 14 世纪至公元 3 世纪，包括商后期、周、秦、汉。这一时期有文字文献可考。20 世纪发现的甲骨文是公元前 14 世纪中期至公元前 11 世纪（商王盘庚到商纣时）的遗物。其后有金文、简牍，有《尚书》《左传》《诗经》等大量文言文著作传世。这一时期，词汇中的复音词逐渐增多，语法系统也渐趋精密，书面语言日益典雅规范。

3. 中古汉语时期

公元 4 世纪至 12 世纪，包括魏、晋、南北朝、隋、唐。这一时期，文言文仍占主导地位，但也出现了一些具有口语性的书面语言材料。这一时期产生了一种几乎完全脱离口语的骈体文，使得这一时期的书面语言既有前期汉语的典雅色彩，又有后期汉语所具有的口语色彩。

4. 近古汉语时期，也称近代汉语时期

公元 13 世纪至 19 世纪，包括宋、元、明、清。这一时期仿古文言文仍在盛行，但书面语言中口语色彩浓厚的材料逐渐增多，并越来越多。

5. 现代汉语时期

从清末到现在。文言文终于退出了历史舞台，白话文终于占据了主体地位，实现了口语跟书面语一致。大量新词语产生，语法和修辞也有了许多新的内容。

语言的发展变化是一个渐变的过程，所以每两个时期之间都会有一个不短的过渡阶段。清代就是古代汉语跟现代汉语之间的过渡期。清代前期，汉语就有了不少新的变化，至清末，现代汉语的诸多要素才基本上孕育成熟。

世界上有些古老的语言，因为种种原因而消亡了。而汉语从远古时期到现代，一脉相承，从未中断，在当今世界各种语言中，汉语是历史最悠久的语言之一。

三、汉语的地位及影响

汉语发展到今天，已经成为世界上使用人口最多的语言。目前有十几亿人在使用它。

汉语是中华人民共和国法定通用语言。《中华人民共和国宪法》规定："国家推广全国通用的普通话。"《中华人民共和国国家通用语言文字法》规定："国家通用语言文字是普通话和规范汉字。""国家推广普通话，推行规范汉字。"这里所说的"普通话"就是现代汉语。

在我国，说汉语的人占全国人口90%以上。我国的少数民族大多有自己的语言，《中华人民共和国宪法》规定"各民族都有使用和发展自己语言文字的自由"，但由于汉语是法定通用语言，为了交际的需要，少数民族中也有很多人在学习和使用汉语。有些民族则把汉语作为他们的通用语。裕固族分成东西两部分，分别使用不同语族的两种语言，而他们的通用语则是汉语。满族、回族、畲族的通用语也是汉语。

1945年联合国成立时，就确定汉语、英语、法语、俄语、西班牙语等5种语言为联合国组织的正式用语。1973年联合国大会把汉语、英语、法语、俄语、西班牙语、阿拉伯语等6种语言确定为联合国组织的工作语言。

新加坡把汉语作为该国的通用语言之一（英语、马来语也是新加坡的通用语言）。遍布世界100多个国家的华侨和华裔社会中普遍使用汉语。日本、朝鲜、越南的语言中有大量的汉语借词。

世界上各国各个地区对汉语叫法不一。国际上通称为"中国语"（Chinese），新加坡、印度尼西亚、菲律宾等地称为"华语"。华语的"华"即中华民族的"华"，华语和中国语同义。

改革开放以来，中国与世界各国的政治、经济、文化等各方面的交流不断扩大，世界上学习汉语的人越来越多，许多国家把汉语作为他们的第二外语，有数千所大学开设了中文课，教授汉语，汉语热持续升温。进入21世纪以来，随着我国综合国力的提升和国际地位的日益提高，汉语在国际上的影响越来越大。自2004年全球第一所孔子学院协议在乌兹别克斯坦签署以来，截至2015年12月1日，全球134个国家和地区建立了500所孔子学院和1000个孔子课堂。孔子学院设在125国和地区共500所。其中，亚洲32国（地区）110所，非洲32国46所，欧洲40国169所，美洲18国157所，大洋洲3国18所。孔子课堂设在72国共1000个。其中，亚洲18国90个，非洲14国23个，欧洲28国257个，美洲8国544个，大洋洲4国86个。在孔子学院的影响下，已有60多个国家和地区将汉语教学纳入国民教育体系，170多个国家开设汉语课或汉语专业，据人民网、新华网报道，截至2014年3月，海外汉语学习者已超过1亿人。汉语水平考试（HSK）近年来急遽升温，并被外国学生形象地称为"汉语托福"，有望在不久的将来成为托福之后有影响的语言考试。总之，汉语的国际影响在不断扩大，并将越来越大。

第二节 现代汉语

一、什么是现代汉语

现代汉语有狭义、广义之别。狭义的现代汉语指**现代汉民族共同语**，即**以北京语音为标准音、以北方话为基础方言、以典范的现代白话文著作为语法规范的普通话**。广义的现代汉语除了包括现代汉民族共同语外，还包括现代汉民族的各种方言。

二、现代汉民族共同语

民族共同语是一个民族内部共同使用的语言，是全民族语言的高级形式。在我国古代就有汉民族共同语。据《论语·述而》记载，孔子在讲习《诗经》《书经》和执行礼仪的时候，用的是"雅言"（子所雅言，《诗》《书》执礼，皆雅言也）。一般认为，孔子所说的"雅言"就是当时普遍通行的语言，而不是孔子的家乡（曲阜）话。到了汉代，出现了"通语"。扬雄写了《辀轩使者绝代语释别国方言》（简称《方言》）一书，用"通语"

解释各地方言词语。到明代，汉民族共同语被叫做"官话"，实际上它不仅是官吏阶层使用的官场雅语，而且也是全国各地交际的通用语。清代，仍然推行官话，俞正燮《癸巳存稿》就有"雍正六年奉旨……着地方官训导……官话"的记载。

一般说来，民族共同语总是在某一个方言的基础上形成的。作为民族共同语基础的方言叫做基础方言。现代汉民族共同语是在以北京话为代表的北方方言的基础上形成的。北京是全国政治中心、经济中心和文化中心，以北京话为代表的北方方言在全国影响最大，使用北方方言的人口几乎占到了说汉语人数的四分之三，分布在从东北的黑龙江到西南的云贵高原、从西北的玉门关到东海之滨，以及长江沿岸的广阔地域。现代汉语有七大方言，唯有北方方言影响最大、最具有代表性。而且，从历史上来看，北方方言就长期是汉民族共同语——官话的基础方言。近千年来，北京是辽、金、元、明、清等朝代的都城，一直是全国政治中心、经济中心和文化中心，以北京话为代表的北方方言作为官场语言，其影响一天天扩大。许多影响极大的重要文学作品，如宋元话本、元曲、明清白话小说《水浒传》《红楼梦》《儒林外史》等，其语言虽然都或多或少地带有某些地方色彩，但是总的来说，基本上属于北方方言。这些文学作品也流传到了非北方方言区域，客观上都起到了推广北方方言的作用。明朝初年编订的朝鲜人学习汉语的两种书《朴事通》和《老乞大》就是用北京口语写成的，可见北京口语当时已被认为是汉语的代表。清朝政府在广东、福建等地建立"正音书院"，教授官话，并且规定不懂和不能说官话的人不能当官。到了清末，光绪二十八年（1902），京师大学堂总教习吴汝伦建议，推行以北京话为标准的国语。宣统元年（1909），清政府资政院开会，议员提出把官话正名为国语。中华民国成立后，1912年7月在北京召开的临时教育会议上，决定在全国范围内推行国语。"国语运动"和"白话文运动"进一步巩固了以北京话为代表的北方方言的民族共同语的地位。所以，中华人民共和国成立后，北方方言顺理成章地被确定为汉民族共同语——普通话的基础方言。

基础方言体现民族共同语的基本面貌，但基础方言并不等于民族共同语。所以，汉民族共同语——普通话还规定，以北京语音为标准音、以典范的现代白话文著作为语法规范。这就是说，并不是每一个说北方方言的人所说的每一句话都是普通话，而是合乎北京语音、合乎典范的现代白话文著作语法规范的话，才是普通话，才是现代汉民族共同语。

三、现代汉语方言

方言是民族共同语的地域变体，是某一地区的人们使用的跟民族共同语同中有异的地方语言。现代汉语方言是现代汉民族共同语——普通话的地域变体。

一般认为，现代汉语有七大方言。

1. 北方方言

又叫北方话，以北京话为代表，是汉民族共同语的基础方言，使用人口占汉族总人口的70%以上。分四个次方言。（1）华北、东北方言。分布在北京、天津两市，河北、河南、山东、辽宁、吉林、黑龙江六省，还有内蒙古的一部分地区。（2）西北方言。分布在山西、陕西、甘肃等省和青海、宁夏、新疆、内蒙古的汉族地区。（3）西南方言。分布在四川、云南、贵州三省，湖北的大部分地区（鄂东黄冈地区及东南咸宁地区除外），广西北部、湖南西北部、河南西南部等地区。（4）江淮方言。分布在江苏、安徽两省的长江以北、淮河以南地区（徐州、蚌埠一带淮北话除外），长江以南的镇江以西九江以东沿江地带。

2. 吴方言

分布在上海市，江苏省长江以南镇江以东部分（不含镇江），长江北岸靖江、启东、海门等县（市）和南通东部，安徽南部铜陵、太平等地，以及浙江省的大部分地区。吴方言以上海话为代表。使用人口占汉族总人口的8%左右。

3. 湘方言

分布在湖南省的湘江、资江流域和沅江中游东岸的少数地区。湘方言以长沙话为代表。使用人口占汉族总人口的5%左右。

4. 赣方言

分布在江西省的大部分地区（东北沿江地带和南部除外）。赣方言以南昌话为代表。使用人口占汉族总人口的2%左右。

5. 客家方言

分布在广东、福建、台湾、江西、广西、湖南、四川等省，其中以广东东部和北部、福建西部和北部、江西南部、广西东南部为主。客家方言以广东梅县话为代表。使用人口占汉族总人口的4%左右。

6. 闽方言

使用人口占汉族总人口的4%左右。包括闽南方言、闽东方言、闽北方言三个次方言。（1）闽南方言，以厦门话为代表。分布在福建南部厦门、漳州、泉州和龙溪、晋江、龙岩（一部分）地区，广东汕头地区，雷州半岛部分地区，浙江南部的平阳、玉环等县和舟山群岛。（2）闽东方言，以福州话为代表。分布在以福州为中心的闽江下游地区，和以福安为中心的山区各县（市）。（3）闽北方言，以建瓯话为代表。分布在建瓯、建阳、崇安、浦城和松政五县（市）。

7. 粤方言

分布在广东中部、西南部和广西的东部、南部等100多个县（市），以广州话为代表。使用人口占汉族总人口的5%左右。粤方言也是香港、澳门同胞的主要交际工具。

现代汉语七大方言中，粤方言、闽方言跟普通话的差别最大，吴方言次之，湘、赣、客家方言又次之，北方方言跟普通话的差别最小。

我国汉族人口众多，汉民族居住地域广阔，自古以来，汉语就存在众多方言分歧。新中国成立以后，由于国家高度重视推广普通话，方言正在逐渐向普通话靠拢。但国家并不禁绝方言，方言作为一种在一定的地域范围内存在的语言现象，还会在一定的地域范围内、在一个相当长的时间内继续与普通话并存，普通话也会从各地方言中汲取有用的成分来丰富自己。

四、现代汉语的规范化

现代汉语规范化，指的是确立现代汉民族共同语的明确、一致的语言标准，并促进这一标准的全面推行。

语音、词汇、语法是语言的三要素，文字是记录语言的符号系统，因此，现代汉语规范化就包括现代汉语语音的规范化、现代汉语词汇的规范化、现代汉语语法的规范化、现代汉字的规范化等几个方面。

1955年10月，中国科学院哲学社会科学部在北京召开了现代汉语规范化问题学术会议，会上明确了现代汉民族共同语是"以北京语音为标准音，以北方话为基础方言的普通话"。1956年，国务院在《关于推广普通话的指示》中又增补了"以典范的现代白话文著作为语法规范"一句，这样在明确现代汉民族共同语——普通话定义的同时，也就明确了现代汉语语音规范化、现代汉语词汇规范化、现代汉语语法规范化的标准：

（1）语音方面以北京语音为标准音；

（2）词汇方面以北方话词汇为基础；

（3）语法方面以典范的现代白话文著作为语法规范。

现代汉语的规范化还包括汉字的规范化，2013年6月国务院公布的《通用规范汉字表》是汉字规范化的最新标准。

现代汉语的规范化需要多方面的共同努力。研究人员要加强对现代汉语规范化的研究，有关部门要制订各种较为科学的现代汉语规范标准，民众要自觉地遵守国家发布的语言文字规范，说普通话，写规范字。

语言规范化是语言健康发展的重要条件，是使语言准确地高效率地发挥其社会功能的保证。一个民族语言规范化的程度，标志着这个民族语言的发达水平和文明程度。我们一定要重视现代汉语规范化问题，自觉遵守国家语言文字法规，说普通话，写规范字，做现代汉语规范化的促进者。

第三节 现代汉语学

一、什么是现代汉语学

现代汉语学是研究现代汉语的科学。它是语言学的一门分支学科。

语言学可以从多种角度分类。从研究对象上看，可以分为"具体语言学"和"普通语言学"两种。专门研究某一种语言的客观规律的语言学，叫"具体语言学"，或叫"个别语言学"，比如汉语语言学、英语语言学等。研究人类语言普遍性的客观规律的语言学叫"普通语言学"，或叫"一般语言学"。它是在研究具体语言的基础上建立起来的。显然，现代汉语学属于具体语言学，它是汉语语言学的一个分支。

根据不同的研究方法，具体语言学又有"共时语言学"和"历时语言学"之分。共时语言学也叫作断代语言学、描写语言学，共时语言学研究某一时期的语言的状态及其内部规律，比如当代英语学、古代汉语学等。历时语言学也叫做历史语言学。历时语言学研究语言的历史演变，比如英语史、汉语史等。显然，现代汉语学属于共时语言学，它是研究现代汉语的状态及规律、法则的科学，跟古代汉语学、近代汉语学是平列的学科。

综上所述，现代汉语学属于具体语言学中的共时语言学。

二、现代汉语学的分支学科

现代汉语学的分支学科有：现代汉语语音学、现代汉字学、现代汉语词汇学、现代汉语语法学、现代汉语修辞学等。

现代汉语语音学是研究现代汉语语音原理和语音系统的科学。它研究现代汉语语音的性质、语音单位中的音素、音位、音节、记音符号等。

现代汉字学是研究现代汉字的科学。它研究现代汉字的性质，现代汉字的字量、字形、字音、字义、字序，现代汉字的信息处理，现代汉字的规范化和标准化，汉字的评价和前途等。

现代汉语词汇学是研究现代汉语词汇系统的科学。它研究现代汉语词汇的性质、词的构造、词的音形义及相互关系、词汇的构成和发展、熟语、词语解释等。

现代汉语语法学是研究现代汉语语法结构规律的科学，分为词法和句法两部分。现代汉语词法研究语素、词的结构、词的语法分类等，现代汉语句法研究词与词的组合、句子的结构、句子成分、句子类型等。

现代汉语修辞学是研究现代汉语修辞现象及其规律的科学。它研究词语修辞、句式修辞、篇章修辞、修辞格、语体风格等。

除此以外，还有现代汉语方言学、现代汉语语义学、现代汉语语用学等分支学科。现代汉语方言学是研究现代汉语地域变体的科学。现代汉语语义学是研究现代汉语各要素的意义及其规律的科学，它跟现代汉语词汇学有一定的联系。现代汉语语用学是研究现代汉语的使用者（人）在具体的语言环境（语境）中运用现代汉语规律的科学，它跟现代汉语修辞学有一定的联系。

三、现代汉语课程

现代汉语课程是大学汉语言文学、汉语言文学教育、国际汉语教育、新闻、秘书等专业的基础课程之一。

现代汉语课程教学的对象是以汉语为母语的大学生，由于他们在中小学阶段已经学习了现代汉语的许多知识，初步掌握了现代汉语这种工具，并已经能够运用它，所以，不能要求学生仅仅把它作为一种工具来学习和掌握。现代汉语课程应当更加系统地传授现代汉语的基本知识，更加注重把学生对于现代汉语的语感从感性认识提高到理性认识上来，培养学生理解和分析现代汉语的能力，培养他们良好的语言素质和运用现代汉语的能力，为学生将来从事跟现代汉语相关的工作和进一步研究现代汉语打下坚实的基础。

学好现代汉语课程有十分重要的意义。一个合格的中文系大学生不能只停留在会使用现代汉语上，还应该对自己的母语的内部规律有系统的理性认识，不仅要知其然，更要知其所以然。要能运用现代汉语学的知识，正确熟练地分析语音、词汇、语法、修辞现象，发现它的优劣得失，从而进一步提高自己的语言表达能力，把话说得更加得体，把文章写得更加漂亮。毕业后能够驾轻就熟、得心应手地从事跟现代汉语有关的工作，甚至开展现代汉语的研究，成为研究现代汉语的有成就的人才。

学习现代汉语课程的方法很多，首先是要注意理论联系实际，以自己熟悉的语言事实去印证所学的理论，加深对理论的理解。切忌脱离语言实际，只记理论条条。其次，要善于比较，通过跟外语的比较、跟方言的比较、跟古代汉语的比较，掌握现代汉语的特点，加深对所学知识的理解。

大学本科语言学主干课程有三门，即：普通语言学、古代汉语、现代汉语。普通语言学讲授语言学理论，古代汉语讲授以文言文为代表的古代语言文字基本知识，现代汉语讲授现代汉语基本理论。有人认为现代汉语课程最好学，那是一种错觉。任何一门学科都有它的高深的理论和完善的知识体系，不下一定的工夫，是绝对学不好的。

思考和练习

一、汉语在世界语言中有什么样的地位和影响？

二、什么是现代汉语？什么是现代汉民族共同语？

三、现代汉民族共同语为什么会以北方方言为基础方言？

四、现代汉语有哪些主要方言？请结合自己的方言谈谈它跟普通话的区别。

五、什么是现代汉语规范化？它的标准是什么？

六、谈谈你对现代汉语学的看法。

本章参考文献

[1] 胡瑞昌：《现代汉语规范化问题》，武汉：湖北教育出版社1986年版。
[2] 刘又辛：《汉语汉字答问》，北京：商务印书馆1999年版。
[3] 刘云汉、王俊霞：《语文规范化简论》，保定：河北大学出版社2002年版。
[4] 徐通锵：《基础语言学教程》，北京：北京大学出版社2001年版。
[5] 詹伯慧：《现代汉语方言》，武汉：湖北人民出版社1981年版。
[6] 宁方民：《〈现代汉语〉课程的三个层面》，《唐山师范学院学报》2004年第3期。

第二章　现代汉语语音

第一节　语音概说

一、语音

语音是语言的物质外壳，是由人的发音器官发出来的，表达一定意义的声音。

语音和其他声音有同有异。语音虽然和其他声音一样都具有物理属性，但它们有着最根本的区别：语音负载着一定意义，去达成语言的交际目的，因而具有社会属性。我们说语音是语言的物质外壳，实际是说：语音是语言的形式或物质载体，而意义是语言的内容，二者共同构成语言统一体去完成社会交际任务。语音如果失去了其负载的意义，也就无法完成语言的交际任务，从而失去了它存在的必要和必然。也正因如此，同是由人的发音器官发出的声音，如咳嗽、呼噜等，虽然也是生理活动，也具有生理属性，但都不能称为语音。由此可见，语音具有物理的、生理的、社会的三种属性，其中，**社会属性是语音的本质属性**。

（一）语音的物理属性

从物理角度进行分析，语音跟自然界其他声音一样，也是一种声波，产生于物体的振动。发音体振动它周围的空气或其他媒介物，就会形成一种疏密相间的声波，声波作用于人耳，使鼓膜产生振动，刺激听觉神经，就成为我们听到的声音。所以语音也和其他声音一样具备四种声学特征：音高、音强、音长、音色，简称语音四要素。

1. 音高

音高就是声音的高低，它决定于发音体振动的频率。音高和频率（单位时间里发音体振动的次数）成正比。频率高，声音就高；频率低，声音就低。频率的高低和发音体的长短、厚薄、松紧等密切相关。语音的高低取决于人的声带的长短、厚薄、松紧。一般来说，成年男人的声带长而厚，所以声音就低一些；而女人和儿童的声带相对短而薄，所以声音就高一些。同一个人，也可以通过控制声带松紧程度而使自己发出的声音高低产生变化。语言学主要研究决定汉语声调和语调的"相对音高"，即同一个人如何通过控制声带松紧程度发出汉语音节具有高低升降固定比例关系的不同声调和语调。因为在汉语中，声调是一种区别意义的重要手段。以普通话的四种声调为例，同一个人发 mā（妈）、má（麻）、mǎ（马）、mà（骂）时必须相应地调整声带的松紧来实现这种语音高低升降的相对变化。

mā（妈）是高而平的阴平调，发音时声带自始至终保持不变的较紧程度，音高没有变化。

má（麻）是由中度升到最高度的阳平调，发音时声带由半松拉到最紧程度，音高由半高往上升到最高。

mǎ（马）是由半低降到最低又往上升到半高，呈曲折型的上声调，发音时声带由较松放到最松，然后再拉紧到比阳平的收音略松一点的程度，音高由半低降到最低再往上升到半高。

mà（骂）是由最高降到最低的去声调，发音时声带由紧放松，音高由最高下降到最低。

2. 音强

音强就是声音的强弱，也叫音势或音量，它决定于发音体的振幅。音强和振幅（发音体振动的幅度）成正比。振幅大，声音就强，俗称声音响；振幅小，声音就弱，俗称声音轻。振幅的大小是由作用于发音体的外力大小决定的。语音的强弱是由发音时呼出的气流量及其冲击声带力量的大小决定的。音强在许多语言中有区别意义的作用。如英语中词重音不同，意义就可能不同：object［ˈɔbdʒikt］（物体）—object［əbˈdʒekt］（反对）。在汉语中，普通话中的轻声（"帘子"和"莲子"意义不同）以及朗读时的语法重音和逻辑重音，都是音强起着重要的作用。

3. 音长

音长就是声音的长短，它决定于发音体振动持续时间的长短。音长在某些语言或方言中有区别意义的作用。如英语中：it［it］（它）—eat［iːt］（吃）。汉语广东话：鸡［kɑi^{55}］—街［kɑːi^{55}］。普通话中音长在重音、轻声和语气语调中起一定作用。

4. 音色

音色就是声音的特色，也叫音质或音品，它决定于声波振动的形式。影响音色的因素主要有三个方面：

（1）发音体不同。钢琴和小提琴发音体不同，音色也不同。我们能辨别不同人的声音，就是由于每个人的声带等发音体不一样。这种由发音体不同造成的不同音色，也叫"绝对音色"，因为它并不能区别不同的意义，所以一般不作为语言学关注的对象。

（2）发音方法不同。同一把小提琴，用弓拉和用手指弹，音色就不同。语音中，如 b 和 p，由于发音时有送气强弱的发音方法差别，致使其音色不同。

（3）共鸣器的形状不同。把同一把音叉插到不同形状的共鸣匣上所形成的音，音色是不同的。人发音的共鸣器主要是口腔、鼻腔、咽腔和喉腔。当我们发不同的音时，如 a 和 i，就是由于发音器官的活动改变了共鸣器的形状，从而形成了不同的音色。

由（2）（3）两种因素形成的不同音色，也叫"相对音色"。语音中一个个音素的不同，如 b、p、m、a、i、o 的不同，就是由于发音方法和共鸣器的形状不同造成了相对不同的音色。所以这种"相对音色"才是语言中起区别意义作用的要素，因而也就自然成为语言学关注的对象。

任何语音都是音高、音强、音长、音色的统一体。在任何语言中，音色都是用来区别意义的最重要的要素。而音高、音强、音长属于语音的韵律特征，与音色相对，它必须依附于音色才能发挥作用，因而在不同语言中被利用的程度也不尽相同。在汉语中，除音色外，构成声调的音高也特别重要，音强在轻重音里起作用，音长在不同语气语调中表达感情。

（二）语音的生理属性

语音是人的发音器官发出来的，发音器官及其活动决定语音的区别。分析和研究语音就必须了解发音器官的活动部位、活动方式及其作用。人的发音器官包括三大部分：呼吸器官、发声器官、共鸣器官。（见《发音器官示意图》）

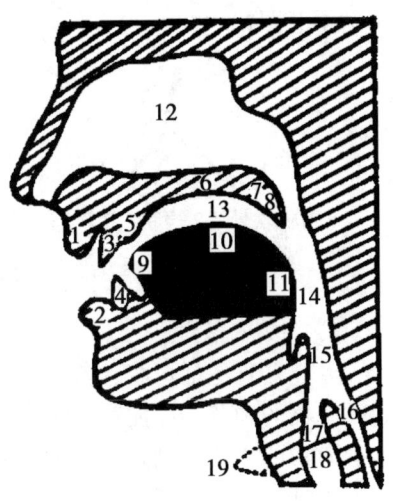

发音器官示意图
1. 上唇；2. 下唇；3. 上齿；4. 下齿；
5. 齿龈；6. 硬腭；7. 软腭；8. 小舌；
9. 舌尖；10. 舌面；11. 舌根；
12. 鼻腔；13. 口腔；14. 咽头；
15. 会厌；16. 食道；17. 气管；
18. 声带；19. 喉头

1. 呼吸器官

呼吸器官主要由肺、气管、支气管组成。肺是呼吸气流的动力站，连接肺和口腔的气管、支气管是气流的通道。气流是发音的原动力，它作用于发声器官及共鸣器官发出不同的语音。由呼出的气流造成的音叫呼气音，人类语音以呼气音为主；由吸入的气流造成的音叫吸气音，个别语言，像非洲的某些语言里有不少吸气音。汉语闽方言的海口话里也有［ɓ］［ɗ］，如"波"［ɓo²³］、"纸"［ɗoi²³］。北京人在表示羡慕、厌烦、疼痛时，也会发出"啫——"的吸气音，但这不在语音系统之内。

2. 发声器官

发声器官主要由喉头和声带组成。喉头由甲状软骨、环状软骨和两块杓状软骨组成，上通咽头，下通气管。声带位于喉头中间，是两条有韧性的肌肉带子，前端固定在甲状软骨上，后端分别附在两块杓状软骨上。声带之间气流的通路叫声门。

声带是发音器官的发音体。借助于杓状软骨的牵引，声带或紧或松，声门或开或合。呼吸或发噪音时，声带放松，声门大开，声带和杓状软骨联合成三角形，气流自由出入；发乐音时，声带和杓状软骨联合靠拢，声门闭合，呼出的气流必须从声门的窄缝挤出，使声带颤动发出声音。（见《声带活动示意图》）

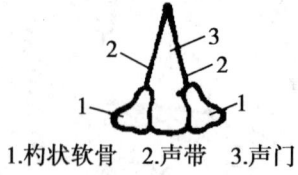
1.杓状软骨 2.声带 3.声门

呼吸及发噪音时

发乐音时

声带活动示意图

3. 共鸣器官

共鸣器官包括口腔、鼻腔、咽腔和喉腔四部分。声带发出的声音只有经过共鸣器的调节，才能获得响亮的复杂的音色。口腔是语音的主要共鸣器，变化腔形的主要机制是舌、唇、下颌和软腭的动作。舌可以前伸、后缩、升高、降低、平伸、翘卷，是口腔中最活跃的器官；唇可圆可扁；下颌可开可合；软腭可上升或下垂。

口腔的后面是咽腔，它前通口腔，上通鼻腔，下接喉头，是个"三岔口"，也起共鸣作用。喉腔是声门音经过的第一个共鸣器，包括介于声带和假声带之间的喉室和喉前庭部，喉腔的状况对整个声音质量都有影响。

鼻腔也是共鸣器，它靠软腭和小舌同口腔隔开。软腭和小舌上升，鼻腔通路关闭，气流在口腔发生共鸣，成为口音。软腭和小舌下垂，阻塞口腔通路,气流通向鼻腔,发出鼻音。此外,还有一种"鼻化音",即软腭和小舌垂在中间,气流同时从口腔和鼻腔中通过,成为鼻化音。

(三) 语音的社会属性

语音不同于其他声音,它负载一定的意义以完成社会交际任务。然而用什么音表什么义不是个人规定的,而是由社会成员共同约定俗成的,因而语音具有社会性。语音的这种社会性主要表现为民族特征和地域特征。

首先,从音义对应关系方面来看,不同民族用来表达同一意义的语音形式千差万别,这完全是由各民族社会成员共同约定的结果。荀子在他的《正名》篇中说过:"名无固宜,约之以命,约定俗成谓之宜。"同样是"装订成册的著作"这一概念,汉语用 shū(书)来表示,英语为 book,法语为 livre。不仅如此,即便在同一民族语言内部,这种音义的结合也会呈现出不同的地域特征。比如汉语普通话中的"yùmǐ"(玉米),有的方言说成"bāomǐ"(苞米),有的方言说成"bàngzi"(棒子),还有的说成 zhēnzhūmǐ(珍珠米)。这也是由各地方言使用者共同约定俗成的。

其次,从语音的系统性角度来观察,各民族语言内部所包含的音位数目、音位组合关系以及它们在各自语音系统中的作用和地位都不相同。例如,汉语普通话辅音中的塞音、塞擦音都有送气和不送气的区别,有着区别意义的作用,因而构成音位的对立。如 bǎo 和 pǎo 意义不同,zàn 和 càn 意义不同。而在英语中,虽然部分辅音也有送气和不送气的差别,但不构成对立,没有区别意义的作用。如 start 中的辅音 t,前一个发不送气音 [t],后一个发送气音 [t'],如果互换也只是听着别扭,不会使意义改变。再比如,英语中两个甚至三个辅音音位可以直接组合,如 spring。而汉语普通话中辅音音位只能单个出现在音节开头或结尾,中间必须由元音音位隔开。另外,这种语音系统性的差别也同样体现在不同的地域方言中。如普通话有 zh、ch、sh、r 一组翘舌声母,但吴方言、粤方言等没有。普通话中 n、l 分属两个不同的音位,而在一些方言中却同属一个音位,没有区别意义的作用,把"男女"读成"褴褛"。

二、语音学

(一) 什么是语音学

语音学是研究语音的科学。它具体研究语音的成分和结构、语音的发展和变化规律、语音理论知识的实际应用等。

语音学是语言学的一个分支学科,它的实际功用也是属于语言学的。正如语言学一样，语音学也分许多门类。从研究对象上看，可分为普通语音学和具体语音学，普通语音学研究人类语音的一般特征；具体语音学研究某一种语言的语音，如汉语语音学、英语语音学。从共时、历时不同角度可分为描写语音学和历史语音学，描写语音学研究某种语言在一定时期的语音系统及其特殊现象，历史语音学研究某种语言各个历史时期的语音演变及其发展规律。另外，从不同角度用不同方法来研究语音也形成了语音学的不同分支。从生理角度研究发音器官的构造和运动的生理语音学；从声学角度研究语音传递阶段的声学特征的声学语音学；从心理角度研究语音感知阶段的生理和心理特征的感知语音学；运用语图仪、频谱仪、电子计算机等实验工具对语音进行研究的实验语音学；研究一种语言的音位系统的音系学或音位学等。

语音学是一个整体。它的各个方面是相互依存、密切联系的。无论是生理的研究或是物理的研究都应该不离语言学的出发点，绝不能忘记它的社会功能。所以研究语音最重要的是了解某一语言的全部语音特点和变化规律以后，准确地归纳和描写它的语音系统，从它的全部语音成分里区分出哪些是它的基本单位（即音位），哪些是这些基本单位的变体。音位学之所以受人重视，正因为它是从语音的社会功能方面着眼去研究语音的。

(二) 语音学的基本概念

1. 音素

音素是最小的语音单位，是从音色的角度划分出来的。 如 [i]、[o]、[u]、[p]、[t']、[s] 等。

音素可以分为元音和辅音两大类。**元音也称母音**，是气流在口腔或咽头不受任何阻碍而形成的音。发音时声带振动，声音响亮，属乐音，如 [i]、[o]、[u] 等。**辅音也称子音**，发音时气流要受到口腔或鼻腔中某个部位的阻碍，因而气流要强一些，但多数不振动声带，声音不响亮，属噪音，如 [t']、[s]、[k] 等。

元音和辅音的主要区别有以下四点：

(1) 发元音时，气流通过咽头、口腔不受阻碍；发辅音时，气流通过咽头、口腔一般要受到某部位的阻碍。这是元音和辅音最主要的区别。

(2) 发元音时，发音器官各部位保持均衡的紧张状态；发辅音时，发音器官成阻的部位特别紧张。

(3) 发元音时，气流较弱；发辅音时，气流较强。

(4) 发元音时，声带振动，声音比辅音响亮；发辅音时，多数声带不振动，声音一般不响亮。

2. 音位

音位是一个语音系统中能够区别意义的最小语音单位。音素是经过分析得出的最小的语音单位，但是在实际语言里我们可以发现有时候一些音节里的某个音素改变了，但这个音节表示的意义并不随之而改变，只是听着有些别扭罢了。比如汉语中有些地方的人把"［tA］"（大）读成"［tɑ］"，英语中把"star［stɑː］"说成"［stʻɑː］"、把"still［stil］"说成"［stʻil］"，意义都不会改变。可见有些不同音素在具体语言中并没有辨义功能。于是我们把这种在具体语言中没有区别意义作用的音色相近的几个音归纳在一起，建立一个音类，就是音位。再如普通话"bāi［pai^{55}］、bā［pA^{55}］、bāo［pau^{55}］"中，3个"a"发音时舌位一个比一个靠后，是3个不同的音素，但如果有人发音不准，不能准确区分它们舌位的前后，却并不影响它们所表示的意义，所以在普通话中这三个不同的音素同属一个音位，标记为/a/，而［a］［A］［ɑ］都是音位/a/的音位变体。普通话的音位有两类，一类是由音素成分构成的**音质音位**（元音音位、辅音音位），一类是音高变化构成的**非音质音位**（声调音位）。

3. 音节

音节是人们听觉上最容易分辨出来的语音单位，也是语音系统中最重要的、基本的结构单位。如听到"pǔtōnghuà"这串声音，我们会很自然地分辨出这是三个音节即"普通话"。从生理角度看，音节是发音器官的肌肉因发音活动而紧张一次所形成的语音单位；从听感角度说，它是一个很自然的、浑然一体的声音，有一个明显的响度中心，很容易听辨出来。这样我们就会明白，为什么"阿姨"不会被听成"皑"，"皮袄"不会被听成"瞟"，尽管它们内部的音质音位成分完全相同。一般说来，汉语的音节和汉字是一致的，一个汉字的读音就是一个音节，只有儿化词如"花儿"是两个汉字读成一个音节。普通话的音节，最长的只含4个音质音位，如 duan、jian、zhuang；较多是含两三个音质音位的，如 qi、du、jia、hua、dong；也有由一个音质音位①构成的音节，但较少，如 i（衣）、u（乌）、a（啊）、o（喔）。

---

① 主要是元音音位。辅音音位 m、n、ng 因为发音时声带颤动，声响亮，且属乐音，可以单独构成音节。

三、汉语音节分析方法

（一）音素分析法

音素分析法源自西方语音学分析方法，就是把构成音节的音质音位一直分析到单一音素。如 dāi（呆）分析为［t］［a］［i］三个音素，tā（它）分析为［t'］［A］两个音素。分析至音素的方法符合西方语音学的传统，其优点就是：所列出的是一个语言系统中最基本、最简单的语音元素，分析得比较细致、科学。尽量探求事物构成的原始要素，这是一切科学发展的趋势。

然而，这种分析方法却不管或不很重视音节（其背景是：西方早期的音位学理论是比较忽视音节的。但现代西方音位学也已逐渐把立足点朝音节结构分析的方向转移了）。在这种分析方法中，音节似乎仅仅是音素的线性组合。如果汉语音节真的是线性组合，那么在一个"辅音＋元音＋辅音"的音节中，"辅音＋元音"的关系（即声母和韵腹的关系）跟"元音＋辅音"的关系（即韵腹和韵尾的关系）就会是等同的。这跟汉语的实际不符。汉语的音节，总是声母为一方、韵母为另一方的二元组合。

（二）声韵调分析法

我国传统音韵学把字音分析为三个组成部分——声母、韵母、声调，分别对它们加以研究。韵母再进一步分为韵头、韵腹和韵尾三部分。字音（音节）的这种剖析，特别是声母、韵母的切分以及把声调同它们分离开来，着眼于音节结构成分的组合关系及组合层次，是非常切合汉语音节结构的特点的。但早期的声韵调分析法还不够细致、科学。近年来吸收了西方音位学方法的优点，把二者结合起来，既分析音节结构，又归纳出音位来。这样分析实际上是运用音位学的方法来分析汉语音节结构，它向人们显示，对音位的分析和对音节结构的分析既不是对立的，也不是分离的。这两种方法分别分析汉语音节的不同层次，而两种方法的有机联合，就是对汉语音节的全面分析。如"年"先分析为声母 n，韵母 ian，阳平声调；再进一步分析为作声母的辅音 n，作韵头的元音 i，作韵腹的元音 a，作韵尾的辅音 n。

要了解和分析普通话的语音，还得立足于分析音节结构，自然也就不能离开声母、韵母、声调的区分线索，然后再进一步分析其构成成分。用声母、韵母和声调来处理普通话的音位系统，是方便的。

四、标音方法

现代汉语目前主要采用两种方法标音：音素标音法和音位标音法。

（一）音素标音法

音素标音法又称严式标音法，它用音标标记每一个音素，而不管不同的音素在特定语言中有没有区别意义的作用，即是否属于同一音位。例如：普通话里较低的舌面元音可以归纳为同一个音位，但用音素标音法记音时，必须分别标记为［a］、［A］、［ɑ］、［ɛ］等多个。再如，普通话里的 n，在字音"拿"里是一个舌尖齿龈鼻音［n］，在"捏"里因受后接元音［i］的影响变成一个舌面抬高、靠近硬腭、带上舌面音色彩的［nʲ］，在"努"里因受后接圆唇元音［u］的影响又变成了一个带上圆唇色彩的［nʷ］。诸如此类的语音变化，音素标音法都依照实际音值细致地用不同的音标和附加符号一一记录下来。所以，音素标音法使用的音标较多，标音和实际读音贴近，适用于语言调查时的记音以及对音位的各种变体作音素分析。另外，在指导人们如何正确发音时也采用音素标音法。

音素标音法一般采用国际音标作标记工具。国际音标是国际语音协会于1888年公布的用于标记各种语言语音的国际通用的一套记音符号。国际音标遵守"一音一符，一符一音"的原则，标音细致明确，每个音标的音值都是确定不变的。共有一百多个符号，大部分采用世界通用的拉丁字母小写印刷体，小部分采用了倒写、反写、合体、小写尺寸的大写印刷体等，个别的还采用了希腊字母或在字母上添加附加符号。一种具体的语言里只是使用其中的一部分，一般三四十个，各国语音学者可以根据实际需要加以增删和修改。采用国际音标记音也有严式、宽式之分。现在使用的国际音标表是1996年修订的（参见附录一《国际音标简表》）。

（二）音位标音法

音位标音法又称宽式标音法，它用字母或音标等符号标记特定语言中的每一个音位，而对同一音位的变体不加以区分。例如：普通话里较低的舌面元音有［a］、［A］、［ɑ］、［ɛ］等多个，因为它们属于同一音位，所以用音位标音法记音，只标记一个/a/或用汉语拼音标记为 a 就可以了。再如，汉语拼音用一个 n 兼表同一音位的［n］、［nʲ］、［nʷ］等几个音素。音位标音法使用的记音符号较少，适用于表现经过研究整理后的语音系统，但标音和实际读音有一定距离。《汉语拼音方案》就是采用音位标音法来记录普通话语音系统的一套记音符号。

《汉语拼音方案》是标记汉语普通话语音系统的一套记音符号。它于1955 年由中国文字改革委员会开始拟订，于1958 年 2 月第一届全国人民代表大会批准公布，是我国法定的拼音方案，目前已成为国际上拼写汉语的国际标准方案。它是在总结了我国注音识字和拼音字母运动经验的基础上制订出来的，比过去的各种注音法和拼音方案都更具科学性和实用性。其优点具体体现为：采用国际通用的拉丁字母，便于学习、电脑输入及国际间的交流；采用音位标音法，既能较准确地标记语音，又能清晰地反映语音系统。

　　《汉语拼音方案》是在音位理论研究成果的基础上制订出来的。从开始拟订到修改完成的两年多时间里，我国的语言学家曾经根据音位理论对普通话音位进行过相当深入的研究和讨论。这些研究成果对方案的最后制订起了很重要的作用。

　　《汉语拼音方案》的内容是符合普通话音位归纳原则的，其 21 个声母对应了 21 个辅音音位；单韵母由相应的元音音位构成，复韵母由元音音位或元音音位和辅音音位组合而成；四个声调符号也恰好标记了普通话的四个声调音位。但是《汉语拼音方案》终究是一种拼音字母，而不是单纯记音的音标，所以二者又有不一致的地方。比如用字母 i 代表 /i/、/ɿ/、/ʅ/ 三个音位，这是因为作为一种拼音字母，字母的选择就必须考虑它的常用性，不宜超出世界上通用的 26 个拉丁字母的范围。此外，还要考虑拼写出的字形便于辨认（ao、ong 等）、拼写规则便于学习等方面的因素。这些因素都是单纯归纳音位时所不必考虑的。总之，我们既要认识到《汉语拼音方案》清晰反映出了普通话的音位系统，也要注意其中的细微调整。

　　《汉语拼音方案》共分五部分：字母表、声母表、韵母表、声调符号、隔音符号（参见附录二《汉语拼音方案》）。其主要用途是给汉字注音和作推广普通话的工具。此外，它还可以用来作为我国各少数民族创制和改革文字的共同基础，可以用来翻译人名、地名和科技术语，可以用来编制索引、电报、旗语、工业产品代号，可以用来为汉字的信息处理编制各种程序符号等。

附录一

国际音标简表

发音方法			双唇（上唇下唇）	唇齿（上齿下唇）	舌尖前（舌尖齿背）	舌尖中（舌尖上齿龈）	舌尖后（舌尖硬腭前）	舌叶	舌面前（舌面前硬腭前）	舌面中（舌面中硬腭）	舌面后（舌根软腭）	喉
辅音	塞音	清 不送气	p			t				c	k	ʔ
		清 送气	pʻ			tʻ				cʻ	kʻ	
		浊	b			d					g	
	塞擦音	清 不送气		pf	ts		tʂ	tʃ	tɕ			
		清 送气		pfʻ	tsʻ		tʂʻ	tʃʻ	tɕʻ			
		浊		ʣ		ʥ	ʤ	ʑ				
	鼻音	浊	m	ɱ		n	ɳ		ɲ		ŋ	
	闪音	浊				ɾ						
	边音	浊				l						
	擦音	清	ɸ	f	s		ʂ	ʃ	ɕ	ç	x	h
		浊	β	v	z		ʐ	ʒ	ʑ	j	ɣ	ɦ
	半元音	浊	w	ɥ	ʋ				j(ɥ)		w	

类别				舌尖元音				舌面元音				
	舌位 口腔	唇形		前		后		前		央		后
元音	舌位			不圆	圆	不圆	圆	不圆	圆	不圆	自然 圆	不圆	圆
	高	最高	闭	ɿ	ʮ	ʅ	ʯ	i	y			ɯ	u
		次高						ɪ					ʊ
	中	高中	半闭					e	ø			ɤ	o
		正中				ɚ				ə			
		低中	半开					ɛ	œ	(ɜ)		ʌ	ɔ
	低	次低						æ		ɐ A			
		最低	开					a				ɑ	ɒ

附录二

汉语拼音方案

(1957年11月1日国务院全体会议第60次会议通过)

(1958年2月11日第一届全国人民代表大会第五次会议批准)

一、字母表

字母：	A a	B b	C c	D d	E e	F f	G g
名称：	ㄚ	ㄅㄝ	ㄘㄝ	ㄉㄝ	ㄜ	ㄝㄈ	ㄍㄝ
	H h	I i	J j	K k	L l	M m	N n
	ㄏㄚ	ㄧ	ㄐㄧㄝ	ㄎㄝ	ㄝㄌ	ㄝㄇ	ㄋㄝ
	O o	P p	Q q	R r	S s	T t	
	ㄛ	ㄆㄝ	ㄑㄧㄡ	ㄚㄦ	ㄝㄙ	ㄊㄝ	
	U u	V v	W w	X x	Y y	Z z	
	ㄨ	ㄪㄝ	ㄨㄚ	ㄒㄧ	ㄧㄚ	ㄗㄝ	

V只用来拼写外来语、少数民族语言和方言。

字母的手写体依照拉丁字母的一般书写习惯。

二、声母表

b	p	m	f	d	t	n	l
ㄅ玻	ㄆ坡	ㄇ摸	ㄈ佛	ㄉ得	ㄊ特	ㄋ讷	ㄌ勒
g	k	h		j	q	x	
ㄍ哥	ㄎ科	ㄏ喝		ㄐ基	ㄑ欺	ㄒ希	
zh	ch	sh	r	z	c	s	
ㄓ知	ㄔ蚩	ㄕ诗	ㄖ日	ㄗ资	ㄘ雌	ㄙ思	

在给汉字注音的时候为了使拼式简短，zh ch sh 可以省作 ẑ ĉ ŝ。

三、韵母表

		i 丨 衣	u ㄨ 乌	ü ㄩ 迂
a 丫	啊	ia 丨丫 呀	ua ㄨ丫 哇	
o ㄛ	喔		uo ㄨㄛ 窝	
e ㄜ	鹅	ie 丨ㄝ 耶		üe ㄩㄝ 约
ai ㄞ	哀		uai ㄨㄞ 歪	
ei ㄟ	欸		uei ㄨㄟ 威	
ao ㄠ	熬	iao 丨ㄠ 腰		
ou ㄡ	欧	iou 丨ㄡ 忧		
an ㄢ	安	ian 丨ㄢ 烟	uan ㄨㄢ 弯	üan ㄩㄢ 冤
en ㄣ	恩	in 丨ㄣ 因	uen ㄨㄣ 温	ün ㄩㄣ 晕
ang ㄤ	昂	iang 丨ㄤ 央	uang ㄨㄤ 汪	
eng ㄥ	亨的韵母	ing 丨ㄥ 英	ueng ㄨㄥ 翁	
ong (ㄨㄥ)	轰的韵母	iong ㄩㄥ 雍		

（1）"知、蚩、诗、日、资、雌、思"等七个音节的韵母用 i，即：知、蚩、诗、日、资、雌、思等字拼作 zhi，chi，shi，ri，zi，ci，si。

（2）韵母ㄦ写作 er，用作韵尾的时候写作 r。例如："儿童"拼作 ertong，"花儿"拼作 huar。

（3）韵母ㄝ单用的时候写作 ê。

（4）i 行的韵母，前面没有声母的时候，写作 yi（衣），ya（呀），ye（耶），yao（腰），you（忧），yan（烟），yin（因），yang（央），ying（英），yong（雍）。

u 行的韵母，前面没有声母的时候，写成 wu（乌），wa（哇），wo（窝），wai（歪），wei（威），wan（弯），wen（温），wang（汪），weng

(翁)。

ü 行的韵母，前面没有声母的时候，写成 yu（迂），yue（约），yuan（冤），yun（晕）；ü 上两点省略。

ü 行的韵母跟声母 j，q，x 拼的时候，写成 ju（居），qu（区），xu（虚），ü 上两点也省略；但是跟声母 n，l 拼的时候，仍然写成 nü（女），lü（吕）。

(5) iou，uei，uen 前面加声母的时候，写成 iu，ui，un，例如 niu（牛），gui（归），lun（论）。

(6) 在给汉字注音的时候，为了使拼式简短，ng 可以省作 ŋ。

四、声调符号

阴平　　阳平　　上声　　去声
ˉ　　　ˊ　　　ˇ　　　ˋ

声调符号标在音节的主要母音上，轻声不标。例如：

妈 mā　　麻 má　　马 mǎ　　骂 mà　　吗 ma
（阴平）（阳平）（上声）（去声）（轻声）

五、隔音符号

a、o、e 开头的音节连接在其他音节后面的时候，如果音节的界限发生混淆，用隔音符号（'）隔开，例如：pi'ao（皮袄）。

思考和练习一

一、什么是语音？人发出的所有声音都是语音吗？动物的鸣叫声也能传达某些信息，也可以称为语音吗？

二、什么是语音的四要素？它们在普通话语音里有什么作用？

三、人的发音器官主要包括哪几大部分？功能如何？

四、如何理解语音具有社会属性？

五、简述音位与音素的区别与联系。

六、元音和辅音的区别表现在哪些方面？

七、什么是音节？汉语音节的分析有哪些方法？举例说明如何运用？

八、现代汉语目前主要的标音方法有哪些？《汉语拼音方案》为什么能用拉丁字母记录普通话的全部语音？

第二节　现代汉语声母

前面谈过分析普通话的语音，还得立足于分析音节结构，因此从本节开始就顺着声母、韵母、声调这条主线，来进一步分析其构成成分。

一、什么是声母

声母指音节中位于元音前头的那部分，大多是音节开头的辅音。不过普通话里有的音节并不以辅音开头，汉语语音学就给开头不出现辅音的音节设一个空白的声母，叫零声母。国际音标用［Ø］表示。

零声母的设置不仅是出于系统性、严密性的考虑，也有发声学上的依据。现代语音实验证明，像"奥 ào""昂 áng""爱 ài""欧 ōu"等零声母字在字音开头、元音出现之前往往不是完全没有声音，而是有极轻微的喉塞音［ʔ］或喉部浊擦音［ɣ］；"医 yī""扬 yáng""乌 wū""王 wáng""于 yú""运 yùn"等零声母字则往往在字音开头带有摩擦性的半元音［j］、［w］、［ɥ］。这说明零声母有其声音物质的根据。可以说，零声母是声母系列中的一个空位，称为零声母而不说成无声母，表明这个空位是普通话字音结构中现实地存在和起作用的一个结构项。

声母的发音有"本音"和"呼读音"，另外在《汉语拼音方案》字母表中作为字母还有"名称音"。本音是用来拼音的，是完全按照辅音的发音原理发出的音。由于普通话声母中多数是清声母，声带不振动，发音不响亮，不便于称说，所以教学时常常在声母的本音后面加上一个元音，实际是组成了一个音节，构成呼读音。但呼读音只用来称说，不能用来拼音，在拼音教学时虽然也呼读出来，如"bo—a→ba"，但实际最后拼音用的还是本音，o 并没有被拼进去。呼读音的构成情况如下：

b、p、m、f 后面加上元音 o，呼读为 bo、po、mo、fo；

d、t、n、l、g、k、h 后面加上元音 e，呼读为 de、te、ne、le、ge、ke、he；

j、q、x 后面加上元音 i，呼读为 ji、qi、xi；

zh、ch、sh、r 后面加上舌尖后元音-i［ʅ］，呼读为 zhi、chi、shi、ri；

z、c、s 后面加上舌尖前元音-i［ɿ］，呼读为 zi、ci、si。

另外，声母在《汉语拼音方案》字母表中作为字母还有名称音。名称音的构成也是在辅音字母的后面或前面加上元音，但和呼读音添加的成分及位置不同，因而读音也不一样。如 b 作为字母的名称音是 bê，而作为声母的呼读音却是 bo。这是因为字母表和声母表里的字母排列顺序不同，其读音的设计，字母表要考虑国际习惯，另外也应顺口自然。

总之，"三音"各司其职：名称音为了命名字母，呼读音用来称说声母，本音用来拼音。学习语音重点要掌握声母的本音。

二、声母的发音分析

声母的发音是由发音部位和发音方法两方面决定的。

（一）发音部位

发音时气流受到阻碍的位置就叫做发音部位。按照发音部位，普通话的辅音声母可以分为唇音、舌音两大类，七小类。

1. 双唇音　上唇和下唇构成阻碍而发出的音，有 b [p]、p [pʻ]、m [m] 3 个。

2. 唇齿音　上齿和下唇构成阻碍而发出的音，只有 f [f] 1 个。

3. 舌尖前音　舌尖和齿背（上齿背或下齿背都可以）构成阻碍而发出的音，有 z [ts]、c [tsʻ]、s [s] 3 个。

4. 舌尖中音　舌尖和上齿龈构成阻碍而发出的音，有 d [t]、t [tʻ]、n [n]、l [l] 4 个。

5. 舌尖后音　舌尖和硬腭前部构成阻碍而发出的音，有 zh [tʂ]、ch [tʂʻ]、sh [ʂ]、r [ʐ] 4 个。

6. 舌面音　舌面前部和硬腭前部构成阻碍而发出的音，也叫舌面前音，有 j [tɕ]、q [tɕʻ]、x [ɕ] 3 个。

7. 舌根音　舌根（舌面后部）和软腭构成阻碍而发出的音，也叫舌面后音，有 g [k]、k [kʻ]、h [x] 3 个。ng [ŋ] 也是舌根音，但它不作声母，只作韵尾。

（二）发音方法

辅音发音时发音器官具体活动的方式和状况就叫做发音方法。发音方法具体又分为三个方面：发音时构成阻碍和消除阻碍的方式、声带是否振动、气流的强弱。

1. 按成阻和除阻的方式，普通话辅音声母可以分为五类：

（1）塞音　发音时，软腭上升堵住鼻腔通道，口腔中构成阻碍的两个部分完全闭合，使肺部出来的气流受阻，然后气流冲破阻碍，爆发成音。因此，塞音又称爆发音、爆破音。塞音发音时无法持续，一发即了。普通话的塞音声母有 b [p]、p [p']、d [t]、t [t']、g [k]、k [k'] 6个。

（2）擦音　发音时，软腭上升堵住鼻腔通道，口腔中构成阻碍的两个部分靠近，留下一条窄缝，气流从窄缝中挤出，摩擦成音。普通话的擦音声母有 f [f]、s [s]、sh [ʂ]、r [ʐ]、h [x]、x [ɕ] 6个。

（3）塞擦音　发音时，软腭上升堵住鼻腔通道，口腔中构成阻碍的两个部分开始时完全闭合，然后气流把闭合部分冲开一条窄缝，从窄缝中挤出，摩擦成音。塞擦音的前半是塞音，后半是擦音，是塞音和擦音的结合。但是塞擦音并不是两个音素，不是复辅音，而是一个音素。塞擦音的国际音标是两个字母，为的是表现这个先塞后擦的过程，但是我们从听觉上就可以感觉到，这是一个音素。普通话的塞擦音声母有 z [ts]、c [ts']、zh [tʂ]、ch [tʂ']、j [tɕ]、q [tɕ'] 6个。

（4）鼻音　发音时，软腭下垂，打开鼻腔通道，口腔中构成阻碍的两个部分完全闭合，气流从鼻腔通过，同时振动声带，发出鼻音。普通话的鼻音声母有 m [m]、n [n] 2个。ng 也是鼻音，但不做声母。

（5）边音　发音时，软腭上升，堵住鼻腔通道，口腔中舌尖和上齿龈接触构成阻碍，但舌头两边留有空隙，气流从舌头两边出来，同时振动声带，发出边音。普通话的边音声母只有 l [l] 一个。

2. 按声带是否振动，普通话辅音声母可以分为两类：

（1）清音　发音时，声带不振动，气流通过声腔受到各部分阻碍而产生的不规则振动的噪音，这就是清音，普通话的清音声母有 17 个：b [p]、p [p']、f [f]、d [t]、t [t']、g [k]、k [k']、h [x]、j [tɕ]、q [tɕ']、x [ɕ]、zh [tʂ]、ch [tʂ']、sh [ʂ]、z [ts]、c [ts']、s [s]。

（2）浊音　发音时，声门闭合，声带靠拢，然后气流冲出声门使声带颤动而产生的有周期性振动的乐音，这就是浊音。普通话的浊音声母有 4 个：m [m]、n [n]、l [l]、r [ʐ]。

3. 按气流的强弱，普通话的塞音、塞擦音声母可以分为两类：

（1）送气音　发音时，呼出的气流较强，就形成送气音。普通话的送气音有 6 个：p [p']、t [t']、k [k']、q [tɕ']、ch [tʂ']、c [ts']。

（2）不送气音　发音时，呼出的气流较弱，就形成不送气音。普通话里与送气音相对立的不送气音也有 6 个：b [p]、d [t]、g [k]、j [tɕ]、zh [tʂ]、z [ts]。

综合上述声母的发音部位和发音方法，可以将普通话的 21 个辅音声母的发音特征列成下表。此表可以帮助我们更清晰地直观普通话声母的系统性特征。

普通话辅音声母总表

发音方法 发音部位	塞音 清音 不送气	塞音 清音 送气	塞擦音 清音 不送气	塞擦音 清音 送气	擦音 清音	擦音 浊音	鼻音 浊音	边音 浊音
双唇音	b[p]	p[p']					m[m]	
唇齿音					f[f]			
舌尖前音			z[ts]	c[ts']	s[s]			
舌尖中音	d[t]	t[t']					n[n]	l[l]
舌尖后音			zh[tʂ]	ch[tʂ']	sh[ʂ]	r[ʐ]		
舌面音			j[tɕ]	q[tɕ']	x[ɕ]			
舌根音	g[k]	k[k']			h[x]			

三、声母的描写及发音训练

根据声母发音部位和发音方法的分析，下面对普通话声母逐个加以描写并训练。

b [p]　　双唇、不送气、清、塞音。

发音时，双唇闭合，软腭上升，堵塞鼻腔通路，声带不颤动，较弱的气流冲破双唇的阻碍，迸裂而出，爆发成声。

摆布　斑白　板报　臂膀　褒贬
卑鄙　奔波　冰雹　标榜　禀报

p [p']　　双唇、送气、清、塞音。

发音的情况和 b 相比，只是多一股较强的气流，其余都相同。

澎湃　品牌　批判　偏僻　拼盘
婆婆　皮袍　配平　偏旁　评判

m [m]　　双唇、浊、鼻音。

发音时，双唇闭合，软腭下降，鼻腔畅通，气流振动声带，从鼻腔通过形成鼻音。

麻木　埋没　盲目　茂密　美满
美貌　蒙昧　弥漫　密谋　渺茫

f [f]　　唇齿、清、擦音。

发音时，下唇接近上齿，形成窄缝，软腭上升，堵塞鼻腔通路，声带不颤动，从唇齿间的窄缝中挤出，摩擦成声。

发奋　翻番　反复　纷繁　肺腑
芬芳　非凡　方法　防范　丰富

z［ts］　　舌尖前、不送气、清、塞擦音。

发音时，舌尖轻轻抵住齿背，软腭上升，堵塞鼻腔通路，声带不颤动，较弱的气流把舌尖与齿背的阻碍冲开一道窄缝，并从中挤出，摩擦成声。

崽子　藏族　遭罪　自尊　宗族
栽赃　做作　粽子　祖宗　自在

c［ts'］　　舌尖前、送气、清、塞擦音。

发音的情况和z相比，只是气流较强，其余都相同。

猜测　残存　仓促　草丛　苍翠
参差　层次　粗糙　催促　璀璨

s［s］　　舌尖前、清、擦音。

发音时，舌尖接近齿背，形成窄缝，软腭上升，堵塞鼻腔通路，声带不颤动，气流从舌尖和齿背的窄缝中挤出摩擦成声。

琐碎　三思　色素　僧俗　诉讼
思索　松散　搜索　酥松　速算

d［t］　　舌尖中、不送气、清、塞音。

发音时，舌尖抵住上齿龈，软腭上升，堵塞鼻腔通路，声带不颤动，较弱的气流冲破舌尖与上齿龈的阻碍，迸裂而出，爆发成声。

搭档　单独　荡涤　导弹　断定
等待　抵挡　跌宕　订单　调动

t［t'］　　舌尖中、送气、清、塞音。

发音的情况和d相比，只是气流较强，其余都相同。

抬头　坍塌　逃脱　贪图　挑剔
淘汰　疼痛　体坛　图腾　团体

n［n］　　舌尖中、浊、鼻音。

发音时，舌尖抵住上齿龈，软腭下降，打开鼻腔通路，气流振动声带，从鼻腔通过发音。

奶奶　奶牛　男女　能耐　泥泞
袅娜　捏弄　农奴　忸怩　恼怒

l［l］　　舌尖中、浊、边音。

发音时，舌尖抵住上齿龈，软腭上升，堵塞鼻腔通路，气流振动声带，从舌头两边通过。

拉拢　来临　褴褛　牢笼　蓝领
磊落　理疗　靓丽　凛冽　留恋

zh［tʂ］　舌尖后、不送气、清、塞擦音。

发音时，舌尖上翘，抵住硬腭前部，软腭上升，堵塞鼻腔通路，声带不颤动，较弱的气流把舌尖与硬腭前部的阻碍冲开一道窄缝，并从中挤出，摩擦成声。

招展　褶皱　住宅　庄重　助长
珍重　正直　忠贞　周折　蜘蛛

ch［tʂ'］　舌尖后、送气、清、塞擦音。

发音的情况和 zh 相比，只是气流较强，其余都相同。

叉车　拆穿　蟾蜍　赤诚　除尘
惆怅　出产　初春　传抄　惩处

sh［ʂ］　舌尖后、清、擦音。

发音时，舌尖上翘，接近硬腭前部，形成窄缝，软腭上升，堵塞鼻腔通路，声带不颤动，气流从舌尖和硬腭前部形成的窄缝中挤出，摩擦成声。

杀伤　闪烁　诗史　少数　失神
膳食　伤神　上山　神圣　生疏

r［ʐ］　舌尖后、浊、擦音。

发音的情况和 sh 相近，只是摩擦比 sh 弱，同时声带颤动，气流带音。

嚷嚷　软弱　忍让　仍然　柔软
荣辱　柔韧　忍辱　如若　扰攘

j［tɕ］　舌面、不送气、清、塞擦音。

发音时，舌面前部抵住硬腭前部，软腭上升，堵塞鼻腔通路，声带不颤动，较弱的气流把舌面前部与硬腭前部的阻碍冲开一道窄缝，并从中挤出，摩擦成声。

击剑　简洁　即将　结局　集锦
坚决　加紧　监禁　检举　剪辑

q［tɕ'］　舌面、送气、清、塞擦音。

发音的情况和 j 相比，只是气流较强，其余都相同。

凄清　崎岖　恰巧　铅球　蹊跷
窃取　侵权　秦腔　情趣　乔迁

x [ɕ]　　舌面、清、擦音。

发音时，舌面前部接近硬腭前部，留出窄缝，软腭上升，堵塞鼻腔通路，声带不颤动，气流从舌面前部和硬腭前部形成的窄缝中挤出，摩擦成声。

新秀　馨香　休息　遐想　相信
喧嚣　玄虚　学校　寻衅　循序

g [k]　　舌面后、不送气、清、塞音。

发音时，舌面后部抵住软腭，软腭后部上升，堵塞鼻腔通路，声带不颤动，较弱的气流冲破阻碍，爆发成声。

感官　高贵　梗概　孤高　归根
巩固　瓜葛　尴尬　光顾　果敢

k [k']　　舌面后、送气、清、塞音。

发音的情况和 g 相比，只是气流较强，其余都相同。

开垦　坎坷　侃侃　亏空　困苦
慷慨　苛刻　空旷　宽阔　旷课

h [x]　　舌面后、清、擦音。

发音时，舌面后部接近软腭，留出窄缝，软腭上升，堵塞鼻腔通路，声带不颤动，气流从舌面后部和软腭形成的窄缝中挤出，摩擦成声。

憨厚　含糊　豪华　浩瀚　鸿鹄
后悔　呼唤　辉煌　淮海　黄昏

四、普通话声母系统的特点

与印欧语音及汉语方音比较，更可显现普通话声母的一些特点，这样可以让我们从一个更广阔的视角来宏观把握普通话声母严整的系统性特征。

（一）与印欧语音比较

1. 普通话声母有送气和不送气的对立特征

与大部分西方语言相比，这是普通话语音系统中一个很突出的特点。在普通话的声母系统中塞音和塞擦音都是送气和不送气配对的，形成六对由单项发音特征构成的群组。

2. 塞擦音丰富

普通话声母系统中有三组由不送气和送气构成对立的塞擦音，并且都有同部位的擦音与之相配，加起来的数目几乎占了声母总数的一半。这也是不同于印欧语的一大特点。

3. 浊音声母少，没有系统的清浊对立

普通话声母系统中只有 m [m]、n [n]、l [l]、r [ʐ] 4 个浊辅音，与清辅音不构成系统性的清浊对立。只有一对比较特殊，即 sh [ʂ] 和 r [ʐ]。但从发音的性质分析，[ʐ] 的摩擦很轻微，甚至可以完全没有摩擦，只有在有意强调这个音时，才产生比较明显的摩擦。所以有一种意见把它处理为无擦通音，用音标 [r] 来标写。这样处理比较符合实际发音，而且还可以避免擦音系列中出现一个孤零零的浊音，从而更明确地显示普通话声母系统无清浊对立的特征。

（二）与汉语部分方言比较

1. 区分舌尖前音和舌尖后音

普通话的舌尖塞擦音和擦音分为两套：z、c、s 和 zh、ch、sh、r。这两套声母在发音上只有平舌和翘舌的区别，所以也分别被称为平舌音和翘舌音。翘舌音在其他方言中并不多见，吴方言、粤方言、北方话的西南方言中都没有舌尖后音。即使在有舌尖后音的北方话里，这两套声母分合的情况和普通话也不完全相同。例如，天津、西安以及东北的不少地方，把普通话里一部分念舌尖后音的字念成了舌尖前音，把普通话里有些念舌尖前音的字念成了舌尖后音。例如，长春话把"水 [ʂuei]"说成"[suei]"，把"资 [tsɿ]"说成"[tʂʅ]"。

2. 只有团音、没有尖音

舌面音 j、q、x 与 i、ü 或 i、ü 开头的韵母拼合的音节叫团音，舌尖前音 z、c、s 与 i、ü 或 i、ü 开头的韵母拼合的音节叫尖音。

普通话声母 j、q、x 可与 i、ü 或 i、ü 开头的韵母相拼，z、c、s 却不能与之相拼，所以普通话中只有团音，没有尖音。而许多方言，尤其华东各省的方言，往往有尖音、团音之分。如"酒、秋、修、趣、需"属尖音，"九、丘、休、去、虚"属团音。有尖音的方言区的人学习普通话，要把与 i、ü 或 i、ü 开头的韵母相拼的 z、c、s 改为 j、q、x，即改尖音为团音。

3. n 和 l 不相混

普通话里舌尖中鼻音 n 和边音 l 的分别十分清楚，北方方言中的华北、东北地区、吴方言、客家话、粤方言也都如此。但是，从汉语方言的全局来看，n、l 混读的地区，几乎占整个汉语区的一半，西南方言的大部分，江淮方言、西北方言中的一部分，还有南方的湘、赣、闽等地，都有大片 n、l 混读的地区。这些方言中，有的全读成 n，有的全读成 l，有的 n 和 l 随便读，也有的只在一定条件下才能分别的（例如在 i、ü 的前面），情况相当

复杂。

4. f、h 不相混

f 和 h 都是擦音，阻碍部位不同。普通话和北方方言区的华北方言、西北方言、吴方言大都能分别这两个声母。但是不少地区，如湘、赣、粤、客家等方言，舌根擦音 h 同后高元音 u 是互相排斥的，hu［xu-］都读成 f［f］。例如，把"花生"和"发生"、"工会"和"工费"读成同音词。

5. 浊音声母少

普通话里浊音声母很少，只有 m、n、l、r 四个，除此以外，塞音、塞擦音都没有浊音，大多数汉语方言也是这样。但是，吴方言，还有一部分湘方言，有与清声母成套配对的浊音声母，因而清浊分明。例如：［p］、［t］、［k］——［b］、［d］、［g］。这些浊音声母在普通话里以声调的不同为条件分别变成相应的送气的清声母（平声）（如"爬、牌、盘、台、谈、堂、齐、前、强"）和不送气的清声母（仄声）（如"罢、败、办、定、洞、豆、阵、郑、住"）。

思考和练习二

一、什么是声母？

二、学唱《汉语拼音字母歌》，注意声母的本音、呼读音和字母的名称音之间的不同。

汉语拼音字母歌

1 = C 4/4

3 . 2̲ 3 1 |5 6 5 - |6 . 5̲ 3 5 |2 3 2 - |

a   b   c   d   e   f   g   h   i   j   k   l   m   n

a   bê   cê dê e   êf gê   ha   i   jie kê êl êm nê

5 3 5 0|i 5 6 0 |5 6̲0̲ 3 - |2 3̲0̲ 1 - ‖

o   p   q   r   s   t   u   v   w   x   y   z

o   pê   qiu ar   ês   tê   u   vê   wa   xi ya zê

三、用汉语拼音字母和国际音标，将普通话的辅音声母列成对照表。

四、根据提供的条件写出普通话的声母。

1. 舌面不送气清塞擦音（　）

2. 舌尖中浊鼻音（　）

3. 舌根不送气清塞音（　）

4. 舌尖前送气清塞擦音（　）

5. 双唇不送气清塞音（　）

6. 舌尖后清擦音（　）

7. 唇齿清擦音（　）

8. 舌尖后不送气清塞擦音（　）

五、根据提供的声母，写出它们的发音条件。

1. c　2. p　3. ch　4. h　5. t　6. q

六、比较下列各组声母的异同。

1. sh—h　　2. p—c　　3. t—g　　4. z—zh

5. f—s　　6. n—l　　7. j—q　　8. p—q

七、利用前面发音训练中的词语，找出自己家乡话声母和普通话的差异，并描写出来。

八、注明下面每段话里各字的声母，并练习发音。

牛郎恋刘娘

牛郎年年恋刘娘，刘娘连连念牛郎；

牛郎恋刘娘，刘娘念牛郎，

郎恋娘来娘念郎。

理化和理发

我们要学理化，他们要学理发。

理化不是理发，理化理发要分清，

学会理化却不会理发，学会理发也不懂理化。

石狮子、涩柿子

山前有四十四棵死涩柿子树，

山后有四十四只石狮子，

山前的四十四棵死涩柿子树，

涩死了山后的四十四只石狮子，

山后的四十四只石狮子，

咬死了山前的四十四棵死涩柿子树，

不知是山前的四十四棵死涩柿子树

涩死了山后的四十四只石狮子，

还是山后的四十四只石狮子咬死了，
山前的四十四棵死涩柿子树。

第三节　现代汉语韵母

一、什么是韵母

韵母指音节中声母后面的部分。普通话音系中共有 39 个韵母。《汉语拼音方案》韵母表中列了 35 个，在注解中又提及另外四个韵母：兼职字母 i 代表的韵母 [ɿ] 和 [ʅ]，组合字母表示的韵母 er，加符字母表示的韵母 ê。

韵母和元音音位的关系，同声母和辅音音位的关系一样，分别是从两个不同角度划分出来的不同概念，一个属音韵学，一个属音位学。它们之间有着密切的联系但不等同。韵母多数由元音音位构成，一部分也由元音音位和辅音音位组成。普通话中 10 个元音音位都可单独充作韵母（如 i、o），也可由两到三个组合成韵母（如 ei、iou）。可以出现在韵母中的辅音音位只有 /n/ 和 /ŋ/ 两个，且位置固定在韵母末尾。普通话的韵母最多可以由三个音位组成。一个音位在不同的韵母中代表着由具体语音环境规定的相应音素，即音位变体。如 /ə/ 作单韵母 e 时代表的是 [ɤ]，在鼻韵母中代表的是 [ə]。学习韵母发音时应注意分辨。

二、韵母的结构

韵母内部通常分为三部分：韵头、韵腹、韵尾。一个韵母不一定有韵头和韵尾，但韵腹是必不可少的。分析韵母内部结构时，也先确定韵腹。

（一）韵头

韵头指韵腹前面的元音，因它介于声和韵之间，所以又叫介音或介母。只由 i、u、ü 充当。有些韵母没有韵头。

（二）韵腹

韵腹是韵母的主要元音。如果韵母只有一个元音，那么它就是韵腹；如果韵母中有两个或三个元音，那么其中开口度较大，发音较响亮的是韵腹。一般由 a、o、e、ê 充当，没有 a、o、e、ê 时由 i、u、ü、-i [ɿ]、-i [ʅ]、er 充当。

（三）韵尾

韵尾指韵腹后面的元音或辅音，是韵母的收尾部分。元音韵尾有 i、u

（o），辅音韵尾有 n、ng。有些韵母没有韵尾。

韵腹加韵尾或光是韵腹（无韵尾）又可叫韵身或韵。韵文押韵的"韵"就指这部分。

下面列表举例说明韵母的内部结构：

韵母例字	韵母		
^	韵头	韵身	
^	^	韵腹	韵尾
哀（ai）		a	i
优（you）	i	o	u
温（wen）	u	e	n
约（yue）	ü	ê	
英（ying）		i	ng
屋（wu）		u	
迂（yu）		ü	
儿（er）		er	
知（zhi）		-i［ʅ］	
资（zi）		-i［ɿ］	

三、韵母的分类

韵母可以按其结构、韵母开头的元音、韵尾的不同，划分出不同的类别。

（一）韵母的结构类

普通话韵母按结构成分可以分为单元音韵母、复元音韵母和带鼻音韵母三类。

单元音韵母　由一个元音单独构成，简称单韵母。

复元音韵母　由两个或三个元音复合而成，简称复韵母。又可分二合的和三合的两类：由两个元音复合而成的叫二合复元音韵母；由三个元音复合而成的叫三合复元音韵母。

带鼻音韵母　由一个或两个元音带上鼻辅音复合而成，简称鼻韵母。又分两类：带舌尖鼻音韵尾的前鼻音韵母和带舌根鼻音韵尾的后鼻音韵母。

这种分类显示了韵母内部组成成分的语音特点，后面分析韵母的发音就是以此为依据的。

（二）韵母的四呼类

根据韵母开头元音发音时口形的不同，可以把普通话韵母分为开口呼韵母、齐齿呼韵母、合口呼韵母和撮口呼韵母四类，简称"四呼"。这是传统音韵学对韵母的一种分类法。

开口呼韵母　没有韵头，韵腹也不是 i、u、ü 的韵母。如 a、o、-i［ɿ］、-i［ʅ］、ou、ei 等。

齐齿呼韵母　韵头或韵腹是 i 的韵母。如 i、ia、ie、iou、ing 等。

合口呼韵母　韵头或韵腹是 u 的韵母。如 u、ua、uei、uen 等。

撮口呼韵母　韵头或韵腹是 ü 的韵母。如 ü、üe、üan、ün 等。

这里需要注意两点：(1) ong［uŋ］属于合口呼、iong［yŋ］属于撮口呼，是按它们的实际读音归类的。《汉语拼音方案》用 ong 表示［uŋ］、iong 表示［yŋ］，而没有相应采用 ung、üng，是为了使字形清晰醒目，同时为避免手写体 u 和 a 相混。(2) -i［ɿ］、-i［ʅ］是两个舌尖韵母，属于开口呼。它们和属于齐齿呼的舌面韵母 i［i］，从发音到听感、乃至与声母的拼合情况都有很大差异，尽管拼音方案用一个字母表示。

韵母的四呼分类对说明汉语语音的系统性有重要意义。因为音节的两大组成部分——声母和韵母的配合规律，主要就是由声母的发音部位和韵母开头的元音决定的，即声母的发音部位相同，则与韵母的四呼类配合关系也相同。因此，有了韵母的四呼分类，声韵配合规律就可以系统地、简约地整理表述出来。另外，汉语方言里某些字有无某种韵头，并不是零星孤立的现象，而是有很强的系统性。例如，昆明人把"鱼"yú 念成［i］，把"约"yuē 念成［io］，正反映了昆明话的韵母系统里没有撮口呼的韵母。

（三）韵母的韵尾类

根据韵尾的不同，可以把普通话韵母分成开尾韵母、元音尾韵母和鼻音尾韵母三大类。

开尾韵母　没有韵尾的韵母。如 o、e、ie、uo 等。

元音尾韵母　以元音作韵尾的韵母。如 ei、ao、ou、uei 等。

鼻音尾韵母　以鼻音作韵尾的韵母，即以 n 或 ng 收尾的韵母。如 en、ing、ueng 等。

这种根据韵尾对韵母所做的分类，对了解和说明语音内在的系统性很有价值。例如，在儿化音变中，开尾韵母 a ia ua；o uo；e ie üe 等，它们的音变方式是相同的；可以把-i 尾韵和-n 尾韵归并为一类叫作前尾韵，它们构成儿化韵的音变方式都相同。再有，轻声中韵母读音的弱化规律，在这种韵母分类中也便于做出概括说明。例如开尾韵央化，元音尾韵母单元音化。韵母的这种分类方法在方言学界也是常用的，因为它也能很好地说明方言与普通话的对应关系。例如，普通话前尾韵（-i, -n）：ai、uai、ei、uei，an、ian、uan、üan 在吴语上海话中分别对应为［ɛ］（来）、［uɛ］（筷）、［e］（雷）、［ue］（规），［ɛ］（单）、［iɛ］（念）、［uɛ］（弯）、［yø］（远）。这类对应性的差异，从韵尾的角度就可以概括为上海话缺乏有尾韵。

总之，以结构、韵尾的不同为横轴，韵头的不同为竖轴，纵横相配构成的韵母分类表，对说明普通话语音的系统性，包括音节结构的构造、语流音变的规律、方言对应的差异等都有很高的价值。

普通话韵母总表

结构类＼四呼类韵母	开口呼	齐齿呼	合口呼	撮口呼	韵尾类
单元音韵母	-i [ɿ] [ʅ] a [A] o [o] e [ɤ] ê [ɛ] er [ɚ]	i [i] ie [iɛ]	u [u] ua [uA] uo [uo]	ü [y] üe [yɛ]	开尾韵母
复元音韵母	ai [ai] ei [ei] ao [au] ou [ou]	iao [iau] iou [iou]	uai [uai] uei [uei]		元音尾韵母
带鼻音韵母	an [an] en [ən] ang [aŋ] eng [əŋ]	ian [iɛn] in [in] iang [iaŋ] ing [iŋ]	uan [uan] uen [uən] uang [uaŋ] ueng [uəŋ] ong [uŋ]	üan [yɛn] ün [yn] iong [yŋ]	鼻音尾韵母

四、韵母的发音及训练

（一）单元音韵母

普通话单元音韵母共 10 个：a、o、e、ê、i、u、ü、-i [ɿ]、-i [ʅ]、

er。其中前七个是舌面单元音韵母，其后的两个-i [ɿ]、-i [ʅ] 是舌尖单元音韵母，最后一个 er 是卷舌单元音韵母。

1. 舌面单元音韵母

舌面元音是舌头表面前后上下运动改变口腔共鸣器形状而发出的元音。其音色的不同主要取决于三个条件：舌位的前后、舌位的高低、唇形的圆展。

普通话七个舌面单元音韵母可以从这三个方面加以分析描写：

舌位的前后 可分为前元音 i、ü、ê，央元音 ɑ，后元音 u、o、e。

舌位的高低 可分为高元音 i、u、ü，半高元音 o、e，半低元音 ê，低元音 ɑ。

唇形的圆展 可分为圆唇元音 o、u、ü，不圆唇元音 i、ê、e、ɑ。

综合以上三个条件，可以用《舌面元音舌位图》表示。

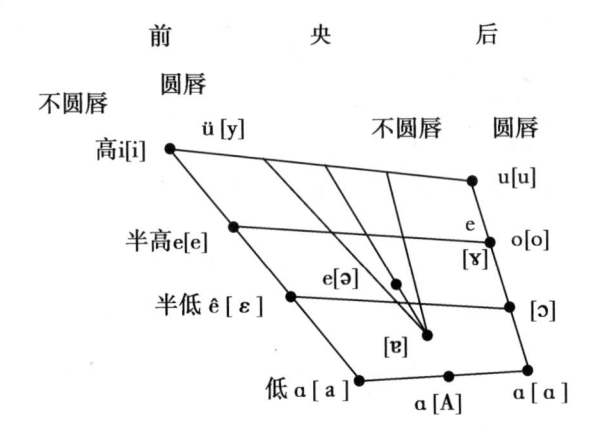

舌面元音舌位图

下面逐个描写并练习这七个舌面单元音韵母的发音。

ɑ [A]　　舌面、央、低、不圆唇元音。发音时，口大开，舌位低，舌头居中央（不前不后），唇形不圆，呈自然状态。

沙发　砝码　打岔　打发　大妈
打靶　大麻　大拿　发达　发傻

o [o]　　舌面、后、半高、圆唇元音。发音时，口半闭，舌位半高，舌头后缩，唇拢圆。

伯伯　婆婆　泼墨　默默　破墨
脉脉　馍馍　薄膜　摸摸　磨破

e [ɤ]　　舌面、后、半高、不圆唇元音。发音状态与 o 基本相同，但双唇要自然展开。

特色　哥哥　割舍　隔阂　色泽
苛刻　合格　车辙　折射　瑟瑟

ê [ɛ]　舌面、前、半低、不圆唇元音。发音时，口半开，舌位半低，舌头前伸使舌尖抵住下齿背，唇形不圆。在普通话中只有"欸"这个字念ê（零声母）。复韵母ie、üe中是ê。

节约　解决　姐姐　借阅　竭蹶

i [i]　舌面、前、高、不圆唇元音。发音时，唇形呈扁平状，舌头前伸使舌尖抵住下齿背。

比翼　披靡　霹雳　迷离　敌意
体系　匿迹　离奇　机密　肌体

u [u]　舌面、后、高、圆唇元音。发音时，双唇拢圆；留一小孔，舌头后缩，使舌根接近软腭。

补助　故土　部署　出租　督促
扶助　孤独　附录　复苏　孤苦

ü [y]　舌面、前、高、圆唇元音。发音状态与i基本相同，但唇形拢圆。

女婿　旅居　语句　聚居　语序
絮语　渔具　须臾　序曲　区域

2. 舌尖单元音韵母

舌面元音发音时，舌尖总是放在下齿附近，始终不抬起。舌尖元音发音时，主要是舌尖起作用。普通话里两个舌尖元音发音情况如下。

-i [ɿ]　舌尖前、高、不圆唇元音。发音时，舌尖前伸接近上齿背，气流通路虽狭窄，但气流经过时不发生摩擦，唇形不圆。

孜孜　自私　恣肆　刺字　私自
字词　此次　四次　次子　赐死

-i [ʅ]　舌尖后、高、不圆唇元音。发音时，舌尖上翘接近硬腭前部，气流通路虽狭窄，但气流经过时不发生摩擦，唇形不圆。

支持　指使　咫尺　制止　致使
失职　日食　实施　试制　适时

这两个舌尖单韵母都没有零声母音节，舌尖前元音-i [ɿ]只出现在声母z、c、s的后面，舌尖后元音-i [ʅ]只出现在声母zh、ch、sh、r的后面。它们跟舌面元音i [i]出现条件不同，舌面元音i [i]绝不出现在z、 c、s 和 zh、ch、sh、r 的后面。因此，《汉语拼音方案》用 i 同时表示 i [i]、-i [ɿ]、-i [ʅ]，也不至于发生混淆。

3. 卷舌单元音韵母

er [ɚ]　卷舌、央、中、不圆唇元音。er 是个带有卷舌色彩的央元音 e [ə]，称卷舌元音。发音时，舌位居中，舌头稍后缩，唇形不圆，在发 e [ə] 的同时，舌尖向硬腭卷起。《汉语拼音方案》中的 r 用在 er 韵母中不代表音素，只是表示卷舌动作的符号，所以 er 韵母虽用两个字母标写，仍是单韵母，不要以为 r 是辅音韵尾。普通话中只有"儿、而、耳、饵、尔、迩、二、贰"等为数有限的字念 er（零声母）。

（二）复元音韵母

复元音韵母由复元音构成，复元音指的是发音时舌位、唇形都有变化的元音。也就是说，复元音的发音是由前一个元音的发音状态（开口度、舌位、唇形）向下一个元音的发音状态滑动的过程。在这一过程中发音状态的变化是渐变不是突变，中间需要经过一连串过渡音，气流不间断形成一个整体。这些过渡音也简称音渡。

普通话共有 13 个复元音韵母（见《普通话韵母总表》）。根据韵腹即主要元音的位置可以分为三类。

1. 前响复元音韵母

共有 4 个：ai [ai]、ei [ei]、ao [au]、ou [ou]。发音时前一个元音比后一个元音响，开口度大。发前面的元音后立刻滑向后面的元音，后者音值含混，只表示舌位滑动的方向。其中注意 ai [ai] 中的 a 代表的是前元音 [a]，ao [au] 中的 a 代表的是后元音 [ɑ]，如果混淆则音色不像普通话。再有 ei [ei] 中的 e 代表的是舌面前、半高、不圆唇元音 [e]。另外，ao [au] 和下边的 iao [iau] 韵母里的 o，表示的应是 [u]，拼音字母用 o 不用 u，是为了字形清晰，避免手写体 u 和 n 相混。

　白菜　海带　北美　配备
　糟糕　报告　收购　斗殴

2. 后响复元音韵母

共有 5 个：ia [iA]、ie [iɛ]、ua [uA]、uo [uo]、üe [yɛ]。发音时，前面的元音轻短，只表示舌位从这里开始移动，后面的元音清晰响亮。注意 ie [iɛ]、üe [yɛ] 中的字母 e 实际代表的是 ê [ɛ]，与 ei [ei] 中的 e 不同。ia [iA]、ua [uA] 中的 a 代表的是 [A]，与 ai [ai]、ao [au] 中都不同。

　加压　加价　结业　贴切　挂花　耍滑

堕落　骆驼　约略　雀跃

前响复元音韵母和后响复元音韵母都是由两个元音复合而成的，所以可归入二合复元音韵母一类；下面的中响复元音韵母由三个元音复合而成，属于三合复元音韵母。

3. 中响复元音韵母

共有4个：iao［iɑu］、iou［iou］、uai［uai］、uei［uei］。发音时，前面的元音轻短，中间的元音清晰响亮，后面的元音音值含混，只表示舌位滑动的方向。iao［iɑu］中的a、o与ao［ɑu］同，uai［uai］中的a与ai［ai］同，uei［uei］中的e与ei［ei］同。

逍遥　窈窕　悠久　绣球
踹坏　拽歪　摧毁　归队

（三）带鼻音韵母

带鼻音韵母由元音和鼻辅音韵尾构成。其发音是由元音发音状态逐渐向鼻辅音的发音状态过渡，最后发音部位闭塞，形成鼻辅音。普通话里出现在元音后面的鼻辅音只有舌尖中浊鼻音n［n］和舌根浊鼻音ng［ŋ］。

ng［ŋ］ 舌根、浊、鼻音。发音时，软腭下降，打开鼻腔通路，舌根后缩抵住软腭，气流振动声带后从鼻腔通过。ng在普通话中只能做韵尾，不做声母。

鼻辅音韵尾n与鼻辅音声母n的发音有所不同，韵尾n只在成阻阶段发音，在发音过程中没有除阻阶段，发音完了再除阻。n在作韵尾时和ng一样，都是一种"唯闭音"。习惯上把带n韵尾的韵母称为前鼻音韵母，把带ng［ŋ］韵尾的韵母称为后鼻音韵母。

普通话里共有16个带鼻音韵母（见《普通话韵母总表》），根据鼻辅音韵尾的不同可以分为前鼻音韵母和后鼻音韵母两类。

1. 前鼻音韵母

共有8个：an［an］、en［ən］、in［in］、ün［yn］、ian［iɛn］、üan［yɛn］、uan［uan］、uen［uən］。

an［an］、en［ən］、in［in］、ün［yn］由一个元音带［n］构成，元音是韵腹，发音响亮。先发元音，紧接着软腭下降，舌尖抵住上齿龈发不除阻的［n］，整个韵母发音完毕才解除阻碍。

感染　懒散　沉闷　振奋
金银　亲信　军训　均匀

ian［iɛn］、üan［yɛn］、uan［uan］、uen［uən］由两个元音带［n］

构成，发音时从前面轻短的元音滑到中间响亮的韵腹，紧接着软腭下降，舌尖抵住上齿龈发不除阻的［n］，整个韵母发音完毕才解除阻碍。注意 uan［uan］中的 a 和 an［an］、ai［ai］、uai［uai］都相同，ian［iɛn］、üan［yɛn］中的 a 代表的是舌面前、半低的［ɛ］。uen［uən］与 en［ən］中的 e 代表的都是央元音［ə］。

恬念　艰险　渊源　源泉　婉转
贯穿　换算　混沌　温存　论文

2. 后鼻音韵母

共有 8 个：ang［aŋ］、eng［əŋ］、ing［iŋ］、ong［uŋ］、iong［yŋ］、iang［iaŋ］、uang［uaŋ］、ueng［uəŋ］。

ang［aŋ］、eng［əŋ］、ing［iŋ］、ong［uŋ］、iong［yŋ］由一个元音带［ŋ］构成，先发元音，紧接着软腭下降，舌根上升，发不除阻的［ŋ］，整个韵母发音完毕才解除阻碍。注意 ong［uŋ］中的字母 o 代表的是［u］，iong［yŋ］中 io 代表［y］。

帮忙　苍茫　丰盛　征程　聆听
情景　从容　松动　汹涌　炯炯

iang［iaŋ］、uang［uaŋ］、ueng［uəŋ］发音时从前面轻短的元音滑动，紧接着发［aŋ］、［əŋ］即可。注意 ang［aŋ］、iang［iaŋ］、uang［uaŋ］中的 a 和 ao［au］、iao［iau］中的 a 一样都是后元音［ɑ］，eng［əŋ］、ueng［uəŋ］中的 e 和 en［ən］、uen［uən］中的 e 一样代表的都是央元音［ə］。

五、普通话韵母的特点

和汉语方言或西方语言相比，普通话韵母有以下几个方面的特点：

（一）鼻音韵母分-n（前）、-ng（后）两套

普通话有前鼻音韵母和后鼻音韵母各 8 个，区分十分严格。但有的方言不分。或都以 n 作韵尾，如四川、云南、陕西、广西等省的部分地区；或都以 ng 作韵尾，如吴方言、闽北方言和宁夏、河北、安徽等省的部分地区。前鼻音韵母和后鼻音韵母在方言中的混同现象，主要表现在 in-ing 和 en-eng 这两对韵母上，如把"风景"说成 fenjin、"金银"说成 jingying。

另外，在粤方言和客家方言中，一部分 n 尾韵母字变作了 m 尾韵母，这些方言区的人应注意把 m 尾音改为 n 尾音。

再有，有些方言中，an、ian、uan、üan 四个韵母都读成了鼻化音。如昆明、桂林等地把 an 读成［ã］，西安、太原等地读成［æ̃］。还有的方言干脆连鼻音也没有了，如上海话、苏州话干脆把 an 读成 [ɛ]。

（二）复韵母丰富

普通话的韵母有二合复元音韵母和三合复元音韵母，而英语则只有二合元音，没有三合元音。

普通话的复韵母比较丰富，共有十三个，占全部韵母的三分之一，但吴方言和粤方言复韵母就没有这么多。吴方言较缺乏元音韵尾，复韵母单元音化是其突出特点。这种现象在闽方言、客家方言和北方方言区的济南、西安、昆明、合肥、扬州等地的方言中也有不同程度的反映。比如，把 ai 读成 [ɛ] 或 [æ]，把 ei 读成 [ɛ] [e] 或 [i]，把 ao 读成 [æ] 或 [ɔ]，把 ou 读成 [ɤ] [u] 或 [ɯ]。与此相应，普通话里由三个元音成分组成的中响复韵母，在某些方言里也是没有的。例如"怪"、"规"，上海话读成 [kuɑ]、[kue]。粤方言与吴方言相反，较缺少韵头。比如广州话就没有后响复韵母，把普通话里的 ia、ua、uo 读成相应的 [a] [ɔ] [ao]。这些方言区的人在说普通话时，要注意复韵母的读法，防止丢失韵头或韵尾。

（三）四呼俱全

普通话韵母分开、齐、合、撮四类，但有些方言没有撮口呼韵母。客家方言和闽南方言把撮口呼归入了齐齿呼或合口呼，如把普通话"驴"读成 [lu]，把"靴"分别读成 [hiɔ]、[hia]；西南一些方言则把撮口呼全归入了齐齿呼。

另外，在湘方言、赣方言、客家方言、粤方言、闽方言和北方方言部分片区把普通话一些合口呼韵母读成了非合口呼韵母，如把 uo 读成 o，u 读成 ou 等。

（四）有舌尖韵母-i [ɿ]、-i [ʅ] 以及卷舌韵母 er

[ɿ]、[ʅ] 两个舌尖元音在许多西方语言里都没有。在普通话的语音系统中，它们不能自成音节，也不能跟其他元音组合，只能出现在同部位的声母后面作单韵母：zi [tsɿ]、ci [tsʻɿ]、si [sɿ]、zhi [tʂʅ]、chi [tʂʻʅ]、shi [ʂʅ]、ri [ʐʅ]。在闽方言、粤方言中没有这两个韵母。

er [ɚ] 在普通话语音系统中是一个特殊的卷舌元音，它不跟其他任何元音或辅音组合，只能自成音节，对应"二、而、儿"等为数非常有限的几个汉字。它在普通话中主要被用来作后缀，构成儿化音节。南方各方言区多半都没有这个后缀。

六、押韵

押韵指的是韵文中某些句子的末尾用上同韵的字，也叫做压韵。韵腹加韵尾或光是韵腹（无韵尾）叫"韵身"或"韵"。韵文押韵的"韵"就指这部分。因此"韵"和韵母不完全相同。凡韵腹相同或相近，如果有韵尾，韵尾也相同的，都属于一个"韵"。也就是说，辨别是否同韵时可以不管韵头，主要看韵腹、韵尾就行了。

我国历来韵文十分发达，也编纂了许多韵书供人查找韵脚。明清以来的说唱文学把押韵叫做合辙，使用按北京话韵母归纳的十三辙。现代新诗的押韵比旧体诗词要宽些，一般依据黎锦熙等编的《中华新韵》选字押韵。《中华新韵》按韵母分为十八个韵部，简称十八韵。十三辙、十八韵与普通话韵母的对应情况可参看下面的韵辙表。

韵 辙 表

十三辙	十八韵	普通话韵母	例字
（一）发花	（1）麻	a、ia、ua	发、霞、画、瓜
（二）坡梭	（2）波	o、uo	坡、摸、多、国
	（3）歌	e	俄、车
（三）乜斜	（4）皆	ê、ie、üe	欸、斜、月、缺
（四）姑苏	（10）模	u	图、书
（五）一七	（5）支	-i [ɿ]、-i [ʅ]	私、自、志、士
	（6）儿	er	而、耳
	（11）鱼	ü	鱼、区
	（7）齐	i	西、医
（六）怀来	（9）开	ai、uai	派、来、外、快
（七）灰堆	（8）微	ei、uei（ui）	飞、雷、推、回
（八）遥条	（13）豪	ao、iao	高、考、笑、料
（九）油求	（12）侯	ou、iou（iu）	口、头、流、油
（十）言前	（14）寒	an、ian、uan、üan	斑、斓、先、前、转、弯、圆、圈
（十一）人辰	（15）痕	en、in、uen（un）、ün	根、深、金、银、温、顺、均、匀
（十二）江阳	（16）唐	ang、iang、uang	方、刚、响、亮、狂、妄
（十三）中东	（17）庚	eng、ing、ueng（weng）	风、筝、英、明、翁、瓮
	（18）东	ong、iong	空、中、汹、涌

表中韵辙的名称，是前人从该韵辙所属的字中挑选出来的代表字。这些字只用作韵辙名称并不包含其他意义。

从表中可以看出，十八韵与普通话韵母的对应相当一致，反映的是现代汉语语音的押韵系统。另外，有人用一句唱词"俏佳人扭捏出房来，东西南北坐"来代称十三辙，可帮助我们记忆。

思考和练习三

一、什么是韵母？它和元音音位是什么关系？

二、韵母按结构可以分成哪几类？按类别默写出来并注上国际音标。

三、写出下列音节的韵母，列表分析其内部结构，并指出属于"四呼"中的哪一呼。

师资　弯曲　渊博　依旧　浓厚
围困　英雄　魁梧　养护　蓊郁

四、画一个元音舌位图，标出普通话的七个舌面元音。

五、根据提供的发音条件，写出相应的单元音韵母。

1. 舌面后半高圆唇元音（　）
2. 舌面前半低不圆唇元音（　）
3. 舌面前高不圆唇元音（　）
4. 舌面央低不圆唇元音（　）
5. 舌面后高圆唇元音（　）
6. 舌尖前高不圆唇元音（　）

六、比较下列各组韵母发音的异同。

1. u—ü　2. -i [ɿ]—i [i]　3. a—ê　4. o—u

七、汉语拼音方案用字母 i 代表哪几个音？为什么不会混淆？

八、韵母 ao、iao、ong、iong 的实际读音是怎样的？汉语拼音方案为什么要采取这样的设计？

九、利用前面发音训练中的词语，找出自己家乡话韵母和普通话的差异，描写出来。

十、什么是押韵？押韵的韵和韵母有什么不同？请各找一首格律诗和一首新诗，指出它们的韵脚各属于哪一辙和哪一韵。

十一、注明下面各音节的韵母，并练习发音。

剥夺—破获　摸索—薄弱　迫害—婆婆
渔民—移民　预见—意见　思虑—私利
百步—北部　不买—不美　排场—赔偿

活动—滑动　货郎—画廊　果断—寡断
谣言—油盐　销路—修路　生效—生锈
拽落—坠落　甩手—水手　歪斜—威胁
英雄—因循　兴建—新建　幸福—信服
精致—金质　平凡—频繁　清静—亲近
施展—师长　出产—出厂　寒天—航天
鲜花—香花　简历—奖励　坚硬—僵硬
心欢—心慌　奉还—凤凰　车船—车床
诊治—整治　深思—生丝　身世—声势
沉积—乘机　申明—声明　人身—人生
余温—渔翁　春天—冲天　孙子—松子
运费—用费　群像—穷相　勋章—胸章

十二、朗读下列绕口令。

殷英敏和应尹铭

东庄儿住着个殷英敏，西庄儿住着个应尹铭。
应尹铭挖蚯蚓，殷英敏捕苍蝇。
不管天阴或天晴，两人工作都不停。
为了比辛勤两人通了信，要看谁行谁不行。
不知殷英敏的苍蝇，多过应尹铭的蚯蚓，
还是应尹铭的蚯蚓，多过殷英敏的苍蝇。

盆碰棚

老彭拿着一个盆，路过老陈住的棚，
盆碰棚，棚碰盆，棚倒盆碎棚压盆，
老陈要赔老彭的盆，老彭不要老陈来赔盆，
老陈陪着老彭去补盆，老彭帮着老陈来修棚。

第四节　现代汉语声调

一、什么是声调

声调是音节中具有区别意义作用的音高变化。它和声母、韵母一起构成汉字的读音（即字音），因而也叫字调。是汉语音节不可缺少的结构成分之一，其辨义作用可以说和声母、韵母同等重要。如普通话的声母 sh 和韵母-i[ɿ]可以拼合成 shi，没有声调，我们就不能知道它究竟代表什么意义。只有加上声调，如 shī 表示"诗、师、湿、虱"等，shí 表示"十、石、时、实、拾"等，shǐ 表示"矢、使、始、豕"等，shì 表示"士、世、仕、事、势、试、是、拭、室"等。如"钉"读阴平时为名词，读去声时为动词；"好"读上声时为形容词，读去声时为动词。

普通话声调系统由四个声调音位构成。声调音位（简称调位）在不同语音环境中会产生不同的变体，包括：非语流中的单个汉字的声调，即字调；进入语流中，因前后音节声调的影响而产生相应的变调。如上声调位/214/在上声音节前产生变调，其变体为[35]（如"美好"的"美"）。需要注意的是，这种语流中的变调现象并不导致字（或词）义的改变，即不起区别意义的作用，所以是作为变体和相应字调一起归入一个声调音位的。而不同字调（[214]"美"、[35]"煤"）因其具有辨义功能，所以应归入不同的调位（/214/、/35/）。关于变调还是放到后面语流音变和音位变体中讲解，本节所讲实际是就字调进行的分析，这是研究声调系统的根本和基础。

二、调值和调类

调值是声调的实际读法，即声调高低升降曲直长短的具体变化形式和幅度。如"má（麻）、mà（骂）"，发音时会感觉到前一个音节的声调是上升的，后一个音节的声调是下降的，这就说明两个音节的调值不同。描写调值，一般采用赵元任先生创制的五度标记法——用五度竖标来标记调值相对音高的一种方法。

图标中，用线条直观表现了声调高低升降曲直长短的类型，即调型；线条起讫点和转折点的度数可以用数值表示，即调值；把五度标记法的图形简化而成一种不标刻度的声调符号，即调号。

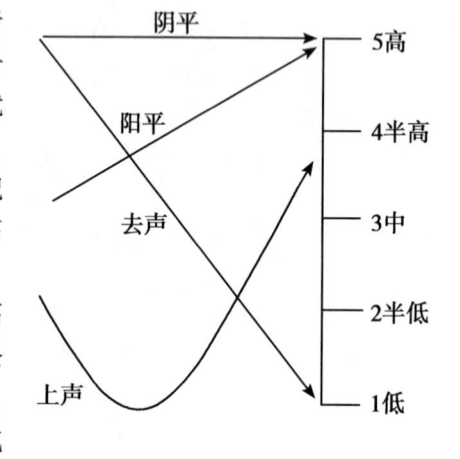

调类是声调的种类，也就是把调值相同的字归纳在一起所建立的类。一种语言或方言的调值总是有限的，把它的全部字音按不同的调值加以分类，得出来的类别就是调类。所以，一种语言或方言里有几种调值就有几个调

类。汉语方言的调类少的只有三个，多的有八九个，甚至十个，大多为四至六个。普通话有四个调类，名称是"阴平、阳平、上声、去声"。这样，普通话的声调就可以作如下描写和标记：

	例　字	山	河	美	丽
声调描写	调　类	阴 平	阳 平	上 声	去 声
		第一声	第二声	第三声	第四声
	调　值	˥55	˧˥35	˨˩˦214	˥˩51
	调　型	高 平	中 升	降 升	全 降
声调标记	调号标法	shān	hé	měi	lì
	调值标法	[ʂan⁵⁵]	[xɤ³⁵]	[mei²¹⁴]	[li⁵¹]
		[ʂan˥]	[xɤ˧˥]	[mei˨˩˦]	[li˥˩]
	调类标法	[ˌʂan]	[ˬxɤ]	['mei]	[li']
		ˌ山	ˬ河	'ABC美	丽'

理解调值和调类需注意的问题：

第一，调类的归纳是根据汉字单念时的调值，换句话说，是根据能够区别意义的不同调值归纳的，而不是语流中音节发音的调值。因为一些音节的调值在语流中会产生变化，如变调和轻声。例如"打"，普通话单念是[214]调值，后面连上其他音节时会变读为[21]（"打包""打雷""打架"）或[35]（"打赌""打扰"），出现在"敲打""打打闹闹"中第二个音节又变读为轻声，但这时的[21]、[35]和轻声都没有区别意义的作用，不能处理为单独的调类，而是作为变调前[214]的语流音变现象附着于上声调类，也即前边说过的是一个声调音位/214/的几个不同变体。但"打"单念时还有一种调值[35]（量词"一打"），和读[214]时意义不同，所以应另外归入阳平调类。

第二，调类的种数由调值决定，但调类的名称并不由调值决定。现代汉语普通话和各方言调类的名称都是沿用中古汉语调类名称的。中古汉语有"平、上、去、入"四种调类。另外古汉语调类和声母的清浊也有密切的关系。古汉语有一套与清声母严整对应的浊声母，在普通话里这套浊声母基本都已变成清声母了，在南方方言里还有保留。传统音韵学又按声母的清浊把声调分成两类：清声母字的声调为阴调，浊声母字的声调为阳调。这样，"平、上、去、入"四个调类就可以根据声母的清浊进一步分为八类：阴平、阳平、阴上、阳上、阴去、阳去、阴入、阳入。由于声调的历史演变，普通话和各地方言的声调数目已互有差异，有的多（最多达十类），有的少（最少三类），但都根据具体分合情况沿用古汉语的调类名称。所以，普通话和各地方言的调类名称是统一的，但调值却是五花八门的。

现代汉语中沿用古代汉语的调类名称，不仅可以便于了解普通话声调和古代四声的演变关系，还可以以此追寻普通话和方言、方言和方言声调之间的对应关系。

三、普通话声调与古四声和方言声调的比较

普通话的声调，是从古代汉语声调发展而来的，跟方言声调也有联系和区别。

早在1500多年前，南北朝齐梁之际的沈约写了《四声谱》，按四种声调分韵，并定下了"平、上、去、入"的命名，被称为古四声。后来，又有人按声母的清浊把每一种声调分为阴调和阳调两类，把声带不颤动的"不带音"叫清音，把声带颤动的"带音"叫浊音，清声母字归阴调，浊声母字归阳调，这样，古四声实际上就分化演变为阴平、阳平、阴上、阳上、阴去、阳去、阴入、阳入8类。

各方言的声调从古四声发展而来，但各有不同。有的方言保留了古代汉语的阴平、阳平、阴上、阳上、阴去、阳去、阴入、阳入8个声调，如吴方言区的绍兴方言。多数方言只保留了4—7个声调，如北方方言的北京话、沈阳话、兰州话、武汉话就只有4个声调。声调最多的是粤方言，广州话把阴入分为上阴入、下阴入，因此有9个声调，玉林话又把阳入分为上阳入、下阳入，因此有10个声调。

下面是古四声、普通话声调和部分方言点声调对照表。

普通话声调与古四声和部分方言声调对照表

古四声		平声		上声		去声		入声				声调数
例字		天	平	古	老	近	放	大	急	各	六	杂	
普通话		阴平 55	阳平 35	上声 214			去声 51		分别归阴、阳、上、去				4
北方方言	北京	阴平 55	阳平 35	上声 214			去声 51		分别归阴、阳、上、去				4
	南京	阴平 31	阳平 13	上声 22			去声 44		入声 5				5
	武汉	阴平 55	阳平 313	上声 42			去声 35		归阳平				4
	沈阳	阴平 44	阳平 35	上声 213			去声 41		分别归阴、阳、去				4
	兰州	阴平 31	阳平 53	上声 442			去声 13		归去声			归阳平	4
	太原	平声 11		上声 53			去声 45		阴入 2			阳入 54	5
	滦县	平声 11		上声 213			去声 55		分别归平、上、去				3
吴方言	苏州	阴平 44	阳平 13	上声 52	归阳去	阴去 412		阳去 31	阴入 5		阳入 2		7
	绍兴	阴平 41	阳平 15	阴上 55	阳上 22	阴去 44		阳去 31	阴入 5		阳入 32		8
	上海	阴平 54	阳平 24	上声 33	归上声	归阳平			阴入 5		阳入 2		5
湘方言	长沙	阴平 33	阳平 13	上声 41		阴去 45		阳去 21	入声 24				6
赣方言	南昌	阴平 42	阳平 24	上声 213		阴去 55		阳去 31	入声 5				6
客家方言	梅县	阴平 44	阳平 11	上声 31			去声 52		阴入 21		阳入 5		6
闽方言	福州	阴平 44	阳平 52	上声 31		阳去 242	阴去 213	阳去 242	阴入 23		阳入 4		7
	厦门	阴平 55	阳平 24	上声 51		阳去 33	阴去 11	阳去 33	阴入 32		阳入 5		7
粤方言	广州	阴平 53	阳平 21	阴上 35	阳上 13	阴去 33		阳去 22	上阴入 55	下阴入 33	阳入 22		9
	玉林	阴平 54	阳平 32	阴上 33	阳上 23	阴去 52		阳去 21	上阴入 5	下阴入 3	上阳入 2	下阳入 1	10

四、普通话声调的特点

跟古代汉语声调和方言声调相比，普通话声调有以下几个特点。

（一）平分阴阳

普通话阴平和阳平两个声调是从古汉语的平声按声母的清浊分化而来的，清为阴，浊为阳，各地方言大体相同。但也有少数方言平声不分阴阳，只有一个调类，例如山西太原话、河北滦县话和张家口话、甘肃康乐话等。这些方言点的人说普通话要注意区分阴平和阳平两个调类。

（二）上、去不分阴阳

普通话的上声和去声都不分阴阳，但有些方言情况不同。粤方言和吴方言的部分地区上声分阴上、阳上两类，这些方言区的人要注意古次浊声母（鼻音、边音、r声母和零声母）的阳上字还是在普通话上声里，古全浊阳上字变成去声了。粤、闽、吴、湘等方言中，去声大多分为阴去、阳去两类，这些方言区的人说普通话需将阴阳两类合并成一类。

(三) 没有入声

古代汉语有入声。入声发音一般短促，有时还带辅音韵尾。普通话没有入声，古汉语的入声被分别归到阴平、阳平、上声、去声中去，这就是所说的"入派四声"。整个北方方言除江淮方言以及西北、西南少数地区保存入声外，大部分地区也都没有入声，只有南方方言保留有入声。

思考和练习四

一、什么是声调？怎样理解"声调是汉语音节不可缺少的组成部分"？

二、什么是调值、调类？举例说明两者的关系。

三、为什么普通话和各地方言的调值五花八门，而调类名称却是统一的？

四、注明下面各音节的声调，并练习发音。可以试着描写它们在自己方言里的调值，归纳整理一下与普通话声调的对应规律。

磋商	周刊	参军	丰收	秋收	拉丁	非洲
中心	公司	终身	风光	新编	批发	司机
弘扬	儿童	团结	联合	离别	停留	人民
名词	南极	言辞	排名	园林	流行	频繁
灯塔	充满	争取	加紧	思索	艰苦	黑板
泉水	勤恳	寻找	难免	截止	民主	和好
华北	黄海	防守	平等	遥远	狭小	国宝
运转	下雪	外语	购买	末尾	恰巧	跳伞
耐久	二百	剧本	下雨	跳伞	问好	贺喜
地道	奋斗	贺信	注意	部队	上课	闭幕
电报	挂号	创造	记录	计划	判断	正确
岁月	射箭	愤怒	庆贺	宴会	创办	浪费
喝杯咖啡	中央机关	今天出发	珍惜光阴			
牛羊成群	符合原则	严格执行	蓬蓬勃勃			
美好理想	永远友好	厂长领导	彼此理解			
胜利闭幕	电报挂号	创造纪录	正确判断			

看书—砍树　优等—油灯　练习—联系
及早—急躁　田野—甜液　秃子—兔子
礼貌—狸猫　家乡—假想　英勇—应用
通知—统治　管理—官吏　包围—保卫
胜利—生理　知道—指导　才华—菜花
政治—正直—争执　支援—志愿—职员
时间—实践—事件　自恃—自始—姿势—子时
五、朗读下列绕口令。

黄毛猫偷吃灌汤包

王家有只黄毛猫，
偷吃汪家灌汤包，
汪家打死王家的黄毛猫，
王家要汪家赔黄毛猫，
汪家要王家赔灌汤包。

任命

任命是任命，
人名是人名，
任命人名不能错，
错了人名，
就下错了任命。

第五节　现代汉语音节

一、音节的结构

音节是语音的基本结构单位，也是听觉最容易分辨的最小语音片段。不同语言的音节具有不同的特点。汉语音节的结构比较简单，我们可以把它分成声母、韵母、声调三部分。韵母部分又再分小层次，即韵头（介音）与韵身（即韵基或韵）。而韵身内部还分更小的层次，它由韵腹与韵尾构成。这样经过层层分析，得到了音节内部处于不同层次的最小结构单位：声母、韵头、韵腹、韵尾、声调。

虽然说普通话音节总体上包括声母、韵头、韵腹、韵尾、声调五部分，但这并不意味着它们总是齐全地出现在每个音节中，事实上，有很多音节只包含其中的几个部分。现将普通话音节结构列表分析如下。

结构方式 例字	声母	韵母				声调
		韵头	韵腹	韵尾		
				元音韵尾	辅音韵尾	
义 yì			i			去声
雅 yǎ		i	a			上声
欧 ōu			o	u		阴平
为 wèi		u	e	i		去声
恩 ēn			e		n	阴平
洋 yáng		i	a		ng	阳平
努 nǔ	n		u			上声
多 duō	d	u	o			阴平
漏 lòu	l		o	u		去声
堆 duī	d	u	e	i		阴平
训 xùn	x		ü		n	去声
双 shuāng	sh	u	a		ng	阴平

从表中可以看出，普通话的音节结构有以下几个主要特点：

（1）普通话音节中可以没有声母、韵头、韵尾，但不能缺少韵腹和声调。

（2）一个音节最少有一个音素，最多有四个音素。

（3）元音占优势，少则一个，多至三个，并且连续排列分别作韵头、韵腹、韵尾。如果一个音节只有一个音素，这个音素应该是元音（只有极个别音节如"呣、嗯"等可以由鼻辅音独立构成）。

（4）音节中可以没有辅音。如果有，它的位置也很固定，只出现在音节的开头（作声母）或末尾（作韵尾）。

另外提示几个分析音节结构时应该注意的问题：

（1）i、u、ü开头的零声母音节，拼写时开头要用起隔音作用的 y 或 w。但分析音节结构时，要根据《汉语拼音方案》规则弄清 y 或 w 是加写的还是改写的。如果是加写的 y 或 w，如 yī、yuè 等，音节中并没有这个音素，在分析音节结构时应去掉 y、w。如果是改写的，如 yān、wēn 等，在分析音节结构时则应把 y、w 改成 i、u。

（2）韵母 iou、uei、uen 与辅音声母相拼时，按拼写规则省写了中间的韵腹，如 duì。但分析音节结构时，应把省略的韵腹补出来。

（3）ü和ê在拼写音节时有时省略上头的符号，分析音节结构时注意加写符号以免与u、e相混。如yuè（月）的韵头是ü，韵腹是ê。

（4）zi、ci、si和zhi、chi、shi、ri音节中的韵腹分别是舌尖元音-i［ɿ］和-i［ʅ］，分析时必须加短横并注国际音标，以与舌面单韵母i［i］区别开来。

二、音节的拼合

把分析出来的声母、韵母、声调拼合起来，就构成了音节。

（一）声韵调的拼合规律

普通话有22个声母（包括零声母）和39个韵母，它们拼合后再配以声调，理论上应该能得到3000多个音节，但实际上并非如此。普通话声韵拼合加上声调可以代表字音的音节也只有1300个左右。这说明声母、韵母、声调之间的拼合是有限制的，受一定规律支配的。

1. 声母和韵母的拼合规律

声母和韵母的拼合规律主要体现在声母的发音部位和韵母四呼的配合关系上。属于同一发音部位的声母，和韵母的配合关系一般也相同；反之，韵母如果属同一呼，和声母的配合关系大体也一致。这种整齐的拼合规律可以通过下表得以反映（详见书末的《普通话声母韵母拼合表》）。

韵母 声母		开口呼	齐齿呼	合口呼	撮口呼
双唇音	b、p、m	+	+	(u)	
唇齿音	f	+		(u)	
舌尖中音	d、t	+	+	+	
	n、l				+
舌面音	j、q、x		+		+
舌根音	g、k、h	+		+	
舌尖后音	zh、ch、sh、r	+		+	
舌尖前音	z、c、s	+		+	
零声母	∅	+	+	+	+

参考表格可以把普通话声母和韵母的拼合规律描写出来。

从韵母方面纵向来看：

(1) 能跟开口呼和合口呼韵母拼合的声母最多，只有舌面音 j、q、x 不能跟它们相拼（唇音声母 b、p、m、f 拼合口呼，只限于单韵母 u）。

(2) 能跟撮口呼韵母拼合的声母最少，只有舌面音 j、q、x，舌尖中音 n、l，以及零声母能跟它们相拼。

(3) 能跟齐齿呼韵母拼合的声母，和与撮口呼韵母拼合的声母一样有舌面音 j、q、x，舌尖中音 n、l 以及零声母，除此之外，还有双唇音 b、p、m，舌尖中音 d、t。

从声母方面横向来看：

(1) 能跟零声母及舌尖中音 n、l 拼合的韵母最多，开、齐、合、撮四呼都有。

(2) 能跟双唇音 b、p、m 及舌尖中音 d、t 拼合的有开、齐、合三呼，缺撮口呼。

(3) 能跟舌根音、舌尖后音、舌尖前音拼合的韵母只有开、合两呼。而能跟舌面音 j、q、x 相拼的韵母恰好相反，只有齐、撮两呼，从而跟上面三组声母的情况形成互补。

(4) 跟唇齿音 f 相拼的韵母最少，只有开口呼及合口呼中的单韵母 u。

以上是就声母发音部位和韵母四呼总结的一些宏观整体的拼合规律。除此之外，再补充几条较具体的互补规律：

(1) 韵母 o 只能和双唇音、唇齿音声母相拼，而 e、uo 却不能和这些声母相拼。

(2) 韵母 ong 不能和零声母相拼，而 ueng 只能和零声母相拼。只能和零声母相拼的还有单韵母 er。

(3) 舌尖前韵母 -i [ɿ] 只和舌尖前声母 z、c、s 相拼，舌尖后韵母 -i [ʅ] 只和舌尖后声母 zh、ch、sh、r 相拼，而舌面韵母 i [i] 却不和这两组声母相拼。

普通话声母和韵母能够拼合成 400 多个基本音节，但这些音节在运用时出现的频率并不均衡。据统计，在日常语言里经常使用的基本音节只占很少一部分。

高频音节 共 14 个：de、shi、yi、bu、you、zhi、le、ji、zhe、wo、ren、li、ta、dao。

中频音节 共 33 个：zhong、zi、guo、shang、ge、men、he、wei、ye、da、gong、jiu、jian、xiang、zhu、lai、sheng、di、zai、ni、xiao、ke、yao、wa、yu、jie、jin、chan、zuo、jia、xian、quan、shuo。

次频音节　共 62 个，不再列举。
低频音节　共 291 个，不再列举。

经过统计，前两类高频音节和中频音节共 47 个，占音节总数的八分之一左右，但在语言中的出现率却占到 50%。而前三类加起来音节数目为 109 个，占音节总数的四分之一左右，但其出现率却已高达 75%。所以，学习普通话，应重点掌握这些常用音节。

2. 声母、韵母与声调的配合关系

普通话声母、韵母与声调的配合关系比较复杂，规律性不是很强，较为明显的有以下两条：

（1）不送气的塞音声母 b、d、g 和不送气的塞擦音声母 j、zh、z，跟鼻韵母相拼没有阳平字。不符合这条规律的字只有三个："甭 béng""哏 gén""咱 zán"，这三个字都是北京土语成分。

（2）浊音声母 m、n、l、r 的阴平字很少，且只限于口语常用字，如"猫、妈、妞、拉、扔"。

（二）音节的拼写

单音节的拼写要注意符合《汉语拼音方案》规定的拼写规则（参见本教材第 23—24 页），这里不再赘述。多音节词语的拼写要符合《汉语拼音正词法基本规则》（2012 年 6 月）的要求，这里做些提示。

（1）以词为拼写单位。如：

hǎo（好）　lái（来）　péngyou（朋友）　qiǎokèlì（巧克力）

（2）表示一个整体概念的双音节和三音节结构，连写。四音节和四音节以上表示一个整体概念的名称，按词或语节分开写，不能按词或语节划分的，全部连写。如：

quánguó（全国）　duìbuqǐ（对不起）　chīdexiāo（吃得消）
wúfèng gāngguǎn（无缝钢管）　bàndǎotǐ shōuyīnjī（半导体收音机）
yánjiūshēngyuàn（研究生院）

四言成语可以分成两个双音节来念的，中间加连接号，不能按两段来念的，全部连写。

fēngpíng-làngjìng（风平浪静）　àizēng-fēnmíng（爱憎分明）
àimònéngzhù（爱莫能助）　hēibuliūqiū（黑不溜秋）

（3）单音节词重叠，连写，双音节词重叠，分写。但重叠并列即 AABB 式结构，连写。如：

gègè（个个）　dǎsǎo dǎsǎo（打扫打扫）　qīngqīngchǔchǔ（清清楚楚）

（4）为了便于阅读和理解，在某些场合可以用短横。如：

gōng-guān（公关）　　huán-bǎo（环保）　　shíqī-bā suì（十七八岁）

（5）专有名词中的专名和通名，分写，每一分写部分的第一个字母大写，句子开头的字母和诗歌每行开头的字母大写。

Shànghǎi Shì（上海市）　　Rénmín Rìbào（人民日报）　　Lǐ Xiǎoyuè（李晓月）

Báirì yī shān jìn.（白日依山尽。）

思考和练习五

一、怎样运用我国音韵学和西方音位学有机结合的方法，来分析汉语音节的结构？

二、根据"普通话音节结构列表"，归纳普通话音节结构的各种类型。

三、普通话的音节结构有哪些主要特点？

四、列表分析下列音节结构。

永远　绿叶　队伍　酗酒　围困　月影　姿势　耳光

五、简述普通话声母和韵母的拼合规律，并对照普通话声韵拼合简表找出自己方言中有哪些声韵拼合情况与普通话不同。

六、根据普通话声韵拼合规律，指出下列音节拼写上的错误。

duēng（东）　　qáng（强）　　siōu（搜）　　bùn（笨）
chiǎo（吵）　　giě（给）　　jǎo（搅）　　puó（婆）
bē（波）　　ōng（翁）　　ciú（球）　　póng（朋）

七、根据《汉语拼音方案》的规定和《汉语拼音正词法基本规则》的要求，改正下列音节拼写的错误。

平安 píngān　　月牙 üèyiá　　房屋 fángū
流水 lióushuǐ　　掠夺 luèdúo　　远去 üǎnqù
学会 xüéhuèi　　吕剧 lǔjù　　大意 dàì
野味 yiěuèi　　世界 shìjè　　李白 lǐbái

八、用汉语拼音拼写下面一段话。

我曾经游览过张家界的名山胜景，虽然那里风光醉人，但我的心总觉得故乡是一道无法取代的美好而亮丽的风景。故乡就是故乡，因为我生长在它温暖宽厚的怀抱里，我是喝它的水长大的，我总觉得故乡的山水富有一种特殊的风韵。

第六节　现代汉语语流音变

语言不是一个个静止的、孤立的音节的相加，而是把音节组成一连串自然的"语流"。在语流中，音节与音节、音素与音素、声调与声调之间会相互影响，产生临时音变现象。普通话主要的音变现象有：轻声、儿化、变调及语气词"啊"的音变。

一、轻声

(一) 轻声的性质

在词或句子里，有的音节失去原有的声调而变成一种既轻又短的读音，就是轻声。如"桌子、石头、花儿、我的"中的"子、头、儿、的"，单念时都有固定的声调，但是在这些词语里却都读得既轻又短了，即变读成轻声了。可见轻声是一种连读音变现象，并非一种单独的调类。《汉语拼音方案》规定轻声不标调。

轻声从物理属性去考察，和四要素都有关系。主要表现为音长变短、音强变弱。由于音长缩短，原来的调值也就不能保持，从而形成轻声特有的音高形式。轻声的音高不固定，它的调值取决于前一个音节的声调，也可以用五度标调法表示。阴平、阳平、去声后面的轻声都是短促的降调，调值分别为 2 度、3 度和 1 度；上声后面的轻声则是一个短促的半高平调，调值为 4 度。例如：

阴平 + 轻声 [2]：钉子　他的　叔叔
阳平 + 轻声 [3]：钳子　谁的　伯伯
上声 + 轻声 [4]：剪子　我的　姐姐
去声 + 轻声 [1]：刨子　是的　妹妹

轻声还可以影响声母和韵母的音色，主要表现为：

轻声音节中，声母如果是不送气的清塞音 b、d、g 或塞擦音 j、zh、z，往往变成浊音。如：

尾巴 [p] → [b]　　我的 [t] → [d]　　影子 [ts] → [dz]

轻声可以使韵母中的主要元音向央元音 [ə] 靠拢。如：

棉花 [xuA^{55}] → [xuə^3]　　桌子 [tʂʅ^{214}] → [dzə^2]
出去 [tɕʻy^{51}] → [tɕʻiə^2]

轻声音节由于发音短促，其中的复元音韵母常常变成单元音。如：

脑袋 [tɑi⁵¹] → [tɛ⁴]　　忙活 [xuo³⁵] → [xɔ³]

有的轻声甚至使韵母脱落。如：

豆腐 [fu] → [f]　　意思 [sɿ] → [s]　　出息 [ɕi] → [ɕ]

(二) 轻声的作用

1. 区别词义

孙子（孙武，古代军事家）——孙子（儿子的儿子）

地方（与中央相对的行政区划）——地方（空间的一部分）

莲子（莲的种子）——帘子（门帘或窗帘）

2. 区别词性和词义

地道（名词，地下通道）——地道（形容词，正宗的）

精神（名词，人的意识）——精神（形容词，活跃、有生气）

开通（动词，打通、开始使用）——开通（形容词，不守旧、不固执）

3. 区别词组和词

是非（正确和错误）——是非（纠纷）

利害（利益和损害）——利害（难以对付或忍受）

兄弟（兄和弟）——兄弟（弟弟）

东西（东边和西边）——东西（物件、事物）

(三) 轻声的分布规律

轻声与词汇、语法密切相关。在普通话中，有些构词成分和语法词类必读轻声，有很强的分布规律：

1. 构词后缀"子、头、巴、么"等读轻声。如：

椅子　木头　尾巴　怎么

2. 助词"的、地、得、着、了、过、们"等读轻声。如：

卖菜的　匆匆地　走得快　吃着　看了　去过　孩子们

3. 语气词"啊、吗、呢、吧"等读轻声。如：

是啊　好吗　他呢　走吧

4. 表示方位的语素或词"上、下、里、边、面、头"等读轻声。如：

山上　地下　河里　外边　前面　里头

5. 动词、形容词后边作补语的趋向动词"来、去、起来、下去"等读轻声。如：

送来　拿去　好起来　说下去　爬上来　收回去

6. 部分叠音词和重叠式合成词的后一音节读轻声。如：

姥姥　蝈蝈　姐姐　星星　说说　听听　走走

7. 量词"个"读轻声。如：
三个　哪个　做个游戏　开个会
8. "一""不"夹在重叠词语中间，或"不"在可能补语结构中读轻声。如：
看一看　想一想　说不说　快不快　听不见　背不动
9. AABB 式动词、形容词及部分四字熟语的第二个音节读轻声。如：
说说笑笑　打打闹闹　明明白白　痛痛快快
黑不溜秋　稀里糊涂　果不其然　假模假式
10. 一些常用双音节词第二个音节习惯上要读轻声。这类词语没有明显的规律可循，需要在语言实践中逐步掌握。如：
姑娘　粮食　行李　清楚　商量　明白
便宜　别扭　打听　窗户　玻璃　萝卜
大夫　合同　闺女　扫帚　晃荡　阔气
扎实　凉快　规矩　胳膊　唠叨　差事

二、儿化

（一）儿化的性质

普通话韵母 er 除了自成音节以外，还有一个很重要的作用，就是作为后缀附加在一个音节的韵母后面，使其带上卷舌色彩，这种语音变化现象就是儿化。带上卷舌色彩的韵母就叫"儿化韵"。儿化了的音节就叫"儿化音节"，如"鸟儿、花儿"。儿化音节书面上虽写成两个汉字，却读成一个音节，汉语拼音方案规定，拼写儿化音节只需在原来的音节后面加上字母"r"（此时"r"不代表辅音，只表示卷舌动作）。如：

鸟儿 niǎor　　　　　花儿 huār
香味儿 xiāngwèir　　心眼儿 xīnyǎnr

（二）儿化的作用

儿化不只是一种语音现象，而且在词汇、语法方面有区别意义和区分词性的作用，有时还有表示细小、表示喜爱等感情色彩以及扩大押韵范围的作用。

1. **区别词义**

头（脑袋）——头儿（领导）
眼（眼睛）——眼儿（小孔）
信（书信）——信儿（消息）

白面（面粉）——白面儿（毒品）
火星（太阳系行星之一）——火星儿（极小的火）

2. 区分词性

盖（动词）——盖儿（名词）
画（动词）——画儿（名词）
圈（动词）——圈儿（名词）
包（动词）——包儿（名词）
亮（形容词）——亮儿（名词）
破烂（形容词）——破烂儿（名词）

3. 表示细小，含亲切或喜爱的感情色彩

棍儿　勺儿　球儿　小车儿　小刀儿　小鸟儿
小孩儿　宝贝儿　小丑儿　嘴唇儿　小妞儿

4. 本来不押韵的句子，儿化后变得押韵了，扩大了押韵范围

练字音儿

进了门儿，倒杯水儿，
喝了两口儿运运气儿，
顺手儿拿起小唱本儿，
唱一曲儿，又一曲儿，
练完了嗓子我练嘴皮儿，
绕口令儿，练字音儿，
还有单弦牌子曲儿，
小快板儿，大鼓词儿，
越说越唱我越带劲儿。

（三）儿化韵的发音规律

韵母儿化主要是加卷舌动作，但也并不都是简单地在韵母后面加上一个 er 音，而是根据原韵母的末尾音素与卷舌动作是否相适应，而产生不同的儿化音变。如果韵尾或韵腹的发音便于卷舌，原韵母基本不变，直接加卷舌动作；如果韵尾或韵腹的发音不便于卷舌，就要通过增音、脱落、更换等方式改变音色，再加卷舌动作实现儿化。其规律大体如下：

1. 音节末尾是 a、o、e、ê、u（包括 ao、iao 中的 o [u]）的，在原韵母的基础上直接卷舌。例如：

a [A]——ar [ɐr]　　　　　掉渣儿　去哪儿　刀把儿
ia [iA]——iar [iɐr]　　　　脚丫儿　一下儿　鸭儿梨

第二章　现代汉语语音　　　　　　　　　　　63

ua [uɑ] ——uar [uɐr]　　脑瓜儿　鲜花儿　牙刷儿
o [o] ——or [or]　　　　肉末儿　土坡儿　薄膜儿
uo [uo] ——uor [uor]　　凉拖儿　干活儿　酒窝儿
e [ɤ] ——er [ɤr]　　　　模特儿　小车儿　唱歌儿
ie [iɛ] ——ier [iɛr]　　　空姐儿　树叶儿　锅贴儿
üe [yɛ] ——üer [yɛr]　　名角儿　木橛儿　新月儿
u [u] ——ur [ur]　　　　白兔儿　糨糊儿　水珠儿
ɑo [ɑu] ——ɑor [ɑur]　　羊羔儿　熊猫儿　口哨儿
iɑo [iɑu] ——iɑor [iɑur]　饭票儿　柳条儿　小鸟儿
ou [ou] ——our [our]　　鱼钩儿　土豆儿　火候儿
iou [iou] ——iour [iour]　煤球儿　抓阄儿　短袖儿

2. 韵尾是 i、n（不包括 in、ün）的，丢掉韵尾，主要元音卷舌。例如：

ai [ai] ——air [ɐr]　　　鞋带儿　名牌儿　盖盖儿
uai [uai] ——uair [uɐr]　冰块儿　乖乖儿
ei [ei] ——eir [ər]　　　摸黑儿　刀背儿　宝贝儿
uei [uei] ——ueir [uər]　零碎儿　烟嘴儿　跑腿儿
an [an] ——anr [ɐr]　　下班儿　脸蛋儿　拼盘儿
ian [iɛn] ——ianr [iɐr]　旁边儿　跟前儿　抽签儿
uan [uan] ——uanr [uɐr]　拐弯儿　水管儿　小船儿
üan [yɛn] ——üanr [yɐr]　圆圈儿　手绢儿　人缘儿
en [ən] ——enr [ər]　　窍门儿　走神儿　草根儿
uen [uən] ——uenr [uər]　冰棍儿　三轮儿　没准儿

但韵母是 in、ün 的，丢掉韵尾，还要加 [ər]。例如：

in [in] ——inr [iər]　　手劲儿　送信儿　脚印儿
ün [yn] ——ünr [yər]　　短裙儿　合群儿

3. 韵母是 i、ü 的，加 [ər]。例如：

i [i] ——ir [iər]　　　　小鸡儿　小米儿　斗气儿
ü [y] ——ür [yər]　　　有趣儿　毛驴儿　小曲儿

4. 韵母是 -i [ɿ]、-i [ʅ] 的，儿化时原韵母变为 [ə] 并卷舌。例如：

-i [ɿ] ——-ir [ɚ]　　　喜字儿　没词儿　铁丝儿
-i [ʅ] ——-ir [ɚ]　　　树枝儿　锯齿儿　坏事儿

5. 韵尾是 ng 的，丢掉韵尾，韵腹变成鼻化元音（即发音时口腔鼻腔同时共鸣，称作"鼻化音"，国际音标在元音上加~表示），同时卷舌。例如：

ang [aŋ] ——angr [ã]	后晌儿	帮忙儿	偏方儿
iang [iaŋ] ——iangr [iãr]	唱腔儿	鼻梁儿	瓜秧儿
uang [uaŋ] ——uangr [uãr]	蛋黄儿	亮光儿	天窗儿
eng [əŋ] ——engr [ə̃r]	八成儿	信封儿	门缝儿
ueng [uəŋ] ——uengr [uə̃r]	小瓮儿	喻喻儿	
ong [uŋ] ——ongr [ũr]	没空儿	胡同儿	小虫儿

但韵母是 ing、iong 的，丢掉韵尾，还要加上鼻化的 ə̃r。例如：

| ing [iŋ] ——ingr [iə̃r] | 火星儿 | 花瓶儿 | 电影儿 |
| iong [yŋ] ——iongr [yə̃r] | 小熊儿 | 哭穷儿 | |

从上我们可以发现，韵母儿化时，韵尾 i、n 都要丢失，有的韵腹音色要发生改变，因此一些原本不同的韵母，儿化后发音变得相同了。如："针儿——枝儿""牌儿——盘儿"等。这样，普通话 39 个韵母，除了 ê、er 不能儿化外，其他 37 个韵母儿化后，就合并为 26 个儿化韵了。具体合并情况见下表：

原韵母	儿化韵	例词
ɑ、ai、an	[ɐr]	把儿、盖儿、伴儿
ia、ian	[iɐr]	芽儿、沿儿
ua、uai、uan	[uɐr]	花儿、块儿、玩儿
üan	[yɐr]	圈儿
uei、uen	[uər]	柜儿、棍儿
i、in	[iər]	鸡儿、今儿
ü、ün	[yər]	鱼儿、云儿
-i [ɿ]、-i [ʅ]、ei、en	[ər]	丝儿、汁儿、杯儿、根儿
o	[or]	沫儿
uo	[uor]	活儿
e	[ɤr]	歌儿
ie	[iɛr]	街儿
üe	[yɛr]	月儿
u	[ur]	珠儿
ao	[aur]	嗷儿

续表

原韵母	儿化韵	例词
iao	[iɑur]	票儿
ou	[our]	兜儿
iou	[iour]	球儿
ang	[ãr]	缸儿
iang	[iãr]	亮儿
uang	[uãr]	黄儿
eng	[ə̃r]	灯儿
ueng	[uə̃r]	瓮儿
ong	[ũr]	空儿
ing	[iə̃r]	星儿
iong	[ỹr]	熊儿

三、连读变调

普通话四个声调的调值［55］、［35］、［214］、［51］是音节单念时的调值。**在语流中，由于音节和音节连读发音相互产生影响，致使有的音节声调会产生变化，这种变化就叫做连读变调**。普通话里的连读变调现象，一般是受后一音节影响致使前一音节的声调产生变化。主要有：上声的变调、去声的变调、"一""不"的变调及形容词重叠变调。

（一）上声的连读变调

上声音节在单念时读本调，处于句尾时常读本调。但如果它的后面有其他的音节，则要变调。在语流中，上声的变调有两种类型，一种是读如阳平［35］，一种是读如半上［21］。

1. 上声相连的变调

（1）两个上声连读时，前一个上声读如阳平［35］。上声在原调为上声的轻声音节前，其变调大多也如此。例如：

上声在上声前：野草　演讲　首长　勇敢　反省
上声在轻声前：走走　想起　等等　打手　找补

但在"上声+后缀'子'"和亲属称谓中的上声字重叠，还有个别口语词中，前一音节的变调不符合上述规律，而是读如半上［21］。例如：

铲子　饺子　本子　椅子　奶奶　姥姥
婶婶　姐姐　马虎　耳朵　痒痒　宝宝

(2) 三个上声连读时，根据词语内部结构层次的不同，有两种变调情况。

一种词语内部结构为"2+1"式（总统+府），前两个音节都变读为[35]，即读作"35+35+214"。例如：

　　管理者　展览馆　苦水井　古典舞

另一种词语内部结构为"1+2"式（纸+老虎），第一个音节变读为半上[21]，第二个音节变读为[35]，即读作"21+35+214"。例如：

　　好领导　买手表　土产品　党小组

(3) 四个或四个以上的上声音节连读时，可以先进行结构切分，再按上述规律变读。例如：

　　永远/美好　给首长/表演/古典舞

　　找水桶/打/两桶/洗脸水

　　小尹/请/李组长/给/鲁老板/保管好/土产品

2. "上声+非上声"的变调

上声在阴平、阳平、去声音节前变读为半上[21]。在原调为非上声的轻声音节前，变调规律也相同。例如：

　　上声在阴平前：普通　始终　马车　奖杯　海军
　　上声在阳平前：坦白　简洁　讲台　口型　彩虹
　　上声在去声前：晚饭　感谢　稿件　讨论　美术
　　上声在轻声前：尾巴　眼睛　老爷　脑袋　伙计

(二) 去声的连读变调

两个去声音节相连，前一个如果不是重读音节则变读为半去[53]。例如：

　　宴会　创办　照相　事件　信念　辩护

(三) "一、不"的连读变调

"一"和"不"的本调并不相同，"一"为阴平，"不"为去声。但却有大体相同的变调规律。

1. "一、不"单念或在词句末尾，以及"一"在序数中，声调不变，都读各自的原调。例如：

　　一　第一　万一　统一　说一不二　一九九一（年）
　　不　我不！

2. "一、不"在去声前都变读为阳平[35]。例如：

　　一架　一样　一岁　一旦　一切　一唱一和

不但　不利　不会　不去　不变　不屑一顾

3. "一、不"在非去声（阴平、阳平、上声）前，都读如去声［51］。例如：

在阴平前：一天　一根　一般　不多　不高　不吃
在阳平前：一头　一直　一时　不成　不来　不同
在上声前：一早　一览　一种　不好　不朽　不冷

4. "一、不"夹在重叠的动词、形容词词语中间读轻声。"不"在可能补语前面也读轻声。例如：

走一走　看一看　想一想　跳一跳　停一停　管一管
去不去　好不好　来不了　看不见　快不快　快不了

（四）形容词重叠的连续变调

1. 口语中单音节形容词重叠后儿化，一般第二个音节读如阴平［55］。例如：

好好儿（的）　狠狠儿（地）　慢慢儿（地）　长长儿（的）

2. 口语中部分双音节形容词或动词 AABB 式重叠后第三、四音节读如阴平［55］。例如：

痛痛快快　漂漂亮亮　打打闹闹

3. 口语中部分形容词叠音后缀读如阴平［55］。例如：

亮堂堂　黑洞洞　红彤彤　沉甸甸

最后提示一点，用《汉语拼音方案》拼写音节时，除非需要，上述变调现象一般不标注，仍标每个音节的本调。

四、语气词"啊"的音变

语气词"啊"用在语句末尾，由于受到前面那个音节末尾音素的影响，会产生变读现象。其变读规律如下。

（一）前面音节末尾音素是 a、o、e、ê、i、ü 时，"啊"读作 ya，汉字写作"呀"。例如：

你怎么那么傻呀！
海里的鱼，种类真多呀！
对面开来的那是什么车呀？
那部著作倾注了他半生的心血呀！
还要继续努力呀！
你们到哪里去呀？

（二）前面音节末尾音素是 u（包括韵母 ao、iao）时，"啊"读作 wa，汉字写作"哇"。例如：

你千万别哭哇！

你们到底走不走哇？

这个电影多好笑哇！

（三）前面音节末尾音素是 n 时，"啊"读作 na，汉字写作"哪"。例如：

做人真难哪！

他真是个不知疲倦的人哪！

好漂亮的火烧云哪！

（四）前面音节末尾音素是 ng 时，"啊"读作 nga，汉字仍写作"啊"。例如：

你怎么老这么忙啊？

你干吗这么凶啊！

这花真香啊！

（五）前面音节末尾音素是-i［ɿ］时，"啊"读作［zA］，汉字仍写作"啊"。例如：

这人多自私啊！

他们来过几次啊？

一定要展示出我们的风姿啊！

（六）前面音节末尾音素是-i［ʅ］时，以及儿韵和儿化韵之后，"啊"读作 ra，汉字仍写作"啊"。例如：

大家一定不要忘记国耻啊！

原来是店小二啊！

这个工作人员这么爱发火儿啊？

思考和练习六

一、举例说明轻声与语音四要素有哪些关系。

二、有人认为轻声、儿化是北京话里特有的语音现象，其他方言区的人学习普通话没有必要学习它们，你认为这种说法对吗？

三、你在辨读轻声和儿化词语时会遇到困难吗？试分析一下原因。

四、用五度标调法表示下列轻声音节的音高，然后朗读。

耳朵　情形　头发　怎么　知识　师傅　丈夫
结实　舒服　老实　便宜　麻烦　糊涂　骆驼
笑话　聪明　委屈　参谋　脊梁　称呼　和尚
嘴巴　胳膊　篱笆　机灵　稳当　吓唬　灯笼
快活　柴火　合同　馒头　衙门　翻腾　我们

五、用国际音标给下列儿化词注音，并朗读。
　　抽签儿　下坡儿　豆芽儿　药方儿　玩意儿
　　土豆儿　干活儿　熊猫儿　自个儿　喜字儿
　　书本儿　有事儿　火星儿　打盹儿　使劲儿
　　自个儿　年头儿　多会儿　八成儿　人缘儿

六、朗读下列词语，注明其中的变调现象。
　　古代　解决　可怕　脸盆　忍耐　野草　隐瞒
　　巧妙　本领　检查　土地　所以　举行　品种
　　本身　启发　运动　大厦　古典　武术　打假
　　访问　理解　火车　北京　水田　影响　典范
　　破例　表演　只好　历练　尾巴　脑子　枕头
　　找找　宝宝　老爷　歌舞　历史　戏曲　下岗

七、依据变调规律，确定下列词语中"一"、"不"的声调，并用实际调值标记它们。
　　一概　一共　一律　一瞥　一体　一行　一朝
　　万一　统一　归一　专一　不安　不必　不便
　　不才　不但　不禁　不宜　不爽　不韪　不公
　　一板一眼　一帆风顺　一触即发　一文不名
　　一朝一夕　一唱一和　一模一样　一心一意
　　不辨菽麦　不甘寂寞　不寒而栗　不解之缘
　　不知不觉　不卑不亢　不见不散　不即不离
　　不屑一顾　不拘一格　不可一世　一尘不染
　　一蹶不振　一毛不拔　一窍不通　一丝不苟

八、朗读并体会"啊"的音变，试把它们改成与读音相应的字，没有相应汉字的，注上拼音。

可爱的孩子
这些孩子啊，真可爱啊，
你看啊！他们多高兴啊。
又是作诗啊，又是吟诵啊，
又是画画儿啊，又是剪纸啊，
又是唱啊，又是跳啊，
啊！他们多幸福啊！

第七节　现代汉语音位

一、音位概说

（一）音位及其归纳原则

音位是一个语音系统中能够区别意义的最小的语音单位。音位是按语音的社会属性划分出来的，而音素是按语音的物理属性和生理属性划分出来的没有区别意义作用的语音单位。所以，一种语言里的音素数量可能很多，但有些音色不同的音素并没有区别意义的作用，因而在交际功能上没有不同。比如普通话中"喝"（he）和"呼"（hu），两个音节声母虽都是 h，但仔细分辨音色并不相同。前一音节中的 h 实际是一个不圆唇的辅音音素［x］，后一音节中的 h 实际是一个圆唇的辅音音素［x^w］，但它们不会造成意义上的差别。我们把这种没有区别意义功能的音素加以归并，得出来的就是为数不多的音位。音位强调语音形式的辨义功能和系统性，从而使我们能够以简驭繁，把握一种语言的语音系统。

归纳音位的目的是把一种语言里数目繁多的音素归并为数目有限的一套音位系统。所采用的基本方法是通过替换对比，根据能否区别意义来确定分合。因此，归纳音位普遍采用的基本原则有：对立原则、互补原则、语音近似原则、系统性原则。

1. 对立原则

两个音素如果可以在相同的语音环境里出现，互相替换之后就产生意义的差别，这两个音素就是对立的。对立的音素必然属于两个不同的音位。例如，把普通话里的辅音［t］和［k］分别放在［$-ui^{55}$］这样一个语音环境里，就会形成两个词的语音形式——［tui^{55}］（堆）和［kui^{55}］（归），所以［t］和［k］具有辨义功能，是对立的，它们在普通话里就是各自独立的音位。音位性标音由双斜线表示，这两个音位分别是/t/和/k/。在音位分析中，类似［tui⁵⁵］（堆）和［kui⁵⁵］（归）这样的替换对比中只涉及一个音素差别的对立体叫做最小对立体。再如，从［tui⁵⁵］（堆）和［tai⁵⁵］（呆）中可看出［u］和［a］具有辨义功能，是最小对立体，因此它们也是各自独立的音位。归纳一种语言里的全部音位，实际上就是不断寻找最小对立体的过程，凡是不能作为最小对立体与其他音素构成对立的音就不能成为一个独立的音位。

2. 互补原则

两个音素如果不能出现在相同的语音环境里，而它们的分布条件又是互相补充的，这两个音素就形成了互补分布关系。形成互补关系的音素可能归纳成一个音位。一个音位内所包括的不同音素是它的变体。归纳在一个音位里的各个变体用同一个音位符号标写，变体的不同读音由不同的语音环境决定。例如，普通话［a］只出现在［i］和［n］之前，［ɑ］只出现在［u］和［ŋ］之前，［A］出现在没有韵尾的韵母中，［ɛ］出现在［i］和［n］或［y］和［n］之间，［a］［ɑ］［A］［ɛ］形成了互补分布关系，就可以归并为一个音位/a/，［a］［ɑ］［A］［ɛ］都是音位/a/的音位变体。

3. 语音近似原则

互补分布是把若干音素归并为一个音位的必要条件，但不是充足条件。属于一个音位的各个变体在语音上还应该是近似的，至少本地人听起来比较近似，否则即使是互补关系也不能归并为一个音位。例如，普通话里的 j、q、x 跟 g、k、h 或 z、c、s 或 zh、ch、sh 也可以说是形成互补关系：

辅音	开口呼	齐齿呼	合口呼	撮口呼
j q x	−	+	−	+
g k h	+	−	+	−
z c s	+	−	+	−
zh ch sh	+	−	+	−

如果单按互补原则，j、q、x 跟 g、k、h 或 z、c、s 或 zh、ch、sh 都可以归并为一套音位，但因为音感差异太大，另外还有系统性因素等，所以并没有归并为一套音位。语音是否近似，有一定的相对性，能否归纳为一个音位，有时也要从整个音位系统考虑才能确定。

4. 系统性原则

划分音位还要考虑归纳出来的全部音位应该力求构成一个较为整齐的系统，音位总数应该力求经济，并可以用一套世界上通行的字母来表示。就普通话整个辅音音位系统而言，上例 j、q、x 不论跟哪一组合并，都不如分立更整齐、更均衡、更简明、更便于学习和掌握。现在普通话辅音音位的总体分布状况为一个较为整齐的系统：有 6 个塞音、6 个塞擦音，其中有 6 个不送气音，6 个送气音；此外还有 6 个擦音、3 个鼻音和 1 个边音。它们可以按发音部位分成 6 组（双唇音和唇齿音合为唇音），形成较为整齐的排列，很便于学习和掌握。

（二）音位的种类

普通话的音位有两类。

一类由音素成分构成。这类音位数量多，是音位层的主体或基本部分。这类音位因其构成成分——音素之间的差异是音质（音色）的差异，所以可称为**音质音位**。又因为音质音位都是以特定的语音片段出现的，因而也叫音段音位。音质音位又分为两种，由元音音素构成的叫元音音位（如/i/、/u/），由辅音音素构成的叫辅音音位（如/p/、/t/）。

另一类是由音高这种语音物理要素作构造材料的音位——声调音位（如/35/、/214/），因其不是音质区别形成的，所以叫**非音质音位**。声调音位是附着在语音片段之上的，并不单独占据语音片段，因而又叫超音段音位。这种音位的分析归纳方法和音质音位是一样的，比如通过替换对比 [tui⁵⁵]（堆）和 [tui⁵¹]（对）可看出 [55] 和 [51] 具有辨义功能，因此它们也是各自独立的音位/55/、/51/。

（三）音位变体

一个音位可以只包含一个音素，也可以包含几个音素。这些包含在一个音位中的若干音素都叫作该音位的音位变体。音位和音位变体是类别和成员的关系，音位变体是音位的具体表现形式，音位是将不同的音位变体归纳概括出来的类别。音位变体有两类：条件变体和自由变体。

受语音环境制约的音位变体叫作条件变体。如前面讲过的/a/音位的 [a] [ɑ] [A] [ɛ] 变体就都受一定的语音条件的限制，是条件变体。

不同的变体可以在同样的语音环境里无条件地变读，就是自由变体。自由变体不受语音环境制约，在任何情况下都可以自由替换而不区别意义。汉语有些方言如四川话的 [n]、[l] 就可以任意变读，"男女"和"褴褛"同音。还有的自由变体受地区、职业、年龄、性别、文化教养等外在条件的制约。如北京话音位/u/处在音节开头时，既可以读成[w]，也可以读成[ʋ]或[v]，属于自由变体，但远郊地区读成双唇半元音[w]的居多，城区和近郊区则读成唇齿半元音[ʋ]或唇齿擦音[v]的占大多数，这种自由变体就受到地区条件的制约。

音位的诸变体中，有一个能独立出现并较为常见的音位变体较充分地具有该音位的性质，通常在标写音位时，就以该变体的音标符号来做相应音位的标记。普通话音位标写符号大部分如此。标写音位的音标符号的选取，还需注意以最为常见或通用为原则，当这个原则与"能独立出现和较常见"原则发生矛盾时，后一原则需服从于它。这是/a/音位以最为多见和通用的音标符号"a"来标示它，而不以能独立出现的"A"变体来代表的原因。

音位的正式标记符号，是在相应的国际音标前后加上两条斜线。如/a/是 a 音位，/p/是 b 音位。标记音素或音位的变体，是在相应的国际音标前后加上方括号，如[A]、[ɑ]、[e]。

二、普通话音位系统

(一) 辅音音位

普通话的辅音音位共有 22 个：/p/、/pʻ/、/m/、/f/、/t/、/tʻ/、/n/、/l/、/k/、/kʻ/、/x/、/ŋ/、/tɕ/、/tɕʻ/、/ɕ/、/tʂ/、/tʂʻ/、/ʂ/、/ʐ/、/ts/、/tsʻ/、/s/。

辅音音位常见的变体有：

1. **浊音变体** 不送气的清塞音、清塞擦音出现在轻声音节时，会产生相应的浊音变体。

音位	变体	举例
/p/	[b]	(喇)叭 [bA]
/t/	[d]	(我)的 [də]
/k/	[g]	(五)个 [gə]
/tɕ/	[dʑ]	(姐)姐 [dʑiɛ]
/tʂ/	[dʐ]	(听)着 [dʐə]
/ts/	[dz]	(椅)子 [dzə]

2. **圆唇变体** 除/ŋ/以外的 21 个辅音音位在同圆唇元音相拼时双唇会自然拢圆，产生圆唇音变体。

音位　　　变体　　　举例

音位	变体	举例
/p/	[pʷ]	步 [pʷu⁵¹]
/pʻ/	[pʻʷ]	普 [pʻʷu²¹⁴]
/m/	[mʷ]	摸 [mʷo⁵⁵]
/f/	[fʷ]	佛 [fʷo³⁵]
/t/	[tʷ]	端 [tʷuan⁵⁵]
/tʻ/	[tʻʷ]	图 [tʻʷu³⁵]
/n/	[nʷ]	怒 [nʷu⁵¹]
/l/	[lʷ]	落 [lʷuo⁵¹]
/k/	[kʷ]	怪 [kʷuai⁵¹]
/kʻ/	[kʻʷ]	苦 [kʻʷu²¹⁴]
/x/	[xʷ]	活 [xʷuo³⁵]
/tɕ/	[tɕʷ]	句 [tɕʷy⁵¹]
/tɕʻ/	[tɕʻʷ]	区 [tɕʻʷy⁵⁵]
/ɕ/	[ɕʷ]	寻 [ɕʷyn³⁵]
/tʂ/	[tʂʷ]	猪 [tʂʷu⁵⁵]
/tʂʻ/	[tʂʻʷ]	穿 [tʂʻʷuan⁵⁵]
/ʂ/	[ʂʷ]	双 [ʂʷuaŋ⁵⁵]
/ʐ/	[ʐʷ]	如 [ʐʷu³⁵]
/ts/	[tsʷ]	钻 [tsʷuan⁵⁵]
/tsʻ/	[tsʻʷ]	粗 [tsʻʷu⁵⁵]
/s/	[sʷ]	苏 [sʷu⁵⁵]

3. **腭化音变体** 舌尖中音/t/、/tʻ/、/n/、/l/与齐齿呼韵母相拼时，舌面与硬腭接近，带有舌面音色彩，形成腭化音变体。

音位	变体	举例
/t/	[tʲ]	低 [tʲi⁵⁵]
/tʻ/	[tʻʲ]	贴 [tʻʲiɛ⁵⁵]
/n/	[nʲ]	泥 [nʲi³⁵]
/l/	[lʲ]	力 [lʲi⁵¹]

4. **唯闭音变体** /n/和/ŋ/作韵尾时，构成阻碍、保持阻碍时发音，消除阻碍时不发音，形成唯闭音变体。

音位	变体	举例
/n/	[n̚]	蓝 [lan̚³⁵]
/ŋ/	[ŋ̚]	宁 [niŋ̚³⁵]

5. 舌位略前变体 /k/、/k'/、/x/ 3 个音位同韵母 ei 相拼时，由于受到舌位较高的前元音 e 的影响，形成发音部位前移的变体。

音位　　　　　变体　　　　　举例
/k/　　　　　　[k̟]　　　　　　给 [k̟ei²¹⁴]
/k'/　　　　　　[k̟']　　　　　剋 [k̟'ei⁵⁵]
/x/　　　　　　[x̟]　　　　　　黑 [x̟ei⁵⁵]

普通话的 22 个辅音音位除了上述的条件变体之外，在其他场合，其条件变体分别是 [p]、[p']、[m]、[f]、[t]、[t']、[n]、[l]、[k]、[k']、[x]、[ŋ]①、[tɕ]、[tɕ']、[ɕ]、[tʂ]、[tʂ']、[ʂ]、[ʐ]、[ts]、[ts']、[s]。

（二）元音音位

普通话元音音位 10 个：/a/、/o/、/ə/、/e/、/i/、/u/、/y/、/ɤ/、/ʅ/、/ɚ/。主要条件变体有：

1. /a/ 的主要音位变体有 [a]、[A]、[ɑ]、[ɛ]。

变体　　条　件　　　　　　　　　　举例
[a]　　在韵尾 [i]、[n] 之前　　　　　白 [paI³⁵]
[A]　　无韵尾　　　　　　　　　　　加 [tɕiA⁵⁵]
[ɑ]　　在韵尾 [u]、[ŋ] 之前　　　　　猫 [mɑu⁵⁵]
[ɛ]　　在韵头 [i] 和韵尾 [n] 之间　　年 [niɛn³⁵]

2. /o/ 的主要音位变体有 [o]、[oᵉ]、[ə]。

变体　　条　件　　　　　　　　　　举例
[o]　　作单元音韵母　　　　　　　　波 [po⁵⁵]
[oᵉ]　　在 [u] 后圆唇度略减　　　　　多 [tuoᵉ⁵⁵]
[ə]　　在 [u] 前　　　　　　　　　　都 [təu⁵⁵]

3. /ə/ 的主要音位变体有 [ɤ]、[ə]。

变体　　条　件　　　　　　　　　　举例
[ɤ]　　作单元音韵母　　　　　　　　个 [kɤ⁵¹]
[ə]　　在鼻韵母中　　　　　　　　　本 [pən²¹⁴]
　　　　作轻音节韵腹　　　　　　　　的 [tə]

4. /e/ 的主要音位变体有 [e]、[ɛ]。

---

① 语气词"啊" [a] 在以 /ŋ/ 音位为韵尾的音节后时，常读成 [ŋa] 音节。这个音节中的 [ŋ] 是 /ŋ/ 音位的非唯闭音变体。

变体	条 件	举例
[e]	在韵尾 [i] 之前	给 [keI²¹⁴]
[ɛ]	在韵头 [i]、[y] 之后	决 [tɕyɛ³⁵]
	作单元音韵母	欸 [ɛ⁵⁵]

5. /i/ 的主要音位变体有 [i]、[I]、[j]。

变体	条 件	举例
[i]	作辅音声母音节韵头	节 [tɕiɛ³⁵]
	或作韵腹	弟 [ti⁵¹]
[I]	作韵尾，舌位略低	被 [peI⁵¹]
[j]	作零声母音节韵头	样 [jɑŋ⁵¹]

6. /u/ 的主要音位变体有 [u]、[ɷ]、[w]、[ʋ]。

变体	条 件	举例
[u]	作辅音声母音节韵头	段 [tuan⁵¹]
	或作韵腹	不 [pu⁵¹]
[ɷ]	作韵尾，舌位略低	鸟 [niɑɷ²¹⁴]
[w]	作零声母音节韵头	完 [wan³⁵]
[ʋ]	在 [f] 声母后成为半元音	富 [fʋ⁵¹]

7. /y/ 的主要音位变体有 [y]、[ɥ]。

变体	条 件	举例
[y]	作辅音声母音节韵头	学 [ɕyɛ³⁵]
	或作韵腹	徐 [ɕy³⁵]
[ɥ]	作零声母音节韵头	月 [ɥɛ⁵¹]

8. /ɿ/ 的音位变体只有一个 [ɿ]。

[ɿ] 只出现在辅音声母 z、c、s 的后面作单元音韵母，如"字 [tsɿ⁵¹]"。

9. /ʅ/ 的音位变体只有一个 [ʅ]。

[ʅ] 只出现在辅音声母 zh、ch、sh、r 的后面作单元音韵母，如"知 [tʂʅ⁵⁵]"。

10. /ɚ/ 的主要音位变体有 [ɚ]、[ɐr]。

变体	条 件	举例
[ɚ]	出现在阳平、上声音节中	儿 [ɚ³⁵]、耳 [ɚ²¹⁴]
[ɐr]	出现在去声音节中舌位略低	二 [ɐr⁵¹]

在汉语拼音方案中，为元音设计了 7 个字母：ɑ、o、e、ê、i、u、ü。

其中 e、ê 分别代表/ə/、/e/两个音位，这两个音位的变体 [ɤ]、[ə] 和 [e]、[ɛ] 是互补分布的关系，所以在拼音时，字母 ê 上的附加符号可以去掉。/i/、/ɿ/、/ʅ/三个音位都用字母 i 代表，因为它们的出现条件也是互补的。卷舌元音音位/ɚ/，汉语拼音方案分别用字母 e 和 r 来表示它的两个组成成分：央元音 [ə] 和卷舌成分-r。汉语拼音方案的元音字母设计是以音位学理论为基础的。

(三) 声调音位

普通话声调音位有 4 个：/55/、/35/、/214/、/51/，也可以写作 /1/、/2/、/3/、/4/。主要的音位变体有：

1. /1/只有一个变体 [55]，如"跟 [kən^{55}]"。
2. /2/只有一个变体 [35]，如"民 [min^{35}]"。
3. /3/的主要变体有 [214]、[35]、[21]。

变体	条件	举例
[214]	出现在单字的读音或词语末尾的非轻声音节中	本 [pən^{214}] 委婉 [wan^{214}]
[35]	出现在上声音节前	领 [liŋ^{35}] 导
[21]	出现在非上声音节前	雪 [ɕyɛ^{21}] 花

4. /4/的主要变体有 [51]、[53]。

变体	条件	举例
[51]	出现在除去声前的其他条件下	故 [ku^{51}] 里
[53]	出现在去声音节前	塑 [su^{53}] 造

另外，/1/、/2/、/3/、/4/四个调位都有轻声这种特殊变体。四个调位的轻声变体的调值相同，但会随着前一音节的调值不同而改变。例如，"的、头、子、下"的原调值分别是 [55]、[35]、[214]、[51]，但变读轻声后其调值相同。如果前一音节都是阴平（如"他的、跟头、桌子、蹲下"），它们的调值就都是 [2]；如果前一音节都是阳平（如"谁的、石头、台子、拔下"），它们的调值就都是 [3]；如果前一音节都是上声（如"我的、里头、椅子、躺下"），它们的调值就都是 [4]；如果前一音节都是去声（如"是的、木头、凳子、坐下"），它们的调值就都是 [1]。

思考和练习七

一、以普通话为例说明音素和音位的关系。

二、举例说明归纳音位的原则。

三、举例说明音位的种类、音位变体的种类。

四、简述普通话音位系统，并说明各元音音位的条件变体。

五、汉语拼音方案的字母是根据什么原理设计的？《汉语拼音方案》的《字母表》中除"V"外只有25个拉丁字母，它们如何描写普通话的音位系统？

第八节　现代汉语语调和朗读

一、语调

说话或朗读时，句子有停顿，声音有轻重快慢和高低的变化，这些总称为语调。

（一）停顿

停顿是指语流之间的语音间隙。也就是说话或朗读时，段落之间，语句中间、后头出现的间歇。

停顿的作用，一方面是出于人的生理上或句子结构上的需要，停下来换换气或使结构层次分明；另一方面，是为了充分表达思想感情，并让听者有时间领会说话或朗读的内容。所以，停顿是有声语言表情达意不可缺少的一种重要口语修辞手段，它有调节气息、显示语气、突出重点等作用。合理的停顿，可使话语表意显豁，增加语言的节奏；同时，还能给听众留出思索、消化、回味的时间，更好地理解语意。若不善于停顿，就会使说话人感到紧张吃力，喘不过气来，别人听起来含混费解，甚至会产生误解。

停顿的地方不同，表意也不同。例如：

(1) 妈妈看见女儿笑了。

①妈妈看见/女儿笑了。

②妈妈看见女儿/笑了。

(2) 我赞成他也赞成你怎么样？

①我赞成/他也赞成/你怎么样？

②我赞成他/也赞成你/怎么样？

停顿一般可分为两种：结构停顿和强调停顿。

1. 结构停顿：是表示语法关系或语法成分的停顿，又叫语法停顿。

一般主谓之间、动宾之间、修饰语与中心语之间等，都可以停顿。

例如：
(1) 北京，是多么美丽的一座城市啊！
(2) 我相信，他一定会来的。
(3) 坚持以人为本，树立和落实全面、协调、可持续的发展观。
(4) 惨象，已使我目不忍睹；流言，尤使我耳不忍闻。

结构停顿往往和词、词组、句子直接联系，较显著的停顿，书面上一般都用标点符号来表示。其停顿的时间大体为：

省略号＞句号、问号、感叹号＞破折号＞分号＞冒号＞逗号＞顿号

省略号和破折号停顿的时间也可以视语意而定。这样，句中点号停顿长短不一，从而使说话顿挫有度，语意层次分明。如：

青春是美丽的。但一个人的青春可以平庸无奇；也可以放射出英雄的火光。可以因虚度而懊悔；也可以用结结实实的步子，走到辉煌壮丽的成年。（魏巍《年轻人，让你的青春更美丽吧》）

这里的句号表示一个意思告一段落，较长。分号，介于句号和逗号间，半完整的意思，下面还有相关的话。

冒号是提引下文或总结上文的，是一种使人期待的停顿。顿号表示几个同类事物的并列，停顿的时间最短，甚至使声音具有连绵性，让人感觉出下面还有同类的事物。

2. 强调停顿：是指根据语意强调的需要、感情表达的需要，在没有标点的地方做出的停顿，也叫逻辑停顿或感情停顿。

从意义上的联系看，一句话中往往有许多词，有的词关系密切，有的词关系疏远。这一组一组就自然分成了一个一个的小段落，这种由于语意上的要求而划分的小段落，叫做"意群"。这种根据意群和情感表达需要所做的停顿一般不用标点符号表示，要依表情达意的需要来决定停顿的地方和停顿的时间。如：

风/轻悄悄的，草/软绵绵的。
白杨树/实在/是不平凡的，我/赞美/白杨树！

第一句的"风"、"草"后面都做了强调停顿。后一句也是，"白杨树"和"实在"、"我"和"赞美"后面都有短暂的强调停顿。

此外，诗歌朗读要注意节拍，诗歌的节拍主要表现在"音步"（诗歌里由停顿把诗句分成的一个个小片段）上。节拍的划分，格律诗、民歌、快板等一般都是五言三拍，二、三拖腔或二、四拖腔；七言四拍，二、四、五拖腔或二、四、六拖腔。例如：

(1) 白日/依山/尽，黄河/入海/流。
欲穷/千里/目，更上/一层/楼。
(2) 床前/明月/光，疑是/地上/霜。
举头/望/明月，低头/思/故乡。
(3) 日照/香炉/生/紫烟，遥看/瀑布/挂/前川。
飞流/直下/三千/尺，疑是/银河/落/九天。
(4) 清明/时节/雨/纷纷，路上/行人/欲/断魂。
借问/酒家/何处/有，牧童/遥指/杏花/村。

自由诗由于节奏比较自由，节拍的划分既要考虑词和词组合关系的疏密，又要照顾到整节节拍数的匀称，不宜根据字数机械地划分。例如：

梳妆/来啊，//梳妆来！///
百花/任你⋮戴，//
春光/任你⋮采，//
万里/锦绣/任你⋮裁！///
三门/闸工/正/年少，//
幸福/闸门/为你⋮开。///
并肩/挽手/唱/高歌啊，//
无限青春//向⋮未来！///

贺敬之《三门峡——梳妆台》

（诗中的符号，单斜线、双斜线表示句中停顿，时间较短，三斜线表示句末停顿，时间较长，虚线表示只有轻微的停顿。）

（二） 重音

在朗读时，用力较大的音节叫"重音"，用力较小的音节叫"轻音"，用力不大不小的音节叫"中音"（或叫次重音）。

汉语重音的特点表现在扩大音域和延续时间上，同时增加强度，所以听起来特别清晰优美，即使在耳语时也可听出重音在哪儿。

根据产生的原因可以把重音分为两种：语法重音和强调重音。

1. 语法重音：根据语法结构的特点而重读的。表现在句子里，就是某些语法成分常要重读，位置比较固定。

(1) 谓语中的主要动词常常读重音。例如：

风停了，雨住了，太阳出来了。
他已经告诉我们了。

(2) 表示性状和程度的状语常常读重音。例如：

同学们认真地听着。
他慢慢地站起来。
（3）表示结果或程度的补语常常读重音。例如：
他笑得直流眼泪。
你比我强得多。
（4）表示性状、材质、所属等的定语常常读重音。例如：
虽然都是极熟的朋友，却是终年难得一见。
他喜欢齐白石的画儿。
（5）表示疑问和指示的代词常常读重音。例如：
小林，你怎么起了这么个名字？
我什么也听不见。

2. 强调重音：为了突出句中的主要思想或强调句中的特殊感情而重读的音。强调重音没有固定的位置，它是根据话语具体内容和说话人的情感（或心理）变化来确定的，也叫逻辑重音、感情重音、对比性重音等。例如：

我又没说你——（说你的是别人）
我又没说你——（可能只是暗示）
我又没说你——（我说的是别人）

可见同一句话由于重音的位置不同，会表现出不同的意思来。

强调重音的确定有一定的难度，需要建立在对作品的熟悉和深入理解的基础上。下面仅提几条一般规律，供理解参考。

（1）突出话语重点，揭示语言内涵。如上例。
（2）表示对比和反衬。例如：
水是从您那儿流到我这儿来的，不是从我这儿流到您那儿去的。
从前生活苦，现在可好得多了。
（3）表示递进或转折意义的成分。例如：
竹叶烧了，还有竹枝；竹枝断了，还有竹鞭；竹鞭砍了，还有深埋在地下的竹根。
红旗轿车已渐渐被国人淡忘了，可是，它在国际上的声威不减。
（4）表示肯定或否定的成分。例如：
白杨树实在不是平凡的。
亲眼见过白求恩同志的人，无不为他的精神所感动。
（5）表特指的成分。例如：

我们爱韶山的红杜鹃，因为韶山的杜鹃像烈火。

（6）比喻句中的比喻词和喻体。例如：

春天像小姑娘，花枝招展的，笑着、走着。

海燕像黑色的闪电高傲地飞翔。

（7）表达强烈的感情，使语言感情色彩丰富，充满生气，增强感染力。例如：

你这个人好糊涂啊！

让暴风雨来得更猛烈些吧！

注意，重音的表达方式并不只是加重音量一种，它也常用重音轻读、拖长音节、一字一顿、渐次减弱等表现方式传情达意，增强朗读的艺术感染力。

（三）句调

句调是指整个句子音高升降的变化，又称语调。句调跟重音、音长都有一定的关系，但主要是由声音的高低变化形成的，并主要表现在句尾上。常见的句调有高升调、低降调、平直调、曲折调四种类型。

1. 高升调：调子由平升高，常用来表示反问、疑问、惊异、号召、愤怒等语气。例如：

他怎么来了？（惊异）

张晓东知道吗？（疑问）

雪山草地都走过来了，一点困难算什么？（反问）

2. 低降调：调子先平后降，常用来表示肯定、告诫、感叹、请求等语气。例如：

我们一定能做得很好。（肯定）

让我们的烈士们千载万世永垂不朽吧！（感叹）

张老师，您就帮帮他吧。（请求）

3. 平直调：调子没有明显的高低升降变化，常用来表示严肃、思考、迟疑、叙述或态度冷淡等语气。感情平静，情绪正常，声音平直。例如：

随你便，想走就走吧。（冷淡）

我们从来不侵占别国的领土。（严肃）

雨是最寻常的，一下就是三两天。（叙述）

4. 曲折调：调子有高低曲折变化，或升高再降，或降低再升，常用来表示含蓄、讽刺、夸张、意在言外等语气。有时也表示惊讶、厌恶、不满、恼怒等情绪。

当三个女子从容地转辗于文明人所发明的枪弹的攒射中的时候，这是怎样的一个惊心动魄的伟大呵！（讽刺、赞颂）

但段政府就有令，说她们是"暴徒"。（反语）

同是升调或是降调的一句话，也要注意语言环境。悲哀时会比心平气和时低些，在兴奋或发怒时会高些。在呼喊远方的人，或喊口号时声音更高更强；耳语时更低更弱些。

（四）语速

说话和朗读时不仅要注意停顿、重音、句调等，还要注意语速问题。**语速指说话、朗读时吐字快慢的不同。**

朗读时语速是由作品的内容和思想感情变化所决定的。一般在激动欢快时，语速要相对快一些；而在痛苦、悲伤时，情绪低沉，语速要慢些。对于抒情的诗文，朗读中语速不宜过快；而对于慷慨激昂的文章、激情奔放的诗歌，语速则不宜过慢。同时，在同一篇诗文的朗读中，语速也不是一成不变的，应根据语段内容本身的需要，该快则快，该慢则慢，有急有缓，疾徐有致，这样才可以形象生动地表达思想感情，反映生活图景，烘托环境气氛，加强口语效果，增强艺术感染力。

语速大体上可以分为快速、慢速、中速三种。

1. **快速**

语速节奏较快，多表现热烈、激动、欢畅、急躁、紧张、惊惧的句子，或是叙述急剧变化的事情，刻画人物的机警、活泼、热情，表现作者的质问、斥责、雄辩的声态。例如：

> 一九四九年十月一日，
> 伟大的日子来临！
> 经历了一百年的斗争，
> 中国人民走进胜利的拱门，
> 五星红旗飘扬在北京上空，
> 下面激荡着欢呼的人民……
> 礼炮震动着整个地壳，
> 全世界都庆贺新中国的诞生……
>
> （艾青《我思念我的祖国》）

这首诗是作者对祖国的思念，回忆了祖国往昔苦难的岁月，迎来了祖国的诞生。他以真挚深沉的感情，欢乐自豪的情绪，尽情地歌颂了祖国的今天，基调是欢快的，感情是激动的，语调是高昂的，语速是较快的。

2. 慢速

语速节奏较慢，大多表现沉重、悲哀、悼念、失望、迟疑的心情，或是叙述平静、庄重的情况。例如：

> 等待着，等待着，
> 载着你的遗体的灵车，
> 辗过我们的心；
> 等待着，等待着，
> 把一个前线战士的崇敬，
> 献给你。
>
> 呵，汽车，扎起白花，
> 人们，黑纱缠臂。
> 广场——如此肃穆，
> 长街——如此沉寂。
> 残阳如血呵，
> 映着天安门前——
> 低垂的冬云，
> 半落的红旗……
>
> 车队像一条河，
> 缓缓地流在深冬的风里……
>
> （李瑛《一月的哀思》）

全诗抒写周恩来光辉的一生，表达了全国人民在周恩来逝世后的悲痛和怀念，情感基调是沉重的，语速是缓慢的。

3. 中速

语速节奏中速，多用于感情没有多大变化的句子或多用于叙述事实、描写景物、说明事物的句子。如：

> 汽车在望不到边际的高原上奔驰，扑入你的视野的，是黄绿错综的一条大毡子。黄的是土，未开垦的荒地，几十万年前由伟大的自然力堆积成功的黄土高原的外壳，绿的呢，是人类劳力战胜自然的成果，是麦田。（茅盾《白杨礼赞》）

这一段有叙述、有描写，告诉人们北方黄土高原的情景及形成，感情平静，没有情绪上的变化，以平缓中速表达为佳。

此外，速度跟环境场合、文体特点、文章内容和写作技巧都有关。如体育节目播音快，儿童节目播音慢。朗读时，必须根据具体情况，掌握节奏的快慢。

二、朗读

朗读是把书面语言变成有声语言的表达方式。好的朗读，是对仅靠视觉手段来感知的文字材料的再创作，可将作品的内容准确、生动、形象地传达给听众，加深听众对作品的理解，使其产生文字材料所难以企及的艺术效果。

（一）细致分析作品，深刻理解内容

深入挖掘主题，根据作品思想内容的发展表现主题。

根据作品风格类型，整体把握朗读的基调。朗读作品大致有抒情型、叙述型、议论型等不同的风格类型。应分别确立与之对应的朗读基调。

如果是小说，就要揣摩人物的形象、个性；如果是论文，就要抓住重要的论点、论据。对文章的主题、章节、段落仔细揣摩，激发自己的真挚感情，朗读时才有把握，才能有声有色，有血有肉，从而引起听者的共鸣。

（二）朗读的技巧及运用

1. 辨正方音，弄清难读易错字音，扫除语言障碍。要把每个字的声韵调念准。不要夹有方音。还要防止漏读、添读、倒读和读破句、读破词的现象发生。读得连贯才会收到好的效果。

2. 朗读时应注意句中的停顿、声音的快慢、轻重和高低的变化。除了注意读音正确，吐字清楚，念得自然顺口之外，为加强朗读效果，还要讲究语调，在停顿、语速、重音、句调等方面做出恰如其分的处理。在做准备时，可用一定的符号在朗读的作品中标出来。

3. 注意声音的造型能力。朗读作品的语音形式要富于变化。而这种语音形式变化的依据是思想感情的发展变化，是作品内容的发展变化。变化的声音随着思想感情的变化而表现出种种伸缩性、可变性、适应性，我们将其称之为声音的造型能力。丰富的声音变化形式和较强的感情色彩，有着十分重要的作用。

声音的造型能力来自声音的可变性和伸缩性，最主要的是气息状态的变化和声音色彩的变化。色彩变化越丰富、越细致，对于思想内容的运用和感情色彩的适应性也就越强。

声音的造型能力表现为声音形式变化的对比性。这种对比变化往往以各种项目的复合形式出现。由于复合的成分不同，各种成分的强度、浓度的不同，因而产生了千变万化的声音色彩及性格。

声音对比的项目很多，其中主要的有。声音的高低变化、强弱变化、虚实变化、明暗变化、刚柔变化、厚薄变化，以及气息的深浅疾徐变化、收与纵的变化等。

声音造型能力的训练可分为两种方式。

一是单项对比训练。由于声音的变化主要以复合的对比形式出现，因而可选取一些简单的音节或短句作上述各项对比项的训练。

二是综合训练。首先可以采用古典诗词作为练习材料。古典诗词以其精练的文字抒发深邃的情感，变化多、韵律美、耐推敲，是练习声音造型能力的好材料。然后，可以选用一些感情变化较复杂些的现代诗歌进行练习。再接下来，宜选用一些短小的现代优秀散文作为练习材料。这些作品感情色彩丰富，对于练习声音的变化和造型能力极有帮助。

朗读是经过艺术加工的"说话"，是一项有声语言的艺术。只有熟练地掌握和运用朗读的技巧，才能准确而有感情地传达诗文的思想内容。

思考和练习八

一、什么是语调？语调主要包括哪几个方面的内容？
二、说明语法停顿和强调停顿的区别。
三、说明语法重音和强调重音的区别。
四、句调有几种？举例说明各表示什么语气。
五、语速大体可以分为几种？各适于表达什么内容或思想感情？
六、自己找一篇短文朗读，并注意停顿、重音、句调和语速。

第九节 现代汉语语音规范化

语音规范化是指根据语音发展的规律来确立和推广普通话的语音标准。语音规范化的主要内容，一是审定标准音，二是推广普通话。

一、审定标准音

普通话以北京语音为标准音。但这并不意味着把北京话的所有语音成分都纳入到普通话中来，对北京话中的一些土音成分不仅不纳入，而且要排除。以北京语音为标准音的含义是以北京语音系统为标准，普通话采纳的是北京话的声母、韵母、声调等音系成分。北京话语音并不等同于普通话语音，北京语音内部还存在一些分歧现象需要规范。比如："比较（bǐjiào）"有很多人读bǐjiǎo，"复杂（fùzá）"有人读fǔzá。又如"朋友、太阳、工人"等词的后一音节有轻声和非轻声两种读法；"有事（儿）、帮忙（儿）、电影（儿）"等也有儿化和非儿化两种读音形式。诸如此类的读音分歧现象，对学习普通话和民族共同语的统一显然是不利的，因此必须审定读音标准加以明确规范。审定标准音工作主要包括排除北京话的特殊土语成分，轻声词、儿化词的读音规范，普通话异读词的审音问题。

（一）排除北京话的特殊土语成分

北京口语里存在着一些土音成分。比如：

"不言（yán）语"说成"不言（yuán）语"，"逮（dǎi）住"说成"逮（děi）住"，"淋（lín）湿"说成"淋（lún）湿"。这些土音是应该淘汰的，当然不能做普通话的标准。

（二）轻声词、儿化词的读音规范

轻声和儿化是北京话里突出的语音现象，在语言表达上有一定的积极作用，因此不能把它们排斥在普通话之外。但这并不是说北京话里所有的轻声词和儿化词，普通话都应该吸收。这是因为：一是汉语南方方言中一般没有轻声和儿化，这些方言区的人掌握轻声和儿化的发音不太容易，也不知道哪些词该读轻声儿化，学习起来普遍感到困难；二是就北京话本身而言，有些词是否读成轻声或儿化也还有分歧。因此，哪些轻声和儿化应该吸收，哪些应该排除，这是语音规范需要深入研究的问题。

北京话中的轻声、儿化，大致有如下三种情况：

1. 有区别意义、区别词性作用的。如：

　　合计（商量，盘算）——合计（总共）
　　眉目（事情的头绪）——眉目（眉毛和眼睛）
　　自然（形容词，不局促）——自然（名词，自然界）
　　听信儿（等待消息）——听信（相信）
　　吹风儿（有意透露信息）——吹风（用吹风机把头发吹干）
　　尖儿（名词，锋芒）——尖（形容词，末端细小）
　　好儿（名词，恩惠、好处）——好（形容词，优点多的）

2. 无区别意义、词性的作用，但北京话里只有轻声或儿化一种读法。如：

　　爸爸　　意思　　葡萄　　便宜　　包袱　　庄稼

扎实	阔气	窗户	亲戚	玻璃	含糊
刀把儿	劲头儿	手绢儿	打盹儿	玩意儿	花儿
馅儿	枣儿	牙刷儿	坎儿井	份儿饭	核儿

3. 无区别意义、词性的作用，北京话里两种读法并存。如：

年龄	天气	牡丹
现象	打扫	消耗
针—针儿	字—字儿	根—根儿
开门—开门儿	帮忙—帮忙儿	上班—上班儿

以上三种情况应区别对待。第一种情况应确定为标准音，因为它可以丰富语言的表达手段；对第二种情况也应吸收，这些词如不读轻声或儿化不会改变词义或词性，但由于破坏了这些词固有的约定俗成的语音形式，听起来会让人感到很不自然；对第三种情况，应作为北京话土语成分看待，普通话就不要吸收了。

普通话轻声儿化的规范问题还有大量具体工作要做。比如轻声词的规范工作，还应该对无区别作用、无规律可循的第二类情况的轻声词，据现实语音的发展做进一步的调查、审定，制定出必读轻声词表，有意见分歧的，应本着从严把握的原则，以尽量减轻方言区人们学习的负担。儿化词的规范也应当制定出一份必读儿化词表。必读儿化词的选择应该根据普通话书面语言的口语形式从严掌握，另外对书面上"儿"字的有无做出统一规定（词形规范），这样有了文字的提示，必读儿化词的数量又能控制在为数不多的范围内，那么儿化词的学习和使用就不会成为一大负担了。

（三）异读词的审音问题

一个词或一个词内的某个语素在习惯上有两种或两种以上不同的读音，而词义并无不同，这样的词叫异读词。例如，"混淆"可以读成 hùnxiáo，也可以读成 hǔnxiáo；"步骤"可以读成 bùzhòu，又可以读成 bùzòu。但要注意，同一个汉字在不同的词里因意义不同而有不同的读音，这不是异读词，而是多音字。如"学校（xiào）——校（jiào）对"、"处（chǔ）分——处（chù）所"。异读词才是普通话语音规范需要审定的对象。

异读词的产生主要有如下几种原因：

1. 口语读音与书面读音并存。口语读音也叫白读音，书面读音又叫文读音。文白异读就是同一个词或语素在读书时是一个读音，在日常口语中又是另一个读音，两种读音并存。如"熟悉"的"熟"，口语读 shóu，书面语读 shú。

2. 方言与北京话原读音并存　有的方言词的读音被吸收到北京话里来，与北京话原读音并存。如"揩油"的"揩"，吴语读 kā，北京音读 kāi，取 kāi。

3. 讹读音与正读音并存。有的词或语素被人读错了，人们以讹传讹，影响越来越大，造成错误的读音和正确的读音并存。如"荒谬"的"谬"，正读为 miù，讹读为 niù；"酵母"的"酵"，正读为 jiào，讹读为 xiào。

4. 背离语音演变规律的读音与合于规律的读音并存。如"帆船"的"帆"、"危险"的"危"、"期望"的"期"，是古浊音声母的平声字，按语音演变规律应归入普通话的阳平调类，可是在北京话发展过程中这些词又出现一个不符合发展规律的阴平声调，两者并存。

这种词作为普通话词汇的一部分，自然应有统一的读音标准，以减少语音的分歧。由于异读词产生的原因十分复杂，取哪一个读音为标准，需要定出明确的原则。1956 年，中国科学院成立了普通话审音委员会，专门对这些异读词进行审定，他们拟定的审音标准和原则是：

1. 一个字的读音在北京话里非常通行而不合北京语音一般发展规律的，这个音还是可以采用，但同时也要考虑到这个音在北方方言里是否用得广泛。如"危、期"和"帆"字一样，在古代都是浊音声母的平声字，应归入普通话的阳平调类，但是阴平的读法在北京话和北方方言中用得更为广泛，因而把阴平调确定为它们的标准音。对那些既不符合语音演变规律，又没在北京话中通行的北京读音则不可采用。例如"暂（zhàn）、酵（xiào）"的京音读法就未被采用。

2. "开、齐、合、撮"的读法，原则上以符合语音发展规律为准。例如"嫩"的音定为 nèn，而不用 nùn；"淋"的音定为 lín，而不用 lún 或 lún。

3. 古代清声母入声字在北京话里没有异读的，就采用北京已经通行的读法；凡有异读的，假如其中有一个是阴平调，原则上就采用阴平的读法。例如"息"定为 xī，"击"定为 jī。否则可考虑确定一种比较通用的读法作为规范的读音。

上述的原则可以概括为两点：一是通行性的原则，一是规律性的原则。根据这种原则，审音委员会着手异读词的审音工作。1957 年发表了《普通话异读词审音表初稿》正编，1959 年发表续编，1962 年又发表了第三编。1963 年又将这三次发表的审音表汇辑成《普通话异读词三次审音总表初稿》。1982 年 6 月，普通话审音委员会又对《总表》进行了修订。修订稿经国家语言文字工作委员会、国家教育委员会、广播电视部审核通过，1985年12月27日正式公布了《普通话异读词审音表》，规定从公布之日起，普通话异读词的读音、标音都以此表为准。这对普通话语音的规范化工作来说，是大大前进了一步。

二、推广普通话

语音规范化的任务，除确立标准音之外，还要推广标准音，即推广民族共同语——普通话，消除方言的隔阂。普通话和方言的重要差别是语音，因此，推广普通话的中心任务，就是推广普通话的标准音。

推广普通话对不同对象应有不同的要求。方言区的人学习普通话有一定的难度，因此在一定时期内，要允许发音不太标准的"大众普通话"的存在，同时要鼓励人们努力克服方音的影响，尽快向标准普通话靠拢。对影响面广、影响力大、示范性强的播音、演艺、教育等行业，必须对其从业人员的普通话语音作明确的规定，以保证工作质量。1994年10月，国家语言文字工作委员会、国家教育委员会、广播电影电视部联合发布了《关于开展普通话水平测试工作的决定》，并颁布了普通话水平测试的等级标准。这个测试的目的，是评定被测试人普通话所达到的水平等级，所颁布的标准把普通话分为三级，每级设甲、乙两等（共三级六等）。并且规定，对播音员、节目主持人、教师等岗位人员，从1995年起逐步实行持普通话等级证书上岗制度。这个测试是口语的测试，其中，语音的规范标准程度占了非常重要的地位，这无疑对推广标准音是一个有力的促进。

附录　普通话水平测试等级标准（试行）

一　级

甲等　朗读和自由交谈时，语音标准，词汇、语法正确无误，语调自然，表达流畅。测试总失分率在3%以内。

乙等　朗读和自由交谈时，语音标准，词汇、语法正确无误，语调自然，表达流畅。偶然有字音、字调失误。测试总失分率在8%以内。

二 级

甲等　朗读和自由交谈时，声韵调发音基本标准，语调自然，表达流畅。少数难点音（平翘舌音、前后鼻尾音、边鼻音等）有时出现失误。词汇、语法极少有误。测试总失分率在13%以内。

乙等　朗读和自由交谈时，个别调值不准，声韵母发音有不到位现象。难点音较多（平翘舌音、前后鼻尾音、边鼻音、fu—hu、z—zh—j、送气不送气、i—ü不分、保留浊塞音、浊塞擦音、丢介音、复韵母单音化等），失误较多。方言语调不明显。有使用方言词、方言语法的情况。测试总失分率在20%以内。

三 级

甲等　朗读和自由交谈时，声韵母发音失误较多，难点音超出常见范围，声调调值多不准。方言语调较明显。词汇、语法有失误。测试总失分率在30%以内。

乙等　朗读和自由交谈时，声韵调发音失误多，方音特征突出。方言语调明显。词汇、语法失误较多。外地人听其谈话有听不懂情况。测试总失分率在40%以内。

思考和练习九

一、普通话"以北京语音为标准音"，是否意味着北京话的所有语音成分都是标准的？

二、为方便方言区的人学习普通话，普通话能否取消"轻声"和"儿化"？为什么？

三、什么是异读词？异读词和多音字有什么区别？

四、异读词的审音标准和原则有哪些？

五、读下列词语并注音。

　　剥削　切削　锋芒毕露　露面　吓唬　恫吓
　　职称　相称　阿弥陀佛　阿姨　给我　供给
　　薄弱　薄饼　发人深省　节省　牲畜　畜牧
　　相安无事　相机行事　脉络分明　脉脉含情

露宿　星宿　三天两宿　差别　出差　差劲
和面　和平　一唱一和　中途　中肯

本章参考文献

[1] 杜青：《普通话语音学教程》，北京：中国广播电视出版社1999年版。
[2] 焦立为、冉启斌、石锋：《二十世纪的中国语音学》，太原：书海出版社2004年版。
[3] 金有景：《普通话语音》，北京：商务印书馆2007年版。
[4] 郭锦桴：《汉语声调语调阐要与探索》，北京：北京语言学院出版社1993年版。
[5] 李扶乾：《现代汉语语音》，兰州：甘肃人民出版社1985年版。
[6] 林焘、王理嘉：《语音学教程》，北京：北京大学出版社1992年版。
[7] 罗常培、王均：《普通语音学纲要》（修订本），北京：商务印书馆2002年版。
[8] 王理嘉：《音系学基础》，北京：北京大学出版社1991年版。
[9] 徐世荣：《普通话语音知识》，北京：文字改革出版社1980年版。
[10] 麦耘：《汉语音节—音位层次分析》，《语言研究》总35期，1998年版。
[11] 宁方民：《普通话测试中仍然存在的几个问题》，《河北职业技术学院学报》2003第4期。
[12] 宁方民：《普通话训练应全方位进行》，《河北理工学院学报》（社会科学版）2002年第4期。

第三章 现代汉字

第一节 汉字概说

一、汉字

文字是记录语言的符号系统，是最重要的辅助性交际工具。

汉字是记录汉语的书写符号系统，是汉民族在长期的劳动生产和社会实践中共同创造的书面交际工具。

汉字起源于记事的图画。当图画越来越简单，越来越抽象，并能够读出来，代表语言里固定的词的时候，图形就变为最初的文字了。文字是在语言的基础上产生的，从口头语言的产生到文字的产生，其间经过了漫长的历史时期。

汉字是目前世界上历史最悠久的自源文字（不依傍其他文字而独立创造出来的文字叫自源文字。通过借鉴或改造其他语言的文字作为自己语言的文字的，称为他源文字）。从现在确知的甲骨文算起，汉字的历史已有三千多年。如果从人类遗址中发现的一些类似文字的符号算起，汉字的产生大概有五六千年了。其他一些自源文字，如古埃及的圣书字、古代苏美尔人的楔形文字，在两千多年前都已先后消亡，只有汉字使用至今。

在漫长的历史时期里，汉字记录下了汉民族极其丰富的文化资料，为汉民族优秀文化遗产的继承和传播起到了非常重要的作用。不仅如此，汉字还跨越国界，曾经或仍被日本、朝鲜、越南等邻国借去记录他们的民族语言。汉字在历史上有着不可磨灭的功绩。

二、现代汉字

（一）什么是现代汉字

现代汉字指现代汉语形成以来记录汉语的用字。现代汉语如果从"五四"白话文运动算起，那么记录这个时期的汉语的用字，包括传承字和新造字，包括在《汉字简化方案》公布前的繁体字和公布后的简化字，包括在《第一批异体字整理表》公布之前的异体字，都是现代汉字。

现代汉字的主体是《中华人民共和国国家通用语言文字法》规定使用的规范汉字。2013年6月，国务院公布了《通用规范汉字表》，是最新的规范汉字表，共收8105个规范汉字。国务院规定："《通用规范汉字表》公布后，社会一般应用领域的汉字使用应以《通用规范汉字表》为准"。至于在该表附件中跟规范字相对照的繁体字、异体字，根据《中华人民共和国国家通用语言文字法》的规定，它们只能在特定领域保留、使用。例如，在姓氏中可以保留和使用异体字，在书法、篆刻等艺术作品，在翻印出版古籍、教学、研究，以及其他"经国务院有关部门批准的特殊情况"下可以使用繁体字、异体字。

(二) 现代汉字的性质

汉字的性质，指的是汉字区别于其他文字的本质属性。文字是用来记录语言的，所以要联系语言来研究文字的性质。确定某种具体文字的性质，有两条基本途径：一是看这种文字的基本单位记录的是什么样的语言单位；二是看这种文字的基本单位是用什么办法来记录那个语言单位的。

从文字的基本单位记录的是什么样的语言单位来看，世界上的文字主要有三种类型：音素文字、音节文字、语素文字。音素文字（也叫音位文字）通过为音素（音位）制定符号来记录语言，如英文和俄文。音素文字的基本单位是字母，每个字母都有确定的音值，书写时按照字母的音值把词的发音记下来，语言里的词就变成了书面上的词，阅读时把字母的音值拼合起来就知道它记录的是哪个词。音节文字通过为整个音节制定符号来记录语言，如日文中的假名。假名也是一种字母，不过它不是代表一个音素，而是直接代表日语里的一个音节。音素文字和音节文字都属于表音文字，也叫拼音文字。汉字不同于表音文字。现代汉字的基本单位多数记录的是汉语的语素，例如"技、术、窗、眉、走、吗"六个汉字记录的至少是现代汉语的六个语素（有些汉字可以记录多个语素，如"术"、"走"）。语素是语言中最小的音义结合体。意义不同，即使读音相同也是不同的语素，所以书面上也要用不同形体的汉字来表示，如"于、鱼、榆、芋、竽、余、渔、盂、愉、舆、娱、愚、虞、俞"等。少数汉字，如"徘、徊、琵、琶、葡、萄"等，只有形和音，没有义，不能单独表示语素，不过这样的字数量很少，不反映汉字的本质。所以，**从汉字记录汉语的单位看，现代汉字绝大多数记录的是汉语的语素，因而可以认为，现代汉字是语素文字。**

从记录语言的方法来看，一般认为世界上的文字可分为表音文字和表意文字两大类。表音文字是文字的基本单位首先与语音相联系，从语音入手记录语言。表意文字，是文字的基本单位首先与意义相联系，从意义入手记录语言。分析现代汉字记录语言的情况可以概括为三种情况：一是首先与意义相联系，如"森、夯、从、尖、吠"等，通过字形可以大致"猜"出它所表示的意义，与字的读音没有直接联系；二是字形既与意义相联系同时也与语音相联系，如"榆、桃、楼、袋、裘、裳、湖、沭、潮"等，字中一部分提示意义，另一部分提示读音；三是借某个字形的特定读音来记录语言中另一个词语的读音，如"其"和"亦"，它们在造字之初是表意的，不过后来被假借作代词"其"和副词"亦"，就与意义无直接联系了。由于第三种类型在汉字体系中不是很多，所以**大多数汉字总与意义有一些关系**，因此，**从总体上说，现代汉字是表意文字**。

（三）现代汉字的特点

文字的特点与文字性质有密切的关系，性质是根本，特点是由性质派生出来的。现代汉字作为语素文字和表意文字，与拼音文字相比，有以下几个特点。

(1) 汉字是形音义的统一体。因为汉字所记录的是语素，而语素是音义的结合体，每个语素既有声音又有意义，加上汉字的形体，所以汉字是形音义的统一体。这一点与音素文字和音节文字是很不相同的，例如英文的字母 a、b、c、d，日文的あ、い、う、え等，它们有形体，有自己的读音，但是没有独立地和语素对应，因此单独看都是没有意义的，因此不是形音义的统一体。

(2) 数量多，结构复杂。《现代汉语常用字表》收字 3500 个，《现代汉语通用字表》收字 7000 个，实际使用中现代汉字的数量还要多。记录汉语之所以需要这么多汉字，是因为汉字记录的是语素。一种语言的语素有几千个以至上万个，因此语素文字的字数也要有几千个以至上万个。而表音文字是用字母记录语言中的读音，一般一种语言中的音素只有几十个，因而所用字母也只有几十个就够了。汉字不仅数量多，而且结构复杂，这可以从两个方面来看：一方面，汉字笔画繁多，在 7000 个通用汉字中，笔画在 7 画至 15 画的多达 5000 个以上，最多的一个汉字笔画多达 36 画（齉）；另一方面，汉字的构字单位——部件的种类比较多，其组合方式也比较多，使得汉字的结构十分复杂，比表音文字要复杂得多。

(3) 形体上呈方块形状。现代汉字的构字单位是笔画和部件。一个汉字，不论有多少笔画、多少部件，都要均衡地分布在方方正正的框架里，不能超越，所以，汉字又被称为"方块字"，与表音文字形状不同。方块形的汉字以平面作为信息分布形式，视觉分辨率高，有利于提高阅读的速度，也便于形成书法艺术。

（4）多数汉字具有构形理据。汉字在造字初期是依据它所记录的词义来构形的，字形和词义之间存在着一定的联系，可以通过字形来了解词义。现代汉字中有很多形声字，字形和词义之间的联系虽然已经不明显，但意符仍有提示和区别意义的作用，音符仍有提示和区别读音的作用。例如用"山"作意符的字在意义上多与"山"有关：峰、岩、峦、岭、峭、峻、崎、岖；用"山"作音符的字在读音上多与"shān"有关：汕、讪、舢、疝、仙、氙。形声字的构形理据，为记录汉语提供了一定的依据，为人们学习和掌握汉字提供了方便。

（5）历史悠久，蕴涵丰富的文化信息。现代汉字中绝大部分是古今通用字，这些字记载了汉民族深厚的文化传统。如"货、贷、财、账、贩、购"等字的形体反映了我国古代曾经有用贝壳作为货币进行交换的历史。"姓"字从"女"以及先民古姓（皇帝姓姬、神农姓姜、虞舜姓姚、夏禹姓姒……）多从"女"的字形可以看出古代母系氏族社会的影子。这些蕴涵着丰富历史文化内涵的古今通用字，有助于我们了解古代文化传统，是前人留给我们的宝贵财富。这也是汉字至今没有走上拼音化道路的原因之一。

三、现代汉字学

现代汉字学是汉字学的分支学科，是以传统汉字学为基础而发展起来的一门以现代汉字为研究对象的新兴学科。现代汉字是我国十几亿人口正在使用着的文字，在国家的现代化建设和人民的日常生活中发挥着重要作用，所以对现代汉字的研究有着非常重要的意义。

作为汉字学的一个分支，现代汉字学是从传统汉字学中派生出来的，学科历史还比较短。1952年8月号的《中国语文》发表了丁西林《现代汉字及其改革的途径》，1980年《语文现代化》丛刊第二辑发表了周有光《现代汉字学发凡》，1984年，上海师范大学和华东师范大学先后开设了"现代汉字学"课程。这之后，北京语言大学、北京大学、北京师范大学、中国人民大学、广西大学、河北师范大学等高校也陆续开设了这门课程。北京市高等教育自学考试中文专业也增设了"现代汉字学"科目。这之后，出版了一批现代汉字学专著，如张静贤（1992）《现代汉字教程》、高家莺等（1993）《现代汉字学》、苏培成（1994）《现代汉字学纲要》等。这样，在20世纪90年代初期，一门新的学科——现代汉字学应运而生。

现代汉字学研究的内容主要包括：

第一，现代汉字的性质和特点。这是现代汉字研究的理论基础。

第二，现代汉字的属性。现代汉字的属性指的是现代汉字所负载的各方面的信息，包括现代汉字的字量、现代汉字的字形、现代汉字的字音、现代汉字的字义、现代汉字的字序等。

第三，现代汉字的应用。包括人际界面和人机界面的应用。人际界面是汉字应用的传统界面，包括汉字的使用和汉字的教学等。人机界面指的是汉字在计算机上的应用，主要指汉字的信息处理，这方面还有很多工作要做。

第四，现代汉字的评价和前途。这是一百多年来很多学者都始终在关注的话题，也是汉字研究中的一个非常复杂的问题。

研究现代汉字的意义具体表现为以下三个方面。

第一，可以帮助人们更好地学习和使用现代汉字。现代汉字在目前的社会实际应用中还存在着诸多问题，还需要进一步规范，以减轻人们学习和应用的困难。而如何进行规范，如何提高人们学习和使用现代汉字的水平和效率，离不开对现代汉字属性、特点、结构等等的认识，现代汉字的研究应该而且能够在这方面发挥作用。

第二，可以促进中文信息处理技术的发展和成熟。要发展中文信息处理技术，以促进国家信息化和网络化的发展，不仅需要计算机科学家的努力，还需要语言文字学家的协同工作，需要吸收现代汉字的研究成果。这是现代汉字学与传统汉字学的重要区别，是社会发展赋予现代汉字学的重要任务。

第三，可以为国家制定并推行汉字政策提供理论依据。中国地域辽阔、人口众多、方言复杂，再加上汉字自身的许多特点，制定并推行正确的汉字政策无疑具有重要意义，而这也需要对现代汉字的科学认识，需要对现代汉字进行研究。

总之，现代汉字学既以研究现代汉字的应用问题为目标，同时又肩负着推动现代汉字向前发展的重任。我们要进行现代化和信息化的建设，要发展教育、发展科技，就必须深入全面地研究现代汉字，使其更好地成为现代汉语的最重要的辅助性交际工具。

思考和练习一

一、什么是文字？什么是汉字？什么是现代汉字？

二、指出下列汉字哪些是现代汉字，哪些是文言古语用字？

铓 瘥 锭 瘙 诣 劁 酞 钛 夌 哩 氕 锥 惴"
三、为什么说可以认为现代汉字是语素文字？
四、为什么说现代汉字从总体上说是表意文字？
五、与拼音文字相比，现代汉字有哪些特点？
六、现代汉字学主要研究一些什么问题？

第二节　现代汉字的字量

一、现代汉字的组成

现代汉字从来源上说，由以下四个部分的汉字组成。

1. 传承字。即产生于古代而现代还在继续使用的古今通用字，如"田、雨、山、水"等，这是现代汉字的主要组成部分，约占 75% 左右。

2. 简化字。简化字是 1956 年由国务院批准并开始推行的，据 1986 年重新发表的《简化字总表》，表中有简化字 2235 个，其中不作简化偏旁用的简化字 350 个，可作简化偏旁用的简化字 132 个，应用 132 个可作简化偏旁用的简化字和 14 个简化偏旁类推出来的简化字 1753 个。在现代汉字中，简化字约占 20% 左右。

3. 新造字。主要是现代汉语中为记录一些新概念新事物而产生的字，如"气、氘、氨、铑、锝、钛、乒、乓"等。另外，随着一些方言词语进入普通话，记录这些方言词语的汉字也就成了现代汉语的通用字，如"煲、甭、孬"等。

4. 借用字。指古代曾经使用过，但古代音义已经消亡，现代借用这些字形是记录与古代汉语中完全不同的音和义，如"宁"古代读 zhù，是贮、积聚的意思，现代读 níng，是"寧"的简化字；"厂"古代读 hǎn，是凸出的山崖，其下可住人，现在读 chǎng，是"廠"的简化字；"广"古代读 yǎn，是依山崖建造的房屋，现在读 guǎng，是"廣"的简化字。这些同时都与"简化字"重叠。

二、现代汉字的总字数

现代汉字的总字数是多少，是一个有待解决的问题。早在 20 世纪 50 年代，文字学家周有光就提出过这个问题。他说："整理汉字的一项基本工作就是清点汉字的'家底'，编出一份'现代汉语用字全表'的清单来。"但是编写一个 100% 覆盖现代汉语文献的"现代汉语用字全表",即确定现代汉字的总字数,并不是一件轻而易举的事。有不少理论问题、实际操作的技术性问题需要一个一个地去解决。

1974 年 9 月,国家批准"汉字信息处理系统工程"科研立项,其中的一项内容就是研制《信息处理用标准汉字表》。课题组经过两年多的努力,通过对 2160 多万字语料的人工统计,编成《汉字频度表》。1984 年初,原统计组用计算机重新计算、增改,编成《汉字频度统计》一书,1988 年 4 月出版。得到字种 5991 个,分为最常用字、常用字、次常用字、稀用字、冷僻字五级。**所谓"字种"是指汉字个体的种类(即不同的汉字)。异体字、繁体字、简体字和变体字都不影响字种的数量。**如"峰、峯"两字算一个字种,"鸡、鷄、雞"三字算一个字种。

1979 年至 1985 年,北京语言大学语言教学研究所编成《现代汉语频率词典》(北京语言学院出版社,1986)。这本词典用人工和计算机相结合的办法,从词语应用的角度作了较大规模的词汇计量研究,同时兼及汉字字频和组词能力的统计与分析,所用语料有 180 万字。这本词典中的《汉字频率表》,共有字种 4574 字。

1983 年初,北京航空学院计算机科学工程系受中国文字改革委员会和国家标准局委托,利用计算机进行现代汉语字频统计,其成果汇编为《现代汉语字频统计表》一书(1992 年 1 月由语文出版社出版)。这次字频统计所用的语料,是从 1977 年到 1982 年间社会科学和自然科学的 13800 万字的材料中抽取出来的 1108 万字语料,结果得到 7754 个字种。

一些现代汉字学专著和一些现代汉语教材估计,现代汉字的总字数是 10000 多个(字种)。苏培成《现代汉字学》(商务印书馆,2014)指出:"我们根据现有的字频资料可以做一个粗略的估计。《汉字频度统计》有字种 5991 个,《现代汉语频率词典》中的《汉字频率表》有字种 4574 个,《现代汉语字频统计表》中的《社会科学·自然科学综合汉字频度表》有字种 7754 个,三项相加,去掉重复,有 10000 多个,这就是现代汉字的总字量。"沈阳、郭锐《现代汉语》(高等教育出版社,2014)亦指出:"现代汉字的总字量大约在 10000 多个。"这样的估计是有一定依据的。

2013 年国务院公布的《通用规范汉字表》确定了 8105 个通用规范汉字,其累积覆盖率在 99.99% 以上,是现代汉字总字数研究的重要一步，在此基础上研制出"现代汉字表"（现代汉语用字全表），或在《通用规范汉字表》之外研制一份"罕用规范汉字表"，是完全可以期待的事情。

三、现代汉语常用字的字数

常用字就是在现代汉语中经常要用到的字，即使用频度高的字。现代汉语常用字的字量并不多。据统计，孙中山《三民主义》使用的字种数为 2134 个，《毛泽东选集》使用的字种数为 2981 个，老舍《骆驼祥子》使用的字种数为 2413 个，叶圣陶《倪焕之》使用的字种数为 3039 个，曹禺的《雷雨》《日出》《北京人》使用的字种数为 2808 个，赵树理《三里湾》使用的字种数为 2069 个。从上述这些统计数字可以看出，现代汉语的常用字有 3000 多个，其中最常用字有 2000 多个。

为了适应语文教学、辞书编纂以及汉字机械处理和信息处理等各方面的需要，国家语言文字工作委员会汉字处从 1986 年 6 月开始研制现代汉语常用字表。1987 年 7 月国家语委邀请教育、语言、信息处理等方面专家对字表草案进行论证，然后根据各方面的意见对草案进行整理修正。1988 年 1 月，国家语言文字工作委员会和国家教育委员会联合发布了《现代汉语常用字表》。共收常用字 3500 个，其中常用字 2500 个，次常用字 1000 个。

拟定常用字表的选字原则主要有四条。

(1) 根据字的使用频度，选取使用频度高的字。这就需要进行多方面的字频统计，以给这种区分工作提供基于语言事实的大量的可靠数据。

(2) 根据字的使用分布，选取分布均匀的字。如某个字在单一学科中使用频度较高，但在其他学科中却很少出现，这说明它的分布是不均匀的。与此相反，有的字不仅使用频率较高，而且能在多学科中出现，说明它的分布是均匀的。选取分布均匀的字，可以避免选字的片面性。

(3) 选取构字能力和构词能力强的字。有些字使用频率很高，但构词能力很弱，如"你"；有些字虽然独立使用频率不是很高，但有很强的构词能力，可以参与构成很多合成词，甚至作为偏旁还可以构成很多形声字，如"木"。显然，"木"字在现代汉字中的地位也很重要。所以选取常用字时要考虑选取构字能力和构词能力强的字。

(4) 根据汉字的实际使用情况斟酌取舍。有些字，在书面语中很少使用，进行字频统计时往往统计不到，但在社会日常生活中却很常用，如

"凳、盆"等，它们在口语中出现的频率很高，所以仅凭书面语资料统计出的结果还不完全可靠，还要进行适当的人工干预，把这些只是在口语中经常用到的字也确定为常用字。

《现代汉语常用字表》选材的时间范围是从 1928 年至 1986 年，所用统计资料包括语体文应用字汇、常用字选、汉字频度表、信息交换用汉字编码字符集·基本集等 15 种。另外，从通用字的资料中选用了印刷通用汉字字形表、现代汉语词典、新华字典、标准电码本、1986 年度新闻信息流通频度等 5 种。

为了检验常用字表中选收的常用字是否合理，国家语言文字工作委员会委托山西大学计算机科学系利用计算机对 200 万字的语料进行抽样统计，以检测选收的常用字的使用频率。抽样材料包括 1987 年 7 月的《人民日报》计 150 万字、1987 年 7 月的《北京科技报》计 20 万字、1987 年《当代》第三期计 30 万字。检测结果是：2500 常用字覆盖率达 97.97%，1000 次常用字覆盖率达 1.51%，合计（3500 字）覆盖率达 99.48%，说明《现代汉语常用字表》的拟定是符合实际的，是科学的。

2013 年国务院公布的《通用规范汉字表》的"一级字表"，是现代汉语常用字研究的最新成果。这个字表将常用字（一级字）的字量仍定为 3500 个，但具体收字与《现代汉语常用字表》有些微差异。该字表收入《现代汉语常用字表》中的字 3397 个，又增收 103 个《现代汉语常用字表》中没有的字，这是一个替代《现代汉语常用字表》的最新的常用字字集。

四、现代汉语通用字的字数

通用字是记录现代汉语一般要用到的字，是出版印刷、辞书编纂和信息处理等方面一般要用到的字。通用字包括常用字。

现代汉语通用字的字量需要多少？这种研究从 20 世纪 50 年代就开始了。下面是几种不同字表的收字情况。

1956 年中国文字改革委员会拟定的《通用汉字表草案（初稿）》，收通用汉字 5390 字；

1965 年文化部和中国文字改革委员会联合发布的《印刷通用汉字字形表》，收字 6196 字；

1988 年 3 月，国家语言文字工作委员会和国家教育委员会联合发布了《现代汉语通用字表》，共收通用字 7000 个，其中包括《现代汉语常用字表》的 3500 字。

2013 年国务院公布的、由教育部、国家语委组织制定的《通用规范汉字表》，收字 8105 个。

1988 年《现代汉语通用字表》是由国家语言文字工作委员会汉字处负责研制的。研制时主要根据 1965 年公布的《印刷通用汉字字形表》，并根据近年来汉字应用的实际情况，删去《印刷通用汉字字形表》的 50 个字，增收了 854 字。《现代汉语通用字表》研制中的选字原则、选材的时间范围以及所用的统计资料都与《现代汉语常用字表》相同。

2013 年《通用规范汉字表》是教育部、国家语委为落实《中华人民共和国国家通用语言文字法》而研制的。从 2001 年立项，历经十余年完成，国务院 2013 年公布，分一级字表、二级字表、三级字表三个表，共收字 8105 个。这个字表的一、二级字表，对《现代汉语通用字表》有一些调整。它未收《现代汉语通用字表》当中的 556 字，增收《现代汉语通用字表》以外的 56 字，一、二级字表合计收 6500 字，相当于一个最新的"现代汉语通用字表"。其三级字表收入姓氏人名、地名、科学技术术语和中小学语文教材文言文用字中未进入一、二级字表的较通用的字 1605 个，主语满足信息化时代与大众生活密切相关的专门领域的用字需要。

《通用规范汉字表》的一、二级字表收录汉字，主要的依据是使用度和通行度。研制组选用"国家语委现代汉语平衡语料库"作为基础语料库，全库约 9100 万字符，其中 1911—1997 年的语料约 7000 万字符，1998—2002 年的语料约 2100 万字符。内容上覆盖了人文社会科学、自然科学、综合学科在内的 55 个学科。又选择和建立了 3 个辅助语料库，即：北京语言大学汉字应用研究所建立的"现代新闻媒体动态流通语料库"，3.5 亿字符；自建的"教育科普综合语料库"，518 万字符；自建的"儿童文学语料库"，570 万字符。有如此庞大的语料库作支撑，在最大程度上保证了字频和覆盖率数据的可信度。

《通用规范汉字表》是最新的现代汉语通用字字量、字形和字序的规范。

思考和练习二

一、从来源上说，现代汉字由哪几个部分组成？

二、什么是字种？现代汉字总字数是多少？

三、国家为什么要颁布《现代汉语常用字表》？其选字原则是什么？

四、为什么要研究制定《通用规范汉字表》？谈谈你对此表的看法。

第三节　现代汉字的字形

现代汉字的字形分析是对当前现代汉字规范字形所做的分析。这样的分析可能与字形的溯源分析结果不一致，但是现状分析对人们学习和正确地使用汉字很有帮助，对汉字教学和计算机的汉字信息处理也大有裨益。

对现代汉字的字形分析，可以从外部和内部两个方面入手。所谓外部分析主要是分析一个字是怎样由最小的构件单位逐层组合为二维的方块汉字的，即汉字构形法；所谓内部分析是从字形的现状入手，研究字形和字音、字义的关系，了解构字的理据，即汉字构法。汉字的外部分析对汉字教学和汉字的计算机编码输入都有重要的价值；内部分析对正确使用汉字以及识字教学有很大帮助。

一、现代汉字的构形法

（一）笔画

笔画是构成汉字的点和线，是现代汉字构形的最小单位。就书写过程来说，笔画是有起止的线条，从起笔到落笔写出的点和线就是一笔或一画。

笔形，是指笔画的具体形状。笔形大约有 30 种，大致可分为点、横、竖、撇、捺、提、折、钩 8 类。为了汉字教学和工具书检索的方便，人们又把捺归入点，把提归入横，把钩归入折（但竖钩归入竖），这样笔形就只有横、竖、撇、点、折 5 个大类。下面是 5 个大类 30 个小类的现代汉字笔形表：

现代汉字笔形表

大类		小类		举例
笔形	名称	笔形	名称	
一	横	一 ╱	横 提	"十"的第一笔 "地"的第三笔
丨	竖	丨 亅	竖 竖钩	"十"的第二笔 "小"的第一笔
丿	撇	丿	撇	"人"的第一笔
丶	点	丶 \	点 捺	"主"的第一笔 "人"的第二笔

续表

大类		小类		举例
笔形	名称	笔形	名称	
ㄱ	折	ㄱ	横折	"口"的第二笔
		ㄱ	横撇	"又"的第一笔
		⼀	横钩	"写"的第二笔
		ㄴ	竖折	"凶"的第三笔
		ㄴ	竖弯	"西"的第五笔
		ㄴ	竖提	"民"的第三笔
		⼎	撇点	"女"的第一笔
		ㄥ	撇折	"红"的第一笔
		ㄟ	斜钩	"我"的第五笔
		亅	弯钩	"家"的第六笔
		ㄋ	横折折	"凹"的第二笔
		ㄥ	横折提	"语"的第二笔
		ㄋ	横折钩	"月"的第二笔
		ㄟ	横斜钩	"风"的第二笔
		ㄣ	竖折折	"鼎"的第六笔
		ㄣ	竖折撇	"专"的第三笔
		ㄥ	竖弯钩	"己"的第三笔
		ㄅ	横折折折	"凸"的第四笔
		ㄋ	横折折撇	"及"的第二笔
		ㄟ	横折弯钩	"九"的第二笔
		ㄋ	横撇弯钩	"队"的第一笔
		ㄣ	竖折折钩	"马"的第二笔
		ㄋ	横折折折钩	"乃"的第一笔

　　作为小类的"横、提、竖、撇、点、捺"还可以表现出各种变化。如"横"有长横（如"士"的第一笔）、短横（如"士"的最后一笔），"提"有横提（如"提"的第三笔）、点提（如"冰"的第二笔），"竖"有长竖（如"卜"的第一笔）、短竖（如"师"的第一笔），"撇"有长撇（如"人"的第一笔）、短撇（如"自"的第一笔）、竖撇（如"月"的第一笔）、平撇（如"手"的第一笔），"点"有长点（如"双"的第二笔）、短点（如"主"的第一笔）、左点（如"杰"的第五笔），"捺"有长捺（如"入"的第二笔）、短捺（如"捺"的第六笔）、平捺（如"之"的最后一笔）、竖捺（如"瓜"的最后一笔）等。

第三章　现代汉字

笔顺是指书写汉字时笔画的先后顺序。人们书写时只有掌握正确的书写顺序才能保证书写的速度和美观，也才能掌握汉字的某些查检法，因此书写汉字要遵循一定的书写规则。根据1997年4月国家语言文字工作委员会、中华人民共和国新闻出版署公布的《现代汉语通用字笔顺规范》以及1999年10月发布、2000年1月1日实施的《GB13000.1字符集汉字笔顺规范》，汉字笔顺的基本规则是：

1. 有上下之分者，从上到下：二、三、了、早、杂、曼。
2. 有左右之分者，从左到右：八、川、州、从、汉、街。
3. 横竖相交部件，先横后竖：十、丰、协、汁、古、早。
4. 撇点相交部件，先撇后点：义、父、刈、肴、艾。
5. "月"类结构，先外后内：月、用、冈、同、问。
6. "日"类结构，先开门后进人再关门：日、囚、团、圆。
7. "小"类结构，先中间后两边：小、水、永、承。

还有一些从上述规则衍生出来的规则，例如：半包围结构合体字、右上角为点的字的笔顺规则是：

1. 左下右包围结构，先内后外：凶、函、凼、幽。
2. 上左下包围结构，先上后内再竖折：区、医、臣、匡。
3. 辶廴左下包围结构，先内后外：造、近、进、建、延。
4. 其他左下包围结构，先外后内：题、起、爬、昶、勉、旭。
5. 上左包围结构，先外后内：厅、质、盾、库、庆、房、屋。
6. 丁冂几气等作外框的结构，先外后内：司、旬、虱、氧。
7. 丁弋戈类作外框的结构，先上后内再右：可、式、武、戒、载。
8. 点在右上角，最后写点：书、犬、我、尤、戈、龙、术。

现代汉语中多数字的写法是遵循以上规则的。但也有一些例外情况，需要引起特别的注意。下面列出一些容易写错笔顺的汉字和它的笔画数：

```
乂   ㇒㇏乂         （3画）
叉   ㇅又叉         （3画）
与   一与与         （3画）
匹   一丆兀匹       （4画）
凶   ㇒㐅区凶       （4画）
车   一ㄊ㐅车       （4画）
比   ㇀ㄣ㇀比       （4画）
火   丶丶ㄣ火       （4画）
```

丑　フ刀丑丑　　　　　　（4画）
北　丨ㅑ井北　　　　　　（5画）
凸　丨丨卜凸凸　　　　　（5画）
凹　丨冂凵冂凹　　　　　（5画）
边　フ力办边　　　　　　（5画）
再　一ㄒㄇ币再再　　　　（6画）
臼　′′′′′′臼　　　　　（6画）
迅　マ孔孔讯迅　　　　　（6画）
怀　′′忄忊怀怀　　　　　（7画）
里　丨口日甲里里　　　　（7画）
非　丨ㅑㅑ㇇非非非　　　（8画）
垂　一ㄒ千手乒垂垂　　　（8画）
贯　ㄑ口冂毌毌贯贯　　　（8画）
乘　一ㄒ千千斥乖乖乘乘乘（10画）
脊　′′′′′′′′′′′′′′脊脊脊（10画）
兜　′′′′′′′′′′′′′′兜兜（11画）
敝　′′′′′′′′′′′′′′敝敝（11画）
渊　′′′′′′′′′′′′′′渊渊（11画）
颐　一ㄒ匚匚臣臣臣臣匠匠颐颐颐（13画）
燕　一廿廿廿廿廿廿廿燕燕燕燕（16画）

（二）部件

（1）部件和部件的类型

　　部件是由笔画构成的、具有组配汉字功能的构字单位。部件大于或等于笔画。比如，"一"、"乙"既是一个笔画，同时又是一个部件；但是大多数部件不止一个笔画，如部件"女"由"撇点"、"撇"和"横"三个笔画构成；部件"马"由"横折"、"竖折折钩"和"横"三个笔画构成；部件"口"由"竖""横折"和"横"三个笔画构成；部件"木"由"横"、"竖"、"撇"、"捺"四个笔画构成。

　　部件可以与其他部件组合成汉字。如，"女"和"马""子""朱"等可以组合出"妈""好""姝"等汉字；"口"和"巴""土""木"可以组合成"吧""吐""呆"等汉字。现代汉字用30多个不同形状的笔画组合成六七百个部件，再用六七百个部件组合成数以万计的整字。

　　部件可以从多个角度进行分类。

根据部件的笔画数，可以将部件分为单笔部件和多笔部件。只有一个笔画的部件叫单笔部件，例如"旦"中的"一"、"扎"字中的"乚"、"买"字中的"乛"等；由两个或两个以上笔画组成的部件叫多笔部件，例如"亻"、"子"、"日"等。

根据部件成字与否，可以将部件分为成字部件和不成字部件。可以独立成字的部件叫成字部件，例如"乙"、"丙"、"水"等；不可以独立成字的部件叫不成字部件，例如"乚"、"乛"、"亻"等。成字部件和不成字部件是就现代汉语而言的，因为许多现代汉语中不成字部件，在古汉语中可以独立成字，如"宀"、"辶"、"阝"等。

根据能否再切分出小的部件，可以把部件分为基础部件和合成部件两类。最小的、按照规则不再拆分的部件是基础部件，例如从"男"字拆分出来的部件"田、力"，从"江"字中拆分出来的部件"氵、工"。由两个或更多个部件组成的部件是合成部件，例如从"想"字中拆分出来的部件"相"，从"倍"字中拆分出来的部件"咅"都是合成部件。

根据部件被切分出来的先后层次，可以把部件分为一层部件、二层部件、三层部件等。例如"想"字拆分中，"相、心"是一层部件，"木、目"是二层部件。

（2）部件的名称

学习和使用汉字，常常需要称说汉字的构成部件。成字部件的称说比较容易，但是不成字的部件就需要给其命名。关于部件名称的命名有以下几个方面的规则（据《信息处理用GB13000.1字符集汉字部件规范基础部件称说表》）：一是按汉字读音命名部件，例如"口（kǒu）"、"木（mù）"、"火（huǒ）"等；二是《现代汉语常用字表》以外的成字部件，给出读音后再按部位命名，例如"殳"的名称是"殳（shū）"和"设字边"；"聿"的名称是"聿（yù）"和"律字边"；三是按俗称命名部件，例如"辶"称为"走之"，"氵"称为"三点水"，"宀"称为"宝盖"，"扌"称为"提手"，"纟"称为"绞丝旁"；四是按笔画命名部件，例如"一"称为"横"，"丨"称为"竖"，"丿"称为"撇"，"丶"称为"点"，"乚"称为"竖弯钩"；五是按部位命名部件，例如："×字头"、"×底"、"×字框"、"×字心"。2009年3月，教育部、国家语委发布《GF0014—2009现代常用字部件及部件名称规范》，其中的《现代常用字部件表》共包括441组514个部件，各组的第一个部件为主形部件，用以指称本组部件。各组的主形部件之后所列的相关部件为附形部件。每个附形部件仍为独立使用的部件。《现代常用字部件表》规定了各个部件的名称。例如：

立 刀（刂）	单立人（亻）	两点水（冫）	言 旁（讠）
单 耳（卩）	双 耳（阝）	提 手（扌）	草字头（艹）
围字框（囗）	双立人（彳）	反犬旁（犭）	将字旁（丬）
冬字头（夂）	反 文（攵）	竖 心（忄）	三点水（氵）
走 之（辶）	绞丝旁（纟）	老 省（耂）	横四点（灬）
病字框（疒）	衣 旁（衤）	虎字头（虍）	竹 头（⺮）
区字框（匚）	同字框（冂）	建 之（廴）	登字头（癶）
弄字底（廾）	春字头（𡗗）	卷字头（䒑）	

（3）部件和部首的联系和区别

部件跟字典、词典中经常使用的"部首"是不同的。**字典、词典为方便查检，往往设有"部首检字表"，按照汉字形体上的某个共同点把汉字分为若干部，部首就是作为这一部汉字的共同特征的部件或笔画。**基础部件有500多个，而部首只有201个主部首，100个附形部首。多数情况下，部首就是表意的意符，例如"杨"、"松"、"柏"、"杉"、"板"等字的部首是"木"，表示这些汉字的意义类别。古代字书一般都以意符为部首，现代字书为了查字方便，并不严格按这个原则分部。如"篡"字，《说文解字》在"厶"部，"从厶算声"，"厶"能说明"篡"字字义，现代字典则把它归在"竹"部。"和"字，《说文解字》在"口"部，《康熙字典》、《辞源》、《辞海》等也都在"口"部，"口"能说明"和"字的字义，而《新华字典》《现代汉语词典》都同时归在"禾"、"口"两部，这样就方便了检字。上面所说的部首"木"、"竹"、"禾"、"口"都是部件。有些字不能拆分出部件，它们的部首是以该字的首笔画来充当的。如"入"、"乎"、"九"归于"丿"部；"丫"、"之"、"头"归于"丶"部。

（三）整字

根据基础部件的数量来区分，现代汉字可以分为独体字和合体字。

独体字是指由一个基础部件构成的字，例如"乙"、"万"、"广"、"手"、"甘"、"禾"。有些字虽然笔画比较多，但是从字形上不能分解出相离的部件，因而也是独体字，例如"串"、"东"、"事"、"重"等。有些字分解后，笔画之间相离而且对称或平行，这样的字也算作是独体字，例如"八"、"儿"、"三"、"川"等。2009年3月，教育部、国家语委发布了《GF0013—2009 现代常用独体字规范》，在现代汉语常用字范围内确定了256个现代常用独体字。

合体字是指由两个或两个以上基础部件构成的字，例如"体"、"迷"、"份"、"叠"、"室"、"国"、"翼"等。合体字在现代汉字中占绝对多数，其中两个部件或三个部件构成的最多，据统计，它们占合体字总数的 74.3%。[1]

合体字字形组合有多种模式，按照层次分析法分析出的合体字的首层结构有三大类：

（1）左右结构。如：到、牧、杨
（2）上下结构。如：雷、费、室
（3）包围结构。如：因、团、囚

根据这些基本结构还变化出一些派生结构模式：

（4）左中右结构。如：辩、街、粥
（5）上中下结构。如：裹、衰、器
（6）"品"字结构。如：晶、森、淼
（7）框架结构。如：巫、噩、乘
（8）半包围结构。又可进一步分为：

三面包围 { 左上右包围　如：冈、风、闹
　　　　　 左下右包围　如：凶、函、画
　　　　　 上左下包围　如：区、医、匹

两面包围 { 上左包围　如：庆、房、尼
　　　　　 左下包围　如：这、建、起
　　　　　 上右包围　如：可、习、氧

二、现代汉字的字体、字号

现代汉字的字体有手写体和印刷体的区别。

（一）手写体

手写体指写字人用笔直接写出来的字体。传统的笔是毛笔，现代人常用的笔是钢笔、圆珠笔、铅笔等。常见的手写体可分为楷书、行书两种。楷书也叫正楷、正书、真书，通常叫楷体。"楷"有楷模、法式的意思，也就是说，楷书是汉字的标准字体。现在小学生学写字，总是以楷书为范字，青少年练习书法，也多从练习楷书开始。楷书字端庄工整，结构匀称雅观，从古代一直沿用至今。

---

[1] 李公宜、刘如水：《汉字信息字典》，科学出版社 1988 年版，第 1010 页。

行书是楷书的一种快写体，古人说它是"正书之小讹"，意思是说它跟楷书相比有一些小的改变。由于楷书书写速度较慢，所以除了有特殊需要之外，一般人写字都不写楷书而写行书。行书不像楷书那样拘谨，它可以两笔甚至多笔连书，还可以轻度改变笔顺、笔形，既便于书写，又便于辨认，是现代汉字手写体中应用最广泛的字体。行书可以分为行楷、行草两类，行楷是跟楷书比较接近的行书，行草是跟草书比较接近的行书。当代人们交际中所写的行书多属于"行楷"。

在古代，汉字手写体还有隶书、草书、篆书，现在除了有特殊需要的地方用它以外，普通人基本上都不再用它了。

（二）印刷体

印刷体是用印刷机械印刷图书、报刊、文件等所用的字体。印刷体可分为铅活字印刷体、电脑印刷体两大类。

20世纪50年代以来，铅活字印刷体主要有宋体、仿宋体、黑体、楷体四大类，还有它们的多种变体，例如长宋、扁宋、标题宋、粗黑、长仿宋等，这些字后来又被输入电脑，成为电脑印刷体。例如：

> 现代汉字印刷体宋体
> 现代汉字印刷体仿宋体
> 现代汉字印刷体黑体
> 现代汉字印刷体楷体

随着科学技术的进步，手写体汉字也可以做成铅活字，成为铅活字印刷体，或输入电脑，成为电脑印刷体。1974年增加了新魏体，1976年增加了隶书（又叫标题隶），1980年增加了行楷体（由书法家任政书写），其后又增加了舒体（由书法家舒同书写）、炳森隶（又叫古隶，由书法家刘炳森书写）、启功体（由书法家启功书写）。例如：

> 现代汉字印刷体新魏体
> 现代汉字印刷体隶书
> 现代汉字印刷体行楷体

有人统计，电脑上有汉字字体 600 多种。除了上述几种外，还有很多种字体可供选用。

(三) 印刷体的字号

字号是区分印刷体汉字大小的名称，手写体汉字没有字号限制。

我国印刷体汉字的字号有号数制和点数制两种。

号数制字号早期只有初号、一号、二号、三号、四号、五号、六号等 7 种，后来陆续增加了小初号、小一号、小二号、小三号、小四号、小五号、小六号、七号、八号等 9 种，现在电脑上常见号数制字号共 16 种。初号字最大，正方字形长宽各占 14.76 毫米，八号字最小，正方字形长宽不到 2 毫米。普通书刊（例如本教材）的正文一般用五号字，章节标题则可用二号、三号、四号字，或小二号、小三号、小四号字，注释多用小五号或六号字。

现代汉字印刷体二号宋体

现代汉字印刷体三号宋体

现代汉字印刷体四号宋体

现代汉字印刷体五号宋体

点数制是国际上流行的字号制度。我国 1958 年引进，并规定以 0.35 毫米为一点。初号字相当于 42 点，一号字相当于 28 点。"点"也叫作"磅"，是由英文 Point 翻译的。现在电脑上字号菜单栏一般有 5、5.5、6.5、7.5、8、9、10、10.5、11、12、14、16、18、20、22、24、26、28、36、48、72 等 21 种点数制字号。

在电脑上，字的大小还可以"自定义"。"自定义"字的大小用点数制。只要在字号框中输入你需要的字号点数就可以了。

在电脑上，字的大小还可以利用"字符缩放"使字变扁或变狭，增加美感。

号数制字号与点数制字号对照表（部分）

初号	小初	一号	二号	三号	四号	小四	五号	小五	六号	七号
42	36	28	21	16	14	12	10.5	9	8	6

三、现代汉字的构字法

从内部结构说，现代汉字是由意符、音符和记号构成的。意符、音符和记号都可以叫作字符。**意符是指与整字在意义上有联系的字符；音符是指与整字在读音上有联系的字符；记号是指与整字在意义和读音方面都没有联系的字符**（我们这里所指的整字的意义和读音都是指现代汉字的意义和读音，而不是古汉字的意义和读音）。在这三类字符中，意符和音符与整字的意义和读音有联系，所以是有理据的；记号与整字的意义和读音都没有联系，是没有理据的。这三类字符搭配使用，构成了合体字的五种结构，即**会意字、形声字、半意符半记号字、半音符半记号字、合体记号字**，加上独体字，这就是现代汉字的新六书。

1. 意符+意符：会意字

会意字由两个或两个以上的意符构成。例如：

从，表示一个人跟随另一个人。

掰，表示用两手分开东西。

尖，表示上小下大，指上端细小的东西。

矗，表示直立、高耸。

晶，形容光亮。

明，从日和月，指明亮。

吠，从犬和口，指狗叫。

歪，不正为歪。

宝，表示房子里有"玉"。

笔，"竹"表示笔杆，"毛"表示笔头。

2. 意符+音符：形声字

形声字由意符和音符构成。其中的意符表示字义的类别，音符表示字的读音。音符表音有时与整字读音完全相同，有时与整字读音略有不同。例如：

疤，从疒巴声，指疤痕、疮疤。

搬，从手般声，指移动。

枫，从木风声，指枫树。

浮，从水孚声，指漂浮。

袱，从衣伏声，指包裹所用的布单。

态，从心太声，指状态。

拥，从手用声，指抱。

巍，从山魏声，指山高大。

有的形声字的音符兼表意。例如：

娶，从女取声，取兼表取得，指娶妻。
懈，从心解声，解兼表散开，指懈怠。

3. 意符+记号：半意符半记号字

半意符半记号字由意符和记号构成。这类字中有不少本来是古代的形声字，由于音符变形，变得不能准确表音，变成了记号，而意符没有太大的变化。有一些是古代的会意字变化而成，有一些是汉字简化而成。例如：

布，"巾"是意符，"𠂇"是记号。
蛇，"虫"是意符，"它"是记号。
鸡，"鸟"是意符，"又"是记号。
灯，"火"是意符，"丁"是记号。
灿，"火"是意符，"山"是记号。
执，"扌"是意符，"丸"是记号。
地，"土"是意符，"也"是记号。
霜，"雨"是意符，"相"是记号。
刻，"刂（刀）"是意符，"亥"是记号。
泉，"水"是意符，"白"是记号。

4. 音符+记号：半音符半记号字

半音符半记号字由音符和记号构成。这一类主要来自古代的形声字，音符还能表音，但是字义已经发生了比较大的变化，因而意符变成了记号。例如：

球，"求"是音符，"王（玉）"是记号。
笨，"本"是音符，"竹"是记号。
诛，"朱"是音符，"讠"是记号。
华，"化"是音符，"十"是记号。
较，"交"是音符，"车"是记号。
历，"力"是音符，"厂"是记号。
字，"子"是音符，"宀"是记号。
纪，"己"是音符，"纟"是记号。
巩，"工"是音符，"凡"是记号。
胜，"生"是音符，"月"是记号。

5. 记号+记号：合体记号字

合体记号字由两个或两个以上的记号构成。这类字来自古代形声字或会意字，到后来这些字的意符和音符都失去了作用，就成了合体记号字，其中有的是简化造成的。例如：

骗　特　尨　射　至　听　头　杂

"骗"、"特"、"尨"是古代形声字，"射"、"至"是古代会意字，"听"、"头"、"杂"的繁体"聽"、"頭"、"雜"是形声字。

很多古代象形字，经过字形变化而不再象形，成了合体记号字。例如：

鹿　鼎　燕　龟

在甲骨文中，它们都是象形字。

6. 独体字

独体字由一个基础部件构成。独体字有音有义，一般都可以用作合体字的音符，或意符，有的还可能被用作记号。如"马"，在"吗、妈、骂、码"中作音符，在"骑、驾、骏、驹"中作意符，在"骗"中作记号。有些独体字来自古代的假借字，字形和字义之间没有关系。例如：

我，假借为第一人称代词。

方，假借为方圆的方。

而，假借为连词。

也有些来自古代的象形字，古时候象形，现在不象形了。如：

车　瓜　日　月　舟　雨　牛

有些独体字由原来的合体字简化而来。例如：

乐（樂）　龙（龍）　门（門）　书（書）　专（專）

根据以上分析可知，一个字在古代汉字和现代汉字中所属的类别有时并不相同。例如，"江、河"在古代汉字中属形声字，在现代汉字中是半意符半记号字。据统计，在现代汉语常用字中，形声字约占 56.7%。可见，现代汉字字形更加抽象。

思考与练习三

一、填空

1. 现代汉字的五大类基本笔形是_____、_____、_____、_____、_____。

2. 部件是_____构字单位。

3. 独体字是_____；合体字是_____。

4. 合体字的基本结构组合模式有_____、_____、_____三大类。

5. 现代汉字的"新六书"是指_____、_____、_____、_____、_____、_____。

二、按照层次分析法逐层分析以下汉字的字形组合模式：
府　肃　树　烈　罚　磕

三、指出下列汉字的构字类型：
孬　转　泪　鸡　为　派　荀　蛇　冈

四、举例说明汉字笔顺的基本规则有哪些。

五、按笔顺书写下列汉字：
寒　饱　田　永　厅　恨　舟　巫　廷　迅

第四节　现代汉字的字音

汉字的读音非常复杂，有古音和今音，有文读音和白读音，有共同语读音和方言读音，等等。这里所说的现代汉字字音是指汉字在现代汉民族共同语中的规范读音。

一、现代汉字的读音标准

现代汉字的读音是从传统的汉字读音发展而来的。传统的汉字读音也是在不断发展变化的。在中国不同的历史时期往往有不同的韵书、字书问世，如宋代的《广韵》、《集韵》，元代的《中原音韵》，明代的《洪武正韵》、《字汇》，清代的《康熙字典》等等。这些字书和韵书上的字音基本上反映了当时的"读书音"，即当时汉字的读音标准。

20世纪初，国语代替官话成为汉民族共同语的通称。这时候，社会需要国语有一个明确的读音标准。1924年12月，当时的"国语统一筹备会"决定"以北京语音作为国音的标准"，这就是后来人们所说的"新国音"，从而使现代汉字第一次有了明确、统一的读音标准。

新中国成立后，国家大力推进汉字的改革和语言文字规范化，汉字的读音规范问题进一步受到重视。1955年10月，先后召开了全国文字改革会议和现代汉语规范问题学术会议。这两次会议上确定了普通话为现代汉民族共同语，明确指出普通话"以北京语音为标准音"。再次以国家标准名义确定了现代汉民族共同语的语音标准，即现代汉字的读音标准。

二、现代汉字字音的特点

文字是记录语言的符号系统，不同的文字对应于不同的语音和语义单位。现代汉字的字音有如下几种情况：

(一) 大多数汉字只有一个读音

大多数现代汉字只有一个读音，读出来是一个音节。过去一段时期，有个别汉字要读成连续的两个音节，这类汉字多是用来表示计量单位的，如"呎"、"浬"、"瓩"分别记录的是 yīngchǐ、hǎilǐ、qiānwǎ，各两个音节。1977年7月，中国文字改革委员会和国家标准计量局发布规定，淘汰了这类汉字，改用两个单音节字表示，分别写作"英尺、海里、千瓦"，改变了一字表示两个音节的状况。

(二) 少数汉字有两个或多个不同的读音

少数汉字可以有几个不同的读音。在现代汉字中，大多数只有一个读音，但也有大约10%的字拥有两个乃至多个读音。这些拥有两个以上读音的字称之为多音字。如"校—xiào/jiào、会—huì/kuài，和—hé/hè/hú/huó/huò"等。

(三) 不同的汉字可以有同一个读音

汉语的音节数量有限，因此往往许多个汉字有同一个读音，比如带声调的音节"yī"，在《现代汉语词典》中就有"一、衣、医、伊、依"等22个字。

(四) 汉字字形表音功能相对薄弱

汉字本质上是表意体系文字，字形上的表音功能相对薄弱。到了现代汉字，表音功能更进一步削弱。其原因主要有：

1. 现代汉字中有很大一部分是非形声字，其本身就没有任何表音成分，看不到任何字音信息，如"木、日、火、舟、三、本、刃、寸、从、林、析、巢"等。

2. 很多古汉语中的形声字发展到现在已经不再是形声字，如"江、河、铸、治、怡"等，它们在古代是形声字，但发展到现代，它们原来的音符已不能表音，成了半意符半记号字。

3. 现代汉字的形声字中，很多也不能准确地表音。有些字音符和整字声韵相同而声调不同，如"拥"的读音是 yōng，而它的音符"用"的读音是 yòng；"巍"的读音是 wēi，而它的音符"魏"的读音是 wèi。

三、多音字

多音字指有两个或两个以上不同读音的字。多音字包括异读字和多音多义字。

（一）异读字

一个字有两个或两个以上不同的读音，而表达的意义相同，这样的字叫做异读字。汉字的异读是在长期使用中读音不断发展演变的结果。从本质上说这种异读只是语音共时平面的一种历史遗存，是人们在汉字读音认知过程中形成的一种习惯，是汉字读音的一种不确定现象，没有什么积极的表达效果。异读字的存在，徒然增加了认读汉字的难度，因此，异读字读音的整理属于汉字字音标准化和规范化的一个重要方面。

1957年10月到1962年12月，普通话审音委员会分三次发布了《普通话异读词审音表初稿》及其续编和第三编，1963年编辑成《普通话异读词三次审音总表初稿》，共审异读词1800多条，其中有异读的字920多个。1982年以后，审音委员会又对异读字进行了重新审定，1985年12月国家语言文字工作委员会和广播电影电视部联合颁布了《普通话异读词审音表》，共审定839个异读字的读音。《普通话异读词审音表》使现代汉字中的很大一部分原来有异读的字有了规范的统一读音，但也保留了一些人们非常熟悉且使用频率较高的文白异读。如"薄—bó/báo，剥—bō/bāo，削—xuē/xiāo，血—xuè/xiě"等。

《普通话异读词审音表》所审对象是"普通话有异读的词和有异读的作为'语素'的字"，并不是现代汉字中的所有多音字，表中"不列出多音多义字的全部读音和全部义项"，所以不能把《普通话异读词审音表》当作多音字典来使用。

（二）多音多义字

一个字有两个或两个以上的读音，不同的读音分别联系不同的字义，这样的字就是多音多义字。如"宿"在"宿舍"中读sù，在"住了一宿"中读xiǔ，在"星宿"中读xiù；"参"在"参加"中读cān，在"人参"中读shēn，在"参差"中读cēn。

据统计，《现代汉语常用字表》的3500个常用字中，多音多义字有405个，占总数的11.65%；《现代汉语词典》的11000字中，多音多义字约有1000个，占总字数的10%左右。

由于多音多义字同形多音多义，因此只有进入具体的语言环境才能确定它们的准确读音。这种"音随义转"的状况增加了多音多义字在学习和使用中的困难。学习和使用多音多义字有几个方面应该注意：

1. 使用频率悬殊的多音多义字中，使用频率低的读音容易被误读为使用频率高的读音。如"度"有 dù 和 duó 两个读音，在"长度、程度、气度、角度"等语境中读 dù，经常使用，很少有人读错；但在"猜度、揣度、以小人之心度君子之腹"等词语中读 duó，这些词语使用得相对较少，其中的"度"常常被人误读成 dù。"劲"表名词义时读 jìn，如"劲头、鼓劲"等；表形容词义时读 jìng，如"强劲、劲旅"等。后者"劲"经常会被误读成前者。

2. 同时有现代汉语常用读音和文言词语（包括成语）中不常用读音的多音多义字，文言词语中的读音往往易被人误读为现代汉语常用读音。如"革"的 gé 音是现代汉语中常用读音，而 jí 音只出现在文言词语"病革"中，表示"病危"，这个音义使用得很少，因此"病革"常常被人误读成"病 gé"。"拾"在现代汉语常用词语中读 shí，而在文言词语"拾级而上"中读 shè，在实际使用中，有不少人把"拾级而上"读成"shí 级而上"。成语"心广体胖"中的"胖"应读 pán 而不读 pàng，因为这里的"胖"是"安泰舒适"而不是"肥胖"，但常常有人误读成 pàng。

3. 发音相近、意义相近的多音多义字的读音容易读混，如"吐"字在读 tǔ 时表示"使东西从嘴里出来"；读 tù 时表示"东西（不自主地）从嘴里涌出"。两个读音相近，意义也相近，只是一个表主动行为，一个表被动行为，使用中二者经常相混；"褪"在读 tuì 时表示"脱（羽毛、颜色等）"；读 tùn 时表示"退缩身体的某部分，使套着的东西脱离"。两个读音相近、意义相似，使用时也容易相混。

4. 从古代传承下来的姓氏、人名及历史词语的读音，常常有别于现代汉语中的常用读音，如姓氏中的"仇"读 qiú 而不读 chóu、"单"读 shàn 而不读 dān、"解"读 xiè 而不读 jiě；古国名"龟兹"读 qiūcí 而不读 guīzī、古官职名"仆射"读 púyè 而不读 púshè；人名"冒顿"读 mòdú 而不读 màodùn。这些虽然是非常用读音，但在现代汉语中也时而可以遇到，比如在一些历史题材的影视作品中，因此也应该注意它们与现代常用读音的区别。

下面列举一些常见的容易读错的多音字（加着重号的字为多音字，斜线前为应读，斜线后为常见误读）：

阿谀 ē/ā　　　　　　强劲 jìng/jìn
蚌埠 bèng/bàng　　　角逐 jué/jiǎo
复辟 bì/pì　　　　　伎俩 liǎng/liǎ
差错 chā/chà　　　　哨卡 qiǎ/kǎ
处理 chǔ/chù　　　　闷热 mēn/mèn
牲畜 chù/xù　　　　 蒙骗 mēng/méng
创伤 chuāng/chuàng　宁愿 nìng/níng
逮捕 dài/dǎi　　　　强迫 qiǎng/qiáng
仿佛 fú/fó　　　　　曲线 qū/qǔ
果脯 fǔ/pǔ　　　　　湖泊 pō/bó
提供 gōng/gòng　　　宿舍 shè/shě
勾当 gòu/gōu　　　　字帖 tiè/tiě
桂冠 guān/guàn　　　恐吓 hè/xià
横祸 hèng/héng　　　叨扰 tāo/dāo
哄传 hōng/hòng　　　肖像 xiào/xiāo
芝麻糊 hù/hú　　　　即兴 xìng/xīng
华山 huà/huá　　　　应用 yìng/yīng
和稀泥 huò/huó　　　参与 yù/yǔ
人才济济 jǐ/jì　　　载体 zài/zǎi
奇数 jī/qí　　　　　占卜 zhān/zhàn
间隔 jiàn/jiān　　　症结 zhēng/zhèng
校对 jiào/xiào　　　中肯 zhòng/zhōng
押解 jiè/jiě　　　　称心 chèn/chèng
尽管 jǐn/jìn　　　　着陆 zhuó/zháo

四、同音字

同音字是指意义不同而读音相同的一组字。

同音字按字形是否相同分为同形同音字和异形同音字两种。**同形同音字**是字形相同的同音字，如"花朵"的"花"和"花钱"的"花"，"克服"的"克"和表示质量单位的"克"，它们读音相同且字形一样，只是字义毫无联系。**异形同音字**指读音相同而字形不同的同音字，如"流、留、刘、瘤、浏、琉、硫、榴"，除了读音相同外，字形、字义都无联系。现代汉字中的同音字大多属于异形同音字，通常情况下所谓的同音字指的就是异形同音字。

现代汉字中存在大量同音字的主要原因有以下几个方面：

1. 汉字性质决定的。从本质上说，现代汉字中的同音字是由其记录语素的性质所决定的。以有限的音节记录众多的语素，必然会出现同一个音节记录多个语素的情况。从造字本源看，不同语素使用不同造字方法，造出音同而字形不同的同音字，这是造字时的偶合。如"穿"表示"穿透"的意思，"用牙齿啮物成洞穴，使之通透"，是用会意造字法；"川"表示"河流"的意思，甲骨文写法"像有畔岸，而水在中"，是象形造字法；后又造出表示气体元素的"氚"，"从'气''川'声"，是形声造字法。这些字在现代汉语中同时存在，成为现代汉字中的同音字。

2. 语音系统演变的结果。有些字古音并不相同，但因为语音系统的演变而变得读音相同了，如"精"和"经"原来声母不同，"精"是舌尖前音，因为语音演变也读成舌面音，"精"与"经"成了同音字。

3. 字形分化的结果。有些同音字在古代本是一个字记录了多个意义，后来人们为不同的意义另造新字，于是分化出了同音字。如"长"和"涨"。

现代汉字中的同音字虽然数量众多，但大多数不会由于字音相同而导致意义混淆。这是由于现代汉语中双音节词语（即书面语中由两个字记录的词）占优势，虽然也有一些双音节同音词，如"枇杷、琵琶"、"公式、工事、宫室、攻势"等，但总体看数量不多，加上使用时语境的制约，除去极少数意义相关的同音词在一些特定情况下可能产生歧义（如"邮轮—油轮、期终—期中、考查—考察、油矿—铀矿、治癌—致癌、粤剧—越剧"）外，一般不会产生交际时的理解障碍。基于现代汉语这方面的特点，在计算机的汉字拼音输入时，采用以词或语段为单位而尽量减少单字输入，其输入效率和质量都会极大提高。

同音字在书写时容易出现张冠李戴现象，即该写甲字而写了乙字，这就是写别字。写别字的原因主要是对字义的不理解，尤其是一些书面词语和成语，如"寒暄"的"暄"是"温暖"的意思，"寒暄"的表面意思就是问寒问暖，如果不理解字义，就容易误写成"喧宾夺主"的"喧"，这个"喧"是"声音大"的意思；"趋之若鹜"是"像鸭子一样成群跑过去"，其中的"鹜"是"鸭子"，有人误写成同音形近的"骛"，而"骛"的意符是"马"，是"纵横奔驰"的意思，写成"趋之若骛"显然与原意不合。

思考和练习四

一、现代汉字的读音标准是什么？
二、现代汉字字音的特点是什么？
三、为什么说现代汉字表音功能相对薄弱？
四、什么是异读字和多音多义字？说说二者的联系和区别。
五、请为下列词语注音：
　　牲畜　畜牧　蒙骗　蒙蔽　亲人　亲家　宁可　宁静
　　炮制　炮火　糜烂　糜子　处理　处所　曲折　曲调
　　好恶　恶心　巷道　小巷　禁止　禁不住　卷面
　　入场券　翘尾巴　翘首以待
六、请把括号中的音节改写成适当的汉字：
　　按（bù）就班　　认识（fū）浅　　卑（gōng）屈膝
　　一（fù）对联　　（lán）天白云　　英雄（bèi）出
　　披星（dài）月　　再接再（lì）　　寒（xuān）客套
　　金榜（tí）名　　真知（zhuó）见　　红木家（jù）
　　一（chóu）莫展　神色（àn）然　　迫不（jí）待
　　前（pū）后继

第五节　现代汉字的字义

一、现代汉字字义的特点

一般来说，汉字都是有意义的，没有意义的只是极少数，如"葡、萄"，"玻、璃"，它们只有合起来才有意义。这里谈现代汉字字义的特点，主要是从记录语言的角度，谈古今通用汉字在记录现代汉语与记录古代汉语时所体现出的不同特点。

（一）义项比古义增多

现代汉字的75%以上是从记录古代汉语的汉字传承下来的。这些自古而来的汉字随着使用时间的延续和使用范围的扩大，其义项不断增加。如"管"字的本义是指竹管，在记录古代汉语时常用来指称一种竹制乐器，《诗·周颂·有瞽》："既备乃奏，箫管备举。"因为古代的钥匙是管状的，所以"管"字也引申为钥匙，《左传·僖公三十二年》："郑人使我掌其北门之管，若潜师以来，国可得也。"发展到现代汉语中，"管"字的意义从古代的两个义项分别引申。其中由竹管、竹制乐器义引申出形状像管的电器件：晶体管、电子管；还引申出表示细长圆筒形事物的量词：一管毛笔等。由钥匙义引申发展出"管理、看管、管辖、管教、负责供给"等多个义项。

现代汉字义项增多的另一个原因是合并简化致使现在的一个汉字担负了两个或多个古代汉字的意义，如"后、後"在古代汉语中本是两个意义完全不同的字，现"後"简化为"后"，两字合并为一字，所以"后"字的义项增多。"几、幾"过去是音和义都不同的两个字，简化后合并为"几"，所以"几"字成了多义多音字。

(二) 古今意义有同有异

大多数汉字在记录古代汉语和现代汉语时意义有同有异，有部分相同，有部分不同，如上文的"管"，又如"走、水、火、灰、土、手、口"等。

但也有少数汉字在记录古代汉语和现代汉语时意义完全相同，或完全不同。意义完全相同的，如"睡、眨、睁、睹、睬、煤、瓢"等。意义完全不同的，如"恨"字在记录古代汉语时表示"遗憾，不满意"，《张中丞传后叙》"此传颇详密，然尚恨有阙者"中的"恨"即"遗憾"的意思，现在的常用义是"仇视、怨恨"。意义完全不同的也占少数，多数汉字是意义同中有异，使用时要注意古今义的差别。

(三) 字形表义功能比古代减弱

字形表义功能减弱的主要原因是：

(1) 汉字字体的演变使得字形的表义功能减弱。早期的汉字，如脱胎于图画文字的甲骨文以及其后的金文，还带有很强的图画性，还很像它们所代表的事物，往往能从字的形状看出其意义，如"鸟、山、水、车、人"等。经过多次的字体演变发展到现代楷书的汉字，已经基本摆脱了象形性而更具符号性，因而较难从字形本身看出其所代表的意义，如"山"字已经不再像连绵起伏的山峰、"水"也不再像波光粼粼的流水了。

(2) 汉字的简化使得有些字表义功能减弱。比如表示粮食作物的"谷"本来写作"穀"，是个形声字，从它的意符"禾"还能大致猜出字的意义类属，但"穀"简化后与山谷的"谷"合并写作"谷"，见形猜义的功能消失了。

(3) 字义的变化使得有些字的表义功能减弱。比如"析"字，本义是以"斤"（斧子一类的工具）破木，字形和字义联系紧密，但现在"析"多用其引申义，指分析、解析，所以从形体上较难看出现在的意义了。又如

"骗"原是个"从马、扁声"的形声字,本义是"跃而乘马也",现口语中也说"骗马、骗腿儿",但现在使用更多的是"诓骗"义,指用谎言或诡计使人上当,所以从字的形体上已看不出与现在常用义之间的关系了。

虽然现代汉字的表义功能减弱,但表意文字的性质使得汉字字形与字义之间还是有着一定的联系的,多数情况下分析字形和字义的关系还是有助于正确识别和使用汉字的。

二、现代汉字字形与字义的关系

(一) 从汉字的形义关系看

从个体汉字的形义关系来看,现代汉字字形与字义的关系有下几种情况。

1. 有些字可以由字形推知其字义

这种情况的汉字不多,如"一、二、歪、孬、明、众"等。应该看到,这种由形知义其实也是相对的,是建立在对原有部件的意义已经掌握的基础之上的,如果对"不"和"正"两个部件的意义不了解,那么组合起来的"歪"也就不能由形知义了。

2. 有些字的字形与字义无关

完全不能从形体推知其字义,如"义、以、已、亦、乙、开、有、由、又、驳、验、冯"等等。

3. 有些字可以由字形推知部分字义

这种情况在汉字中占了绝大多数,细加分析,又有种种不同情况。

(1) 意符所表示的意义与整字意义基本相同,可通过意符推知字义,如"舟—船—舫、鼎—鼐、鬼—魅、骨—骼"等。

(2) 意符表示上位意义,由意符构成的字表示下位意义,可通过意符推知该字所表示的意义是属于哪一类的,如:

鱼——鲂、鲢、鲑、鲇、鲤、鲨、鳕、鲈、鲍、鱿、鲫、鲟、鳄、鳗、鳜、鲋、鳆。

金——银、铜、铁、锡、铝、锰、镍、镉、铬、镭、锂、铀、铕、钛、钢、铅、镁。

木——桃、李、杨、柳、榆、桦、桐、松、柏、椿、梨、槐、枫、梧、杉、椴、桑。

(3) 意符与该字所表示的意义相关,可以通过意符推知该字所表示的意义的某一方面。

有些字所表示的事物是意符所表事物的组成部分，如"鳃、鳞、鳍、鳔、鲠"等都是"鱼"身体的某一部分；"梢、桠、枝、杪、杈、株、根"等都是"树木"的一部分。

有些字所表示的事物以意符所表事物为构成材料，如"钩、锁、锹、镐、锄、链、镰、针、钉、锹、钻、铆、铐、镣、铡、锤、锥"等都以"金属"为材料构成；"杖、杠、枪、柄、栅、柱、框、桌、梁、棺、椅"等都以"木"为材料构成。

有些字所表示的动作与意符有关，如："镀、镶、锻、镂、镌、销（熔化金属）、铭（在器物上刻字）、镗（用镗床切削机器零件上已有的孔眼）"等动作都与"金属"有关；"栽、植、采、相、栖、析"等动作都与"木"有关；"打、摇、挑、担、抢、拣、抛、投、抖、抓、抄、扯、抠、拆、挥"等都与"扌"（手）的动作有关。

有些字所表示的性质与意符有关，如："铮（金属撞击声）、铿（金属器物摩擦后闪光发亮）、铿、锵（金石撞击声）、锐（刃锋尖而快）、钝、锈"都与"金属"有关。

（二）从字与字之间的联系看

从汉字系统中字与字之间的联系来看，现代汉字字形与字义之间的关系值得注意的是：

1. 形近义异

现代汉字中有些意义不同的字形体很相近，有的只是笔画的长短有别，有的只是笔画的形状略有不同，也有的相差一两笔，如："己—已—巳"、"戍—戌—戊—戎"、"于—干—千"等。

汉字中的形近字早已有之，而且汉字的简化也使得形近字增加。一些形体本来并不相近的繁体字，简化后形体变得相似了，如："栋—拣"、"历—厉"、"归—旧"、"泪—汩"、"没—设"、"晒—哂"、"凤—风"、"扰—拢"、"伤—份"等。

有些形近义异字，其读音也相同或相近，如："竟—竞"、"读—渎"、"贬—砭"、"博—搏"、"憾—撼"、"喧—暄"、"蜇—蛰"、"拱—珙—栱"、"碟—蝶—谍—喋—堞"、"低—抵—砥—柢—诋—坻"等。

2. 形近义近

现代汉字中有些字不但字形相近，而且意义也相近，或在其中某个义项上相近，如："船—舶—舸"，其中"船"是泛称，"舶、舸"都指大船。"副—幅"在记录量词的时候意义相近，"副"用于成套的东西，"幅"用于布帛、图画等，如"一副手套、一幅画"。再如"炫—昡"、"淹—腌"、"账—帐"、"暗—黯"、"靡—糜"、"辉—晖"等也都是形体相近意义也相近或相通的一组字。

(三) 由形辨义，正确使用汉字

表意的汉字经过字体和字义的长期演变，发展到现代汉字，字形已经不再像古代汉字那样具有明显的表意性了，但毕竟与拼音文字不同，很多情况下还是能从字形上猜出一些字义来的。所以可以利用意符来辨别一些容易用错的字。如"催"和"摧"形体相近而且读音相同，使用时容易出错。据说有一刊物曾登载一张国家领导人视察幼儿园的照片，标题是"春催桃李"，但开始时把"催"写成了"摧"，如果有关人员能够从意符表义的角度斟酌一下——"催"的意符是人，字义与人有关，是叫人赶快行动或做某事；"摧"的意符是"扌"，字义与手的动作有关，是折断、破坏——可能就不会出现上述问题了。

再如"篡—纂"也是一组经常用错的形近字。两者字形的区别在于下边的意符，"篡 cuàn"的意符是"厶"（sī 同"私"），"篡夺、篡位、篡权"的"篡"字义与"私"有关；"纂 zuǎn"的意符是"糸 mì，细丝"，"纂"的本义是赤色的丝带，过去的书籍是要用带子"装订"成册的，所以"纂修、编纂"的"纂"要用"糸"做意符。下面再举几组可以通过意符区别字义的容易写错用错的字。

姿—恣："恣意妄为"常被误写作"姿意妄为"。"姿"的意符是"女"，多用于指女性的容貌，如"国色天姿"。"恣"的意符是"心"，指主观上不加约束，如"恣情享乐"、"暴戾恣睢"。"恣意妄为"的"恣意"是由着性子乱来。

祯—帧："装帧"常被误写作"装祯"。"祯"为"示"旁，《说文》的解释是"祥也"，指表示吉祥的符瑞，故多用于人名。"帧"本指画幅，因用料多为绢，故其字从"巾"。

芋—竽："芋"指一种多年生草本植物，故其字从"艹"。"竽"为一种古乐器，类似于现在的笙，多用竹管制成，故其字从"竹"。成语"滥竽充数"不能写作"滥芋充数"。

撼—憾："撼"是以手晃物，故意符从"手"；"憾"是"遗憾"的意思，是一种心理活动，故意符从"忄"，两字字义有明显的区别。"震撼、摇撼、撼动、蚍蜉撼大树"都是外动于物，要用"撼"；"遗憾、缺憾、憾事、引以为憾"都是内感于心，要写作"憾"。

瑕—暇:"瑕"的意符是玉,本义指带有赤色的玉石,后转指玉上的斑点,由玉上的斑点又比喻人或物的缺陷;"暇"的意符是"日",字义与时间有关系,指空闲。所以"白璧微瑕、洁白无瑕、瑕不掩瑜、瑕瑜互见"等都是从"玉"的"瑕";而"无暇顾及、自顾不暇、抽暇、闲暇"等是从"日"的"暇"。

三、单义字和多义字

只有一个意义的字是单义字。现代汉字中的单义字,主要是一些记录日常生活用品的字,如"煤、裤、椅、糯";一些动植物名称用字,如"牦、鲫、狮、萝";一些科技行业用字,如"酐、铬、氘、酞";一些姓名地名用字,如"邓、蒋、滹、峋";人和动物基本器官用字,如"肺、颊、囟";一些书面语色彩较浓的字,如"柬、馨、舫、殇"等等。

有多个意义的字是多义字。多义字可分为一音多义字和多音多义字两种类型。

(一) 一音多义字

一音多义字,即一个字只有一个读音,但表示多个意义。分两大类。

1. 一个字形只有一个读音,表示多个意义。这又分为两种情况。一是不同的意义之间本来就没有联系,是两个毫无关系的语素或词用同一个字来记录,如:

米^1:大米、稻米、糯米。

米^2:长度单位,1米等于10分米。

派^1:指立场、见解或作风、习气相同的一些人:党派、学派、宗派。

派^2:一种西式的带馅儿的点心:巧克力派、苹果派。

二是同一形体所表示的不同意义之间原来有联系,但是因为字义的发展演变使得它们之间的联系在现代汉语中看不出来了,如:

棍^1:棍子:木棍、铁棍。

棍^2:无赖、坏人:恶棍、赌棍。

怪^1:奇怪:怪事、大惊小怪、妖魔鬼怪、怪模怪样。

怪^2:责备,怨:不能怪他,只能怪我自己没说清楚。

2. 一个字形只有一个读音,表示多个意义,但多个意义之间有一定的联系。如:

淡:①液体或气体中所含的某种成分少,稀薄:淡墨、天高云淡。②味道不浓,不咸:菜太淡,再加点儿盐。③颜色浅:淡青、淡绿。④冷淡，不热心：淡然处之。⑤营业不旺盛：淡季、近来生意很淡。⑥没有意味的，无关紧要的：淡话、扯淡。

这些意义之间的引申关系比较明显。

(二) 多音多义字

有些字有多个意义和多种读音，它们是多音多义字，如"般 bān—般 bō"、"查 chá—查 zhā"、"处 chǔ—处 chù"、"炮 pào—炮 páo"等。这部分内容详见"多音字"一节。

四、同义字

同义字指意义相同或部分相同的一组字。可分为意义完全相同和部分相同两种情况。

(一) 意义完全相同、读音也相同的同义字

意义完全相同、读音也相同，只是字形不同的字，是一般所说的异体字。这是文字中的一种冗余现象。文字是记录语言的，如果不同形体的几个字的音、义完全相同，即记录的是同一个语素或词，那就不符合经济原则，应该是文字整理和规范化的对象。1955年文化部、文字改革委员会联合发布的《第一批异体字整理表》认定了1055个异体字。后来，有关部门对该表作了一些调整，至2013年6月国务院公布的《通用规范汉字表》表，只确定其中1023个汉字为异体字。根据国务院公布《通用规范汉字表》的通知，今后"社会一般应用领域的汉字使用应以《通用规范汉字表》为准"，因此今后在"社会一般应用领域"就应该见不着"意义完全相同、读音也相同的同义字"了。只有在1955年《第一批异体字整理表》之前的出版物、碑帖，以及今后翻印古籍等特定领域中才可以看到"意义完全相同、读音也相同的同义字"。

《通用规范汉字表》的1023个异体字中，有43个异体字是在姓氏人名、地名等特定意义上的规范字，例如"坤—堃"、"哲—喆"、"奔—犇"、"村—邨"、"棱—楞"、"渺—淼"，由于《通用规范汉字表》限定了每组后一字的意义用法，使它失去了跟前一字"完全同义"的可能，所以今后在"社会一般应用领域"，它们也不再是"意义完全相同、读音也相同的同义字"了。

(二) 意义部分相同的同义字

意义部分相同的同义字有几种不同情况。第一种情况是，一个字的字义只与另一字的某个义项相同。如"撅—噘"，在表示嘴部翘起动作时两字意

义完全相同,"噘嘴"也可以写作"撅嘴";但"撅"还表示手的动作,这个意义是"噘"所没有的。这类意义部分相同的同义字在现代汉字中为数很多,再如"雠—仇、脩—修、赴—讣、克—刻、呆—待、帐—账、砍—侃、菇—菇"等也都是这样的同义字。

第二种情况是,两个(或多个)字只在相同读音的情况下意义相同,在不同读音的情况下意义不同。如"桔—橘"读 jú 时两字同义,"桔"是"橘"的俗体;但"桔"还读 jié,用于"桔梗、桔槔",这时跟"橘"不同音也不同义。"龟—皲"读 jūn 时两字同义,但"龟"还读 guī、qiū,"皲"没有这些音义。"脚—角"两字都有 jiǎo、jué 两音,读 jué 时意义相同,读 jiǎo 时意义不同。

第三种情况是,意义部分相同或相近,而读音完全没有联系,是两个形、音完全不同的同义字。如"巨—大、群—众、走—行、嘴—口、足—脚、眼—目、矮—烓、像—似—如—犹"等。

思考和练习五

一、现代汉字字义有哪些特点?举例说明。
二、举例说明现代汉字字形与字义的关系。
三、我们有时看到一个不认识的字,如能猜到"鲥"指的是一种鱼,能猜到"蟪"指的是一种虫,"盒"指的是一种盛食物的器具,为什么?
四、从形体、读音、字义几个方面辨析下列各组字。

肄—肆　喑—暗　脸—睑　剌—刺　洗—冼　汩—汨
管—菅　衮—兖　慨—概　旷—犷　未—末　宦—宦
盲—肓　烩—脍　戳—戮　第—苐　李—牵　茸—葺
崇—祟　徒—徙　餍—赝　醮—蘸　鸠—鸠　灸—炙
窠—巢　盆—盥　券—卷　驰—弛　睹—赌　档—挡
构—枸　防—妨　侯—候　娇—矫　峻—竣　祟—崇

五、什么是单义字?什么是多义字?举例说明多义字的几种类型。
六、什么是同义字?举例说明同义字的几种类型。

第六节　现代汉字的字序

字序就是文字的排列顺序。汉字是世界上数量最多的文字,把历代使用的汉字累计起来多达数万，国务院 2013 年公布的《通用规范汉字表》收字 8105 个，如果不限于"通用"，目前还在使用的汉字数量远不止这些。面对数量如此庞大的汉字，若没有一定的排列顺序，对于人们的查检将会非常不便。字序在编制工具书索引、编排图书资料和档案目录、排列姓名次序、进行汉字信息处理以及汉字教学、汉字国际交流等方面都具有重要作用。理想的字序应该是严密的，每个字在文字系统中都有一个固定的位置，而且是唯一的位置，即字有定序。但就目前的实际情况来看，汉字在排序问题上还有许多问题值得研究。

下面介绍几种字表、字典、词典中的汉字排列顺序，它们是：笔画序、部首·笔画序、拼音·笔画序、字角号码序。

一、笔画序

以笔画为序是汉字排序的基本方法。**笔画序实际上是"笔画数·笔形"序，是先按汉字笔画数的多少将汉字分部，每一部中再按笔形的不同排序。**一般的规则是：

1. 笔画数规则。按笔画数把汉字分部，从少到多排序，分为"一画"、"二画"、"三画"、"四画"等部。

2. 笔顺规则。笔画数相同的字，按笔顺逐笔比较笔形定序。目前普遍使用的笔形顺序是：1 横（一）、2 竖（丨）、3 撇（丿）、4 点（丶）、5 折（乛），俗称"札字法"，因为"札"字的笔顺正好是 1 横、2 竖、3 撇、4 点、5 折。笔画数相同、首笔画不同的，按横、竖、撇、点、折笔形序排序。首笔笔形相同的字，按第二画的笔形排序；笔画数相同、第一画、第二画的笔形相同的字，按第三画的笔形排序，以此类推。

《现代汉语常用字表》、《现代汉语通用字表》都是以笔画为序排列的。《新华字典》（2004 年版）、《现代汉语词典》（2005 年版）中《部首检字表》中"部首目录"的部首顺序、"检字表"每部中汉字的顺序，也是采用笔画序排列的。

2008 年北京奥运会各代表团的入场次序也是按照各代表团中文名称汉字的笔画确定的。

这种排序法也存在一些小问题，比如笔画数相同、笔形顺序也相同的字"么久勺丸夕凡及"在不同的字表或字词典中排列的顺序不同：

《现代汉语常用字表》：勺久凡及夕丸么

《现代汉语通用字表》：么久勺丸凡夕及

《汉语大字典》：勺凡么久及丸夕

《辞海》、《汉语大词典》：夕久凡丸么勺及

为了进一步解决原有规范的不完善之处，1997年国家语委中文信息司和中央办公厅信息中心联合制定了《GB13000.1字符集汉字字序（笔画序）规范》，于1999年予以公布，增加了三条字序规则：

1. 增加了"主附笔形规则"，用以区分笔画数、笔顺相同而笔形略异的情况。例如："干"和"于"，"丨"为主笔形，"丿"为附笔形，主笔形先于附笔形，这样"干"就先于"于"，"叶"就先于"叮"。

2. 增加了"笔画组合关系规则"，用以区分其他相同只有相离、相接和相交等不同笔画组合关系的汉字的排序问题，规定相离先于相接，相接先于相交。如"八"先于"人"，"人"先于"乂"。仅相离位置不同时，上部相离的先于下部相离的，如："𤇾"（sù）先于"玉"。仅笔画长短比例不同时，短长比例的先于长短比例的，如"未"先于"末"。

3. 增加了"结构方式规则"，以解决笔画数、笔顺、主附笔形、笔画组合关系等都相同而结构方式不同的汉字的排序问题，规定左右结构先于上下结构，左中右结构先于上中下结构，上下结构先于包围结构，结构方式相同但整字比例大小不同时，比例小的先于比例大的。根据这一规则，"奈、标"两字的排序是"标、奈"。"囗（wéi）、口"两字的排序是"囗、口"。

增加了三条规则后，《GB13000.1字符集汉字字序（笔画序）规范》根据五条规则，确定了该字符集所收录的20902个汉字的字序表。其中，按照笔画数规则实现的可排序率为0.2%，按照笔顺规则实现的可排序率为90.6%，按照后三条新增规则实现的可排序率为9.2%，这样就基本确定了每个汉字的精确位置。

二、部首·笔画序

部首·笔画序，是先按部首把汉字分部，然后再在每一部里按照笔画排序。

最早采用部首把汉字分部的是东汉许慎的《说文解字》。许慎将《说文解字》所收录的9353个汉字按照意义分为540部，凡是意符相同的都归为一部，如"桃、杏、李、杨、柳、榆"等字的意符都是"木"，都归入"木"部。"木"作为这一部的首字，所以叫部首。部首的排列以笔画多少和形体相近为序。由《说文解字》首创的部首排序法对后世影响很大，在传统的字序法中占有很重要的位置。但《说文解字》的540部过于繁琐，

检索起来很不方便，后代多有改进。明代梅膺祚的《字汇》将部首归并为214部。《康熙字典》、《中华大字典》（1915年版）、《辞源》（1915年版）等都沿用了《字汇》的214部。

20世纪50年代以后出版的字典词典不光对部首的数量作了删减合并，而且对部首的确立和归属也作了很大的调整。《新华字典》把"氵、灬、犭、攵、礻、衤、扌、忄"等从"水、火、犬、攴、示、衣、手、心"中分离出来，单列为部首，把一些不容易确定部首的字分别列到几部中去，比如"弄"字归入了"王"部，也归入了"廾"部；"灾"字归入了"宀"部，同时也归入了"火"部。这种灵活的归部方式方便了人们的检索，被称为"检字法原则的部首"。

现代的部首划分比起《说文解字》来，在分部和归部方面都有了很多改进，逐渐积累了一些共识。1983年中国文字改革委员会和文化部出版局发布了《汉字统一部首表（草案）》，设立部首201部，其后出版的一些工具书陆续采用了这个标准。2009年1月，教育部、国家语委发布了《GF 0011—2009 汉字部首表》，对1983年《汉字统一部首表（草案）》作了调整和补充。设主部首201，附形部首100个。各主部首的序号为固定编号，附形部首的序号与主部首一致。这是一部新的语言文字规范，今后出版新编辞书或修订之前所编辞书，都将采用这一规范。

部首只能解决汉字的分部问题，要对所有汉字排序，一般还需要辅以笔画排序。也就是说，利用部首先把汉字分为201部，在每一部中再按笔画（笔画数·笔形）排列。所以，《新华字典》、《现代汉语规范词典》（2014年版）、《现代汉语词典》（2012年版）的《部首检字表》，实际上是"部首·笔画序检字表"。

三、拼音·笔画序

拼音·笔画序，是先按汉字的拼音分部，然后再按照笔画排序。一般做法是：

1. 首先按汉字拼音的首字母分部。汉字拼音的首字母共有23个，以它们在《汉语拼音方案》的"字母表"中的顺序为序，它们是：a、b、c、d、e、f、g、h、j、k、l、m、n、o、p、q、r、s、t、w、x、y、z。这样，汉字首先就被分成23大部。

2. 再在这23部中分小部。《新华字典》（2004年版）以声母·韵母全相同的为一部，共分415部。《现代汉语词典》（2012年版）以声母·韵母、声调全相同的为一部，共分 1335 部。

3. 以声母、韵母相同分部的，再按声调的阴平、阳平、上声、去声为序排列。

4. 音节相同（含声调相同）的汉字，按笔画数排列，笔画数少的在前，多的在后。

5. 音节相同、笔画数相同的汉字，按笔形顺序排列。笔形顺序也是 1 横、2 竖、3 撇、4 点、5 折。

《现代汉语规范词典》（2014 年第 3 版）就是运用这种排序方法排列整部词典的单字条目的。

《现代汉语词典》（2012 年第 6 版）也是运用这种排序方法排列整部词典的单字条目的。

过去还有注音字母顺序法，是以注音字母为序排列汉字的一种方法。注音字母是从 20 世纪 30 年代到 1958 年《汉语拼音方案》公布之前为汉字注音所使用的一套字母。使用这种方法排列字序的如《国音常用字汇》（1932 年教育部公布）、《国语辞典》（1937 年商务印书馆出版）等，都是先以字的声母为序，如"扒"（ㄅㄚ）排在"趴"（ㄆㄚ）前；声母相同的以韵母为序；声、韵都同的再以四声为序。与后来的汉语拼音字母顺序法不同的是，在同一声调的字中，原来是入声字的"不与原读这四声的字相混"，而列于该组的最后，如"木"是古入声字，排在非入声的"募"后。1958 年《汉语拼音方案》公布以后，这种排序法即被汉语拼音字母顺序法所取代。但台湾、香港地区出版的部分工具书，仍使用该法编排字序。

四、字角号码序

字角号码序，是把汉字的字角用数字表示，给每个汉字确定数字代码，再按字的数字代码给汉字排序。

最早采用字角号码排序的字典是《四角号码字典》，近年来又出现了三角号码法等排序方法。其中影响最大的是四角号码法。四角号码排序法是根据汉字方块形状的特点，用数字 0 到 9 表示一个汉字四个角的十种笔形，口诀为："横一垂二三点捺，叉四插五方框六，七角八八九是小，点下有横变零头。"代号按"左上角—右上角—左下角—右下角"的次序组合，然后按号码大小从 0000 开始，至 9999 结束依次编排。如"端"先取左上角 0，其次取右上角 2，再取左下角 1，最后取右下角 2，号码为 0212；"颜"的号码是 0128；"截"的号码是 4325。用四角号码排列汉字，查检有一定方便之处。但是取号规则不够严密，带有一定的随意性，例如"扎"字的号码是5201，其中提手旁左上角取5，左下角算用过了作零处理，而右偏旁右上角取了2，右下角又取1，不作零处理。为了方便检字，用字角号码法编排的字词典还往往要附列其他的检字法，如商务印书馆1978年出版的《四角号码新词典》正文为688页，前后另附的检字法就有110页，占全书七分之一强。现在单纯用字角号码法排序的字词典已不多见。

思考和练习六

一、现代汉字标准化为什么要做到"字有定序"？

二、现代汉字的排序方法有哪几种？举例说明。

三、什么是拼音·笔画序？使用拼音·笔画序方法对下列汉字进行排序：

  海 去 安 看 大 百 乏 国 败 半 才
  党 该 来 怕 忙 散 在 岸 帮 昂 欧
  藏 让 俄 放 交 年 忘 太

四、下列各字应该查哪一部首？

  都 降 逐 草 江 然 袍 推 愉 狼 祷 峰

五、什么是笔画序？使用笔画序方法为下列汉字排序：

  未 丝 台 母 让 天 包 们 马 仗 叶
  末 击 打 正 加

第七节　现代汉字的信息处理

汉字的信息处理就是利用计算机对汉字进行输入、存储、转换、传输等处理。自从20世纪40年代世界上诞生第一台电子计算机以来，短短几十年的时间里，计算机和网络技术飞速发展，标志着人类已经进入信息化社会。信息的主要载体是语言，而文字又是语言的书写符号，因而文字的信息处理，成了计算机处理语言信息的关键和基础。计算机首先出现在使用拼音文字的国家，拼音文字只需几十个字母，可以直接输入计算机。而汉字和拼音文字不同，字数繁多，结构复杂，对汉字进行信息处理要比拼音文字复杂得多。

汉字信息处理的过程通常分为三个阶段：汉字信息的输入、汉字信息的处理、汉字信息的输出。对于一般使用计算机的人群而言，汉字信息的输入是他们最为直接最为关注的问题。

一、汉字信息的输入

汉字信息处理的第一步是要将汉字输入到计算机中去。目前汉字的输入方式可分为键盘输入和非键盘输入两种类型。

(一) 汉字的键盘输入

在汉字输入计算机的两种类型中，汉字的键盘输入使用最广泛，相应的软件处理技术也最成熟。

汉字的键盘输入又可分为两类：一类是以整字从大键盘上直接输入汉字；一类是用字母、数字或符号将汉字编成代码间接输入。前者需使用特制键盘，设备笨重，输入麻烦，现在一般不再使用。所以，汉字的键盘输入通常是指汉字的编码输入。

汉字的编码输入，是按照汉字特征给每一个汉字规定一个输入码，然后通过各种输入设备把汉字的外部码输入计算机，再由计算机软件把这些特征信息转换成和汉字对应的内部码并储存起来。最早的汉字键盘输入方法，始于百年前的中文电报编码，20世纪50年代电报编码开始作为汉字编码输入计算机。70年代支秉彝创造的"见字识码"汉字编码法，率先使计算机的汉字输入进入了实用阶段。80年代中期开始，我国的汉字编码研究出现空前的大发展，各种汉字编码输入法不断被开发出来。据不完全统计，已经发表的汉字编码方案超过千种，推入市场使用的输入方法也有几十种。概括起来，汉字的编码输入方案可分为形码、音码、音形结合码几大类。

1. 形码输入

形码输入着眼于字形，提取字形特征如笔画、部件、字角等信息进行编码输入。 常见的字形编码方案有部件码、笔形码、取角编码等。

部件码影响最大的是王永民发明的五笔字型编码法（王码五笔型输入法）。五笔字型码是将汉字笔画分为横、竖、撇、捺、折五种，以字根（部件）作取码单位，把字根按一定规律分布在25个字母键上。输入时先从汉字中拆分出字根，根据编码规则把字根转换为代码，输入时，依次敲击按代码对应的键盘上的键位即可。如"到"字拆分成"一、厶、土、刂"四个字根，代码为11、54、12、22，对应GCFJ四个键位，输入时只要敲击这四个键就可以把"到"输入进去。五笔字型码重码率低，输入速度快，适合专业录入人员使用。其他部件码如郑码、仓颉输入法、世纪神码等也都有人在用，但不及五笔字型码使用普遍。

由于部件码是将汉字拆分成若干个部件，再把这些部件合并归到少数键位上（英文键盘约26个，数字键盘约10个），于是便出现了多数部件对应少数键位的映射表，需要人为强记。而且由于汉字形体结构复杂，有的汉字需多次拆分才能析出部件，导致编码规则较多，不经过专门训练难以掌握。

笔形码是抽取汉字字形的笔画信息进行编码，以汉字的基本笔画作为输入单位。优点是无须记忆映射表，且由于已拆到汉字最基本的元素——笔画，从而避免了"拆字难"的问题。但缺点是笔画输入造成了按键次数的成倍增加，致使输入效率低，速度慢。如果笔顺不正确，容易产生错误输入。有影响的是李金铠的笔形码，其最大特点是输入时只用8个键，很容易学习，可以实现单手操作，在一些必须单手操作的场合，这种编码法独有所长。

取角编码以台湾胡立人发明、美国王安公司获专利使用权的"三角编码法"为代表。"三角编码"受四角号码编码的影响，主要取汉字的左上、右上、右下三角的部件，每个部件用两位数字编码。这种编码方案规则多、部件多、平均击键次数多，使用者很少。

形码的优点是按形取码，不涉及字音，因此不认识的字也可以输入，而且重码率低，基本不用二次选择。但或是编码规则复杂需要专门学习，或者是输入速度较慢，所以非专业人员或非特殊需要者较少使用。

2. 音码输入

音码输入是按照汉字字音编码输入。使用者根据汉字的读音输入汉语拼音，计算机软件通过查找计算机中的拼音字典，自动将拼音转换成相应的汉字并在屏幕上显示。如有同音字的就把所有的同音字按一定的顺序显示出来，用阿拉伯数字0—9编号，用相应的数字从中选择。拼音编码输入法分全拼式和双拼式两种。**全拼输入**可以认为是一种无编码的输入，完全按照《汉语拼音方案》依次输入代表该音节的各字母，只要知道汉字的读音，基本不用专门训练就可以输入。目前使用比较普遍的拼音输入法有中文之星2000、微软拼音输入法、紫光拼音输入法、搜狗拼音输入法等。

双拼输入在编码上不像全拼那样有长有短，而一律双码。如"自然双拼"将声母"zh""ch""sh"分别定义在"V""I""U"键上，然后将多个拼音字母组成的韵母压缩在一个键上，使得每个汉字的拼音都简化成了两个字母，使用者只要记住20多个压缩韵母的对应键就能快速输入。双拼输入击键次数少，平均每个字不超过三次，但需要一定的学习才能熟练掌握。

音码的优点是简单易学，只要学会汉语拼音就可以打字，而且可以边想边打，特别适用于用电脑进行写作的人群使用。缺点是不知道读音的字无法按拼音输入，一些罕见的姓名、地名用字，因不会读音，使用拼音输入难以胜任。而且同音字多，如"yi"音节有150多个同音字，即使每页显示10个，也需要翻16页才能全部显示，影响了输入效率。但随着计算机软件的进一步改进，拼音输入法的一些问题会逐步得到解决，如通过对软件的智能化，实现"高频先见，用过提前"、计算机自动选字、自动记忆等，可以减少同音字选字的麻烦，大大加快输入速度。

据调查，在使用电脑的人群中，90%以上的人使用拼音输入。这显示了拼音输入法的生命力，汉语拼音输入已经成为我国首选的汉字输入法。

3. 音形结合码输入

音形结合码输入是兼顾汉字的读音和字形而设计的编码输入。有的以字形为主字音为辅，可以叫形音码，如支秉彝的"见字识码"汉字编码法；有的以字音为主字形为辅，可以叫音形码。智能ABC输入法（5.23版本）也可以用音形结合方法输入。在输入时先输入字的拼音，再加上该字第一笔的笔形码或前两笔的笔形码就能较快速地检索到这个字。笔形编码是用1—8八个数字分别代表八种不同的笔画：1横、2竖、3撇、4点、5顺时针折、6逆时针折、7十字、8方框。如想输入"键"字，即可输入"jian3"，提示框会显示基本音节为jian且起笔是"丿"的汉字"件键箭简健剑笺俭舰"等，然后根据提示框输入对应的序数"2"即可。若输入"jian31"，提示框会显示基本音节为jian且起笔是"丿"第二笔是"一"的汉字"键箭简笺键铜笕"，然后根据提示框输入对应的序数"1"即可，序数为"1"的也可直接按回车键。

音形结合码虽然避免了单纯形码或单纯音码的缺点，降低了重码率，也克服了笔画输入效率低的问题，但又带来了音形多重思维的负担，不利于"想打"。

4. 汉字编码方案的规范和筛选

如果说在计算机汉字信息处理初期，汉字如何输入计算机是亟待解决的技术难题的话，那么在进入20世纪90年代以后，随着汉字信息处理技术应用的不断深入，汉字如何规范地输入计算机就成为非常重要的课题了。因为伴随着万"码"奔腾的计算机输入方法的产生，也出现了汉字在计算机中的一些不规范使用，比如在部件码编码方案中，由于汉字的结构复杂，各个编码方案在对汉字的拆分、部件的选取和归类上，见仁见智，自成体系，有的甚至从自己的编码需要出发，对汉字任意"肢解"，部件拆分的不规范现象很多。这种状况既不利于计算机的应用，又不利于语言文字的统一规范，同时也给计算机教育和识字教育造成了很大的困难，应该及时地采取有效措施，加以解决。

为了维护汉字的严肃性，使部件的拆分符合汉字构成规律，符合信息处理的实际需要，国家语言文字工作委员会于1997年12月颁布了《信息处理用GB13000.1字符集汉字部件规范》（简称《汉字部件规范》），并于1998年5月1日起开始实施。《汉字部件规范》针对汉字拆分中出现的混乱现象，制订出汉字基础部件表及其使用规则，使汉字的拆分和部件的选取从此有章可循。

汉字编码方案的规范化，对形码和音形码来说，主要是指编码部件的选定和部件拆分规则是否符合信息处理用《汉字部件规范》的要求，笔画提取是否遵照《现代汉语常用字笔顺规范》，用部首作为码元的还应遵照《汉字统一部首表》。

对于音码来说，主要是要符合《汉语拼音方案》。2001年，国家语言文字工作委员会发布了《GF 3006—2001汉语拼音方案的通用键盘表示规范》，规定了使用通用键盘输入汉语拼音时，《汉语拼音方案》字母表、声母表、韵母表、声调符号及隔音符号的键位表示。那些为了迎合部分人群的需要而zh、ch、sh和z、c、s不分，或前后鼻音不分的输入方法都是不合规范、不可取的。

研究制定相应的规范和标准，使汉字信息处理做到规范化、标准化，是科学技术飞速发展的需要。因为，一种新的技术只有通过规范化和标准化才有可能大范围推广，从而产生巨大的社会效益和经济效益，并推动技术的发展。汉字键盘输入方法也只有通过规范化、标准化，才能与国家的语言文字政策相一致，才有可能进入中小学教育，成为国民教育的一部分。否则，技术虽然进步，文化却遭到破坏，则是得不偿失的。

汉字编码方案的筛选，就是在众多的编码方案中筛选出最佳方案予以推广。理想的汉字编码方案及计算机汉字输入系统，应该满足下列指标体系：（1）规范性，即符合国家颁布的相关的语言文字规范；（2）易学性；（3）快速性，即有较高的输入速度；（4）兼容性，即与国际通用键盘、与多种显示终端、与通用操作系统兼容，否则不利于国际间的交流，在国内也难以普及推广；（5）一致性，即编码规则前后一致，同类结构的汉字使用相同的编码规则，避免随意性；（6）完备性，即能够输入非常用字和罕见字。

（二）汉字的非键盘输入

不用键盘作为输入设备的汉字输入法可统称为非键盘输入法。它也有几种常用的输入方式：

1. 光学字符识别输入。光学字符识别也叫汉字字形识别，这种方法使用的汉字输入设备可以是图像扫描仪、传真机、摄像机等。其机理是通过与计算机联机的图文扫描装置抽取汉字字形特征使印刷在纸上或写在纸（或介质）上的汉字字符，由计算机进行辨识后输入计算机。目前普遍使用的扫描装置是光学字符阅读机（Optical Character Reader），这种字符识别输入也称为 OCR 识别输入。光学字符识别是汉字信息处理系统的一种高速自动输入方式。汉字识别又分印刷体汉字识别和手写体汉字识别两种。印刷体汉字识别技术目前已能达到实用水平，而手写体汉字识别因为稳定性等原因，它的识别技术水平离实用还有相当距离。

2. 笔输入。笔输入方法的工作方式和我们平常书写汉字相同，它是由一支特殊的笔和一块专门的书写板组成。输入时，系统将笔在书写板上的运动轨迹（压敏或电磁感应信息）输入到计算机中，由一个专门的软件进行识别，并转换为标准的代码形式。因为是边写边识别，而不是识别已有的现成文字，所以也叫联机识别（相对于 OCR 的脱机识别）。其典型产品有北京中自汉王科技公司的"汉王"笔、摩托罗拉的"慧笔"等。

笔输入方法简单、方便，不用记忆复杂的编码，即使不会汉语拼音，只要会写字就会输入，不用键盘，适用于不习惯键盘输入的人群和体积越来越小的计算机，如掌上型计算机。但笔输入方法对书写规范要求较高，书写时笔画或笔顺有误往往不能正确识别，不像人脑那样可以去"猜"，所以识别率有待进一步提高。

3. 语音识别输入。这是汉字输入技术中比较理想的输入方式。语音识别需要给计算机配备话筒、声卡等设备，相当于给计算机安上一只耳朵，解决计算机"听和说"的难题。讲话人对着话筒讲话，所发出的语音信号被输入到计算机，计算机利用语音信息库来辨认输入的语音信号，从而得到一个个音节，然后再用拼音语句转换系统转换成用内部码表示的汉字。这种通过与计算机连接的传声装置，利用语音分析技术，由计算机进行辨识后形成汉字内部码的过程叫汉字的语音识别。汉字的语音识别在学科上与汉字的字形识别同属于人工智能的范畴，在应用上属于汉字信息处理系统的一种人机交互输入方式，它是新一代计算机听觉智能接口的一个重要组成部分，它对设计技术、运算速度和口音类型都有很高的要求。

目前比较成功的语音输入系统为北京中自汉王科技公司与 IBM 公司合作开发的"汉王听写输入系统"，它将笔输入和语音输入很好地结合起来，不但输入速度快，更重要的在于实现了"不会写的字可以说，不会念的字可以写"。但语音识别只能识别普通话或略带口音的普通话，识别率不高，自学习功能需要进一步完善。要想使计算机能与人以自然的方式"对话",还有相当长的路要走。

二、汉字信息的处理

英文的 26 个字母在计算机键盘上都可以看到,而汉字有成千上万个,在键盘上却一个也看不见,那么计算机是如何处理汉字的呢？原来,无论是英文字母还是方块汉字,对于计算机来说都是一样的,它都"不认识"。计算机只能识别由 0 和 1 组成的二进制代码,其他的一概不能识别。所以无论是英文字母、阿拉伯数字还是方块汉字,在计算机处理过程中都要被转换成机器所认识的二进制数字,也就是它们各自的机内码。我们在输入汉字时所使用键盘上的字母和数字可看作是机外码或者叫输入码,计算机接收到外码后再利用特定的软件系统把外码转换为内码进行处理。例如,表示大写字母 A 的二进制数字是 01000001,小写 a 是 01100001,汉字"波"的二进制数字是 1011001010101000。这样,我们只要规定好汉字用什么二进制数字表示,电脑就能够识别和存储汉字了。

与拼音文字不同的是,汉字在处理过程中除了使用输入码和计算机内部的处理码以外,还要有一套用于计算机与计算机之间进行信息交换用的代码。因为信息处理不能只是在一台电脑上进行,更多的是要用于计算机与计算机之间的信息交换。有了统一的汉字交换码,各种输入输出设备才有了统一的依据,信息资源的共享也才有了保证。1980 年国家标准局颁布了《信息交换用汉字编码字符集·基本集》,国家标准号为 GB 2312—1980。这是我国第一个汉字编码字符集,使汉字的信息交换有了统一的标准。由于基本集只收录了 6763 个汉字和 682 个常用符号,未能覆盖繁体中文字、部分人名、方言、古汉语等方面出现的罕用字,所以继基本集之后,又扩充制定了第一、第二、第三、第四、第五、第七辅助集。其中,第一辅助集是 GB 2312—1980 基本集的繁体字版本；第二、四辅助集是简化字版本；第三、五辅助集是与第二、四辅助集对应的繁体字版本；第七辅助集是繁体字版本,并无对应的简体版本。

为了将世界各民族的文字进行统一编码,国际标准化组织制定了 UCS 标准。根据这一标准,中、日、韩三国共同制定了《CJK 统一汉字编码字符集》,国家标准号是 GB13000.1—1993。该汉字编码字符集就是通常人们所说的大字符集,它在基本集的基础上增加了国家标准汉字编码字符集的几个辅助集中的繁体字,以及中国台湾、日本、韩国等地使用的汉字,共 20902

字,满足了方方面面的需要。作为新的汉字信息处理国际标准,使汉字信息处理向国际化方向迈出了重要的一步。

继 GB2312—1980 和 GB13000.1—1993 之后,另一项国家标准《信息交换用汉字编码字符集·基本集的扩充》于 2000 年发布实施,标准号为 GB18030—2000。这是一项强制性国家标准,它收录了 2.7 万多个汉字,为彻底解决邮政、户政、金融、地理信息系统等迫切需要的人名、地名用字问题提供了解决方案,也为汉字研究、古籍整理等领域提供了统一的信息平台基础。

以上三个标准,是计算机处理汉字的"通用"编码标准。汉字编码发展的方向,是实现世界范围内"书同文,字同码",以减少各个国家和地区因汉字编码不同而造成的信息交流障碍,使汉字更好地适应现代信息化社会的需要。

三、汉字信息的输出

汉字输入到计算机后,计算机里存储的是用 0 和 1 表示的二进制数码,即汉字的机内码。汉字的输出是把汉字内码转换成汉字外部字形和字音信息的过程。输出设备驱动程序通过汉字字形信息库(简称"字库")、汉字语音库等加工完成后的汉字信息输出到显示输出设备、打印输出设备、语音输出设备上,也可通过通信设备、文件交换设备把处理、加工后的汉字信息输出到其他地方。

(一) 汉字字形输出

汉字字形的输出需要有一套汉字字模,各个汉字字模组成汉字库。目前,汉字打印字库主要有两种,即点阵字库和矢量字库。

1. 点阵字库

点阵字库中的字模是以点阵的形式存储在计算机汉字字库中的。所谓一个字的点阵,就是指这个汉字用多少个像素点来描述。比如在纸上写一个字,在这个字的从上到下、从左到右,分别画十七条直线,那么这个字就被放置于一个 16×16 的方格之内,这样我们就可以很明显地看出每个方格内有没有笔画经过,把有笔画经过的方格填充上颜色,就可以显示出这个字的字形,这就是 16×16 点阵的汉字表示法。

为了使汉字点阵规范、统一,我国从 20 世纪 80 年代开始研制点阵字库,至今已研制并颁布实施了 15×16、24×24、32×32、36×36、48×48、128×128、256×256 等多种规格的宋体、仿宋体、楷体、黑体等多种字体的字模集及数据集,规范了汉字点阵字形标准。

用点阵法显示和打印汉字字形,如果点数太少字形放大后会产生明显锯齿，比较难看，有的字也许不能完整表示。点阵字形被固定在一定的方格内，不能任意放大缩小，所以同一个字要按照不同的字号做出不同的字模，多种字体多种字号就要多个字库，体积将十分庞大。

2. 矢量字库

矢量字库是把每个字符的笔画分解成各种直线和曲线，然后记下这些直线和曲线的参数，显示的时候，再根据具体的尺寸大小，画出这些线条，就还原了原来的字符。它的好处就是可以随意放大缩小而不失真。而且所需存储量和字符大小无关。目前已颁布实施的矢量字库标准有：

GB/T 13844—1992 图形信息交换用矢量汉字　单线宋体字模集及数据集
GB/T 13845—1992 图形信息交换用矢量汉字　宋体字模集及数据集
GB/T 13846—1992 图形信息交换用矢量汉字　仿宋体字模集及数据集
GB/T 13847—1992 图形信息交换用矢量汉字　楷体字模集及数据集
GB/T 13848—1992 图形信息交换用矢量汉字　黑体字模集及数据集

（二）汉字语音输出

汉字语音输出就是将文字信息转换为可听的声音信息输出。这种输出方法称为"语音合成"，又称文语转换，就是利用语音的数字信息，采用语音合成的方法由数字信息还原成模拟量而输出人耳能听到的语音，就像给设备装上了嘴巴，让机器像人一样开口说话。

文语转换过程是先将文字序列转换成音韵序列，再由系统根据音韵序列生成语音波形。其中第一步涉及语言的处理，例如分词、多音字处理、字音转换以及一整套有效的韵律控制规则；第二步需要先进的语音合成技术，能将第一步得到的音韵序列实时合成出高质量的语音流。因此，文语转换系统不仅要应用语音数字信号处理技术，需要计算机方面的知识，而且还要有大量的语言学、文字学知识的支持。

汉语普通话语音合成技术的研究从 20 世纪 80 年代开始，已经在人机对话、电话咨询、自动播音、语音教学、英文翻译等方面取得了很大进展，在电信、银行、证券等社会信息服务领域实现大规模应用。但是在如何提高语音合成质量，使输出的语音更加流利和自然，如何实现各种音色（包括不同性别、不同年龄等）的语音输出，以及如何更好地服务于社会生活等方面，还有很多问题需要进一步深入研究。

四、汉字信息处理和汉字研究

为提高汉字信息处理的效率和质量，除了需要计算机技术的研究和支持以外，还必须加强汉字自身的研究。

　　首先，要加强汉字属性研究。只有对汉字的读音、笔画、笔顺、部件、部件组合、字量、字频、字序等属性进行充分研究，才可能为计算机提供尽可能多的汉字信息，以提高计算机处理汉字信息的功能。比如只有在对汉字的部件及部件组合充分研究的基础上，才能研制出方便实用的部件编码方案；只有在对汉字的读音及多音字等语音属性充分研究的基础上，才能提高汉字语音输入和输出的效率。

　　其次，要加强汉字规范化和标准化的研究。汉字信息处理中的输入、输出、频率统计、字形识别、语音识别等都跟汉字的规范化、标准化密切相关。以汉字的语音识别为例，如果没有统一规范的读音标准，有关专家在进行语音合成技术的研究时就会无据可依。如"拆烂污"的"拆"，《现代汉语词典》注为 cā,《现代汉语规范词典》注为 chāi，这种不规范不统一的读音现状会让语音合成技术的研究者无所适从。所以，要提高汉字信息处理的功能和效率，就必须首先加强汉字规范化、标准化的研究。

　　汉字的研究是汉字信息处理研究的基础。

思考和练习七

　　一、什么是现代汉字的信息处理？汉字信息处理的过程可分为哪几个阶段？

　　二、汉字的编码方案可分为哪些类？各有什么优缺点？

　　三、你在输入汉字时使用的是哪种方法？根据你的使用体会谈谈它的优缺点。

　　四、为什么说汉字的研究是汉字信息处理研究的基础？

　　五、目前汉字信息处理的研究还存在哪些问题？你认为汉字信息处理的前景是怎样的？

第八节　现代汉字的整理、标准化及前途

一、现代汉字的整理

汉字的整理包括推行简化字、整理异体字、规范汉字字形等。
（一）推行简化字
1956 年 1 月 28 日，国务院公布了《简化汉字方案》，方案中的简化字

分四批推行。经过 8 年多的实践，到 1964 年 5 月，总结、归纳成《简化字总表》出版。《简化字总表》分三个字表，第一表是 352 个不做简化偏旁用的简化字，第二表是 132 个可作简化偏旁用的简化字和 14 个简化偏旁，第三表是应用第二表所列简化字和简化偏旁类推出来的 1754 个简化字。1986 年又对其中个别字作了调整，重新公布了《简化字总表》，调整后的《简化字总表》共有简化字 2235 个。跟繁体字相比，简化字笔画少了，2235 个简化字平均每字 10.3 画，相对应的 2260 个繁体字平均每字 16.1 画，平均每个字减少 5.8 画；字数也少了，由于用同音或异音代替法简化汉字，减少了 100 多个汉字，这样，大众学习和使用汉字更方便了。在 2013 年国务院公布的《通用规范汉字表》中，简化字总数增至 2546 个。

简化汉字的主要方法是：

（1）换用简单的符号。如：戏（戲），怀（懷），汉（漢），邓（鄧），赵（趙），区（區），风（風）。

（2）保留轮廓或特征。保留轮廓的，如：夺（奪），齿（齒），随（隨）；保留特征的，如：飞（飛），声（聲），亏（虧）。

（3）草书楷化。如：长（長），专（專），书（書），尧（堯），为（為），东（東），乐（樂），发（發）。

（4）用笔画少的字代替。如：制（製），丑（醜），表（錶），卜（蔔），柜（櫃），茧（繭），秋（鞦）。

（5）改用古时候就有的本字。如：云（雲），从（從），舍（捨），气（氣），电（電）。

（6）新造笔画少的形声字或会意字替换。如：窜（竄），惊（驚），响（響），灶（竈），尘（塵），灭（滅）。

（7）用简化偏旁类推，有 80% 左右的简化字是用这种方法简化出来的。如：马（馬），吗（嗎），妈（媽），骂（罵），骗（騙），驰（馳），驭（馭），驼（駝）。

（二）整理异体字

异体字是音同、义同而形体不同的字。 1955 年 12 月，文化部和文改会公布了《第一批异体字整理表》，列出了 810 组异体字，共 1865 个字，每组选用一个为正体字，其余为异体字，共确定异体字 1055 个。后来经过几次调整，有一些异体字又恢复为规范字，至 2013 年《通用规范汉字表》，在其附录《规范字与繁体字、异体字对照表》中实有异体字 1023 个，其中 43 个异体字在特定用法上又是规范字。这样，今后在"社会一般应用领域"

不再使用的异体字有 980 个。

（三）更改生僻地名用字

从 1955 年 3 月到 1964 年 8 月，经国务院批准，共更改 8 个省、自治区的县级以上含有生僻字的地名 35 个，如盩厔县改为周至县，瑷珲县改为爱辉县，越嶲县改为越西县等，共精简生僻字 30 多个。

（四）规范汉字字形

1965 年 1 月，文化部和文改会公布了《印刷通用汉字字形表》，共收通用的印刷体字 6196 个。这个字把同一个字种的不同印刷体字形加以统一，选取笔画少的容易写的字形作为规范字形使用。此表经过推行，实际上也成了手写体楷书的字形规范。1988 年，国家语委、新闻出版署发布了《现代汉语通用字表》，收字 7000 个，其中 6146 个传承自《印刷通用汉字字形表》，2013 年，国务院公布了《通用规范汉字表》，收字 8105 个，其中 6962 个传承自《现代汉语通用字表》，《通用规范汉字表》是最新的具有规范汉字字形作用的语言文字规范。

（五）统一计量单位名称用字

1977 年 7 月，文改会和国家标准计量局发出《关于部分计量单位名称统一用字的通知》，废除了"浬、海浬"等译名用字，共精简旧的计量单位名称用字 20 多个。

（六）整理异读词

对异读词的整理实际上是对汉字字音的整理。普通话审音委员会先后于 1957 年、1959 年、1962 年发表《普通话异读词审音表初稿》及其续编、第三编，1963 年出版《普通话异读词三次审音总表初稿》。1982 年开始对其修订，到 1985 年修订完成，改名为《普通话异读词审音表》公布施行。共审订 839 条异读字（词），其中 586 字规定为统读，占 69%，其余规定为多音字，并举例其所在词语，解决了被审读字的异读问题。

（七）制定《通用规范汉字表》

2001 年，国家语委启动了《规范汉字表》的制定工作，历经 10 余年，至 2013 年 6 月 5 日，国务院公布了《通用规范汉字表》，收字 8105 个。《通用规范汉字表》是最新的现代汉语通用字（含常用字）的字量、字形和字序的规范，也是认定通用字范围内规范字与繁体字、异体字字际关系的最新标准。

二、现代汉字的标准化

对汉字进行整理是为了实现汉字的标准化，做到"四定"，即定量、定形、定音、定序。

1. 定量

定量就是要确定现代汉字的规范字量。定量的最终目标是制定一个能够100%覆盖现代汉语文献的《现代汉字表》，但这个目标不是短时间内可以实现的，现实可行的做法是分级定量，制定《现代汉语通用字表》和《现代汉语常用字表》。1988年公布的《现代汉语通用字表》，收字7000个，同时公布的《现代汉语常用字表》收字3500个。2013年国务院公布《通用规范汉字表》，收字8105个，替代1988年"现代汉语通用字表"。其"一级字表"收字3500个，替代1988年"现代汉语常用字表"。

2. 定形

定形就是要确定现代汉字的规范字形。1964年公布的《印刷通用汉字字形表》，是国家公布的确定现代汉字的规范字形的最早文件。其后有1988年《现代汉语通用字表》公布，继承前表，并增加了800多个汉字的规范字形。2013年公布的《通用规范汉字表》确定了8105个汉字的规范字形，是最新的字形规范。今后的任务是要确定《通用规范汉字表》之外的现代汉字的规范字形。

3. 定音

定音就是要确定现代汉字的规范字音。1985公布的《普通话异读词审音表》确定了839条异读字词的读音，今后还要对未审订读音的有异读的字词加以规范，特别是人名、地名的异读审订。现今一些字在不同词典中有不同注音。例如"唷"《现代汉语词典》注音为"yō"，《现代汉语规范词典》注音为"yāo"；"忒"《现代汉语词典》注"tè、tēi、tuī"三个音，《现代汉语规范词典》注"tè、tuī"两个音；"挼"《新华字典》《现代汉语规范词典》注为"ruó"，《现代汉语词典》注"ruó、ruá"两个音。这类情况不少，也需要确定其读音。

4. 定序

定序就是要确定现代汉字的规范字序。笔画序是一种排定现代汉字字序的重要方法。1964年汉字查字法工作组推荐"札"字法，确定了"横1、竖2、撇3、点4、折5"的笔形顺序。1965年《印刷通用汉字字形表》首次用"笔画数规则""笔顺规则"两条规则给通用汉字排序。1999年《GB13000.1字符集汉字字序（笔画序）规范》又增加"主副笔形规则""笔画组合关系规则""结构方式规则"三条规则，用五条规则给20902个汉字排定字序，终于解决了问题。2013年《通用规范汉字表》也用这五条规则给字表中的字排定字序。笔画序的重要还在于，用"部首法""拼音法"给汉字排序，都需要辅以笔画序，否则无法最终排定字序。

三、现代汉字的前途

现代汉字的前途问题，也就是汉字会不会被改成拼音文字的问题。早在清朝末年，就有一些有识之士开始感觉到汉字本身的某些不足，觉得它不如拼音文字易学，不利于普及教育，认为当时国家的积贫积弱跟汉字的繁难有直接关系。提倡创制中国的拼音文字用于教育、开发人民的心智。其中最具代表性的是福建同安人卢戆章，1892年发表了中国人自制的第一种厦门话的拼写读物《一目了然初阶》。五四时期，新文化运动汹涌澎湃，一些进步的知识分子积极投身国语运动，提倡汉字改革。有一些人把汉字同落后、愚昧、罪恶联系起来，主张把汉字和封建思想、封建文化一起打倒。他们之中的一些人全盘否定汉字，看不到汉字的优点，认识带有很大的片面性。五四至建国以前，汉字改革的呼声很高，也有不少人做了许多实际工作。其中影响比较大的有钱玄同、赵元任、黎锦熙等人制定的国语罗马字拼音法式，但这个方案缺乏坚实的社会基础，加上设计过于复杂，得不到群众的广泛拥护和支持，因此未能推广开来。另外，瞿秋白、吴玉章、林伯渠等人同苏联汉学家一起制定的北方话拉丁化新文字，曾在北方几个解放区推行，用来编写课本，扫除文盲，但由于历史和政治的原因，拉丁化新文字未能继续推行。

新中国成立以后，党和政府非常重视文字改革，成立了专门的文字改革机构。当时的主导思想是"文字必须改革，要走世界文字共同的拼音方向"。"在实行拼音化以前，必须简化汉字，以利目前的应用。"根据这一指导思想，对当时的汉字改革和整理做了很多工作。如从1956年开始，普通话审音委员会对汉字读音的审定（参见"现代汉字的字音"一节）。在字形的整理方面，公布了《汉字简化方案》和《简化字总表》、《第一批异体字整理表》，使得一大批常用字减少了笔画，淘汰了一千多个异体字。另外，经国务院批准，更改了一些生僻的地名用字，精简了一些旧的译名用字。这些工作，使得汉字大大方便了人们的使用。按照当时的指导思想，这些工作都是为实现汉字的根本改革，即实现拼音化做准备。

20世纪80年代初，中国进入社会主义建设新时期，社会形势发生了很大的变化，人们对语言文字也有了更深入的认识，原来确定的语言文字工作的方针和任务也需要重新修订和调整。1985年12月，国务院决定把中国文字改革委员会更名为国家语言文字工作委员会。1986年1月，国家教育委员会和国家语言文字工作委员会联合召开了全国语言文字工作会议。会上规定了新时期语言文字工作的方针和任务，不再是以改革汉字为重点，不再强调汉字的前途必须是"走世界文字共同的拼音方向"，而是突出了"促进语言文字规范化、标准化"，增加了"研究汉语、汉字信息处理问题，参与鉴定有关成果"等内容。

在这以后，伴随着人们思想的解放，带来了学术氛围的宽松，对汉字的评价也有了一些新的见解。特别是通过汉字和拼音文字的比较，人们更加清楚地认识到，汉字和拼音文字各有优缺点，而且汉字的优点往往就是拼音文字的缺点，汉字的缺点往往就是拼音文字的优点，从而对把汉字改为拼音文字的必要性提出了质疑。同时，中国地域辽阔，汉语方言分歧严重，在没有普及普通话的情况下，改用拼音文字就没有可能。此外，由于汉字历史悠久，大量的文献都是用汉字记录的，一旦改为拼音文字，势必在文献的广泛利用上造成一定困难，在社会心理和民族感情上引起波动。

过去有人把中国的贫穷落后归咎于汉字，可是世界上也有不少使用拼音文字的国家并没有富裕强盛起来，而有些使用汉字或部分使用汉字的地区却在经济上跨入了世界先进行列。过去有人把中国文盲人数多，教育落后说成是汉字难写难认，可使用拼音文字的国家也有面临扫盲的问题。可见，文盲的多少、国家的贫富与是否使用汉字或一定要使用哪类文字没有必然的联系。

也有人认为，汉字不便于信息处理，起初可能有这种情况，因为信息技术是从发达的使用拼音文字的国家兴起的，其机制和与其配套的软硬件自然最适应拼音文字。但科学技术是在不断发展的，二十多年前感到很困难的汉字输入问题，现在已经很好地解决了。而且人机对话已经开始。从发展趋势和发展速度看，汉字在信息处理方面的不便会随着我国科学技术的迅速发展和在民众中极大的普及而日益微不足道。

汉字要不要改为拼音文字，一百多年来，几代人对此展开过探讨甚至争论，现在还没有一个统一的看法。

2000年10月31日，《中华人民共和国国家通用语言文字法》公布，并于2001年1月1日起实施，汉字成为我国的法定通用文字。在可以预见到的未来，汉字还要长期为我们的社会服务。至于在更远的未来汉字的前途问题，周恩来在1958年说过："至于汉字的前途，它是不是千秋万代永远不变呢？还是要变呢？它是向着汉字自己的形体变化呢？还是被拼音文字代替呢？它是为拉丁字母式的拼音文字所代替，还是为另一种形式的拼音文字所代替呢？这个问题我们现在还不忙作出结论。"我们目前的工作就是维护汉字的法定地位,说普通话,写规范汉字。要努力促进现代汉字的规范化和标准化,让它更好地为现代社会服务。

思考和练习八

一、简化汉字的方法有哪些?举例说明。
二、什么是现代汉字的标准化?
三、对于汉字的前途问题,你有什么看法?

本章参考文献

[1] 陈原:《现代汉语用字信息分析》,上海:上海教育出版社1993年版。
[2] 冯寿忠:《现行正字法》,北京:中国书籍出版社1997年版。
[3] 冯寿忠:《汉字规范化教程》,北京:中国书籍出版社1997年版。
[4] 高更生:《现行汉字规范问题》,北京:商务印书馆82002年版。
[5] 高家莺、范可育、费锦昌:《现代汉字学》,北京:高等教育出版社1993年版。
[6] 李禄兴:《现代汉字要略》,北京:文津出版社1998年版。
[7] 潘均:《现代汉字问题研究》,昆明:云南大学出版社2004年版。
[8] 裘锡圭:《文字学概要》,北京:商务印书馆1988年版。
[9] 苏培成:《现代汉字学纲要》(增订本),北京:北京大学出版社2001年版。
[10] 苏培成:《一门新学科:现代汉字学》,北京:语文出版社2000年版。
[11] 邢红兵:《现代汉字特征分析与计算研究》,北京:商务印书馆2007年版。
[12] 杨润陆:《现代汉字通论》,北京:长城出版社2000年版。
[13] 张静贤:《现代汉字教程》,北京:现代出版社1992年版。
[14] 王俊霞、刘云汉:《关于多音字的思考》,《唐山师范学院学报》2004年第3期。
[15] 王俊霞、刘云汉:《多音字读音情况的调查与思考》,《汉语学报》2007年第1期。
[16] 周有光:《现代汉字学发凡》,《语文现代化》1980年第2辑。

第四章 现代汉语词汇

第一节 词汇概说

一、什么是词汇

词汇是某一特定范围内词和固定词组的总汇。词是最小的音义结合的用于造句和组成词组的语言单位。固定词组是介于词和一般词组（非固定词组）之间的语言单位，既像词（有凝定的意义），也像词组（结构上由几个词组成），考虑到它与词有更多的相似性，所以把它归入词汇。

词汇的"特定范围"，可以是某一种语言的。例如英语词汇、俄语词汇、汉语词汇，等等。词典是解释某一词汇里的部分词语的。比如《英语大词典》所解释的词语来自英语词汇，《汉语大词典》所解释的词语来自汉语词汇。

词汇的"特定范围"，也可以是某一种语言的某一断代。如古代汉语词汇、现代汉语词汇。《辞源》所解释的词语来自古代汉语词汇，《现代汉语词典》所解释的词语来自现代汉语词汇。

词汇的"特定范围"，也可以是某一种语言的某一方言，甚至是某一方言的次方言，某一方言的某一断代。例如北方方言词汇、客家方言词汇、北京方言词汇、江淮方言词汇、清代吴方言词汇，等等。《杭州方言词典》、《广州方言词典》、《福州方言词典》、《温州方言词典》等，都是解释汉语次方言词汇中的部分词语的。

词汇的"特定范围"，也可以是某一个作家的、某一本书的、甚至某一篇文章的，例如鲁迅的词汇、《红楼梦》词汇，等等。《红楼梦大辞典》、《红楼梦成语辞典》、《〈红楼梦〉四字格辞典》都是解释《红楼梦》词汇中部分词语的。

根据某种标准划分的词、固定词组的集合也可以称词汇，如：口语词汇、书面语词汇、外来词汇等。《现代汉语常用口语词典》、《现代北京口语词典》都是解释口语词汇中的部分词语的。《汉语外来语词典》则是解释外来语词汇中的部分词语的。

词汇是词和固定词组的汇集,一个词、一个固定词组不能叫词汇。"词汇"单用,一般是指一种语言的词汇。

词汇是语言的基本构成要素之一。研究某种语言的语音、语法,总是离不开该语言的词汇。如果把语言比作一座宏伟的大厦的话,那么词汇就是大厦的各种建筑材料,语法则是用这些建筑材料建成大厦的各种规则。

二、词汇的属性

词汇系统具有三种主要的属性。

(一) 词汇的体系性

词汇是语言中所有词汇成分的总汇,是一个有序的集合,这个集合中的各种秩序显示了词汇系统的体系性。

首先,词汇的体系性主要表现为各词汇成分都受词汇总体规律的制约。每当一个新的词汇成分加入这个集合,都不可能是无条件的随意凑合。比如汉语的词在音节数目、结构方式上都有自己的特点,外来词进入汉语都必须经过汉民族化的改造,以适应这些特点。如英语的 jacket 进入汉语成了"夹克",语音形式有了变化,带上了声调,去掉了收尾的辅音 t;意义上也有了变化,jacket 在英语中指一般的"短上衣、坎肩"之类,但在汉语中只指"夹克衫",因为汉语中已有了"短袖衫、坎肩"之类的词语。英语的 romantic 进入汉语成为"浪漫",由原来的"多音节"变成了"双音节",英语的 dozen 进入汉语成为"打",由原来的"双音节"变成了"单音节"。对外来词语的汉民族化改造,典型地反映了汉语词汇系统的体系性。

其次,词汇的体系性也表现在词汇成分之间在历史发展演变中彼此相互作用、相互影响。词汇网络的联系虽然错综复杂,但并不混乱,相反,是井然有序的。词汇网络的每一个网结发生变化,就会带来与之有关的网眼的相应变化。比如"臭"本指感知于鼻的气味,"味"本指感知于舌的味道。后来"臭"的语义范围缩小,专指难闻的气味,于是与之关系密切的"味"语义范围扩大,泛指可嗅可尝的一切气味和味道。再如"红色"和"白色"本来只指颜色,后来"红色"引申出"革命、进步"的意义,于是"白色"受"红色"的影响,也产生了"反革命"或"不进步"的意义。

第三,词汇的体系性还表现在词的类聚上。各词汇成分不是互不关联的一盘散沙,而是相互之间具有错综复杂的联系。这种联系使词汇成分形成网络,构成系统。词汇成分之间的联系多种多样,有意义方面的联系,例如

"优秀—优良—优异"、"爱护—爱惜"等同义联系；"长—短"、"高—低"、"内—外"等反义联系；有读音方面的联系，例如"教室—教士"、"暴富—抱负"、"电—店—垫"等是同音联系；有书面形式方面的联系，例如"和（hé）—和（hè）—和（hú）—和（huó）—和（huò）"、"公道（gōngdào，公正的道理）—公道（gōngdao 公平，合理）"等字形相同的联系。除此之外，外来词之间、方言词之间、口语词之间、书面语词之间，也都依各自的特殊方式发生联系。词汇系统的每种联系方式，都可以把一些词汇成分聚成一个类集，小的类集又进一步类聚为大的词汇类集。这种上下级逐级隶属的现象，正是词汇的系统性在词的类聚上的表现。

（二）词汇的多源性

词汇的成员有不同的来源。由于有多种多样的来源渠道，词汇就显得丰富多彩。以现代汉语词汇为例：

有从古代传承下来的，例如"人、天、日、月、山、水、来、去、矛盾、今日、明日、几何、苍茫、徘徊、从容、窈窕、望洋兴叹、画蛇添足、夜郎自大、子虚乌有"等等。

有从外族语言中吸收的，其中包括从国内少数民族语言吸收的，例如"喇嘛、哈达、糌粑、锅庄、氆氇"来自藏语，"坎儿井"源于维吾尔语，"敖包、那达慕"源于蒙古语，"萨其马"源于满语，等等。有源于国外的，如"的士、瓦特、坦克、沙发、吉他"源于英语，"卢布、布尔什维克、布拉吉"源于俄语，等等。

有从方言、口语里吸收的，例如"地瓜、棒子面、爆料、二奶、生猛、三只手、肥水、排档、把脉"等等。

有从行业语中吸收的，如"梯队、进军、基地、战役"源于军事术语，"市场、本钱、促销、滞销、销路、拍板"等源于商业用语，"曝光、扫描、比重、反射、反映"等源于物理、化学等学科。

除了继承和吸收以外，还有许多词语是适应社会的发展而新造的，如"邓小平思想、一国两制、经济特区、三个代表、科学发展观"等。

认识词汇的多源性，对于加深对语言的民族性、地域性、规范性等的认识都非常重要。一方面我们要积极吸收其他民族的、方言的、行业性的词汇加入现代汉语词汇的家族，另一方面也要注意不生吞活剥，不生造词语，保持现代汉语词汇的规范化。

（三）词汇的开放性

词汇是一个开放性的集合，词和固定词组的数量是随着社会的发展而不断增加的。为了反映新产生的概念，语素可以依据构词法生成新词，词可以依据语法规则生成新的固定词组，这些新词和新的固定词组便成为词汇里的新成员，使词汇的成员数目不断增加。20世纪20年代至40年代，产生了"共产党、土地革命、北伐战争、抗日战争、新四军、八路军、解放区"等一大批词语。20世纪50年代产生了"抗美援朝、三反五反、公私合营、合作社、人民公社、大跃进、高产卫星"等大批词语。改革开放以来，又产生了"改革开放、个体户、三资企业、中外合资、经济特区、房改、经济适用房"等大量新词语。这几年，不断有专门收录新词语的词典出版，《现代汉语词典》也不断增加新词语条目，1978年版《现代汉语词典》收词语条目56000余条，1996年版收60000余条，2002年版收61000多条，2005年版在删去2000多条后又增加6000多条，收词约65000条。2014年版增收新词语和其他词语近3000条，共收条目69000余条。《辞海》1979年版收单字1.4万多个，词目9.1万多条，字词条目共10.5万；1989年版收单字1.6万多个，词目10.3万多条，字词条目达12万左右；1999年版又增词目6000多条。据介绍，正在陆续出版的《大辞海》将收词语25万左右。其实，即使收词语25万，也还只是词汇成员的一部分，而不是词汇成员的全部。有人阅读了已经出版的《大辞海·语言学卷》，发现还有不少语言学词语未被收进去。随着时代的发展、社会的进步，人们还会根据交际的需要不断创造新词语、吸收古代词语、方言词语和外来词语，从而不断壮大词汇的家族。由于词汇系统经常有进有出，因而词汇系统比语音系统、语法系统有更大的开放性。

三、现代汉语词汇学

现代汉语词汇学是研究现代汉语词汇的科学。主要研究现代汉语词汇的各种组成成分，现代汉语构词法，现代汉语的词音、词义、书面形式，以及现代汉语词语解释等等。

根据研究对象和方法的不同，词汇学可以分为普通词汇学、具体词汇学、描写词汇学和历史词汇学等。普通词汇学研究各种语言词汇的共同现象和规律，具体词汇学研究某一具体语言或方言的词汇现象和规律，描写词汇学研究某一时期的词汇现象和规律，历史词汇学研究词汇的起源和发展演变的现象和规律。现代汉语词汇学属于具体词汇学和描写词汇学。

现代汉语词汇的研究从现代汉语形成之后就开始了。但在相当长的一段时间内，研究是零散的，有研究词的性质的，有研究构词法的，有研究词的意义和内容的,有研究熟语的,但总的说来,并没有形成现代汉语词汇学科体系。

孙常叙1954年起开始写作《汉语词汇》一书,1956年12月由吉林人民出版社出版,它是中国第一部较系统、全面地研究汉语词汇的专著,为汉语词汇学勾勒出了一个大致的轮廓。周祖谟《汉语词汇讲话》从1955年至1957年在《语文学习》上连载,1959年由人民教育出版社结集出版。孙常叙《汉语词汇》和周祖谟《汉语词汇讲话》这两部著作,不仅勾勒出了汉语词汇研究的大致轮廓,而且就其中不少问题做了带有开创意义的探索,为后来的进一步研究奠定了基础,标志着现代汉语词汇学学科的建立。其后几年间,陆续出现了许多研究汉语词汇的重要著作和论文,比如陆志韦《汉语的构词法》(科学出版社,1957)和高名凯、刘正埮《现代汉语外来词研究》(文字改革出版社,1958)等。1957年,新知识出版社出版了一套《汉语知识讲话》,其中词汇部分有四本,它们是:洪笃仁《词是什么》、何霭人《普通话词义》、高庆赐《同义词和反义词》、张世禄《普通话词汇》。

1966年至1976年十年间,词汇研究较为萧条。之后,现代汉语词汇学也和其他学科一样,重新焕发出勃勃生机,并日益繁荣起来。30多年来,许多老一代词汇学家纷纷著书立说,许多青年学者积极投身到现代汉语词汇研究的队伍当中。成果相当丰硕。比如武占坤、王勤《现代汉语词汇概要》(内蒙古人民出版社,1983)、符淮青《现代汉语词汇》(北京大学出版社,1985)、刘叔新《汉语描写词汇学》(商务印书馆,1990)等。专门研究现代汉语构词法的有周荐《汉语词汇结构论》(上海辞书出版社,2004)等。专门研究现代汉语词义的有苏新春《汉语词义学》(安徽教育出版社,1996)、符淮青《词义的分析和描写》(语文出版社,1996)、张志毅和张庆云《词汇语义学》(商务印书馆,2001)、曹炜《现代汉语词义学》(学林出版社,2001)等。专门研究汉语词语理据的有王艾录、司富珍《汉语的词语理据》(商务印书馆,2001)、《语言理据研究》(中国社会科学出版社,2002)等。专门研究熟语的,有孙维张《汉语熟语学》(吉林教育出版社,1989)、温端政《汉语语汇学》(商务印书馆,2005)等。目前,现代汉语词汇的研究正呈方兴未艾之势,一步步走向繁荣兴盛的明天。

思考和练习一

一、什么是词汇?怎样理解它的"特定范围"?

二、举例说明词汇系统的三种属性。

三、请描述现代汉语词汇学学科创立的时间和标志。

第二节　现代汉语词汇的构成

一、词、固定词组

从构成词汇的单位类别来看，现代汉语词汇是由现代汉语的词和现代汉语的固定词组共同构成的。

(一) 词

从词汇学的角度来看，**词是最小的音义结合的用于造句的语言单位**。

所谓"音义结合"，是说词总是以固定的语音形式和特定的语义内容相对稳定地联系着。每个词都有一个固定的语音形式和特定的语义内容，通常情况下，它的音和义的稳定结合是不容破坏的，否则就要改变词的性质，损害词的称谓功能。例如"人手"这个词，是以"rénshǒu"这一固定的语音形式，表达"指做事的人"这一特定的意义。如果把它扩展成"人的手""人之手"就破坏了"人手"一词的既成的音义结合，改变了它的意义，就不再是原来的"人手"这个词了。

所谓"最小的""用于造句的语言单位"，是说在用词造句的时候，总是把它作为一个不可分割的整体运用，或单独成为一个句子，或作句子的一个句法成分（实词），或表示一种语法意义（虚词）。这一特点，既把词跟语素区别开来（语素不是造句单位），也把词跟一般词组（非固定词组）区别开来（一般词组是造句单位，但不是"最小的"造句单位）。

词的构成成分是语素，**语素是最小的音义结合的构词单位**。语素也是音义结合体，但它不用于造句，不是造句单位。语素的功能在于造词。比如"伟"，可以用它跟别的语素组成"伟大、伟岸、伟人、伟业、雄伟、魁伟"等词，但不能用它作句子成分造句，它不能像实词那样作主、谓、宾、定、状、补等句子成分，也不能像虚词那样在句子中表示某种语法意义。当然，有些语素能够独立成词，比如"人"，作为一个语素，它既可以跟别的语素组成"人手、人民、人气、人事、人文、人情、名人、贵人、游人、友人"等词，也可以独立成一个词（名词）直接用于造句，在句子中作主语、宾语、定语等句子成分，如："人总是要有一点精神的。""前面来了一个人。""人的精神状态很重要。"等等。这就是说，在没有特定语言环境时，"人"既是一个语素，又是一个词；但在具体的语言环境中，"人"或者只能是语素（如在"人民、人气、人事"中），或者只能是词（如在"人总是要有一点精神的"中）。当"人"是词时，它就是词汇的成员。

一般词组（非固定词组）也可以用于造句，是造句单位。但一般词组缺少像词那样的音义定型性。一般词组都是由两个或更多个词共同组成的，它们之间的组合是临时性的，它们可以在形式上进行扩展（或缩略）而意义保持不变，如"中国人民"——"中国的人民"，"勤劳勇敢"——"勤劳而勇敢"——"又勤劳又勇敢"——"既勤劳也勇敢"等。

在具体的语言环境中，词跟语素、一般词组的区别是清楚的。

离合词和缩略语是词的两个特殊的小类。

离合词在合用时是一个词，在分开使用时是两个词。例如：

睡觉：他在家睡觉　　　　睡了一觉
洗澡：在洗浴间洗澡　　　洗了一个凉水澡
跳舞：到舞厅跳舞　　　　跳了一夜的舞
丢脸：不要丢脸　　　　　丢了父母的脸
结婚：明年结婚　　　　　他结过两次婚
打倒：一拳把他打倒　　　打得倒

《现代汉语词典》收有不少离合词条目，在给这些条目注音时用"//"隔开两个音节，如"结婚"注音为"jié//hūn"，"打倒"注音为"dǎ//dǎo"，但在给这些条目释义、举例时一般只针对其合用为词的情形。

缩略语是把使用频率较高的多音节的专名（固定词组）或者一般词组进行压缩、截短或统括而形成的词语。它们在使用时可以算做一个词。分简称和统括语两类。

简称是取原说法中具有代表性的语素组合而成的缩略语。例如：

北京大学——北大　　　　特快专递——快递
家用电器——家电　　　　春节联欢晚会——春晚
非典型性肺炎——非典　　清华大学——清华
中学小学——中小学　　　奥林匹克运动会——奥运会
冬季奥林匹克运动会——冬奥会

许多简称经过大家长期使用，得到社会的认可，便成为一般的词。但原说法仍然存在，仍可使用，是用简称还是用原说法，由具体的语言环境决定。

有些不同的专名在经过缩略后成了形式相同的简称，如：中国人民大学——人大，人民代表大会——人大，离开具体语言环境可能会有不同的理解，但在具体的语言环境中一般不会产生误解。

统括语是用数词统括并列词组各项的语素或义素而形成的缩略语。例如：

有理想、有道德、有文化、有纪律——→四有
思想好、学习好、身体好——→三好
酸、甜、苦、辣、咸——→五味
马、牛、羊、狗、猪、鸡——→六畜

统括语在一定的时期、一定的语境中使用，大家就都能够理解。使用多了，得到全社会的认可，统括语就成为一个词。例如《现代汉语词典》收录的"五味、六畜"，不仅保留了其本义，还产生了引申义，"五味"泛指各种味道，"六畜"泛指各种家畜、家禽。统括语离不开特定的时期和语境，如果长时期没有人使用，大家就渐渐忘记它的具体意义。例如50年代初期使用的"三反五反"、60年代初期使用的"四清"、80年代使用的"五讲四美三热爱"，现在很多人都说不出它们的具体意义了，它们已经成为历史上的词语了。

（二）固定词组

在词汇中，词是典型成员。固定词组因其跟词有足够的相似性，人们也把它归入词汇的范围。

固定词组有两大类，一类是专名（专有名称），另一类是熟语。

专名一般都是由几个词构成的，但是它跟词一样具有音义定型性，不可以插入别的词进行扩展，在造句的时候也只作为一个造句单位，作句子的一个成分。这些特点，就使得它很像一个普通名词，所以，也有人直接称它为"专用名词"。

专名（专有名称）主要是党政机关、企事业单位、社会团体的名称，如"中国共产党"、"中国共产主义青年团"、"中国人民政治协商会议"、"联合国世界卫生组织"、"熊猫电子集团公司"、"人民商场"、"××百货公司"、"北京大学"、"清华大学"、"中国语言学会"、"中国修辞学会"，等等。此外，会议的名称、活动的名称、图书的名称、期刊的名称、报纸的名称、文章的名称、影视剧的名称，如"世界妇女和平大会"、"全国第六届城市运动会"、《邓小平文选》、《人民文学》、《光明日报》、《回忆我的母亲》等，也是专名。

熟语是由词构成而功能上又相当于一个词的具有结构凝固性、意义整体性、社会习用性的固定词组，包括成语、惯用语、歇后语等类型。

1. 成语

成语是以"四言"为主要形式、具有结构凝固性、意义整体性、社会习用性和书面语色彩的一种熟语。例如：

A 类：争分夺秒　风调雨顺　一干二净　三长两短
B 类：叶公好龙　事与愿违　力不从心　江郎才尽
C 类：蛊惑人心　暗送秋波　包罗万象　如数家珍
D 类：一衣带水　满园春色　鱼米之乡　囫囵吞枣

A 类属于联合结构，B 类属于主谓结构，C 类属于动宾结构，D 类属于偏正结构。此外还有属于中补结构的，如"流芳百世"；属于兼语结构的，如"请君入瓮"；属于连动结构的，如"解甲归田"，等等。

成语具有结构凝固性、意义整体性、社会习用性的特点。成语结构的凝固性，是说除了修辞的需要而活用外，成语的结构是不能随意改变的，不能随便改变其内部顺序，不能随便加字、减字或换字。如"一日千里"不能说成"千里一日"，也不能说成"一日行千里"、"一天千里"、"一日万里"。成语意义的整体性，是说成语的意义往往不是字面意义的简单相加。例如"破釜沉舟"，它的意义不是"打破做饭的锅，沉掉过河的船"，而是"下决心，不顾一切干到底"的意思。"画蛇添足"不是"先画出一条蛇，再添上它的脚"的意思，而是"多此一举、弄巧成拙"的意思。"吹毛求疵"是"故意挑剔毛病，寻找差错"的意思，"吹灯拔蜡"是"人死了，或垮台了"的意思。如此等等。成语的社会习用性，是说它在历史上被人们相沿习用，在现实生活中被人们广泛使用、广泛流传。许多成语在历史上相沿习用了上千年，直到今天人们仍在使用它。

从来源上看，大多数成语来源于古代的神话寓言、历史故事、诗文语句，如"愚公移山"（《列子》）、"精卫填海"（《山海经》）、"凄风苦雨"（《左传》）、"短兵相接"（《楚辞》）、"狐假虎威"（《战国策》）、"后来居上"（《史记》）、"投鼠忌器"（《汉书》）、"草木皆兵"（《晋书》）等等。也有一些来源于口头俗语，如"七上八下"、"一干二净"、"三长两短"、"争分夺秒"、"指手画脚"等等。

成语以"四言"为主要形式，但也有少数成语多于四字，如"树欲静而风不止"、"是可忍孰不可忍"、"鹬蚌相争，渔人得利"等。

2. 惯用语

惯用语是以"三言"为主要形式、结构较为定型、意义有所引申、具有浓郁口语色彩的一种熟语。例如：

A 类： 拍马屁　穿小鞋　捅娄子　出洋相　钻空子
　　　　跑龙套　背黑锅　炒冷饭　开倒车　吹牛皮
　　　　唱高调　泼冷水　碰钉子　拆墙脚　和稀泥
　　　　开绿灯　翘尾巴　拉后腿　炒鱿鱼　磨洋工
B 类： 小动作　老油条　铁饭碗　敲门砖　马后炮
　　　　避风港　传声筒　闭门羹　耳边风　定心丸
C 类： 天晓得　鬼画符　眼皮子浅

A 类为动宾结构，这是惯用语最常见的格式。B 类为偏正结构，C 类为主谓式，其他结构不多见。

惯用语的定型性比成语弱，A 类惯用语动词和宾语之间有时可以插入一些词语，如"炒鱿鱼"——"炒了鱿鱼"——"炒了他的鱿鱼"，"唱高调"——"唱什么高调"，"碰钉子"——"碰了一个大钉子"等。有些 A 类惯用语还可以换掉个别词语，如"泼冷水"也可以说成"泼凉水"、"浇冷水"、"浇凉水"、"泼了一盆冷水"、"泼了一瓢冷水"等。有些 B 类惯用语也可以在前面加上动词成为 A 类动宾结构，如"吃闭门羹"、"吃定心丸"、"放马后炮"等。

惯用语意义的凝固性很强。它的意义往往不是字面意义的相加，而是字面意义的比喻义、引申义。比如"背黑锅"不是"背着黑色的锅"的意思，而是"替别人承担过错"的意思；"拍马屁"不是"拍马的屁股"，而是"巴结吹捧，奉承讨好"的意思；"开绿灯"不是"打开绿色的灯盏"，而是"不加禁止或阻拦"的意思；"铁饭碗"不是"用铁做成的饭碗"，而是"非常稳定的职业或职务"的意思。根据其意义是不是比喻义、引申义，我们可以把惯用语跟一般的三音节词区别开来，例如"三角尺、电子管、铁丝网、摄像机、留学生、旅行社、流行色"等三音节词都不是惯用语。

有些惯用语来源较早，如"耳边风"出自唐代杜荀鹤《赠题兜率寺闲上人院》诗，"门外汉"出自宋代释普济《五灯会元》卷六，"眼中钉"出自《新五代史·赵在礼传》，"笑面虎"出自宋代庞元英《谈薮》。但大多数惯用语是在群众的口语中完成的，有许多就是在当代形成的，例如"炒鱿鱼、交学费、踢皮球、开绿灯、走后门"等等。

3. 歇后语

歇后语是一种由两部分组成，前一部分像谜面，后一部分像谜底，两部分之间有明显停顿，整体表示一个跟后一部分相关的意义的熟语。例如：

A 类： 老鼠过街——人人喊打

竹篮打水——一场空
徐庶进曹营——一言不发
兔子的尾巴——长不了
泥菩萨过河——自身难保
B类：小葱拌豆腐——一青（清）二白
孔夫子搬家——尽是书（输）
电线杆上绑鸡毛——好大的掸（胆）子
梁山的军师——吴（无）用
外甥打灯笼——照舅（旧）

A类歇后语叫做比喻型歇后语，B类歇后语叫作双关型歇后语。

A类歇后语，其语义是它的比喻义。例如"老鼠过街——人人喊打"是"大家都反对"的意思，意思是说"像'老鼠过街——人人喊打'那样'大家都反对'"。"竹篮打水——一场空"是"没有收获"的意思，意思是说"像'竹篮打水——一场空'那样'没有收获'"。

B类歇后语，它的后一部分用了"谐音双关"修辞手法。比如"一青二白"其谐音为"一清二白"，"尽是书"其谐音为"尽是输"。因此，说"我这是'小葱拌豆腐，一青（清）二白'"，意思就是说"我这是像'小葱拌豆腐，一青二白'的谐音'一清二白'那样'非常清白'"。说"孔夫子搬家——尽是书（输）"，是说"像'孔夫子搬家——尽是书'的谐音'尽是输'那样'没有赢过'"。

上面的歇后语前后两部分之间用破折号表示，也有的用逗号表示，还有的不用任何标点符号，但人们觉得它的两部分之间有明显的停顿。例如：

①你这是六指儿搔痒，额外多一道子。（姚雪垠《李自成》第一卷）

②咱不能剃头挑子一头热。（王东满《漳河春》）

歇后语一般都有相对固定的结构，所以很多常用的歇后语大家都耳熟能详，甚至不说出后一部分也能知道它的意思，例如"大水淹了龙王庙——一家人不识一家人"，"狗咬吕洞宾——不识好人心"，"十五个吊桶打水——七上八下"等等。当然，歇后语的结构定型性是相对的，在表达一个基本意义时，有时可以有一些细微的变化，例如：

老鼠钻风箱，两头受气（聂海《靠山堡》）
老鼠入风箱，两头受气（唐亢双《闹海记》）
老鼠钻风盒，两头受气（黄权奥《大路向阳》）

老鼠钻到风箱里，两头受气（马烽等《吕梁英雄传》）

耗子钻进风箱里，两头受气（姚雪垠《李自成》）

有些歇后语的前一部分相同而后一部分不同，也有些歇后语的前一部分不同而后一部分相同，例如：

张飞穿针——粗中有细

张飞穿针——大眼瞪小眼

张飞穿针——有劲无处使

水牛掉井里——有劲无处使

拖拉机撵兔——有劲无处使

如果它们的后一部分相同，则为同义歇后语，如上面的后三个就是同义歇后语。

歇后语具有形象、诙谐的特点，说话写文章时，根据具体的语言环境，选用适当的歇后语，可以增强趣味性、形象性，提高表达效果。

二、传承词、新造词

从词语产生的时间和历史来看，现代汉语词汇中有些词语是在古代形成的，有些词语是在现代产生的，我们把现代汉语的形成定在 20 世纪初，那么，**在现代汉语形成之前产生并在现代汉语中使用的词，是传承词，在现代汉语形成之后新产生的词，是新造词**。从这个角度上说，现代汉语词汇是由传承词和新造词两部分构成的。

（一）传承词

很多传承词都有很长的传承历史。中国最早的文献甲骨文中有些词我们今天仍在使用。《论语》首篇首章是："子曰：学而时习之，不亦说乎？有朋自远方来，不亦乐乎？人不知而不愠，不亦君子乎？"其中"学、而、时、之、不、亦、乎、有、自、远方、来、乐、人、知、君子"等词，今天仍不同程度地活跃在现代汉语之中。现代汉语中的传承词是很多的，例如：

年、月、日、上、下、左、右、前、后、东、南、西、北、
春、夏、秋、冬、小、长、短、多、少、粗、细、轻、重、
红、白、黑、黄、生、死、病、出、入、吃、开、关、问、
答、一、二、三、四、五、六、七、八、九、十、天、地、
头、手、脚、心、刀、碗、盆、山、河、水、江、海、云、
花、草、树、牛、羊、马、驴、鸟、猪、狗

有些传承词的意义到现代有了一些变化，如："电"，在古代的基本意义是指"闪电"，《说文解字》释为"阴阳激耀也"，成语"电闪雷鸣"、"风驰电掣"中的"电"就是这个意思；而现在基本意义是指"物质中存在的一种能，人利用它来使电灯发光、机器转动等"（《新华字典》第 10 版），人们说"来电了"，"通电了"都是指这种"电"。在现代，"电"的"闪电"义退为非基本义。再如"强人"，古代指"强盗"，现在则是指"强有力的人"或"坚强能干的人"（《现代汉语词典》第 5 版），比如"经理是个女强人"中的"强人"就是这个意思。

在传承词中，有些词既可以作为一个词独立使用，又可以作为一个语素，跟别的语素组成很多词。例如"大"，它既是一个形容词，也作为一个语素参加组词，如：

大案、大班、大半、大本、大伯、大餐、大氅、大车、大臣、大虫、大冲、大春、大葱、大大、大道、大胆、大地、大豆、大典、大殿、大都、大度、大队、大多、大凡、大方、大风、大哥、大故、大关、大观、大寒、大汉、大好、大爷、大红、大街、大举、大楷、大陆、大妈、大麻、大略

在《现代汉语词典》2012 年第 6 版中，"大……"格式的词语有 370 多个，"天……"格式的合成词有 160 多个，"日……"格式的合成词有 60 多个，"月……"格式的合成词有 60 多个，像这样的情况很多。**这种既可以作为现代汉语的一个词独立使用，又可以作为一个语素，跟别的语素结合组成多音节词的词，叫作根词。**

跟以上现象相反的是，有些传承词在现代汉语里则很少使用，例如：

朝廷、大臣、皇后、丞相、驸马、逼宫、解元、及第、监生、科举、进贡、太尉、衙内、亭长、刺史、太监、丫鬟、贡生、乡试、殿试、榜眼、进士、邗沟、西海、后稷、共工……

这些词往往只在叙述历史、研究历史、创作历史题材的文艺作品，或为了某种特定的修辞的需要时才能用得到。**这些表示历史上的事物和现象的词，叫做历史词。**

传承词中也有外来词，如"骆驼、葡萄、猩猩、菩提、沙门、忏悔、释迦牟尼"等等。

（二）新造词

新造词也叫新词。20 世纪初现代汉语形成之后，为了反映新出现的事物和现象，产生了大量的新的词语。例如："青年团、共产党、游击队、新

四军、红区、白区、边区、解放区、左倾、右倾、互助组"等词语是1919年以后才出现的,"抗美援朝、公私合营、人民公社、三反、助学金、教研室、红领巾、劳动日、工分、自留地"等词语是1949年以后出现的,"个体户、专业户、网络、网点、经济特区、国企、房改、法盲、外资、台资、人均"则是1978年改革开放进入新时期以后才出现的。

新造词都是在现代汉语形成之后产生的。但我们也应该明白,这种新造词中有好多词语表示的事物在现实生活中也已经消失,比如:

游击队、新四军、红区、白区、边区、解放区、抗美援朝、
公私合营、人民公社、三反、红卫兵、工宣队、军宣队、
革委会、斗私批修、走资派、造反派、批斗会

以上这些词语同传承词中的历史词一样,只有在叙述历史、研究历史、创作历史题材的文艺作品,或者为了某种特定的修辞的需要时才能用得到。

新造词是随着时代的前进不断产生的,这些新造词丰富了现代汉语词汇。2012年出版的《现代汉语词典》第6版、2014年出版的《现代汉语规范词典》第3版,都分别增收了一批在其此前版本中没有收录的新词,例如:

跟住房有关的:房本、房产证、产权证、二手房、廉租房、两限房、房贷、群租、月供、尾房、住房公积金。

跟交通有关的:高铁、动车、车贷、醉驾、酒驾、代驾、车险、自驾、自驾游、拼车、验车。

跟互联网有关的:博客、微博、微信、云计算、彩显、内联网、物联网、人肉搜索、门户网站、平板电脑、跟帖、群发。

跟经济活动有关的:直营店、加盟店、旺铺、银联卡、借记卡、外包、减排、拼购、网购、业户、商德、惜贷。

跟社会管理有关的:维稳、首问制、限行、调峰、摇号、调节税、医改、移动办公、电子政务、救市、高管、组合拳。

跟反腐倡廉有关的:亲力亲为、廉内助、裸退、面子工程、贪腐、假账、买官、卖官、关系网、封口费、吃回扣。

其他还有:正能量、吐槽、拍砖、接地气、失联、草根、达人、忽悠、粉丝、月光族、北漂、给力,等等。

新造词中也有口语词、方言词、外来词,如"搞笑"是方言词,"优盘、因特网"是外来词。

三、口语词、书面语词、方言词、外来词、行业词

在现代汉语词汇中，口语词、书面语词、方言词、外来词、行业词是值得注意的几个特殊的小类。

（一）口语词

这里所说的口语词，是指在现代汉语口语中经常使用，跟书面语词汇有明显差别，能表现口语特色的词。例如：

【邋遢】〈口〉不整洁；不利落。

【呼噜】〈口〉睡觉时由于呼吸受阻而发出的粗重的呼吸声。

【横竖】〈口〉反正（表示肯定）。

从音节上看，现代汉语口语词为双音节的较多，据统计，在《现代汉语词典》所收口语词中，双音节的占一半以上，例如："白搭、行当、脆生、滑溜、当头、哈喇、妗子"等。单音节、多音节的也有不少，如"待（dāi，停留，也作'呆'）、唬（hǔ，虚张声势、夸大事实吓人或蒙混人）、黄（事情失败或计划不能实现）、半空中、打嗝儿、不大离、扳不倒儿、不是味儿、礼拜天、老好人"等等。

从义项来看，现代汉语口语词以单义词为主，多义词也有一些。多义的口语词如：

【没治】〈口〉①情况坏得没法挽救。②无可奈何。③（人或事）好得不得了。

【家伙】〈口〉①指工具或武器。②指人（含轻视或戏谑意）。③指牲畜。

现代汉语口语词可分两大类，一类是完全口语词，另一类是不完全口语词。完全口语词是指所有义项都有浓郁的口语色彩的口语词，如："邋遢、呼噜、横竖、虎牙、皇历、拉倒、出数儿、花销、抠搜、拉扯、脆生"等。不完全口语词是指在众多义项中只有一个或两个义项具有口语色彩的多义词。例如：

【姑娘】①未婚的女子。②〈口〉女儿。

【话音】①说话的声音。②〈口〉言外之意。

使用口语词要注意场合，不要随便使用。

（二）书面语词

书面语词，是指经常在书面语中使用，跟口语词有明显差别，能表现书面语特色的词。例如：

【皓首】〈书〉白头（指年老）。

【呵喝】〈书〉为了申斥、恫吓或禁止而大声喊叫。

从音节上看，现代汉语书面语词中单音节和双音节的都比较多，在《现代汉语词典》所收书面语词中，单音节的有"昶、钐、寨、酤、棰、乃"等。双音节的如："罢黜、沉湎、谗佞、皓首、呲嗟、回禄、摒挡、诡谲、菡萏、毂觫、璀璨、踌躇、驳难、华章、骋目、挥毫"等。所收多音节的书面语词很少很少，如"不贰过、遁逃薮"等。

从义项来看，现代汉语书面语词以单义词为主，多义词也有一些。多义的书面语词如：

【浩瀚】〈书〉①形容水势盛大。②形容广大；繁多。

【蔼蔼】〈书〉①形容树木茂盛。②形容昏暗。

【疏阔】〈书〉①不周密。②疏远。③迂阔。④久别。

现代汉语书面语词也有完全书面语词和不完全书面语词之分。完全书面语词是指所有义项都有浓郁的书面语色彩的书面语词，如："皓首、呵喝、呲嗟、回禄、摒挡、裁汰、昂藏、嫠妇、黧黑、黎民、罹难、利落、蠡测、思忖、联袂、敛衽、敛容、阑干、料峭、凌虐、寥廓"等。不完全书面语词是指在众多义项中只有一个或两个义项具有书面语色彩的多义词。例如：

【绝顶】①极端；非常。②〈书〉最高峰。

【坎坷】①道路、土地坑坑洼洼。②〈书〉比喻不得志。

使用书面语词要注意场合，服务于交际的需要，在不适宜使用书面语词的场合不要滥用书面语词。

（三）方言词

在不同的场合所说的"方言词"在范围和意义上可能有所不同。我们这里所说的方言词不是指仅仅在某一方言中使用的方言词，而是指**现代汉语中的方言词，是已经在现代汉民族共同语中使用，但方言色彩较浓的词。这种方言词**也叫"普用方言词"，或"方源词"。例如：

【二奶】〈方〉有配偶的男人暗地里非法包养的女人。

【脏兮兮】〈方〉肮脏、污浊的样子。

【煲电话粥】〈方〉指长时间地通过电话聊天。

方言词也有单义词和多义词之分。单义的方言词很多，上面所说的"二奶、脏兮兮、煲电话粥"都是单义的方言词，再如"小咬儿、小衣、小账、小姨子、鬼风疙瘩、些个、歇心、歇阴、斜楞、拉肚子、发蒙、小白脸儿"等。

多义的方言词也不少，例如：
【邪乎】〈方〉①超出寻常；厉害。②离奇；玄乎。
【跟脚】〈方〉①（孩子）跟随大人，不肯离开。②（鞋）大小合适，便于走路。③随即。
【一溜歪斜】〈方〉①形容走路脚步不稳；不能照直走。②形容字写得不正或线条画得不直。

有些词既有方言义，又有非方言义，是不完全方言词。例如：
【一起】①同一个处所。②一同。③〈方〉一共。
【一边】①方位词：一面，一方面。②方位词：旁边。③表示一个动作跟另一个动作同时进行。④〈方〉同样、一般。
【进门】①走进门。②入门；摸门儿。③〈方〉指女子出嫁到男家。

有些方言词在普通话里使用久了，人们已经感觉不出它是方言词，如"幢、内里、三只手、坏水、把脉、肥水"等词，在《现代汉语词典》2002年版上标为方言词，到2005年版则不标为方言词了。还有些方言词，在涉及普通话一段时间后，没有成为通用词语，如"阿拉、暗门子、弹子锁、阿木林、把细、赶嘴、电驴子"等词，《现代汉语词典》2002年第4版上还曾收录，到2005年第5版则把它们删除了。

使用方言词要尽量选用已经在现代汉民族共同语中使用的方言词，摒弃那些只在一种方言中使用、别的人全不懂的方言词。另外，要注意场合，不要不顾场合滥用方言词。

（四）外来词

现代汉语中的外来词，是指借用或部分借用其他民族语言的读音或书写形式而造出来的词。古代汉语中就已经有了外来词，到现代，由于中外交往越来越频繁，国内各民族的交流越来越多，现代汉语中也有了越来越多的外来词。

借用或部分借用其他民族语言的读音而造出来的词，叫借音词。借音词大致可分三类：

第一类是音译词。例如：

雷达 radar（英）　　拷贝 copy（英）　　吉普 jeep（英）

坦克 tank（英）　　沙发 sofa（英）

苏维埃 совет（俄）

布尔什维克 большевик（俄）

第二类是音译后再加一个表示类属的语素。例如：

卡车 car（英）　　啤酒 beer（英）　　霓虹灯 neon（英）
摩托车 motor（英）
拖拉机 трактор（俄）　　沙皇 царь（俄）
第三类是音译兼意译词。例如：
俱乐部 club（英）　　引得 index（英）　　维他命 vitamin（英）
绷带 bandage（英）　　乌托邦 utopia（英）

借用或部分借用其他民族语言的书写形式而造出来的词，叫借形词。借形词也可分三类。

第一类是纯用外文字母的词。这类词是现代汉语中的一种字母词。例如：

　　WTO　　SOS　　VCD　　DVD　　NBA

第二类是外文字母加汉字的词。这也是一种字母词。例如：

　　AA 制　　B 超　　A 调　　T 台　　BP 机

第三类是借用日语中的以汉字书写的词。例如：

　　手续　　干部　　茶道　　瓦斯　　浪漫　　混凝土
　　故障　　引渡　　交涉　　场合　　立场　　电子

外来词是丰富发展现代汉语词汇、体现社会进步和语言文化融合的标志之一，但不适当地吸收和使用外来词，则会损害祖国语言的纯洁和健康。我们使用外来词要注意它的规范性，不要自己生造外来词。

（五）行业词

行业词是在各行业使用的词语。各行各业都有本行业专用的一些词语，例如：

农业：耕种、播种、收割、打场、松土、除草、灌溉……
工业：机床、车间、工种、磨具、扳手、零件、切削……
军事：冲锋、伏击、机枪、大炮、射击、游击、登陆……
商业：商场、超市、包装、盘点、清仓、柜台、打烊……

自然科学、社会科学领域的术语也可归入行业词，例如：

数学：正数、负数、实数、函数、代数、通分、约分……
物理学：光波、加速度、频率、微波、比重、电子学……
化学：化合、分解、氧化、干馏、氧化物、还原剂……
经济学：资本、可变资本、价值、剩余价值、再生产……
语言学：元音、辅音、声母、韵母、词、词组、句子……

由于人民文化水平的提高和科学知识的普及，有些行业词在使用中产生了派生义，被当做一般词汇广泛使用，成为通用词语，这叫做行业词的社会化。例如下面的词，义项①为行业词词义，义项②为非行业词词义：

【登陆】①作战的军队登上敌方的陆地。②比喻商品打入某地市场。
【包装】①用纸包裹商品，或把商品装进纸盒、瓶子等。也指商品外面的包装物，如纸、盒子、瓶子等。②比喻对人或事物从形象上装扮、美化，使更具吸引力或商业价值。
【比重】①物质的重量和它的体积的比值。②一种事物在整体中所占的分量。
【资本】①用来生产或经营以求牟利的生产资料和货币。②比喻牟取利益的凭借。

行业词的社会化，不仅丰富了普通话词汇，而且也使语言表达更加生动形象。当然，我们在运用行业词的时候，一定要注意场合，尤其不要随意在普通场合使用那些行业性很强、尚未社会化的专业词语，让人听不明白，反而影响了表达效果。

思考和练习二

一、什么是词？它跟语素、一般词组的区别在哪里？
二、固定词组有哪些类型？举例说明。
三、请指出下列句子里加点的成语的意义：
1. 旧社会钢铁布点寥若晨星，解放后大小高炉星罗棋布。
2. 在科研问题上，既要有实事求是的科学态度，又要有标新立异的创造精神，道前人所未道，发前人所未发。这样才能有所建树，有所前进。
3. 对于他们，第一步需要还不是"锦上添花"，而是"雪中送炭"。
4. 世界上最可笑的是那些"知识里手"，有了道听途说的一知半解，便自封为"天下第一"，适足见其不自量力而已。
5. 想到自己已完成了党所交给的光荣任务，早已把自己的生死置之度外。
四、请指出下列句子里加点的惯用语的意义：
1. 那家伙不好惹，咱们别捅那个马蜂窝！
2. 路永存到评奖领导小组交涉车间奖金的事，结结实实地碰了一鼻子灰。（蒋子龙《基础》）
3. 在人家遭难的时候，咱们可不能打退堂鼓哇！

4. 他两人年龄相近，又倾心相爱，有什么不好？你这人怎么老给别人泼冷水？(洪祥《工程师的一段恋爱史》)

5. 开会发言要讲新的内容，不要炒冷饭。

五、请指出下列句子里加点的歇后语的意义：

1. 黄克山一看点子不对，再往下啰嗦要挨剋，就跑回炊事班去，朝着炊事员们，张开他那沙哑的嗓子道："不用指望了，墙上挂门帘——没门！"(曲波《山呼海啸》)

2. 打锡人这时真是疗疮长在喉头上，有痛不敢说。补茶壶吧，怕夜长梦多；拒绝吧，又怕引起怀疑，露了马脚。(《井冈烽火》)

3. 你这个人什么都好，就是嘴快，水盆里扎猛子，也没个深浅。(杨朔《三千里江山》)

4. 方兴士看罢，当场就退还给他，说道："什么指挥部，它认识我，我还不认识它呢！"给他来个自行车下坡——不踩！(《闽海激浪》)

5. "嘿，江班长这一手，真是哑巴见面——没说的。"人们啧啧地赞扬着，议论着。(《新花似锦》)

六、指出下列词的口语义和非口语义：

镜子　克服　老娘　礼拜　链子

七、指出下列词的书面语义和非书面语义：

暴虐　变乱　表功　不论　参差

八、指出下列词的方言义和非方言义：

保险灯　鼻儿　不得劲　草鸡　酒水

九、指出下列词的行业词词义和非行业词词义：

感染　消化　腐蚀　交锋　接轨

第三节　现代汉语构词法

一、词根、词缀

构词法是研究词的构造规律的学问。

词是由语素构成的，有些词是由一个语素构成的，有些词是由两个或更多个语素构成的。

有些语素可以单独成词，这类语素叫成词语素，例如"人、天、山、水、呢、吗、了"等。有些语素不能单独成词，这类语素叫不成词语素。

不成词语素要跟别的语素组合起来才能成词，如单独一个"民"不能成词，却可以跟别的语素组成"人民、居民、农民、民主、民族"等词。一般说来，成词语素多数也可以跟别的语素组合成词。

不成词语素有两种情况，一种是在跟别的语素组合时，它的位置比较自由，可前可后，例如"民"在"民主、民族、民心"等词中位置在前，在"人民、居民、农民"等词中位置在后，这类语素叫做"不定位的不成词语素"。另有一类语素，在跟别的语素组合时，它的位置是固定的，或者只能在前，或者只能在后，只能在前的，如"第一、第二、第三"中的"第"，只能在后的，如"瓶子、盖子、塞子、帽子"中的"子"，这类语素叫做"定位的不成词语素"。

从构词法的角度来看，"成词语素"和"不定位的不成词语素"是词根，"定位的不成词语素"是词缀。组词时只能在前的词缀叫前缀，只能在后的词缀叫后缀。

从数量上来说，词根是大量的，举不胜举。而词缀则是为数不多的，前缀有"第、初、阿、老"等，后缀有"子、儿、头、然、巴"等。

有些词根跟词缀有相同的读音、相同的写法，比如"老人、老本、老到"的"老"是词根，"老鼠、老虎、老张"的"老"是词缀；"莲子、瓜子"的"子"是词根，"儿子、瓶子、盖子"的"子"是词缀。它们所处的位置一样，但意义上有不同："老人"的"老"的意义是"年龄大"，"老本"的"老"意义是"原有的"，"老到"的"老"意义是"老练"，而"老鼠、老虎、老张"的"老"只用于组词，没有实在意义。"莲子、瓜子"的"子"表示"子实"，而"儿子、瓶子、盖子"的"子"只用于组词，没有实在意义。

根据词的构成情况，词可以分为单纯词和合成词两类，**由一个语素构成的词，叫作单纯词。由两个或两个以上的语素构成的词，叫作合成词。**

根据合成词的构成情况，合成词可以分为复合词和派生词两类，**由词根与词根组成的合成词是复合词，由词缀与词根组成的合成词是派生词。**

二、单纯词的构成

单纯词都是由一个语素构成的。从音节的角度看，单纯词可以分为单音节单纯词和多音节单纯词两种。

(一) 单音节单纯词

单音节单纯词由一个单音节的语素构成，如：

天 地 山 水 走 看 我 你 叮 咚 呢 呀

(二) 多音节单纯词

多音节单纯词由一个多音节的语素构成，有以下几类。

1. 联绵词

联绵词指由两个音节连缀成义而不能拆开理解的双音节词。联绵词都不是现代的产物，而是古代语言的遗留。根据联绵词的两个音节读音上的细微联系，可以把它分为三类。

a. 双声联绵词：指两个音节声母相同的联绵词，其中包括两个音节为零声母的联绵词，例如：

仿佛　伶俐　忐忑　参差　弥漫　琵琶　澎湃
崎岖　踟蹰　惆怅　逶迤　犹豫　坎坷　玲珑

"仿佛"两音节的声母都是"f"，"伶俐"两音节的声母都是"l"，"忐忑"两音节的声母都是"t"。"逶迤"两音节都是零声母，"逶"和"迤"两音节本身无义。"犹豫"两音节也都是零声母，但"犹"的意义、"豫"的意义跟"犹豫"的整体意义无关。

b. 叠韵联绵词：指两个音节的"韵"相同的联绵词。"韵"是指这个音节的韵部，不等于是这个音节的"韵母"，也就是介音的有无和同异都可以不计较。例如：

叮咛　彷徨　汹涌　玫瑰　从容　窈窕　翩跹
蹉跎　蓓蕾　绸缪　徘徊　萧条　婆娑　逍遥

"叮咛"两音节的韵母都是"ing"。"彷徨"一词中"彷"的韵母是"ang"，"徨"的韵母是"uang"，后者有介音"u"。

c. 非双声非叠韵联绵词：例如：

妯娌　麒麟　芙蓉　蝴蝶　蹂躏　鹧鸪　蜈蚣

2. 叠音式单纯词

叠音式单纯词是由两个相同的音节重复使用构成的单纯词。叠音词中的两个音节，每一个都不表示跟其所组成的叠音式单纯词整体意义相关的意义，叠音式单纯词是整体表义的。例如：

依依　姗姗　脉脉　冉冉　孜孜
奶奶　姥姥　惺惺　饽饽　蛐蛐
咕咕　潺潺　汩汩　嗷嗷　侃侃

在叠音式单纯词"姗姗、冉冉、孜孜"中，"姗、冉、孜"本身无义。在"依依、奶奶"中，"依、奶"本身有意义（"依"有"依照"等义，

"奶"有"乳汁"等义），但"依、奶"的这些意义与"依依、奶奶"的整体意义无关。

3. 多音节的音译外来词

音译外来词是以读音相近的汉字翻译外族词语而形成的单纯词。多音节的音译外来词如：

咖啡　苜蓿　沙发　雷达　夹克　摩登　迪斯科　三明治
海洛因　高尔夫　比基尼　马赛克　奥林匹克　布尔什维克
吉普　马拉松　冬不拉　欧佩克　戈壁　萨其马　可可

在上述外来词中，少数字如"咖、啡、苜、蓿"等本身无义，组合成"咖啡、苜蓿"才有意义，多数字如"沙、发、雷、达、夹、克"等本身有义，但它们的意义跟"沙发、雷达、夹克"这些外来词的整体意义没有联系。"沙发、雷达、夹克"这些外来词是由一个语素构成的。

需要注意的是，如果给音译外来词加上一个汉语语素，如"卡车、吉普车、卡宾枪、派克笔、马拉松赛跑、奥林匹克运动会"，就不是单纯词，而是合成词了。

4. 多音节拟声词

拟声词是模拟各种声音的词。多音节拟声词如：

扑通　叮当　哗啦　轰隆　劈啪　扑通通　叮叮当
轰隆隆　轰隆隆隆　哗啦啦

这些多音节的拟声词是由一个多音节语素构成的。

5. 多音节叹词

叹词是模拟人的感叹声音的词，多音节叹词如：

哎呀　啊呀　啊唷　哎哟　哈哈　哎呀呀

这些多音节的叹词也是由一个多音节语素构成的。

三、复合词的构造

复合词至少要由两个词根结合在一起构成。从词根和词根之间的关系看，有以下几种类型。

1. 联合型

联合型复合词由两个意义相同、相近、相关或相反的词根并列组合而成，又叫并列型复合词。

a. 两个意义相同、相近、相关或相反的词根组合成联合型复合词，例如：

人民　生产　教授　途径　语言　波浪
斗争　关闭　研究　帮助　治理　停止
眉目　矛盾　口舌　骨肉　笔墨　皮毛
是非　始终　东西　反正　开关　收发

b. 两个词根组合成联合型复合词后，只有一个词根的意义起作用，另一个词根的意义完全消失。例如：

国家　窗户　兄弟　质量　人物　睡觉
忘记　甘苦　好歹　干净　人马　动静

"国家"指"国"，词根"家"的意义消失；"窗户"指"窗"，词根"户"的意义消失。"好歹"是多义词，在"好歹你得给我个信儿"的"好歹"中，"好"和"歹"两个词根皆有意义，在"万一有了个好歹"的"好歹"中，词根"好"的意义消失。"甘苦"也是多义词，在表示"在工作或经历中体会到的滋味"时，偏指"苦"的一面，"甘"的意义消失。

2. 偏正型

偏正型复合词中，前一词根修饰、限制后一词根。可分为定中型和状中型两种。

a. 定中型，例如：

草帽　马路　火车　手表　桥墩　蜂房
白酒　黑板　新房　香肠　平台　红旗
开水　试卷　摇篮　考场　住宅　走狗

b. 状中型，例如：

浅红　淡黄　深蓝　嫩绿　苍白　微妙
透明　飞快　镇静　滚圆　喷香　通红
好看　雅观　冷淡　轻信　热爱　速记
胡闹　暂停　再生　顿悟　稍息　漫谈

下列复合词，前一个词根表示比喻，它们是偏正型，而不是主谓型：

火红　雪白　笔直　肤浅　漆黑　橘黄
席卷　瓦解　响应　囊括　龟缩　鱼贯

"火红"的意思是像火一样红，"雪白"的意思是像雪一样白。"席卷"的意思是像卷席子一样把东西全部卷进去，"龟缩"的意思是像乌龟的头缩在甲壳里那样躲藏在里面不出来。

这种前一个词根表示比喻的偏正型复合词，以状中型居多，上面讲的"火红、雪白、席卷、龟缩"都是状中型。当然也有定中型的，例如：

椽笔（如椽之笔）　　佛手瓜（一种形如佛手的瓜）
蜂窝煤（一种状如蜂窝的煤球）
蜂鸟（一种小如蜜蜂的鸟）
燕尾服（一种后身长而分开如燕子尾巴的男子礼服）
猫步（一种类似猫行走的样子的步子）

3. 中补型

中补型复合词中，后一词根补充说明前一词根。

a. 前一个词根表示动作，后一个词根补充说明动作的结果。例如：

说明　澄清　打倒　缩小　冲淡　介入　超出　磨灭
改善　纠正　证明　冻僵　降低　疏通　造就　平定

b. 前一个词根表示事物，后一词根表示事物的单位。例如：

纸张　信件　马匹　车辆　钟点　枪支　房间
人口　羊群　田亩　船只　银两　事件　事项

在表示事物的词根后加上一个表示事物单位的词根，构成双音节词，这是一种特殊的构词方法，一般把它归入中补型。

4. 动宾型

动宾型复合词中，前一词根表示动作、行为，后一词根表示动作行为所支配关涉的事物。又叫支配型复合词。例如：

司机　管事　干事　围腰　积木　护膝　扶手　结果
动员　避难　接力　列席　留神　垮台　注目　讲情
动人　悦耳　得力　满意　安心　无聊　吃紧　及时

5. 主谓型

主谓型复合词中，前一词根表示被陈述的事物，后一词根是陈述前一词根的。又叫陈述型复合词。例如：

国营　地震　肉麻　兵变　事变　胆怯　性急
手软　眼红　人为　心虚　心疼　海啸　月亮

6. 连动型

连动型复合词由两个表示动作的词根构成。例如：

来访　查封　投靠　盗卖　报销　剪贴　接管　承办
借用　提审　查阅　查办　割据　贩卖　领养　抽调

连动型复合词中，前一个词根表示的动作在先，后一个词根表示的动作在后，两个动作有连续或承接的关系。

7. 重叠型

重叠型复合词由两个相同的词根相叠构成。例如：

星星　哥哥　妹妹　姐姐　爷爷　叔叔　爸爸
每每　万万　偷偷　偏偏　常常　刚刚　仅仅
暗暗　整整　大大　通通　多多　久久　平平

重叠型复合词跟叠音单纯词的区别在于：重叠型复合词是两个相同的词根构成的，每个词根都有意义，而且这种意义跟它们组成的重叠型复合词意义相关；而叠音单纯词虽有两个音节，但每个音节或者没有意义，或者虽有意义但跟整个叠音词的意义无关，它们不是词根。

四、派生词的构造

派生词由词根和词缀构成。有前加式和后加式两类。

1. 前加式，词缀在前，词根在后，即"前缀+词根"。现代汉语中前缀很少，一般认为"老、阿、初、第"等是前缀。例如：

老：老虎、老鼠、老师、老婆、老外、老乡
阿：阿姨、阿哥、阿姐、阿婆、阿爸、阿妹
初：初一、初二、初三、初四、初五
第：第一、第二、第三、第五、第十

2. 后加式，词根在前，词缀在后，即"词根+后缀"。现代汉语中后缀也很少，一般认为"子、儿、头、然、巴"等是后缀。例如：

子：桌子、椅子、瓶子、骗子、推子、胖子、矮子
儿：鸟儿、头儿、画儿、孩儿、盖儿、尖儿、摊儿
头：木头、石头、甜头、看头、想头、来头、赚头
然：偶然、突然、井然、竟然、居然、纵然、虽然
巴：哑巴、结巴、嘴巴、尾巴、眨巴、磕巴、泥巴

还有一种三音节后加式，由词根和一个叠音后缀组成。例如：

乎乎：黏乎乎、稀乎乎、稠乎乎、胖乎乎
蒙蒙：灰蒙蒙、雾蒙蒙、黑蒙蒙、迷蒙蒙
溜溜：灰溜溜、酸溜溜、光溜溜、圆溜溜
墩墩：胖墩墩、肉墩墩、圆墩墩、矮墩墩
森森：阴森森、寒森森、黑森森、凉森森
生生：活生生、白生生、脆生生、好生生
滋滋：乐滋滋、甜滋滋、喜滋滋、美滋滋

巴巴：干巴巴、紧巴巴、皱巴巴
淋淋：汗淋淋、血淋淋、水淋淋

五、复杂合成词的构造

现代汉语由两个语素组合成的词占绝大多数，也有三个或三个以上语素构成的合成词。**由两个语素组成的合成词，是简单合成词。由三个或三个以上的语素组成的合成词，是复杂合成词。** 例如：

凝聚力　心上人　判决书　信息库　淡水鱼　地下水
充其量　差点儿　没说的　没门儿　了不得　了不起
两面光　二人转　肺结核　心肌炎　脑震荡　胃溃疡
长篇小说　北京时间　国民经济　人工呼吸　知识产业
被选举权　半殖民地　半劳动力　反坦克炮　海洋性气候

复杂的合成词也可分为偏正型、中补型、动宾型、主谓型等类型。例如："凝聚力、心上人、长篇小说、北京时间"是偏正型；"充其量、没说的、没门儿"是动宾型；"了不得、了不起"是中补型；"两面光、脑震荡"是主谓型，等等。

我们可以用层次分析法显示复杂复合词的内部层次。

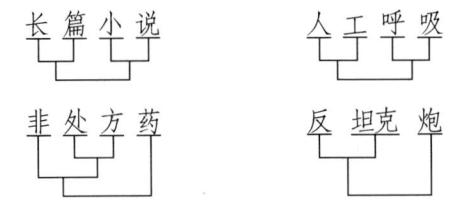

长　篇　小　说　　　　人　工　呼　吸

非　处　方　药　　　　反　坦　克　炮

通过层次分析，可以更清楚地看出，"长篇小说"、"人工呼吸"、"非处方药"、"反坦克炮"都是偏正型复合词。

思考和练习三

一、请从下列词中找出单纯词，并指出双声词、叠韵词、音译词。
　　玫瑰　沙发　秋千　仿佛　逍遥
　　涤纶　汹涌　马达　乒乓　意义
　　巧克力　拖拉机　纷纷　偏偏　读者

二、请指出下列复合式合成词的类型。
　　知己　打动　语言　心虚　飞快

开关	伟大	体验	衣服	烧饼
无论	地震	花朵	眼花	深入
壁画	改正	马匹	笔直	碰壁

三、"雪花"、"雪白"、"雪崩"在构词上有什么不同？请简要说明。

四、叠音式单纯词与重叠型复合词是不是同一种构词类型？为什么？请简要说明。

第四节　现代汉语词义分析

词有形式，也有意义。词的意义简称词义，是词的内容。概括的、固定的、能独立运用的词义单位，是义项。构成义项的语义成分是义素，它是从一组相关的词中抽象出来的区别性语义特征。词与词之间在拥有共同义素的基础上可以建立语义场，形成词语的族聚。

一、词义

词义包括词的概念义和词的色彩义。

词的概念义是词义中反映客观事物自身的那部分内容。词典对词所作的解释，主要是词的概念义。例如：

【工厂】直接进行工业生产活动的单位。
【电视剧】为电视台播映而编写、录制的戏剧。
【聪明】智力发达，记忆和理解能力强。
【名贵】著名而珍贵。
【唤】发出大声，使对方觉醒、注意或随声而来。
【防止】预先设法制止（坏事发生）。

词的色彩义是附着在词的概念义之上表达人或语境所赋予的特定感受的那部分内容。有感情色彩义、语体色彩义、地域色彩义，等等。

词的感情色彩义所体现的是人对有关事物、现象的褒贬情感。分褒义、贬义、无褒贬三种。褒义词带有喜爱、褒奖的感情色彩，如"伟大、祖国、模范、英雄、俊杰、伟人、光荣、果敢、就义、牺牲、廉洁、坚贞、可爱、可敬、废寝忘食、小伙儿、小妞儿"等；贬义词带有厌恶、贬斥的感情色彩，如"流氓、市侩、骗子、野心家、刽子手、汉奸、战犯、民贼、独夫、阴谋、阴险、毒辣、残暴、暴君、下流、自私、鬼哭狼嚎"等。有些词是无褒贬情感的，如"教室、课本、水泥、比赛、考试、睡眠、跑步、走、坐"等，这种无褒贬情感的词可叫做中性词。

词的语体色彩义包括书面语色彩和口语色彩。例如"驳难、华章、挥毫、骋目、踌躇、璀璨、蔼蔼、河汉、罢黜、谗佞、皓首、眷念"等具有书面语色彩，"爷爷、奶奶、行当、白搭、滑溜、担待、拉扯、没治、家伙、撂、嘟噜、邋遢、轱辘、呼噜、打嗝儿"等词具有口语色彩。

词的地域色彩义，主要是指各地方言词所体现的各地地方色彩，文艺作品中常用它来表现人物的性格特征。

词的色彩义还有形象色彩、典雅色彩、粗俗色彩、外族色彩、古朴色彩等。

二、义项

义项，是词的概念义的分项说明。 义项原是词典中的术语，我们借用来表示相应的语义单位。

词的义项是由特定的词形来表示的。一种意义对一个词形，就是一个义项。如"祖国"（zǔguó）是一个词，表示"自己的国家"这一意义。由"祖国"（zǔguó）这个词的形式表示的这种意义，就是"祖国"这个词的一个义项。

有些词只有一种意义，有些词有多种意义。有一种意义的词，我们说它有一个义项，有多种意义的词，我们说它有多个义项。例如：

【民俗】民间的风俗习惯。
【民心】人民共同的心意。
【难题】不容易解决或解答的问题。
【近视】①视力缺陷的一种，能看清近处的东西，看不清远处的东西。②比喻眼光短浅。
【禁区】①禁止一般人进入的地方。②因其中动植物或地面情况在科学或经济方面有特殊价值而受到特别保护的地区。③在医学上指因容易发生危险而禁止动手术或针灸的部位。④在某些球类比赛中，罚球区以内的地方。

"民俗、民心、难题"只有一个义项，"近视"有两个义项，"禁区"有四个义项。

有多个义项的词在运用的时候一般每次只能用其中一种意义。比如在"这里是医学禁区"中用的是"禁区"的义项③，在"他在禁区以外发球"中用的是"禁区"的义项④。

只有一个义项的词，叫单义词。单义词或者只概括某一类事物现象，或者只概括某一种特定事物现象。例如：

特定事物的专有名称，如：太阳、地球、月亮、中国、北京、上海、黄河、长江、鲁迅、孙中山，等等。

含义需要严密的专门术语，如：唯物论、唯心论、辩证法、货币、纸币、光谱、激光、函数、偶数、奇数，等等。

有多个义项的词，叫多义词。多义词最初都是只有一个义项的单义词，后来从原有的义项又派生出新的义项，就成为多义词。比如上面说到的"近视"，原来只指一种视力缺陷——能看清近处的东西，看不清远处的东西，是单义词。后来被人们用来比喻眼光短浅，增加了一个义项，成了多义词。再如"饱和"，原来只指在一定温度和压力下，溶液所含溶质的量达到最大限度，不能再溶解了，是化学术语，后来泛指事物在某个范围内达到最高限度，如"目前市场上洗衣机的销量已接近饱和"中的"饱和"。

从词义的历史发展角度来看，多义词的义项可分为本义和派生义两种。

(1) 本义

词的本义是多义词的义项中最早的义项，是其他义项产生的基础。以"牢"和"菩萨"两词为例：

【牢】①养牲口的圈，如"亡羊补牢"。②监狱，如"关进牢里"。③结实，坚固，如"牢不可破"。

【菩萨】①佛教指修行到了一定程度、地位仅次于佛的人。②泛指佛和某些神。③比喻心肠慈善的人。

"牢"和"菩萨"的第一个义项是本义，义项②和义项③都是派生义。

有些词的本义古今通用，如"菩萨"的本义是佛教用语，这个义项现在还保留在宗教用语中。有些词的本义只在古代使用，现代已经不用或基本不用。如"嘴"的本义是专指鸟的嘴，现在最常用最主要的意义则是泛指人或动物的"口"。"脸"在古代，其本义为"颊"，即"脸的两侧"，现在最常用最主要的意义是指整个儿脸，即"头的前部，从额到下巴"。**词的最常用最主要的意义叫词的基本义。**大多数词的基本义就是词的本义，如"头""手""足"，但也有不少词的基本义是古代汉语词的本义的派生义，如"嘴"和"脸"。

(2) 派生义

词的派生义就是由词的本义派生出来的义项，或者由某个派生义再次派生出来的义项。一个多义词，除了一个本义外，其他义项都是派生义。

词义派生的方式，一般概括为引申和比喻两类。

a. 引申义

由引申方式派生的义项叫引申义。 这是通过事物之间的相关性联系派生出新义的方式。例如：

【棘手】刺手，扎手。㉁事情难办。

【驾驭】驱使车马行进或停止。㉁控制，支配。

【紧】①密切合拢，跟"松"相对。㉁靠得极近，如"紧靠着"。

【膨胀】物体的体积或长度增加。㉁数量增加，如"通货膨胀"。

【破产】企业或个人处于资不抵债的状态。㉁失败，破灭，如"敌人的阴谋破产了"。

【绕】①缠，如"绕线"。㉁纠缠，弄迷糊，如"这句话一下子把他绕住了。"

【跳板】一头搭在车、船上的长板，便于上下。㉁通路。

【兄弟】兄和弟的统称。㉁有亲密关系的，如"兄弟国家"。

【造次】仓促，匆忙。㉁鲁莽，草率。

【渣儿】提出精华或汁液后剩下的东西。㉁碎屑，如"点心渣儿"。

【蜿蜒】蛇爬行的样子。㉁弯弯曲曲。

引申义是在原有意义的基础上派生出来的，在引申的时候，有时词义会扩大，如"河"本义专指黄河，派生义泛指一般河流；有时词义会缩小，如"男人"本义指一般男性成年人，派生义专指丈夫；有时词义会转移，如"红领巾"本义指少先队员的标志，派生义则是指少先队员；"编辑"本义指对资料、作品等进行整理加工，派生义指执行这种职能的人。

b. 比喻义

由比喻方式派生的义项叫比喻义。 这是通过事物之间的相似性联系派生出新义的方式。例如：

【葭莩】苇子里的薄膜。㊎关系疏远的亲戚。

【剪影】按人影或物体的轮廓剪成的图案。㊎事物的一部分或概况。

【金】一种金属元素，符号 Au。㊎尊贵，珍贵。

【津梁】桥。㊎作引导用的事物。

【结晶】由液体或气体变成许多有一定形状的小颗粒的现象，也指由结晶现象生成的小颗粒。㊅取得的成果。

【涓滴】极少量的水。㊅极少的，极微的，如"涓滴归公"。

【苦水】味道苦的水。㊅藏在心里的苦楚，如"吐苦水"。

【傀儡】木偶戏里的木头人。㊅徒有虚名，无自主权，受人操纵的人或组织。

【烙印】在器物上烧成的做标记的印文。㊅不易磨灭的痕迹，如"时代烙印"。

【渺茫】离得太远看不清楚。㊅看不见前途的或没有把握的。

【酝酿】造酒材料加工后的发酵过程。㊅事前考虑或磋商使条件成熟。

【披靡】草木随风散倒。㊅敌人溃散，如"所向披靡"。

【幼稚】年纪小的。㊅知识见解浅薄、缺乏经验的，如"思想幼稚"。

比喻义也是在原有意义的基础上派生出来的，是通过比喻产生新义。如"同胞"本义为同一父母所生的人，比喻义为同一个国家或民族的人；"心脏"本义指心，比喻义指事物的中心、核心；"血肉"本义指血液和肌肉，比喻义指特别密切的关系。

有的派生义是直接由本义派生出来的，有的派生义则是由已有的派生义再派生出来的。几个义项都直接由同一个义项派生而来，称分射式派生，例如：

【翻身】①躺着转动身体。②比喻从受压迫、受剥削的情况下解放出来，如"翻身做主"。③比喻改变落后面貌或不利处境，如"只有进行改革，我厂的生产才能翻身"。④〈方〉转身，回身。

【材料】①可以直接造成成品的东西，如"建筑材料"。②提供著作内容的事物，如"他正在搜集材料写小说"。③可供参考的事实，如"档案材料"。④比喻适合做某种事情的人才，如"我五音不全，不是唱歌的材料"。

"翻身""材料"的义项②③④都直接由义项①派生而来，是分射式派生，它的格式是：

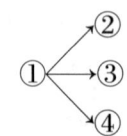

几个义项辗转派生，即由一个义项派生出另一个义项，再由这个派生义项又派生出一个新的义项，称连续式派生，例如"牢"的①义派生出②义，②义又派生出③义。再如：

【老实】①诚实，如"做老实人，说老实话"。②规规矩矩，不惹事，如"这孩子很老实，从来不跟人吵架"。③懦弱，如"老实是无用的别名"。

【沐浴】①洗澡。②比喻受润泽，如"花草沐浴在阳光里"。③比喻沉浸在某种环境中，如"他们沐浴在青春的欢乐里"。

　　"老实"和"沐浴"的义项①是本义，义项②由义项①派生出来，义项③由义项②再派生出来。连续式派生的格式是：

$$①\longrightarrow②\longrightarrow③$$

　　有些词义项繁多，其间既有分射式派生，又有连续式派生，例如：

【光明】①亮光，如"黑暗中的一线光明"。②明亮，如"路灯好像通体光明的水晶球"。③比喻正义的或有希望的，如"光明大道"。④（胸襟）坦白，没有私心，如"光明磊落"。

　　"光明"的义项①是本义，义项②由义项①派生出来，义项③和义项④皆由义项②再派生出来。派生的格式是：

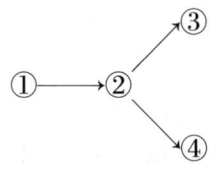

$$①\longrightarrow②\begin{array}{c}\nearrow③\\ \searrow④\end{array}$$

【勉强】①能力不够，还尽力做，如"这项工作我还能勉强坚持下来"。②不是心甘情愿的，如"碍着面子，他勉强答应下来"。③使人做他自己不愿意做的事，如"他不去算了，不要勉强他吧"。④牵强；理由不充足，如"这种说法很勉强"。⑤将就；凑合，如"这点儿草料勉强够牲口吃一天"。

　　"勉强"的义项①是本义，义项②由义项①派生出来，义项③又由义项②再派生出来。义项④也由义项①派生出来，义项⑤又由义项④再派生出来。派生的格式是：

```
        ②──▶③
       ╱
      ①
       ╲
        ④──▶⑤
```

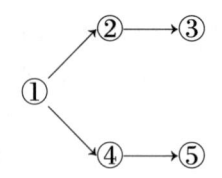

掌握多义词义项之间的派生关系，会加深对词义的理解。

三、义素

义素是构成义项的语义成分，是从一组相关的词的义项中抽象出来的语义特征。例如：

【父亲】有子女的男子对子女而言是父亲。

【母亲】有子女的女子对子女而言是母亲。

【儿子】男孩子（对父母而言）。

【女儿】女孩子（对父母而言）。

从这些义项中，我们可以归纳出以下语义成分（用 [ ] 表示）：

[亲属]："父亲""母亲""儿子""女儿"皆是。

[有子女]："父亲"和"母亲"是；"儿子"和"女儿"可是可非。

[男性]："父亲"和"儿子"是；"母亲"和"女儿"非。

[女性]："母亲"和"女儿"是；"父亲"和"儿子"非。

[对子女而言]："父亲"和"母亲"是；"儿子"和"女儿"非。

[对父母而言]："儿子"和"女儿"是；"父亲"和"母亲"非。

这样我们就得到"亲属"、"有子女"、"男性"、"女性"、"对子女而言"、"对父母而言" 6 种语义成分。在这 6 种语义成分中，"男性"跟"女性"存在非此即彼关系，因此可以合并，这样就剩下 5 种语义成分，我们用 + 表示"是"，用 - 表示"非"，用 ± 表示"可是可非"，那么就可以列表如下：

{父亲} = [+有子女] [+男性] [+对子女而言] [-对父母而言] [+亲属]

{母亲} = [+有子女] [-男性] [+对子女而言] [-对父母而言] [+亲属]

{儿子} = [±有子女] [+男性] [-对子女而言] [+对父母而言] [+亲属]

{女儿} = [±有子女] [-男性] [-对子女而言] [+对父母而言] [+亲属]

通过这样的分析，我们会对"父亲、母亲、儿子、女儿"四个词的意义有更深刻、更具体、更清楚的认识。

从上面的分析可以看出，义素的基本性质有：

第一，它是义项的组成成分，一个义项可以分析为若干义素的组合。如

"父亲"的义项可以分析为：[＋有子女][＋男性][＋对子女而言][＋亲属]，"儿子"的义项可以分析为：[＋男性][＋对父母而言][＋亲属]。

第二，它没有特定声音形式。比如上例中[＋亲属]这个义素在"父亲、母亲、儿子、女儿"四个词中就没有任何语音形式与之对应[＋男性][－男性]义素在"男人""女王"中有形式对应，但这不是普遍现象，包含义素[＋男性]或[－男性]的义项，很多都没有"男"或"女"这种语素，如"丈夫、妻子、公公、婆婆"等词都分别包含[＋男性]、[－男性]义素，而这些词中都没有"男"或"女"这类语素。义素只是抽象的、有义无形的语义单位。

第三，义素是比较一组相关的词而分析出来的相互区别的语义特征。如"男人"与"女人"比较，可得出[＋男性][－男性]这一组对立的语义特征，即义素。"男人"与"男孩"相比，得出[＋成年][－成年]这一组对立的义素。

名词的义素结构模式可概括如下：

{义项} = [属性$_1$][属性$_2$][属性$_3$][属性$_n$][类]

其中"属性"义素是区别性义素，"类"义素是共有义素。一个义项可以有一个属性义素，也可以有多个属性义素，但一般只有一个类义素。一组义项中每个义项至少有一个义素与其他义项中的相应义素是对立的。这种义素结构模式与逻辑中"属加种差"定义模式是对应的，属性义素相当于逻辑定义中的种差概念，类义素相当于属概念。所不同的是，这种义素结构模式特别着重一组义项中相应属性义素的系统对立关系。

动词义素结构模式可概括如下：

{义项} = [主体、方式、动作、客体、因果]

其中"主体"义素是动作行为的实施者，"方式"义素表示动作的方式、工具、材料、时间、方位、程度等（"方式"义素可以有多个），"动作"义素表示动作本身的类别，如静止、移动、分、合、获得、失去等等，"客体"义素表示动作涉及的对象，与"主体"相应，"因果"义素表示动作产生的原因、结果和目的等。如表示婚姻嫁娶的一组词，可分析如下：

{嫁} = [女子、到男家、与男友、结婚、组成家庭]
{娶} = [男子、把女友接到男家、与女友、结婚、组成家庭]
{入赘} = [男子、到女家、与女友、结婚、组成家庭]

动词义素结构模式中的各项特征往往不是简单的两项对立，所以一般不用"+、-"表示。

在作义素分析的时候,要注意以下几点:

(1) 首先要明确一组具有可比性的词,如分析"丈夫"的义素,只要跟"妻子"比较就行了。分析"哥哥"的义素,就要跟"姐姐、弟弟、妹妹"比较;分析"父亲",就要跟"母亲、儿子、女儿"比较。但要分析有多层关系的亲属词,如"姑父"的义素,就要扩大比较的范围,除了要跟"父亲"等直接亲属词比较,还要跟其他间接亲属词如"叔父、婶子、伯父、舅父、姨父"等比较。

(2) 其次是要找出这组词相关义项的所有区别性语义特征,不能遗漏。一组词要有一个共有义素,一个以上区别性义素,即属性义素。要根据对等性原则检查各词的语义特征是否充分揭示,是否还有遗漏,要检查各个义素的组合是否跟义项对等。

(3) 最后是要注意简化义素。简化的方法,一是用各种符号揭示各种语义特征的对立。如果某两项属性义素恰好非此即彼,就用+、-号表示,如"性别"特征只有[男性]和[女性]两种对立的情况,就可分别用[+男性]和[-男性]表示。二是略去冗余义素。如果由甲义素可推知乙义素,乙义素就是冗余义素。略去冗余的属性义素,可以使义素分析更加简洁、明了。

作为一种分析方法,义素分析目前还不是很成熟,今后需要进一步加强研究。

四、语义场

语义场是语义的类聚,既具有共同义素又具有区别义素的一组词的相关语义聚合为一个语义场。一个语义场至少要具备两个条件。一是要有自己的构成要素,即一组词;二是这一组词必须存在着相互联系、相互区别的语义关系,要有一个共同义素做基础。例如,"白、红、橙、黄、绿、青、蓝、紫、黑"这9个词构成"颜色"语义场,这9个词既相互联系,又相互区别,有一个共同的义素"颜色"。可以图示为:

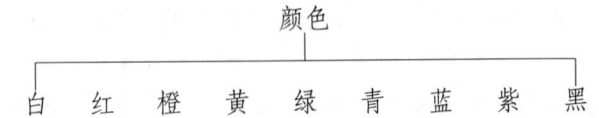

```
           颜色
 ┌──┬──┬──┬──┬──┬──┬──┬──┐
 白  红  橙  黄  绿  青  蓝  紫  黑
```

一个多义词可以分属不同的语义场,例如"金"有"金属"、"黄金"和"一种化学元素"等义项,因而可以处于不同的语义场中。

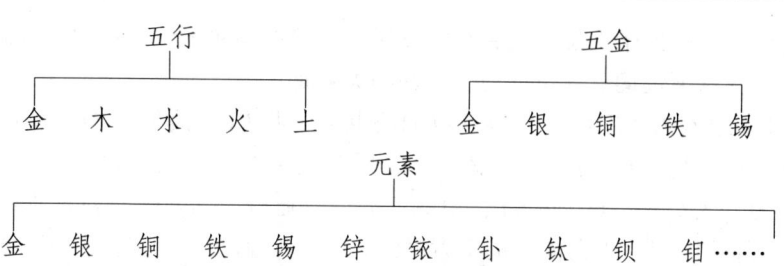

```
        五行                          五金
   ┌──┬──┼──┬──┐              ┌──┬──┼──┬──┐
   金  木  水  火  土            金  银  铜  铁  锡
            元素
   ┌──┬──┬──┬──┬──┬──┬──┬──┬──┐
   金 银 铜 铁 锡 锌 铱 钋 钛 钡 钼……
```

可以看出，作为"五行"之一的"金"，跟作为"五金"之一的"金"，跟作为"元素"之一的"金"在意义上是有不同的。

一个多义词可以分属不同的语义场，从另一个角度来说，也就是在不同的语义场里，多义词的意义是不同的，它在甲语义场里的意义可能是义项1，在乙语义场里可能是义项2。

语义场具有层次性。一个语义场，可以和相关的语义场组成更大的语义场，也可以从一个比较大的语义场里分出若干个较小的子语义场，子语义场也可以分出更小的子场。比如"颜色"语义场，一方面同"声音"、"味道"、"温度"等语义场形成同类关系，同属于"感觉"语义场，并同"感觉"形成上下义关系。另一方面，"颜色"跟"白、红、橙、黄、绿、青、蓝、紫、黑"又形成上下义关系，构成"颜色"语义场。而"颜色"语义场的成员"白、红、橙、黄、绿、青、蓝、紫、黑"，每一个又同更低一级的语义相联系，构成次一级的语义场，例如"红"就同"大红、枣红、桃红、粉红、橘红、血红、紫红、火红、淡红、深红……"构成次一级的语义场。

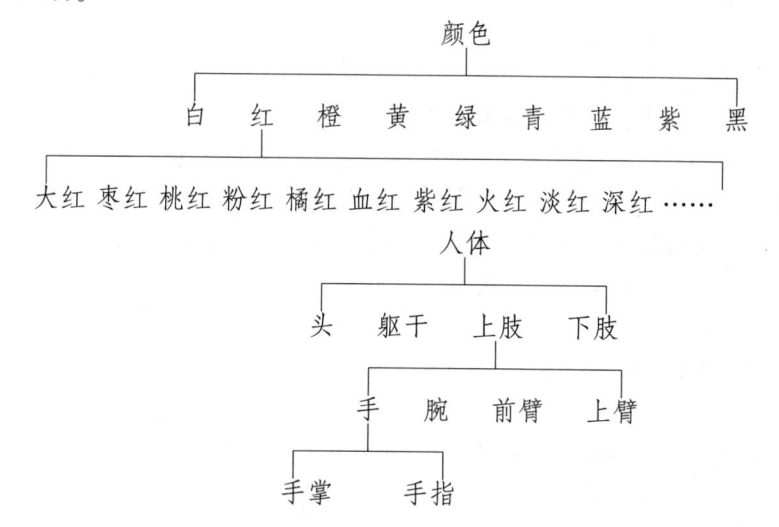

```
                    颜色
   ┌──┬──┬──┬──┼──┬──┬──┬──┐
   白  红  橙  黄  绿  青  蓝  紫  黑
 ┌──┬──┬──┬──┼──┬──┬──┬──┬──┐
 大红 枣红 桃红 粉红 橘红 血红 紫红 火红 淡红 深红……
                   人体
        ┌────┬────┼────┬────┐
        头   躯干   上肢    下肢
                ┌────┬────┼────┐
                手   腕   前臂   上臂
             ┌────┐
             手掌   手指
```

语义场中处于上位层次并统领其所属成员的词叫上位词；被上位词统领的成员，叫下位词。上位词与下位词的关系是：

1. 上位词的义素必然为下位词所共有。例如"颜色"的义素必然为"白、红、橙、黄、绿、青、蓝、紫、黑"这9个词所共有，"红"的义素必然为"大红、枣红、桃红、粉红、橘红、血红、紫红、火红、淡红、深红"等词所共有，"人体"的义素必然为"头、躯干、上肢、下肢"等词所共有，如此等等。

2. 下位词跟同列下位词之间必然有区别性义素。例如"白、红、橙、黄、绿、青、蓝、紫、黑"有区别性义素，"大红、枣红、桃红、粉红、橘红、血红、紫红、火红、淡红、深红"之间有区别性义素，"头、躯干、上肢、下肢"之间有区别性义素。

3. 上下位词的上下是相对的。例如"红"对于"颜色"来说是下位词，但对于"大红、枣红、桃红、粉红、橘红、血红、紫红、火红、淡红、深红"来说则是上位词。"上肢"对于"人体"来说是下位词，而对于"手、腕、前臂、上臂"来说则是上位词。

根据义项之间是否有次序、等级关系，语义场大体上可分为有序义场和无序义场两类。

（1）有序义场

这类义场，下位词之间具有某种顺序或等级关系，必须按一定的次序排列。如：

数目：一、二、三、四、五……

军衔：元帅、将官、校官、尉官……

学校：小学、中学、大学。

四季：春季、夏季、秋季、冬季。

有序型义场的下位词之间都有某种次序关系，如大小关系、先后关系、等级关系等等，所以必须按一定的次序排列。当然，有些有序义场可以逆序排列，如学校也可排列为"大学、中学、小学"，逆序排列的下位词之间仍然有严格的次序关系，它们的语义关系仍然不变。

（2）无序义场

这类义场，下位词之间没有严格的次序或等级关系，它们的排列没有一定的顺序。如：

文学：诗歌、散文、小说、戏剧。

农具：犁、耙、耧、锹、锄……

文科：文学、历史、经济、政治、法律……
生物：动物、植物、微生物。
烹饪：炒、烩、炖、炸、煎、烤、煮、蒸……
交通工具：车、船、飞机、飞船。

无序义场的下位词之间没有大小、先后、等级等相互关系，所以不必按固定的顺序排列。有些无序义场的下位词有某种习惯性排列顺序，如味道"酸、甜、苦、辣"，但它们在语义上并没有严格的次序关系，如何排列，完全是语言运用中形成的表达习惯，并无道理可讲。

思考和练习四

一、什么是词义？词义有哪些类型？举例说明。

二、什么是义项？什么是本义、基本义、派生义、引申义、比喻义？

三、试说明下列词的本义和派生义：

比重　水平　渗透　腐蚀　反应　麻痹　感染　消化　突击

四、下面是"口"的各个义项，请指出其中的本义和派生义，并分析派生义和本义之间的联系。

①人或动物进饮食的器官。
②容器通外面的边缘部分。
③出入通过的地方。
④人体或物体表层破裂的地方。
⑤刀、剑、剪刀等的刃。
⑥量词，表示人、猪、刀、井、缸等的单位。
⑦驴马等的年龄。

五、什么是义素？义素的基本性质是什么？举例说明。

六、试用义素分析法分析"自行车、三轮车、马车、手推车、摩托车、汽车、电车、火车"这一组词的义素。

七、试用义素分析法分析"乔木、灌木"这一组词的义素。

八、什么是语义场？试说明现代汉语交通工具语义场的子语义场。

第五节　同音词、同形词、异形词

在现代汉语词汇中，有的词会跟另一个词或另几个词有这样那样的联系，或读音相同，或意义相同，或书面形式相同；有的词还会有几种不同的书面形式，掌握这些词的相互联系是很有必要的。

一、同音词

(一) 什么是同音词

意义不同而读音相同的一组词叫做同音词。读音相同指声、韵、调等各个方面完全相同。

从音节着眼，同音词有单音节同音词、多音节同音词两类；从书面形式着眼，有同形同音词、异形同音词两类。两相结合，则有如下4类。

1. 单音节异形同音词，即语音形式相同、书写形式不同，意义也不同的一组单音节词。汉语有带声调的音节1200多个，每个音节都记录数量不等的单音节词，同一个音节所记录的不同写法的单音节词，都是单音节异形同音词。例如：

shī 师、诗、施、湿、鲥、嘘、酾、鲺
shí 十、什、石、时、识、实、拾、食、蚀
shǐ 史、使、始、驶、屎
shì 士、氏、世、仕、市、式、势、事、侍、试、是、视

2. 单音节同形同音词，即语音形式相同、书写形式也相同，然而意义不同的一组单音节词。例如：

shì【是】[1]（表示判断）——shì【是】[2]（对，正确）
shí【拾】[1]（捡）——shí【拾】[2]（"十"的大写）
guài【怪】[1]（责备）——guài【怪】[2]（奇怪）
huā【花】[1]（花儿）——huā【花】[2]（耗费）

3. 多音节异形同音词，即读音虽然相同，但是书写形式不同，意义也不同的一组多音节词。例如：

chūbǎn 初版、出版　　　shuǐdào 水稻、水道
yuányóu 原油、缘由　　　shíshì 时事、时势、时式、实事、时世
dàizi 带子、袋子　　　　lìzi 例子、栗子、粒子

4. 多音节同形同音词，即语音形式相同、书写形式也相同，然而意义不同的词。例如：

hǔkǒu【虎口】[1]比喻危险的境地。
hǔkǒu【虎口】[2]大拇指和食指相连的部分。
dùjuān【杜鹃】[1]一种鸟。

dùjuān【杜鹃】[2] 一种花。
bàwángbiān【霸王鞭】[1] 一种民间舞蹈用的彩色短棍。
bàwángbiān【霸王鞭】[2] 一种常绿多浆植物。

(二) 同音词产生的原因

造成同音词的直接原因，有以下几个方面。

1. 造词时语音形式偶合

语言词汇是由不同时代、不同地区、不同的人们在原有语言的基础上共同创造的。这就很难避免所创造的词在语音形式上出现偶合现象。语言中绝大部分的同音词，都是这样造成的，如"教室"和"教士"、"缘由"和"原油"、"保健"和"宝剑"、"树木"和"数目"、"绘画"和"会话"等等。

2. 语音演变的结果

语音的演变和意义的变化是不平衡的。因此有些过去不是同音的词，由于语音的发展变化，到后来也变成了同音词。这类同音词，在现代汉语中比古代要多得多，如"青"和"清"、"十"和"石"、"真"和"针"、"东"和"冬"在古代都不是同音词，而现在都变成同音词了。

3. 意义演变的结果

有些同音词是由意义演变的结果造成的。这些同音词在古代还是一个词，只不过是一个多义词而已。后来，随着历史的发展，这个词的原来几个意义逐渐分化解体失去了原有的联系，但它的语音形式却没有产生相应的变化，这就形成了一些同音词。例如现代汉语的同音词"刻"（计时的单位）和"刻"（雕刻），在过去是一个词，现在却变成没有意义联系的同音词了。"副"（正副的"副"）和"副"（量词）等等，也都是由同样的原因造成的。

4. 借用外来词的结果

汉语借用外来词，经常把外来词的语音形式汉化，这就使借词的语音形式同某些原有汉语词的语音形式相同，造成了同音词。例如蒙古语的"jam"音译成"站"（车站的"站"），就同原来的词"站"（站立的"站"）同音；借用英语的词"metre"译成"米"，就同"稻米"的"米"同音；其他如"瓦"（电的功率单位）和"瓦"（砖瓦的瓦）、"听"（计量单位）和"听"（动词）等等，也都是由同样原因造成的同音词。

(三) 同音词和多义词的区别

异形同音词和多义词没有瓜葛，同形同音词跟多义词有联系也有区别。

同形同音词和多义词有相似的地方，语音形式都相同，书写形式也相同，但是，两者却有本质的区别。多义词是一个词，也就是一个语音形式承担多个意义，而且这几个意义之间有明显的、必然的联系，它们都是从一个基本意义派生出来的，有共同的基础，是同一个词的几个义项。而同形同音词则不然，同音词则是多个词，多个意义偶然由一个语音形式承担，而且这几个意义之间互相没有联系，或至少在共时的层面上找不出联系。例如，在"打人"、"打水"、"打井"、"打毛衣"这些语言结构中的"打"，虽然表示的是不同的意义，但它们的意义之间有联系，它们都是从"打击"这一基本意义上派生出来的，因此是一个多义词。而在"打今儿起"这样结构中的"打"，和上面的"打"显然语音形式上相同，意义上却没有联系，它们就不是一个词，而是两个同音词了。

自然，这两种语言现象也不是完全没有联系的。由于它们都是以同样的读音来表示不同的意义，在语言的历史发展过程中，它们相互之间有时可以转化。如上面所述的"刻"、"副"就是多义词解体的结果。多义词的进一步发展，往往就构成同音词。因此一般区分的原则是：现时意义有联系的就是多义词，现时意义没有联系的就是同音词。

(四) 同音词在语言中的作用

1. 积极作用

同音词的积极作用，主要是人们能够利用它的同音异义的条件构成谐音双关。谐音双关含蓄幽默，意味深长，给人以深刻印象。蒋子龙《人事厂长》中有这样一段话：

评奖评奖，无人开腔；评奖评奖，越评越僵；评奖评奖，轮流坐庄，评奖变成了平奖。

"评"和"平"是同音词，作者巧妙地利用两词同音构成谐音双关，表达了作品中人物对他们单位在评奖中轮流坐庄做法的嘲讽。

2. 消极作用及其补救方法

人们借助一定的语境使用同音词，一般不会影响表达效果，但是在少数情况下也会产生歧义，带来消极作用。例如说"期终考试"，别人可能听成"期中考试"，产生误解。遇到可能产生混乱现象的时候，可采取一些补救方法。常见的补救方法有：

第一，汉语有丰富的同义词可以互相替代，这也可以帮助避开消极的同音现象。例如可以用"期末"代替"期终",这样你说"期末考试",别人就不可能听成"期中考试"了。

第二,在现代汉语的发展过程中,许多单音节词都向双音节词发展,因此,尽量选用双音节词时就可以避免一部分同音现象。比如单音节的"事"、"势"是同音词,跟它们同义的双音节词"事情"、"势力"就不是同音词。"怪[1]"(责怪)和"怪[2]"(奇怪)是同音词,选用跟它们同义的双音节词"责怪"、"奇怪"就没有问题。

二、同形词

同形词,指书面形式相同而意义不同的一组词。

同形词有多种类型,从读音上看,有的读音完全相同,有的是读音不完全相同。读音完全相同的同形词,叫同音同形词,也就是上面所说的同形同音词。这类同形词在《现代汉语词典》上都分立条目,在【 】的右上方标注阿拉伯数字。例如:

【大号】[1] 尊称他人的名字。

【大号】[2] 型号较大的。

【大号】[3] 铜管乐器,装有四个或五个活塞。吹奏时声音低沉雄浑。

【商】[1] 协商;商业……

【商】[2] 古代五音之一……

【商】[3] 古时朝代之一……

读音不同的同形词,是异音同形词。

异音同形词又有多种类型,有的是一组同形词中有一个词表现为轻声,另一个词不表现为轻声。这在异音同形词中是很常见的。例如:

【大人】dàren ①成人(区别于小孩儿)。②旧时称地位高的长官。

【大人】dàrén 敬辞,称长辈(多用于书面)。

【大意】dàyi 疏忽;不注意。

【大意】dàyì 主要的意思。

有的是一组同形词中,有一个词结合较松,两个音节中间可以插入其他成分,例如"了、过、着"等;另一个词结合较紧,中间不可以插入其他成分。辞书在给两个音节中间可以插入其他成分的词注音时,往往在两个音节之间加"//"表示。例如:

【背书】[1] bèi//shū 背诵念过的书。

【背书】[2] bèishū 在支票等票据背面签字,担保。

【上装】¹shàng//zhuāng（演员）化装。
【上装】²shàngzhuāng 上衣。
有的是一组多音节同形词中有一个音节读音不同。例如：
【本色】běnsè 本来面貌；原有的性质或品质。
【本色】běnshǎi 物品原来的颜色（多指没有染过色的织物）。
【大夫】dàfū 古代官职，位于卿之下，士之上。
【大夫】dàifu〈口〉医生。
【杆子】gānzi ①有一定用途的细长的木头或类似的东西。②〈方〉指结伙抢劫的土匪。
【杆子】gǎnzi 器物的像棍子的细长部分。
有的是一组单音节同形词，其声母、韵母、声调有所不同。例如：
【长】zhǎng 生长；成长。
【长】cháng 两点间的距离大。
【得】dé 动词，得到。
【得】de 助词，用在中心语与补语之间。
【得】děi 助动词，需要。

同形词是几个词有一个相同的书写形式，表面上看起来像是一个词，其实是几个词。同形词的存在增加了我们学习现代汉语的难度，但同形词的存在是一个事实，不容视而不见。我们应该在学习它、应用它的时候仔细辨别，以免出错。

三、异形词

（一）什么是异形词

异形词是指读音相同、意义相同而书面形式不同的一组词。异形词也叫异体词。从本质上看，异形词是同一个词的几种不同的书写形式。

异形词必须具备读音相同、意义相同和书面形式不同三个条件。

1. 读音相同

异形词读音相同是指声母、韵母和声调都相同，例如：

词典—辞典　　　　模仿—摹仿
小题大做—小题大作　那么—那末

有些双音节异形词中写法不同的字本来读音并不相同，但在具体的语言环境中它们改变了原来的读音而成为读音相同，如：

差使—差事　　马虎—马糊

"使"本音读"shǐ","事"本音读"shì",但在"差使""差事"中都改读轻声"shi";"虎"本音读"hǔ","糊"可读"hū、hú、hù",但在"马虎"和"马糊"中都读轻声,变得读音相同了。

2. 意义相同

词是最小的音义结合定型的能够独立运用的造句单位,只有音、义都相同的一组词才可能构成异形词,意义不同的词不可能构成异形词。这里所说的意义不是指词的全部意义,而是指词的一个义项。多义词的某一个义项跟其他与之同音的词的一个义项相同,也构成异形词,比如:

【佩戴】pèidài(把徽章、符号等)挂在胸前、臂上、肩上等部位。

【佩带】pèidài① (把手枪、刀、剑等)插在或挂在腰部。②同"佩戴"。

由于"佩带"的义项②跟"佩戴"音同、义同,所以也是一组异形词。

3. 书面形式不同

异形词必须书面形式不同,因为音、形、义三者全同,那就不是异形词了。

(二) 异形词的类型

根据异形词的义项对应情况,可分为完全型异形词、包含型异形词、交叉型异形词三类。

1. 完全型异形词

完全型异形词是指所有义项都相同的异形词。其中多数是只有一个义项的单义词,如:

笔画—笔划　　辞藻—词藻

凌乱—零乱　　翔实—详实

也有一些包含不止一个义项的词属于完全型异形词,如:

人才—人材　　稀罕—希罕

热衷—热中　　成分—成份

2. 包含型异形词

包含型异形词指一个词的意义完全包含在另一个词的意义当中,即一个词形的意义跟另一词形的多个义项中的一个或几个义项相同,与其他义项并不相同。前面已经讲到的"佩戴"—"佩带"就是一组包含型异形词。再如:

【申斥】shēnchì 斥责(多用于对下属)。

【申饬】shēnchì ①〈书〉告诫。也作申敕。②同"申斥"。

"申饬"义项②同"申斥",它们是一组包含型异形词。

3. 交叉型异形词

交叉型异形词指两个读音相同、各有几个义项的词，其中一个词的某个义项与另一个词的某个义项相同。例如：

【服帖】fútiē ①驯服；顺从：使烈马变得服帖。②妥当；平妥：事情办得很服帖。

【伏帖】fútiē ①舒适：心里很伏帖。②同"服帖"①。

"伏帖"的义项②同"服帖"义项①，所以它们是一组交叉型异形词。现代汉语中还有一个词叫"伏贴"：

【伏贴】fútiē ①贴得紧而平整：壁纸糊得很伏贴。②同"伏帖"①。

"伏贴"的义项②同"伏帖"义项①，所以"伏贴"与"伏帖"也是一组交叉型异形词。不过，"伏贴"与"服帖"不是异形词，因为它们意义全不同。

（三）异形词的整理

现代汉语中异形词的存在，是一个不容否认的客观事实。有人统计，《现代汉语词典》1993年版收录异形词1100余组[1]，2005年版中收录异形词977组[2]。大量异形词的存在，是与汉字中存在大量的同音字和异体字分不开的。

异形词与前边所讲的同音词、同形词不同。异形词是同一个词的不同书写形式，对于语言的运用并没有积极的意义，是词汇中的冗赘，应该根据实际情况加以整理和规范。对异形词的整理，就是要在每组异形词中选出一个来作为"推荐词形"，希望大家使用，其余则成为"非推荐词形"，希望大家不再使用。

国家语委于2001年7月31日在《中国教育报》上公布了《第一批异形词整理表》（草案），在征求和听取各方意见后，中华人民共和国教育部、国家语言文字工作委员会于2001年12月19日发布《第一批异形词整理表》，并于2002年3月31日起试行。

《第一批异形词整理表》对338组异形词进行了整理，给出了每组异形词的推荐词形。例如：

按捺——按纳　　　保姆——保母、褓姆

---

[1] 王俊霞、刘云汉：《异形词及其规范》，《河北师范大学学报》（哲学社会科学版）2002年第4期。

[2] 宋文：《2005年版〈现代汉语词典〉异形词收录问题研究》，《东岳论丛》2008年第1期。

辈分——辈份　　　担忧——耽忧
倒霉——倒楣　　　叮咛——丁宁

破折号前面的词为"推荐词形"，破折号后面的词为"非推荐词形"。
整理的原则主要有三个。

1. 通用性原则

通用性原则就是根据科学的词频统计和社会调查，选取公众目前普遍使用的词形作为推荐词形。因为语言是属于全民的，在社会流传过程中常会发生一些变化，但一旦约定俗成，就应尊重社会的选择。把通用性原则作为整理异形词的首要原则，体现了在语言文字整理中以人为本的特点，以大众的选择作为考虑问题的出发点。例如：

毕恭毕敬——必恭必敬　　狡猾——狡滑
铤而走险——挺而走险　　思维——思惟

2. 理据性原则

理据性原则就是推荐一种较为合理的词形，以便于理解词义和方便使用。汉字是表意文字，人们往往可以借助字形来理解词义。理据性原则体现出这次异形词整理的科学性。例如：

规诫——规戒　　古董——骨董
褴褛——蓝缕　　漂流——飘流

在现代汉语中"诫"多表"告诫"义，"戒"多表"警戒"义，"规诫"是以言相劝，"诫"的语素义与词义更为吻合，故以"规诫"为推荐词形。"古董"为古代传下来的器物，选用"古董"为推荐词形，比"骨董"更便于揭示词义。

3. 系统性原则

因为词汇内部有较强的系统性，所以在整理异形词时要考虑同语素系列词用字的一致性。例如：

侈靡——侈糜　　靡费——糜费　　奢靡——奢糜

"靡"与"糜"相比，前者占有明显的优势，故整个系列都确定以含"靡"的词形为推荐词形。按系统性原则整理异形词，有助于改变用字繁杂不统一的现象，也符合"定形"的要求。

在《第一批异形词整理表》中，有些异形词的整理既符合系统性原则也符合通用性原则，例如：

宏论——弘论　　宏图——弘图、鸿图
宏愿——弘愿　　宏旨——弘旨

还有些异形词的整理既符合系统性原则也符合理据性原则，例如：

订单——定单　　　订户——定户
订婚——定婚　　　订货——定货

"订"是"预先约定、研究商讨"，即使订下还可有变，"定"是"固定、决定"，不可改变，推荐"订单、订户、订婚、订货"比较合适。

（四）异形词的使用

1. 对于《第一批异形词整理表》中已经有推荐词形的异形词，我们今后要使用推荐词形。

2. 对于《第一批异形词整理表》没有涉及的异形词，我们应当根据通用性、理据型、系统型原则，尽量选用那些常见的、便于理解的词形。

《现代汉语词典》等权威工具书可以作为使用异形词的参考。《现代汉语词典》在异形词的处理上分为两种情况。

对于《第一批异形词整理表》中已经整理的异形词，《现代汉语词典》以表中推荐的词形立目并作注解，非推荐词形加括号附列其后，如"【含糊】（含胡）"，"含胡"未立条目；有的虽然单列了条目，但未作解释，只注明见推荐词形，如：

【嘉宾】（佳宾）jiābīn 尊贵的客人。
【佳宾】：jiābīn 见"嘉宾"。

对于《第一批异形词整理表》没有涉及的异形词，《现代汉语词典》参照《第一批异形词整理表》整理异形词的原则，推荐一种词形立目，释义后注明"也作某"，如：

【词典】cídiǎn 收集词汇加以解释供人检查参考的工具书。也作"辞典"。
【辞典】cídiǎn 同"词典"。

可见，"辞典"作为"词典"的异形词，虽然有关部门还没有进行整理，现在写成"辞典"也还不能算错，但是权威辞书已经标明了取舍意见，而且社会使用中也已逐渐趋同。所以我们使用时也应该顺应趋势，选择常见、多用的"词典"为好。

附　录

第一批异形词整理表（节选）

　　本表摘自中华人民共和国教育部、国家语言文字工作委员会2001年12月发布的《第一批异形词整理表》，破折号前面的词形为推荐词形，破折号后面的词形为非推荐词形。

A
按捺—按纳
按语—案语

B
百废俱兴—百废具兴
百叶窗—百页窗
斑白—班白、颁白
斑驳—班驳
孢子—胞子
保镖—保镳
保姆—保母、褓姆
辈分—辈份
本分—本份
笔画—笔划
毕恭毕敬—必恭必敬
编者按—编者案
扁豆—萹豆、稨豆、藊豆
标志—标识
鬓角—鬓脚
秉承—禀承
补丁—补靪、补钉

C
参与—参预
惨淡—惨澹
差池—差迟
掺和—搀和
掺假—搀假
掺杂—搀杂
铲除—划除

倘佯—倘徉
车厢—车箱
彻底—澈底
沉思—沈思
称心—趁心
成分—成份
澄澈—澄彻
侈靡—侈糜
筹划—筹画
筹码—筹马
踌躇—踌蹰
出谋划策—出谋画策
喘吁吁—喘嘘嘘
瓷器—磁器
赐予—赐与
粗鲁—粗卤

D
搭档—搭当、搭挡
搭讪—搭赸、答讪
答复—答覆
戴孝—带孝
担心—耽心
担忧—耽忧
耽搁—担搁
淡泊—澹泊
淡然—澹然
倒霉—倒楣
低回—低徊
凋敝—雕敝、雕弊

凋零—雕零
凋落—雕落
凋谢—雕谢
跌宕—跌荡
跌跤—跌交
喋血—蹀血
叮咛—丁宁
订单—定单
订户—定户
订婚—定婚
订货—定货
订阅—定阅
斗拱—枓拱、枓栱
逗留—逗遛
逗趣儿—斗趣儿
独角戏—独脚戏
端午—端五

E
二黄—二簧
二心—贰心

F
发酵—酦酵
发人深省—发人深醒
繁衍—蕃衍
吩咐—分付
分量—份量
分内—份内
分外—份外
分子—份子

愤愤—悻悻
丰富多彩—丰富多采
风瘫—疯瘫
疯癫—疯颠
锋芒—锋铓
服侍—伏侍、服事
服输—伏输
服罪—伏罪
负隅顽抗—负嵎顽抗
附会—傅会
复信—覆信
覆辙—复辙

G

干预—干与
告诫—告戒
耿直—梗直、鲠直
恭维—恭惟
勾画—勾划
勾连—勾联
孤苦伶仃—孤苦零丁
辜负—孤负
古董—骨董
股份—股分
骨瘦如柴—骨瘦如豺
关联—关连
光彩—光采
归根结底—归根结柢
规诫—规戒
鬼哭狼嚎—鬼哭狼嗥
过分—过份

H

蛤蟆—虾蟆
含糊—含胡
含蓄—涵蓄
寒碜—寒伧
喝彩—喝采

喝倒彩—喝倒采
轰动—哄动
弘扬—宏扬
红彤彤—红通通
宏论—弘论
宏图—弘图、鸿图
宏愿—弘愿
宏旨—弘旨
洪福—鸿福
狐臭—胡臭
蝴蝶—胡蝶
糊涂—胡涂
琥珀—虎魄
花招—花着
划拳—豁拳、搳拳
恍惚—恍忽
辉映—晖映
溃脓—殨脓
浑水摸鱼—混水摸鱼
伙伴—火伴

J

机灵—机伶
激愤—激忿
计划—计画
纪念—记念
寄予—寄与
夹克—茄克
嘉宾—佳宾
驾驭—驾御
架势—架式
嫁妆—嫁装
简练—简炼
骄奢淫逸—骄奢淫佚
角门—脚门
狡猾—狡滑
脚跟—脚根

叫花子—叫化子
精彩—精采
纠合—鸠合
纠集—鸠集
就座—就坐
角色—脚色

K

克期—刻期
克日—刻日
刻画—刻划
阔佬—阔老

L

褴褛—蓝缕
烂漫—烂缦、烂熳
狼藉—狼籍
榔头—狼头、鎯头
累赘—累坠
黧黑—黎黑
连贯—联贯
连接—联接
连绵—联绵
连缀—联缀
联结—连结
联袂—连袂
联翩—连翩
踉跄—踉蹡
嘹亮—嘹喨
缭乱—撩乱
伶仃—零丁
囹圄—囹圉
溜达—蹓跶
流连—留连
喽啰—喽罗、偻㑩
鲁莽—卤莽
录像—录象、录相
络腮胡子—落腮胡子

落寞—落漠、落莫
M
麻痹—痳痹
麻风—痳风
麻疹—痳疹
马蜂—蚂蜂
马虎—马糊
门槛—门坎
靡费—糜费
绵连—绵联
腼腆—靦觍
模仿—摹仿
模糊—模胡
模拟—摹拟
摹写—模写
摩擦—磨擦
摩拳擦掌—磨拳擦掌
磨难—魔难
脉脉—眽眽
谋划—谋画
N
那么—那末
内讧—内哄
凝练—凝炼
牛仔裤—牛崽裤
纽扣—钮扣
P
扒手—掱手
盘根错节—蟠根错节
盘踞—盘据、蟠踞、蟠据
盘曲—蟠曲
盘陀—盘陁
磐石—盘石、蟠石
蹒跚—盘跚
彷徨—旁皇
披星戴月—披星带月

疲沓—疲塌
漂泊—飘泊
漂流—飘流
飘零—漂零
飘摇—飘飖
凭空—平空
Q
牵连—牵联
憔悴—蕉萃
清澈—清彻
情愫—情素
拳拳—惓惓
劝诫—劝戒
R
热乎乎—热呼呼
热乎—热呼
热衷—热中
人才—人材
日食—日蚀
入座—入坐
S
色彩—色采
杀一儆百—杀一警百
鲨鱼—沙鱼
山楂—山查
舢板—舢舨
艄公—梢公
奢靡—奢糜
申雪—伸雪
神采—神彩
湿漉漉—湿渌渌
什锦—十锦
收服—收伏
首座—首坐
书简—书柬
双簧—双锽

思维—思惟
死心塌地—死心踏地
T
踏实—塌实
甜菜—恭菜
铤而走险—挺而走险
透彻—透澈
图像—图象
推诿—推委
W
玩意儿—玩艺儿
魍魉—蝄蜽
诿过—委过
乌七八糟—污七八糟
无动于衷—无动于中
毋宁—无宁
毋庸—无庸
五彩缤纷—五采缤纷
五劳七伤—五痨七伤
X
息肉—瘜肉
稀罕—希罕
稀奇—希奇
稀少—希少
稀世—希世
稀有—希有
翕动—噏动
洗练—洗炼
贤惠—贤慧
香醇—香纯
香菇—香菰
相貌—像貌
潇洒—萧洒
小题大做—小题大作
卸载—卸傤
信口开河—信口开合

惺忪—惺松　　　　　余晖—余辉　　　　　辗转—展转
秀外慧中—秀外惠中　渔具—鱼具　　　　　战栗—颤栗
序文—叙文　　　　　渔网—鱼网　　　　　账本—帐本
序言—叙言　　　　　与会—预会　　　　　折中—折衷
训诫—训戒　　　　　与闻—预闻　　　　　这么—这末

Y　　　　　　　　驭手—御手　　　　　正经八百—正经八摆
压服—压伏　　　　　预备—豫备　　　　　芝麻—脂麻
押韵—压韵　　　　　原来—元来　　　　　肢解—支解、枝解
鸦片—雅片　　　　　原煤—元煤　　　　　直截了当—直捷了当、直接
扬琴—洋琴　　　　　原原本本—源源本本、元　　　　了当
要么—要末　　　　　　本本　　　　　　　指手画脚—指手划脚
夜宵—夜消　　　　　缘故—原故　　　　　周济—赒济
一锤定音——槌定音　　缘由—原由　　　　　转悠—转游
一股脑儿—古脑儿　　月食—月蚀　　　　　装潢—装璜
衣襟—衣衿　　　　　月牙—月芽　　　　　孜孜—孳孳
衣着—衣著　　　　　芸豆—云豆　　　　　姿势—姿式
义无反顾—义无返顾　

Z　　　　　　　　仔细—子细
淫雨—霪雨　　　　　杂沓—杂遝　　　　　自个儿—自各儿
盈余—赢余　　　　　再接再厉—再接再砺　　佐证—左证
影像—影象　　　　　崭新—斩新

思考和练习五

一、什么叫作同音词？以下几组词是不是同音词，为什么？
　　班—板　　　　　　　　　　（部）长—（生）长
　　好（人）—好（客）　　　　中（间）—（打）中
　　重（量）—重（复）　　　　把（门）—（一）把（锁）

二、举例说明同音词产生的原因。

三、同音词在语言中有什么作用，跟多义词有什么不同？试举例说明。

四、解释下列词的词义，并说明各组词中两个词是什么关系：
　　大观 dàguān—大关 dàguān
　　公式 gōngshì—公示 gōngshì
　　公差 gōngchā—公差 gōngchāi
　　地道 dìdào—地道 dìdao
　　大方 dàfāng—大方 dàfang

渔具 yújù—鱼具 yújù

与会 yùhuì—预会 yùhuì

五、我们在使用异形词时应注意什么？

第六节　同义词、反义词

一、同义词

（一）什么是同义词

意义相同或相近的一组词叫作同义词。语言中用不同的语音形式来表示相同或相近的意义就产生了词的同义现象。同义词一般可以分为两大类：等义词和近义词。

1. 等义词

概念意义完全相同的一组词叫作等义词。例如：

　　妒忌—忌妒　　斧头—斧子

　　衣服—衣裳　　连衣裙—布拉吉

　　自行车—脚踏车　维生素—维他命

有些等义词在色彩意义上有一些区别，如在"衣服"和"衣裳"中，"衣裳"是口语，在"自行车"和"脚踏车"中，"脚踏车"是口语，在"连衣裙"和"布拉吉"中，"布拉吉"是外来词，有地域色彩，在使用这些词时，要注意使用的场合。有些等义词概念意义和色彩意义均无差别，我们应使用较为通用的那一个，如在"维他命"和"维生素"中，现在大多用"维生素"。

2. 近义词

意义大同小异，或意义相同而附加色彩、用法不同的一组词，叫做近义词。近义词也叫相对同义词。如：

　　偷—窃　　儿童—孩子　　天气—气候

　　骄傲—自豪—自满　　关心—关怀—关注

　　迎合—逢迎—阿谀—奉承—谄媚

这一类同义词在词汇中大量存在，在语言的表达中起着非常积极的作用，是词汇学研究的对象。它们总的特点是同中有异，大同小异。例如"天气"和"气候"都是指大气中发生的各种气象变化情况，可也有差异："天气"是不长的时间内的气象变化情况，"气候"是经过多年观察所得的概括性的气象变化情况。它们的意义是同中有异，应用上不能任意替换。

有一些词，它们在意义上虽然也有某种联系，但它们表示的是上下位关系或并列关系，这就不属于同义词了。如"麦"和"小麦"，尽管都是"麦"，但前者反映的是上位概念，后者反映的是下位概念，它们不是同义词；"钢笔"、"毛笔"和"铅笔"，反映的是从属于同一上位概念的并列概念，它们也不是同义词。

另外，在一定的语言环境里为了修辞上的需要，常常使用与所表达的事物意义相关的词语来替代所要表达的事物的名称，这时两者虽然所指相同，但不是同义词。例如：

阿Q……从腰间伸出手来，满把是银的和铜的，在柜上一扔说，"现钱，打酒来"！（鲁迅《阿Q正传》）

"银的和铜的"就是下文的"现钱"，但它们是"的"字词组的联合，不是词。同时，"银的和铜的"同"现钱"之间也没有对等关系，所以不属于同义词。

(二) 同义词的辨析

同义词在语言中的存在价值，主要不在于它们的"大同"，而在于"小异"。学会辨别分析这些"小异"，能帮助我们更好地掌握和运用同义词，提高语言修养和语言运用能力。辨析同义词的细微差别，可以从下面几个方面入手。

1. 从概念意义上辨析

第一，本质特征着重点不同。例如：

才能—才华—才智—才干

这一组词都含有"才能、特长"的意思，但"才能"指办事的能力和对知识、技能的掌握情况；"才华"指在文艺方面显露出来的特长、能力；"才智"指辨析、判断、发明、创造的智慧、能力；"才干"指工作办事能力。类似的例子还有：

转变—转化　　拿—取　　退还—退赔
队伍—队列　　精细—精巧—精美—精致

本质特征着重点的不同是表现同义词细微差别的主要方面。如果用错了，就会出现表达不清的毛病。例如：

＊胡萝卜素在人或动物消化道内被吸收后，就转变成维生素A。

"转变"应该改为"转化"。这两个词都有经过发展变化与原来情况不同的意思，但"转变"指由一种情况变到另一种情况，多用于人的思想意识行为态度方面；而"转化"侧重于性质的改变，多用于事物。胡萝卜素变成维生素 A 是事物性质的改变，因此这里要用"转化"。

第二，本质特征表现的语意轻重不同。例如：

请求—恳求—央求—哀求

这一组词都有"要求别人满足自己的愿望"这个意思，"请求"是提出要求，请对方应允；"恳求"比"请求"语意重，"恳求"还含有诚恳郑重的意思；"央求"是央告加请求，而"哀求"的语意比"央求"重，有苦苦央求的意思。其他如：

毛病—弊病　　悲伤—悲痛　　批评—批判
作怪—作祟　　称赞—赞美　　爱好—嗜好
损坏—毁坏　　侮辱—凌辱　　努力—竭力

这类同义词，每组都是后一个词比前一个词语意重。运用时要注意，不能犯重词轻用或轻词重用的毛病。例如：

*王老师总是仔细地批改作业，认真地指出我写作中的弊病，对我帮助确实不小。

"弊病"一般指比较重大的问题，语意较重，不宜用来说明写作中存在的缺点，应改为"毛病"才好。

第三，所指范围大小不同。例如：

事情—事件—事变—事故

这一组词都指"遇到的或发生的情况"，但"事情"指一切情况，"事件"指不平常的或比较重要的事情，"事变"指突然发生的重大的政治事件，"事故"专指工作或生产上发生的意外损失或灾祸。依所指范围看，"事情"最大，"事件"次之，"事变"较小，"事故"最小。其他如：

时候—时刻　　机器—机械　　局面—场面
边境—边疆　　天气—气候　　死亡—伤亡
战役—战争　　品质—性质　　灾荒—灾难

这些同义词，所指范围大小不同，如果用错了，划不清范围，就会出现"大词小用"或"小词大用"的毛病，如：

*列车更近了，风驰电掣般地驶过来，就在相距百余米的危急时候，他俩终于使尽全力将大石头推出轨道外。

"时候"表达的语意范围比"时刻"广，在万分危急的紧要关头，一般用"时刻"，不用"时候"，原句"大词小用"，应将"时候"改为"时刻"。

还有一类集合名词跟个体名词，也可以看作所指范围大小不同的同义词。例如：

  河流—河 人员—人 船舶—船 花卉—花
  树木—树 湖泊—湖 布匹—布 信件—信

运用这一类词，也要仔细辨认，否则也容易出现错误。例如：

  *黄河全长5464公里，是我国第二大河流。

"河流"概括指一切河，范围大，这里说的只是黄河，是一条具体的河，所以不该用"河流"，应改为"河"。

2. 从色彩意义上辨析

第一，感情色彩不同。

某些同义词所包含的概念义基本相同，而附加的色彩义不同。有的词表达了说话者对该事物肯定或赞许的感情，含有褒义；有的词则表达了说话者对同一事物否定或贬斥的感情，含有贬义；有些词不表示说话者对该事物的褒贬，是一种中性词。如"团结、勾结、结合"都指彼此之间建立联合关系，但"团结"用于好人或进步团体，是褒义词；"勾结"用于坏人或反动势力，是贬义词；而"结合"则通用于正面人物和反面人物，是中性词。再如：

  褒义：成果 果断 鼓励 爱护 良策
  贬义：后果 武断 煽动 庇护 诡计
  中性：结果 判断 发动 保护 计策

正确选用带感情色彩的同义词，能显示出说话人的态度，增强语言的感染力。如果不辨别词的感情色彩，就容易用错词，例如：

  *在小组座谈会上，同学们都对他提出了正确而尖刻的批评。

"尖刻"是个贬义词，有说话尖酸刻薄的意思。同学们的批评既然正确，那么，就不应该说是"尖刻"的，这里应该改为"尖锐"。

第二，语体色彩不同。

有些同义词，各种场合和各种文体都能用，没有语体色彩；而另外一些同义词，它们的使用要受交际场合或文章体裁的限制，这样，同义词就带上了语体色彩。语体色彩可以分三个方面：

（1）口语和书面语：

  爸爸—父亲 离婚—离异 生日—诞辰
  害怕—畏惧 商量—商榷 小气—吝啬

（2）方言和普通话：

  斧头—斧子 啥—什么

剃头—理发　　地瓜—红薯

(3) 音译词和意译词：

镭射—激光　　　马达—发动机
休克—虚脱　　　布拉吉—连衣裙
因特网—互联网　巴士—公共汽车

这类同义词所表示的概念义相同，但附加的语体色彩义不同。如果不注意分清不同的语体色彩，用得不适当，会显得不协调。例如：

＊我们到了炼钢车间，车间主任亲切地会见了我们，并且陪同我们参观。

"会见、陪同"一般用在新闻报道里，用来报道国际、国内的重大活动，含有庄重色彩。这里用得很不和谐，应该把"会见"改为"接待"，把"陪同"改为"陪"。

第三，形象色彩不同。

有些同义词，在形象色彩上有所不同。例如"雀跃"和"高兴"，都有愉快而兴奋的意思。但是"雀跃"通过摹状、比喻的手法，描绘出高兴的状态，具有鲜明的动态形象感，与"高兴"比照，显示了有无形象色彩的差异。再看下面几组词：

捧腹—发笑　　煎熬—折磨
眼红—嫉妒　　喇叭花—牵牛花
眉目—头绪　　向日葵—葵花

3. 从用法方面辨析

第一，搭配对象不同。

一个词能和哪些词搭配，不能和哪些词搭配，都有一定的语言习惯，搞乱了就会产生语病。多数同义词都有这个特点。例如，"解除、排除"是一组同义词，前者经常与"武装、警戒、警报、职务"等搭配，后者经常与"困难、故障、障碍、事故、积水"等搭配，不能用错。再如：

维持—秩序、生活、状态、治安
保持—水土、纪录、清洁、联系
侵犯—主权、利益、领海、人权
侵占—土地、公款、财产、领土

不同的同义词，各有一定的搭配关系，如不注意，就容易出错。例如：

＊最近，我校师生认真地交换了开展科学研究的经验。

"交换"一般同"意见、礼品、资料、产品"等词配合，不同"经验"

搭配,"交流"可以跟"经验、思想、物质、文化"等搭配,所以应该将此处的"交换"改为"交流"。

第二,句法功能不同。

在语言中,同义词群中的几个词的词性,大致有下列三种情况:或者相同;或者不同;或者一部分相同,一部分不相同。应该分辨清楚。例如:"改进、改善"这组同义词,二者都是动词;"拘泥、拘谨"这组同义词,前者是动词,后者是形容词,"领导、引导"这组同义词,二者都可作动词,前者还可作名词。

同义词的词性不同,其句法功能也往往不同。例如,"勇气、勇敢"这组同义词,前者是名词,后者是形容词,它们经常充当不同的句子成分。例如:

他的勇气不小呀!("勇气"作主语中心)

他没有勇气。("勇气"作宾语)

他很勇敢。("勇敢"作谓语中心)

他是勇敢的战士。("勇敢"作定语)

不明了词的句法功能,有时就会把词用错。例如:

＊明天下午我班全体同学到校外劳动,我们已经准备了必须的劳动工具。

"必须"和"必需"都有"一定要"的意思,但"必须"常用在动词、形容词前面,作状语;"必需"常用在名词性词语前面,作定语。这里应该将"必须"改为"必需"。

(三) 同义词的作用

现代汉语有大量的同义词。表示同一事物、同一概念,往往有几个、十几个甚至更多个同义词。丰富的同义词,对于人们交流思想、增强语言的表现力,有着积极的作用。

第一,可以使语言的表达更为精确、严密。不同的需求选择不同的同义词,可以使语言表达更为精确、严密。同义词能精细地反映出事物之间的细微差别,表达人们对客观事物的各种不同的态度和感情色彩。例如《中华人民共和国刑事诉讼法》规定:

公诉人经审判长许可后,可以讯问被告人,辩护人在审判人员审问被告人后,亦可向被告人发问。

"讯问、审问、发问"这一组同义词,反映了提问人与被提问人不同的法律地位。又如鲁迅《纪念刘和珍君》中写道:

这不但是杀害，简直是虐杀。

两个同义词，意义轻重递增，准确揭露了当局的凶残。

第二，可以使语体风格鲜明。例如：

鲁迅先生逝世，噩耗传来，全国震悼。（中国共产党中央委员会、苏维埃中央政府《致许广平女士的唁电》）

上例中的"逝世、噩耗、震悼"是具有浓厚书面色彩的词，既庄重又简洁，含有敬仰之意，充分体现了唁电的语体风格。

第三，可以使文句生动活泼，富于变化。例如：

从今岁岁断肠日，定是年年一月八。

在同一个语言环境中选用不同的同义词（例如上例的"岁岁"和"年年"），可以避免用词单调重复，使语言充满变化，显得生动活泼。

第四，可以使语气委婉。为了适应交际的需要，表达一种委婉的语气，可以选择不同色彩的同义词，使对方容易接受，使语言交际在和谐的气氛中顺畅地进行。例如：

聋—耳背　　　　　　胖—富态/丰满

生病—不适/欠安　　　受伤—挂彩

死—老了/走了/逝世/永别/仙逝

第五，同义词连用可以加强语势，使语意丰足。例如：

凡是搞特权、特殊化，经过批评教育而又不改的，人民就有权依法进行检举、控告、弹劾、撤换、罢免，要求他们在经济上退赔，并使他们受到法律、纪律处分。（《邓小平文选》第二卷，第332页）

上例中连用了"检举、控告"、"撤换、罢免"等同义词，强调了人民群众对以权谋私者斗争的方法，逐层增强了语势。

二、反义词

（一）什么是反义词

意义相反或相对立的两个词互为反义词。 构成反义词的一对词必须属于同一个意义范畴，有一个相同义素，如长度、重量、时间、处所、速度、颜色、面积、体积等等，否则无法形成一个类聚。如"男、女"同属于表性别的范畴，可以构成反义词。"快、慢"同属于表速度的范畴，可以构成反义词。而"快""女"，它们分别在速度和性别的范畴组，不属于同一范畴，它们不能构成反义关系。

反义词是矛盾对立的客观事物在语言中的反映。但并不是说，客观世界的矛盾对立现象只能通过反义词来反映，别的语言形式都没有这种功能。"深"这个词能和"不深"这个词组构成反义关系，"极好"和"最坏"这两个词组也能构成反义关系。它们虽然能构成反义关系，但不是反义词。因为反义词是就词与词在意义上的对立矛盾的关系而言的，不是就词与词组或者词组与词组在意义上的矛盾对立关系而言的，也就是说构成反义词的双方只能是词。

语言中还有这样的现象，一组词在意义上虽然没有矛盾对立的关系，但是由于经常并列对举，人们也把它们看成反义词，如"春"和"秋"、"手"和"脚"。这是由社会语言习惯所决定的。

（二）反义词的类型

根据意义之间的不同的对立统一的关系，可以把反义词分为绝对反义词和相对反义词两类。

1. 绝对反义词

这种反义词在两个对立意义之间没有第三种意义，即否定甲便肯定乙，否定乙便肯定甲。如"出席、缺席"是一组绝对反义词，肯定甲出席会议，便自然否定甲缺席；反之亦然。不会出现既不出席又不缺席的现象。再如：

死—活　　男—女　　反—正
同—异　　动—静　　有—无
正确—错误　　主观—客观

2. 相对反义词

这种反义词，在两种对立的意义之间还有一个或几个意义，即肯定甲必然否定乙，肯定乙必然否定甲，但是否定甲不一定能肯定乙，否定乙不一定能肯定甲。如"多"和"少"是一组相对反义词，肯定"多"就必然否定"少"，肯定"少"就必然否定"多"，但否定"多"却不一定能肯定"少"，否定"少"也不一定就能肯定"多"，因为"多"和"少"之间还有"不多不少"的情况。再如：

大—小　　好—坏　　穷—富
高—低　　胖—瘦　　贵—贱
表扬—批评　　开头—结尾

（三）反义词的对应情况

1. 有些词只有一个反义词。如"唯物论"的反义词只能是"唯心论"，"团结"的反义词只能是"分裂"。

2. 多义词的几个意义可以有不同的反义词。例如"开"：

开（花开了）—谢（花谢了）
开（花还开着）—落（花已经落了）
开（门开着）—关（门关着）
开（车开了）—停（车停了）

3. 几个同义词可以有一个共同的反义词，如"细密、严密、精密、缜密"这组同义词，有一个共同的反义词"粗疏"。几个同义词也可以有各自不同的反义词，如"果断"和"武断"是一组同义词，它们的反义词分别是"迟疑"和"审慎"。

4. 有些词在一般情况下没有反义关系，而在特殊的语言环境里却变成了反义词。例如：

不做风前的杨柳，要做岩上的青松。
你走你的阳关道，我过我的独木桥。

"杨柳"和"青松"、"阳关道"和"独木桥"本来不是反义词，但在特定的上下文中，构成了反义关系。这种以一定的上下文为基础，离开上下文反义关系就会瓦解的词，称做临时反义词，这是一种修辞现象。

(四) 反义词的作用

第一，正反连用，增强表现力。

由于反义词可以揭示矛盾，形成鲜明的对照，因此可以把事物的特点深刻地表现出来。通过几组反义词的连用，加强对比或衬托，就像一幅"白雪映红梅"的画面，使白者越见其白，红者更显其红。用于揭示事物的真伪，能够是非分明，用于表达感情，就会旗帜鲜明。例如：

朋友，我相信，到那时，到处都是活跃的创造，到处都是日新月异的进步，欢歌将代替了悲叹，笑脸将代替了哭脸，富裕将代替了贫穷，康健将代替了愚昧，友爱将代替了仇杀，生之快乐将代替了死之悲哀，明媚的花园将代替了凄凉的荒地！（方志敏《可爱的中国》）

这段话里用了9对反义词，描绘了无限光明美好的未来，表达了作者无比强烈的爱国感情。

第二，突出矛盾，含义隽永。

运用反义词的照应、配合，将看似矛盾实则一致的两个概念巧妙地连在一起，可以揭示事物间对立统一的哲理，构成耐人寻味的警句。例如：

有的人活着，
他已经死了，

有的人死了,

他还活着。(臧克家《有的人》)

这些诗句字面上似乎矛盾,而实际上则通过巧妙使用"死、活"这一组反义词道出了一个耐人寻味的哲理:为人民而死"虽死犹生",为反动派而生则"虽生犹死"。修辞格中还有对偶、仿词、反语等,也常常利用反义词来构成。例如:

(1) 尺有所短,寸有所长。(对偶)

(2) 她们的头发上结了霜,男同志笑她们说:"嘿,你们演《白毛女》都不用化装了。"她们也笑男同志:"还说哩,你看,你们不是'白毛男'吗?"(仿词)

第三,正反对举,概括精练。

有时候,反义词连用,表示正反对比,有"举此两端以概其余"的意思,使叙述简练、明确。例如:

可是做工是昼夜无休息的:清早担水晚烧饭,上午跑街夜磨面,晴洗衣裳雨张伞,冬烧汽炉夏打扇。(鲁迅《聪明人和傻子和奴才》)

句中反义词的对举,叙述"晴、雨、冬、夏"无时不在忙碌的情景,语言精练简洁,有较强的渲染力。

汉语中有大量的成语,利用了反义词对举或连用,或者反义词跟同义词交叉使用而构成,形式简洁精练,语义突出,表现力极强。例如:

阳奉阴违　　此起彼伏　　欢天喜地　　生离死别
深入浅出　　长吁短叹　　天罗地网　　同甘共苦

思考和练习六

一、辨析下列各组同义词:

1. 改进—改善　2. 海涵—原谅　3. 谨慎—小心
4. 布匹—布　　5. 鼓动—煽动　6. 轻视—鄙视
7. 保护—庇护　8. 饭桶—废物　9. 飘泊—流浪
10. 光临—来到　11. 担任—担负

二、下面句子里都有用错同义词的地方,试指出来加以改正,并说明理由。

1. 大家决心继续发挥艰苦朴素的作风,努力攻克困难,争夺更大的成就。

2. 运动员踏着强健的脚步，举着五彩缤纷的旗子，穿过检阅台。
3. 近年来科学家发现了一种憎水玻璃，为戴眼镜的人解除了苦恼。
4. 杨浦大桥是一座世界上最长的斜拉索桥梁。
5. 他被舞台上各族人民团结友爱的动人局面感动得流下了眼泪。
6. 他的力量很大，二百斤重的铁块他也能搬起来。
7. 这本书上的练习太详细了，使人反而搞不清。
8. 首长身材肥大，头发花白，见了我亲切地招呼道："小同志，过来，这边坐。"
9. 煤矿老工人李师傅激动地说："在旧社会里，我们被称作臭煤黑子，新中国诞生后我们才翻了身……"
10. 中国语言学会开始接受新会员。

三、什么叫做反义词？反义词在语言中有什么特殊作用？

四、请按照"困难"的不同义项分别指出它的反义词。

五、指出下列词的反义词：

成功—	伟大—	开幕—	扩大—
和平—	现象—	高级—	虚伪—
舒服—	优点—	长处—	片面—
勇敢—	前进—	高潮—	狭窄—
卑鄙—	拥护—	天堂—	脆弱—

本章参考文献

[1] 曹炜：《现代汉语词义学》，上海：学林出版社2001年版。
[2] 符淮青：《现代汉语词汇》，北京：北京大学出版社1985年版。
[3] 符淮青：《词义的分析和描写》，北京：语文出版社1996年版。
[4] 任学良：《汉语造词法》，北京：中国社会科学出版社1981年版。
[5] 孙良明：《词义和释义》，武汉：湖北教育出版社1985年版。
[6] 温端政：《汉语语汇学》，北京：商务印书馆2005年版。
[7] 武占坤、王勤：《现代汉语词汇概要》，呼和浩特：内蒙古人民出版社1983年版。
[8] 武占坤：《词汇》，上海：上海教育出版社1983年版。
[9] 周荐：《汉语词汇结构论》，上海：上海辞书出版社2004年版。
[10] 孔凡涛：《关于基本词汇的反思》，《徐州教育学院学报》2005年第3期。
[11] 邵霭吉：《关于歇后语的结构分析》，《盐城师专学报》1984年第3期。
[12] 王俊霞：《汉语新词语的特点及其成因》，《盐城师范学院学报》（人文社会科学

版）2006 年第 5 期。
[13] 王俊霞、刘云汉：《异形词及其规范》，《河北师范大学学报》（哲学社会科学版）2002 年第 4 期。
[14] 周行：《关于"基本词汇"的再探讨》，《汉字文化》2002 年第 1 期。

第五章　现代汉语语法

第一节　语法概说

一、语法和语法学

语法是语言的要素之一。如果说，语音是语言的物质外壳，词汇是语言的建筑材料，那么，**语法是语言的结构方式。包括词的构成和变化、词组和句子的组织等**。语素怎样组合成复合词，词怎样组合成词组，人们怎样运用词和词组组成合格的句子来表达自己的意思，完成交际目的，其中都有一定的客观的规则在起作用。不管是谁，他在运用语言进行交际时，都必须遵守这种共同的客观的规则。

语法具有概括性、相对稳固性、民族性等特点。语法反映的是语言事实中带有普遍性、规律性的东西，每一条语法规则都是从无数的具有这一特点的语言事实中抽象出来的，极具概括性。从历史的角度看，语法自古以来也会有一定的变化，但它的变化，比语音、词汇的变化要缓慢得多，因而语法有相对的稳固性。不同语言的语法都有自己的个性，个性表明它们各自的特点。不同语言的语法所具有的各自的特点，就是语法的民族性。

语法学是研究语法的科学，也就是说，**语法学是研究语言结构规律的科学**。从很早的时候起，人们就开始研究语法。狄奥尼修斯·塞拉克斯的《希腊语语法》是现存最早的一部语法著作，距今已有两千多年。经过两千多年的发展，如今语法学已经成为一门相当成熟的科学。

语法学有很多种类，比如历史语法学、比较语法学、描写语法学等等。历史语法学用历史的观点来研究某一语言的语法构造的发展、演变，比较语法学研究两种或几种语言语法结构之间的异同，描写语法学研究某一种语言在一定发展时期的语法构造，对它作静态的全面的描写。

语法学也有很多学派，比如传统语法、结构主义语法、转换生成语法、系统功能语法等。

传统语法指的是在研究古希腊语和拉丁语的基础上形成、历经两千多年而逐步发展丰富、在西方学校教育中至今还在应用的一种语法学体系。早期的传统语法只有词法，没有句法。句法部分是 14 世纪以后才逐步形成的。如今的传统语法分词法和句法两大部分，并以词法为主。它比较注重书面语分析，总结出来的语法规则被看作一种规范和标准，要求学习者予以遵守。19 世纪末传统语法传入我国。

结构主义语法是在对传统语法批判的基础上形成的。源于瑞士语言学家索绪尔（Saussure）的结构主义语言学。后来发展为三个分支学派：布拉格学派、哥本哈根学派和美国描写语言学派。其中以美国描写语言学派的影响最大，其代表人物是美国的布龙菲尔德（L. Bloomfield），经典著作是《语言论》（1933）。结构主义语法强调语言结构内部的层次，用"直接成分分析法"对句法结构进行层次分析。从 20 世纪 50 年代初期起引起我国学者注意，80 年代以后在我国产生重大影响。

转换生成语法是在结构主义描写语法的基础上形成的，创始人是美国的乔姆斯基（N. Chomsky），代表作是《句法结构》（1957）和《句法理论要略》（1965）。这一理论的提出被称为"语言学史上的一场革命"。它有丰富的内容，包括语类、转换、音系、语义 42 个子系统。其规则有两部分：基础部分规则，也叫"短语结构规则"，功能是生成"深层结构"；转换部分规则，功能是把深层结构转换成"表层结构"。20 世纪 80 年代，转换生成语法的理论和方法开始引入我国，经过简化手续，变通创造，在汉语语法研究上取得了一定的成就。

系统功能语法从社会学角度出发，强调交际是语言的基本功能。其代表人物是韩礼德（M. A. K. Halliday），代表性著作是《功能语法导论》（1985 年第 1 版，1994 年第 2 版，2004 年第 3 版）。系统功能语法包括两个方面：系统语法和功能语法。系统语法研究的是语言这个系统的构成以及其内部各个子系统的相互联系，功能语法重点研究语法的概念功能、人际功能、语篇功能，用功能的配置来解释语法结构。

语法学还可以分为教学语法和专家语法。中小学学校里所教的语法是教学语法，专家研究的非教学语法是专家语法。

语法学还可以分为普通语法学和个别语法学。普通语法学探讨多种语言普遍存在的语法规律，个别语法学研究一种语言的语法规律，比如英语语法学、俄语语法学、汉语语法学，都是个别语法学。

二、现代汉语语法学

现代汉语语法学是研究现代汉语语言结构规律的科学，研究的对象有现代汉语语素、语素组、词、词组、句子、句组等。

虽然中国人很早就开始研究跟语法有关的个别问题，但总的来说，这些研究是零星的、不成系统的。直到1898年《马氏文通》出版，汉语语法学作为一门学科才得以建立。《马氏文通》借鉴西方语法理论，建立了中国第一个汉语语法学体系。不过，《马氏文通》以古代汉语书面文献作为研究对象，所以它所建立的语法学体系还不算现代汉语语法学体系。

在《马氏文通》出版后的二十多年中，陆续出版了十几种现代汉语语法书，其中以1924年出版的黎锦熙《新著国语文法》影响最大。该书继承了《马氏文通》的许多观点，同时又参考"纳氏文法"，结合现代汉语实际，建立了我国第一个现代汉语语法学体系，成为早期汉语语法学代表性著作。该书的词类分为名词、代词、动词、形容词、副词、介词、连词、助词、叹词九类，这些名称一直使用至今。该书的句子成分分为主语、述语、宾语、补足语等六类，跟后来的六大句子成分内容基本相同。该书将句子为单句、复句两大类。复句分等立复句、主从复句、包孕复句三小类。该书首创图解法分析汉语句子，被后人继承和发展。该书自创"句本位"的语法体系，其以句法控制词法的传统一直沿袭至今。

20世纪30年代中期至40年代，我国掀起了一场语法革新运动，史称"中国文法革新讨论"。在这场运动的推动下，现代汉语语法学取得了新的可喜成果，特别是王力、吕叔湘、高名凯三位语法学家写出了几部重要的汉语语法著作，被称为汉语语法研究的三家新体系。王力《中国现代语法》（1943—1944）所建立的语法体系比较完整、系统、简明，他的另一部著作《中国语法理论》（1944—1945）讨论了不少有关语法研究的原则问题。吕叔湘《中国文法要略》（1942—1944）不重理论的说明，而重规律的揭示；不重体系的构拟，而重事实的叙述，是迄今为止对汉语句法全面进行语义分析的唯一著作。高名凯《汉语语法论》（1948）偏重于思维范畴的表达和句子内部结构关系的分析，哲学气息浓厚，逻辑性强，观点别具一格，自成一家。

1949年中华人民共和国成立，此后现代汉语语法学研究进入了一个新的阶段。教学语法和专家语法都有了新的发展。

在教学语法方面，从1954年起，在教育部的领导下，人民教育出版社成立了汉语编辑室，会同国内众多语法学家，着手拟定全国统一的教学语法体系。这个体系于1956年公布，名称为《暂拟汉语教学语法系统》，这是一个综合了《马氏文通》以来各家各派的语法学说而拟定出来的语法体系，又具有"部颁标准"的性质，一经发表很快就在全国范围内推广开来。它不仅为中小学语法教学提供了依据，也为高等师范院校和一些综合性大学的语法教学提供了参考。从1981年起，大家开始讨论《暂拟汉语教学语法系统》的修订，经过几年的努力，到1984年2月，以人民教育出版社中学语文室的名义在《中学语文教学》上发表了《中学教学语法系统提要（试用）》，后又作了细微的调整，同年由人民教育出版社出版单行本，成为我国教学语法的一个新体系，在学校使用至今。

在专家语法方面，我国语法学家对现代汉语语法的研究不断深入，提出了一些新的语法学说，建立了一些新的现代汉语语法学体系。

朱德熙的"词组本位"语法体系。朱德熙在1981年7月哈尔滨召开的全国语法和语法教学讨论会上，提出建立"一种在词组的基础上描写句法的语法体系"的设想。1982年他的《语法讲义》一书出版，该书运用结构主义语法理论对现代汉语语法进行了全面描写，构拟出一个崭新的"词组本位"语法体系。1985年他的《语法答问》一书出版，又对他的"词组本位"语法体系进行了理论上的进一步探讨。

胡裕树等的"三个平面"语法学说。1981年，胡裕树《现代汉语》修订本出版，书中指出："必须区别三种不同的语序：语义的、语用的、语法的。"1982年，在胡裕树、张斌《句子分析漫谈》一文中进一步指出："虚词的作用也有语义的、句法的和语用的。"1985年，在胡裕树、范晓《试论语法研究的三个平面》一文中明确提出并详细阐述了"三个平面"语法学说，引起了热烈的讨论并产生了积极的影响。

邢福义的"小句中枢"语法体系。1995年，邢福义提出"小句中枢说"，1996年他的《汉语语法学》出版，书中建立了一个具体的"小句中枢"的语法体系。邢福义的"小句中枢说"认为，小句在汉语语法系统中居于中枢的地位，小句所包含的语法因素最为齐备，小句在汉语各类语法实体中处于"联络中心"的位置，小句能够控制和约束其他所有语法实体，为其他所有语法实体所从属所依托。该书的"小句"指单句和分句。词和短语（词组）是小句的构件，复句由两个或几个小句构成。邢福义的"小句中枢"语法体系是现代汉语语法学的重要成果之一。

总的来说，现代汉语语法学还是一门年轻的科学，取得的成果虽然也不少，但需要深入研究的方面更多，需要更多的人作进一步的努力。

三、语法单位和语法结构

(一) 语法单位

语法单位是指跟语法结构相关的有意义的语言单位。汉语语法单位有六种，即：语素、语素组、词、词组、句子、句组。

语素是最小的、音义结合的、用于构词或组成语素组的语法单位。一个语素可以和另一个语素结合而形成语素组，一个语素也可以单独成为一个词，语素独立成词需要相应的语言环境。例如"人"、"民"、"生"、"产"都是最小的具有语音和语义的语法单位，它们都是语素。"人"和"民"组成"人民"，"生"和"产"可以组成"生产"、"产生"，这是语素和语素结合而形成语素组。在"前面来了一个人"、"她去年生了个儿子"两句中，"人"和"生"独立成词。

语素组是语素与语素相组合而形成的、用于构词的语法单位。语素组可以独立成词，也可以再跟别的语素或语素组进一步组合成复杂的语素组，然后成词。语素组独立成词也需要相应的语言环境。前面说到的"人民"、"生产"、"产生"都是语素组，它们可以独立成词，例如在"我爱人民"、"开展生产自救"、"他们之间产生了矛盾"中，"人民"、"生产"、"产生"独立为词。而在"作品的人民性"、"解放生产力"中，"人民"、"生产"是先跟别的语素结合而形成复杂的语素组"人民性"、"生产力"，然后独立成词。

词是最小的、音义结合的、能够独立地用于造句或组成词组的语法单位。大多数词可以和另一个或另几个词结合形成词组，有些词加上句调可以单独成为一个句子。前面已经说到，在一定的语言环境中，语素"人"、"生"，语素组"生产"、"产生"、"人民性"、"生产力"都可以独立成词。作为词，它们可以独立地用于组成词组或造句，作词组或句子的一个成分，如词组"生产自救"、"作品的人民性"、"解放生产力"；句子"我爱人民。""他们之间产生了矛盾。"有时一个词也能成句，如"火！""上！""快！""哎呀！"等等。

词组是词与词相组合而形成的用于造句的语法单位。前面已经说到"生产自救"、"作品的人民性"是词组，它们分别是由"生产"和"自救"、"作品"和"的"和"人民性"组成的，它们可以用于造句，如"他们立即开展了生产自救活动。""作品的人民性是一个不容忽视的问题。"**复**

杂的词组是由词组跟词或者词组跟词组结合而形成的。

句子是以词或词组为直接组成成分、有特定的语气语调、前后被较大的停顿隔开、能表达一个较为完整的语义、用于交际的语法单位。例如："我爱人民。"这一句是由"我"、"爱"、"人民"三个词结合组成的，它的结束处有句号，说明它有陈述语气，有陈述句的语调。句子的前后都有较大的停顿把它跟别的句子隔开，句子具有较为完整的语义，是直接用于交际的语法单位。在"我爱勤劳勇敢的中国人民"一句中，作为句子成分之一的"勤劳勇敢的中国人民"是一个词组，这样的句子虽然也可以认为是词跟词组构成的，但由于词组也是由词与词组合形成的，所以仍可以认为句子是词与词组合形成的。

句组是由前后衔接的两个或两个以上的句子组成的表达一个相对完整意思的语言单位。它既是语法单位，也是篇章段落的结构单位。

（二）语法结构

语法结构是由两个或两个以上语法单位按照语法规律组成的结构体。语素跟语素、语素组跟语素组、词跟词、词组跟词组、句子跟句子、句组跟句组都可以组成语法结构，语素跟语素组、词跟词组、句子跟句组也可以组成语法结构。

语法结构的直接组成成分之间的关系称为**语法关系**，也叫**结构关系**，或**语法结构关系**。语法关系有联合、主谓、动宾、偏正（定中、状中）、中补、连动、重叠、缀合等多种类型。拿语法关系给语法结构命名，语法结构也就有联合结构、主谓结构、动宾结构、偏正结构（定中结构、状中结构）、中补结构、连动结构、重叠结构、缀合结构等类型。现在从语法学的角度解释一下这8种语法结构。

1. 联合结构 联合结构的直接组成成分可以是两个，也可多于两个，直接成分相互之间是同义并列的或反义对比的关系。

2. 主谓结构 主谓结构的直接组成成分是两个，直接成分之间是陈述和被陈述的关系，被陈述的成分在前，叫**主语**，陈述的成分在后，叫**谓语**。

3. 动宾结构 动宾结构的直接组成成分一般是两个，成分之间是支配和被支配的关系，前面成分支配后面成分。前面支配的成分叫**动语**，后面被支配的成分叫**宾语**。

4. 偏正结构 偏正结构的直接组成成分是两个，成分之间是修饰和被修饰的关系，修饰成分在前，被修饰成分在后。偏正结构分定中结构、状中结构两类。定中结构由**定语**和**中心语**构成，状中结构由**状语**和**中心语**

5. 中补结构 中补结构的直接组成成分是两个，后面的成分补充说明前面的成分。前面的成分叫**中心语**，后面的补充成分叫**补语**。

6. 连动结构 连动结构的直接组成成分可以是两个，也可以多于两个，每个成分表示一个动作，前面成分表示的动作在先，后面成分表示的动作在后。

7. 重叠结构 重叠结构的直接组成成分是相同的，可以是两个，也可以多于两个。

8. 缀合结构 缀合结构也叫派生结构，它跟上述各种结构不同。缀合结构的直接组成成分一实一虚，虚的附着在实的上，实的有词汇意义，虚的仅有语法意义。

下面以合成词、词组为例，列表举例如下。

结构类型		合成词			词组
联合结构		灯火 开关 呼吸 讲授 奇怪 美丽			聪明伶俐 老师学生 唱歌跳舞 有说有笑
主谓结构		地震 兵变 胆怯 霜降 年轻 自觉			物产丰饶 品质优良 比赛开始 我去
动宾结构		领队 列席 开心 到底 失踪 司机			歌唱祖国 去北京 写文章 下雨
偏正结构	定中结构	名人 信箱 皮鞋 旅客 冰糖 红茶			木头房子 谁的手机 清醒的头脑
	状中结构	闷热 肤浅 笔直 倾销 筛选 函授			已经知道 这样做 去年出生 十分漂亮
中补结构		说明 推翻 扩大 布匹 车辆 纸张			讲清楚 洗干净 好起来 说得清清楚楚
连动结构		查封 盗卖 报销 剪贴 提审 承办			上街买菜 去唱歌 骑摩托车去追 来看戏
重叠结构		哥哥 姐姐 星星 仅仅 刚刚 常常			好多好多 快来快来 很重要很重要
缀合结构		老虎 老鼠 阿姨 帽子 房子 花儿			对于这件事 关于他 卖肉的 买菜的

除了上述 8 种语法结构外，还有"数量结构、同位结构、兼语结构"等，将在以后相应的部分讲述。

各级语法单位的结构有较多的一致性，但也有各自不同的地方。

思考和练习一

一、什么是语法学？它有哪些种类、哪些学派？

二、在汉语语法学创建初期，现代汉语语法学的代表性著作是哪一本？

三、中华人民共和国建立后，我国中小学的教学语法体系是如何发展的？

四、举一两个例子说明近30年来我国语法学家在语法研究方面提出的一些新体系。

五、语法单位有哪几种？举例说明。

第二节　现代汉语语素

一、什么是语素

语素是最小的音义结合的用于构词或组成语素组的语法单位。

所谓"最小的音义结合定型的用于构词的语法单位"，一是说它有"语音"，可以读出来；二是说它有"意义"，可以把它的意义解释出来；三是说它的语音跟语义相结合且已固定下来；四是说它在各级语法单位中是"最小"的；五是说它的功用是"构词"，它是构词单位。比如说，语音为"rén"，意义为"能制造工具并使用工具进行劳动的高等动物"，语音与语义结合，写作"人"，它在"人民"、"人为"、"工人"等组合形式中是"最小的语音语义相结合的语法单位"，那么它就是一个"语素"。再如语音为"pútáo"，语义为"一种落叶藤本植物，一种常见的水果"，音义结合，写作"葡萄"，它是一个语素。"葡萄"可以独立成名词，也可以在"葡萄干"、"葡萄糖"、"葡萄酒"等组合形式中以一个"语素"的身份跟语素"干"、"糖"、"酒"等继续组合。

语素这一术语，在前一章已经涉及。为了加深对它的认识，在这里我们再分析一下汉字跟语素的关系。

在汉语中，每一个语素都可以用汉字（一个汉字或几个汉字）写出来，但并不是每一个汉字都是一个语素。汉字跟语素的关系是：

1. 一个汉字只表示一个语素，如：

骏（jùn，好马）　　铠（kǎi，铠甲）
扩（kuò，扩大）　　痨（láo，痨病）
删（shān，去掉）　　拯（zhěng，救）
愉（yú，愉快）

2. 一个汉字表示多个语素，如：

[花] 花¹：种子植物的花朵。
　　 花²：耗费。
[料] 料¹：预料。
　　 料²：照料。
　　 料³：材料。
[聊] 聊¹：姑且、略微。
　　 聊²：依赖、凭借。
　　 聊³：聊天。

3. 有的汉字不表示一个语素，只表示多音节语素中的一个音节。如"彳"、"亍"、"蟋"、"蟀"等字都不表示一个语素，"彳亍"、"蟋蟀"两字才表示一个语素。

4. 有的汉字在一定的场合表示一个语素，在另一场合不表示一个语素。如"布"，在"布帛"、"布匹"、"布料"等词中"布"是一个语素，在"公布"、"布置"、"布告"等词中"布"也是一个语素，但在"布尔什维克"、"布达拉宫"、"布拉吉"等词中"布"不是一个语素。

二、语素的语法分类

从语法角度来看，汉语语素可分为成词语素和不成词语素两类。在前一章我们已经从词汇的角度学习过这两个术语，现在再从语法角度作一些更深入的分析。

成词语素　成词语素具有在一定的语言环境中单独成为单纯词的特性，同时也具有跟别的语素组合的共性。成词语素有以下12类。

名语素，是可以成为名词的语素，如"山、水、天、人、米、油、葡萄、坦克、白兰地"等。

动语素，是可以成为动词的语素，如"吃、唱、跳、睡、打、看、徘徊、徜徉、叮咛、怂恿"等。

形语素，是可以成为形容词的语素，如"大、小、多、少、高、低、长、短、伶俐、淋漓、慷慨、崎岖"等。

数语素，是可以成为数词的语素，如"一、二、三、四、五、六、七、八、九、十、半、零"等。

量语素，是可以成为量词的语素，如"个、条、颗、枝、斤、两、尺、寸、克、吨、亩、套、副"等。

代语素，是可以成为代词的语素，如"你、我、他、谁、这、那、几、怎"等。

副语素，是可以成为副词的语素，如"最、很、极、仅、总、才、刚、又、也、曾、再、勿、未、岂"等。

介语素，是可以成为介词的语素，如"于、向、由、从、当、为、把、将、以"等。

连语素，是可以成为连词的语素，如"而、可、却、和、与、或、但、虽、既、因、故、况、纵"等。

助语素，是可以成为助词的语素，如"着、了、过、啊、呢、吗、吧、么、罢、的、所、之"等。

叹语素，是可以成为叹词的语素，如"唉、啊、哟、哇、喂、哦、唔、咦、嗯、哎呀、哎哟"等。

拟声语素，是可以成为拟声词的语素，如"咚、哐、砰、嗡、噗、咣、叭、叮咚、唧唧"等。

不成词语素 不成词语素不能单独成为一个词，它必须跟别的语素组合成语素组然后才能成词。根据它在跟别的语素组合时所处的位置，不成词语素可以分为两类，一类是不定位的不成词语素，另一类是定位的不成词语素。

不定位的不成词语素，是说它跟别的语素组合时，位置可前可后。如语素"陋"，在"简陋"、"丑陋"、"粗陋"等组合中位置在后，在"陋习"、"陋室"、"陋俗"等组合中位置在前。再如：

伟：伟大、伟人、伟岸、伟业、伟力
　　雄伟、魁伟、宏伟、奇伟

丽：丽人、丽日、丽质
　　秀丽、壮丽、美丽、俏丽、瑰丽、绚丽

器：器具、器物、器皿、器械、器材、器官
　　机器、瓷器、铁器、木器、兵器、乐器、消化器

不定位的不成词语素也可以分成名语素、动语素、形语素等类别。如"伟"、"丽"是形语素，"器"是名语素。

给不定位的不成词语素作语法分类，主要依据它在复合词中跟别的语素

结合的功能，和在结合过程中表现出来的语法意义。

定位的不成词语素，是说它跟别的语素组合时，位置是固定的，或只能在前，或只能在后。这类语素为数甚少。

跟别的语素组合时，位置只能在前的不成词语素，有"阿爸、阿爹、阿哥、阿弟、阿姨、阿婆"等组合中的"阿"，"第一、第二、第三、第四、第五、第十六"等组合中的"第"，"初一、初二、初三、初四、初十"等组合中的"初"，"老大、老二、老王、老赵、老鼠、老鹰、老虎"等组合中的"老"等。

需要注意的是，"初版、初创、初稿、初选"等组合中的"初"，"老本、老到、老路、老前辈、老黄牛"等组合中的"老"都不是这种位置只能在前的不成词语素。

跟别的语素组合时，位置只能在后的不成词语素有"刀子、孩子、骗子、车子、房子、胖子、凿子、垫子、夹子"等组合中的"子"，"石头、木头、甜头、苦头、念头、看头、想头"等组合中的"头"，"花儿、鸟儿、盆儿、罐儿、错儿、好儿、盖儿、拍儿、画儿"等组合中的"儿"，"盐巴、嘴巴、尾巴、泥巴"等组合中的"巴"，"安然、昂然、偶然、飘然、突然、忽然、仍然"等组合中的"然"，"绿化、美化、大众化、现代化"等组合中的"化"，等等。

需要注意的是，"学子、棋子、蚕子、鱼子、瓜子、松子"等组合中的"子"，"猪头、工头、领头、布头、烟头、粉笔头"等组合中的"头"，"男儿、女儿、婴儿、幼儿、少儿"等组合中的"儿"，"锅巴、大巴、中巴"中的"巴"都不是这种位置只能在后的不成词语素。

三、现代汉语语素组

从语法的角度看，语素跟语素组合形成语素组。

从前一章我们已经知道，"人民、生产、草帽、马路、浅红、淡黄、说明、澄清、司机、管事、国营、地震、来访、查封、星星、哥哥"这一类词是由两个语素构成的，它们内部有联合、偏正、中补、动宾、主谓、连动、重叠等结构关系。从语法的角度来看，以上这些词是由两个语素先组成具有联合、偏正、中补、动宾、主谓、连动、重叠等结构关系的语素组，然后再独立成词的。**语素组是由语素与语素相组合而形成的用于构词的语法单位。**

语素组可以独立成词，也可以再跟别的语素或语素组进一步组合成复杂的语素组，然后成词。比如：语素组"生产"是由语素"生"与语素"产"组合形成的，它一方面可以在特定的语言环境中独立成词，如"努力生产"、"生产出更多更好的产品"中的"生产"；另一方面"生产"也可以继续跟别的语素或语素组构成复杂的语素组，例如"生产力"、"生产关系"、"再生产"、"生产率"、"生产线"、"生产队"等，在这些复杂的语素组中，"生产"则只是语素组而不是词。因此，从语法的角度来说，语素与语素相组合形成的是语素组，这个语素组可以独立成词，也可以只是复杂语素组中的一部分。是词不是词，要由它所在的语言环境来决定。

由两个语素组成的语素组，内部只有一层语法关系，是简单语素组。简单语素组内两个语素之间的关系有主谓、动宾、偏正、中补、联合、重叠、数量、缀合等，因此可以把它们分为主谓语素组、动宾语素组、偏正语素组等类型。例如（括号内是这些语素组再参与组成复杂语素组的一种情形）：

1. 主谓语素组

地震（～波）　电流（～表）　电动（～机）　自动（半～）
自耕（～农）　地动（～仪）　民主（～化）　公有（～制）
国有（～化）　人造（～棉）　胆小（～鬼）

2. 动宾语素组

望远（～镜）　亡国（～奴）　忘年（～交）　变压（～器）
播种（～机）　除草（～剂）　无线（～电）　吸墨（～纸）
上班（～族）　登陆（～艇）　试金（～石）　垫脚（～石）

3. 偏正语素组

(1) 定中式

生物（微～）　万事（～通）　乌纱（～帽）　小数（纯～）
高压（超～）　牛皮（～纸）　白唇（～鹿）　开水（白～）

(2) 状中式

外来（～语）　中继（～站）　粗制（～品）　侧视（～图）
常备（～军）　不像（四～）　底栖（～生物）

4. 中补语素组

舶来（～品）　见得（不～）　晓得（天～）　照明（～弹）
过来（～人）　说明（～文）　议定（～书）　传出（～神经）

5. 联合语素组

寒暑（~表）　　草木（~灰）　　文字（~狱）　　测量（~学）
错别（~字）　　悲喜（~剧）　　风雨（暴~）　　兄弟（把~）
家庭（大~）　　芳香（~族）　　收发（~室）

6. 重叠语素组

碰碰（~车）　　翘翘（~板）　　面面（~观）　　拉拉（~队）
团团（~转）　　担担（~面）　　毛毛（~雨）　　好好（~先生）

7. 数量语素组

百分（~数）　　五步（~蛇）　　万户（~侯）　　二年（~生）
三句（~半）　　七言（~诗）　　十滴（~水）　　八面（~锋）
千里（~马）　　一条（~龙）

8. 缀合语素组

（1）后加式

把子（拜~）　　木头（~人）　　垫子（草~）　　果子（~酒）
猫儿（~眼）　　哥儿（~们）　　把儿（刀~）　　味儿（对~）

（2）前加式

老婆（小~）　　老虎（纸~）　　老大（船~）　　老爷（姑~）
第三（~者）　　第五（~纵队）　第四（~纪）

由三个或三个以上语素组成的语素组，内部不止有一层语法关系，是复杂语素组。复杂语素组是由语素组跟语素或语素组跟语素组组合而成的。它们是逐层组合的，因此，我们可以用层次分析法分析它的结构层次，如：

无后坐力炮　　　　科学发展观

"无后坐力炮"、"科学发展观"都是偏正语素组。

思考和练习二

一、什么是语素？举例说明成词语素和不成词语素的区别。

二、举例说明词根"子、儿、头、巴"和词缀"子、儿、头、巴"的区别。

三、在下列各词中的"老"、"化"，哪些是定位的不成词语素，哪些不是?
老本　老旦　老爹　老调　老公　老几　老师　老乡　老者
熔化　消化　美化　净化　现代化　特殊化　火化　数理化

四、在什么语境中下列语素组是词？在什么语境中下列语素组是复杂语素组中的一部分？各举一例说明。
化学　阶级　水平　水银　武昌　音乐　柴油　产业　老虎

第三节　现代汉语词类

一、什么是词

词是最小的、音义结合的、能够独立地用于造句或组成词组的语法单位。

作为语法单位，它都有自己确定的读音和意义，而且它的读音和意义的结合是定型化的。作为语法单位，词可以"独立地用于造句或组成词组"，也就是说，它可以独立地充当句子或词组的一个成分。比如：

（1）我们热爱祖国。

这一句是由"我们"、"热爱"、"祖国"3 个词组成的，这 3 个词是独立运用于造句的最小的语言单位。这 3 个词还可以独立运用于别的句子中，例如：

（2）人民热爱祖国。

（3）强大的祖国作我们的坚强后盾。

例（2）是由"人民"、"热爱"、"祖国"3 个词组成的，例（3）是由"强大"、"的"、"祖国"、"作"、"我们"、"的"、"坚强"、"后盾"8 个词组成的。

从语法的角度来看，例（3）也可以被认为是由"强大的祖国"、"作我们的坚强后盾"两个成分组成的，"强大的祖国"和"作我们的坚强后盾"是词组。"强大的祖国"是由"强大"、"的"、"祖国"3 个词组成的，"作我们的坚强后盾"是由"作"、"我们"、"的"、"坚强"、"后盾"5 个词组成的。由此可以说，词也是最小的独立用于组成词组的语言单位。

要注意词与语素、语素组的区别，比如：

（4）人不能离群索居。

（5）我们热爱人民。

(6) 我们要爱护人民币。

在例（4）中，"人"是一个词，在例（5）中，"人"是一个语素，"人民"是一个词，在例（6）中，"人民"是语素组，"人民币"是一个词。

还要注意词与词组的区别。一般来说，词和词组是比较易于区别的，比如单纯词"大"、"小"、"上"、"下"、"葡萄"、"彷徨"、"参差"等，谁也不会认为它是词组。但是，有些合成词则可能跟词组混淆。比如"大车"，《现代汉语词典》解释为"牲口拉的两轮或四轮载重车"，这显然是一个词。"大车"作为一个词，语言中还有"小大车"的说法，意思是"小的大车"。但在下面的句子中，情况就不同了：

(7) 他家买了一大一小两辆自行车，大车爸爸骑，小车儿子骑。

在例（7）中，"大车"是一个词组，是"大的车子（大的自行车）"的意思。在一些驾驶员谈话时，也常说"他开小车，我开大车"，这里的"大车"也是"大的车子（大的汽车）"的意思，也是一个词组。再如在"你的来信我已经收到了"中，"来信"是一个词，在"你到了北京就给我们来信，免得你妈妈牵挂"中，"来信"是一个词组。

区分词与语素、语素组、词组的最终的决定性的因素是语境。在不同的语言环境里，词和语素、语素组、词组可能具有同一种读音和同一种写法，只有联系具体的语言环境，才能把词和语素、语素组、词组区分开来。

二、什么是词类

词是可以从不同角度分类的。比如，从语音的角度可以把词分为单音词、双音词、多音词等，从语义的角度可以把词分为单义词、多义词，或者褒义词、贬义词等。但这样分出来的类别，都不是语法学上讲的词类。语法学上讲的**词类，是词的语法分类**。

语法上给词分类，建立词类系统，主要考虑三个方面。第一是词的语法功能。"词的语法功能"包括两个方面。一是它作句法成分的能力以及这种能力的大小，如它能做什么成分，不能作什么成分，主要作什么成分，次要作什么成分，常作什么成分，不常作什么成分，等等；二是它跟别的词的组合能力，如能否受"很"修饰、能否受数量词组修饰、能否带"着、了、过"等。第二是词的语法意义，人们总结出来的词的语法意义，包括表示名称、表示动作、表示性质、表示数目、表示单位、表示介引、表示连接等等。语法意义是人们对词类本质属性的归纳和揭示，在划分词类时具有重要的参考作用。第三是语法分析的需要。划分词类是为了"语法分析的需要",是为了"讲语句结构"①。因此可以说,**各种语法书上的词类系统都是综合考虑词的语法功能和语法意义并基于语法分析的需要而建立起来的**。它们是客观语言实际与人们主观意志结合的产物。

词类是一种范畴。从理论上说,范畴是由范畴成员的共有特性来界定的,一个词如果具备了某范畴成员所必需的全部特性,则它属于该范畴,否则就不属于该范畴。但是事实往往有很多例外,有些词类中的成员并不具备该范畴成员所必需的全部特性,只具备该范畴成员的共有特性中的一部分特性。这就告诉我们,对于一个具体的词类来说,它的成员是有差别的,有典型成员,也有非典型成员。**词类的典型成员具备该词类成员所必需的全部特性,非典型成员只具备该词类成员所必需的部分特性。**

每种词类都有它的典型成员,也有它的非典型成员。典型成员和非典型成员的语法功能是有区别的。比如名词这个类中,典型成员都具备作主语、作宾语、受数量词组限制的功能,如"人、鱼、钢笔、桌子"等,它们是名词类的典型成员。另有一些成员如"民心、年华、赤子"等则不能受数量词组限制,它们是名词类的非典型成员。形容词中,典型成员都具备作谓语、作定语、受程度副词限制的功能,但有些非典型成员不能受程度副词限制,如"笔直、雪白、冷冰冰"等。

不同词类的典型成员在语法功能和语法意义上的差别比较明显,不同词类的非典型成员在语法功能和语法意义上的差别则可能比较模糊。各类词的非典型成员,是以该词类的典型成员为参照,通过比较,在确定了它与典型成员有足够的相似性之后归入该词类的。

三、汉语词类系统简述

西方语法很早就开始区分词类。我国则是从 19 世纪末《马氏文通》出版才有了词类的区分。《马氏文通》参照西方语法区分词类的做法,结合汉语实际,把古代汉语的词(字)分为名字、代字、静字、动字、状字、介字、连字、助字、叹字 9 类。一般认为,它是在西方语法词分 8 类的基础上,增加了为"华文所独"的"助字"一类。这是我国学者提出的第一个汉语词类系统,是一个古代汉语的词类系统。

---

① 吕叔湘指出:"为什么要给词语分类……回答是主要为了讲语句结构。"(《汉语语法分析问题》,商务印书馆 1979 年版,第 32 页)

1924年出版的黎锦熙《新著国语文法》,是继《马氏文通》之后在汉语语法学史上具有重大意义的又一部著作,它继承《马氏文通》的传统,又吸收了《马氏文通》之后的汉语语法研究成果,把现代汉语的词分为名词、代名词、动词、形容词、副词、介词、连词、助词、叹词9类。这是一个影响很大的现代汉语词类系统。

20世纪50年代,为了编写中学《汉语》教材的需要,从1954年起,在教育部的领导下,人民教育出版社中学汉语编辑室组织数十位语法学家一起讨论,集体制定了"暂拟汉语教学语法系统",1956年公布。其词类分为名词、动词、形容词、数词、量词、代词、副词、介词、连词、助词、叹词11类,比黎锦熙《新著国语文法》增加了数词、量词两类。这是一个更加成熟、更加有影响的现代汉语词类系统,在全国中学使用了近30年。

1984年,人民教育出版社中学语文室公布了根据1981年"全国语法和语法教学讨论会"上确定的原则起草、经过广泛征求意见和多次修改、经有关部门和顾问审订定稿的《中学汉语教学语法提要(试用)》,其词类分为名词、动词、形容词、数词、量词、代词、副词、介词、连词、助词、叹词、拟声词共12类,比"暂拟汉语教学语法系统"增加了拟声词1类,成为又一个有广泛影响的词类系统。

20世纪80年代以来,许多语法学家对词类作了具体的深入的研究,在12类的基础上提出了许多新的意见。有的从名词中分出方位词、处所词、时间词,有的从动词中分出助动词,有的从形容词中分出区别词(属性词)、状态词,有的从助词中分出语气词等。如果把方位词、处所词、时间词、助动词、区别词、状态词、语气词独立成跟名词、动词等平列的类,那么现代汉语的词类就有近20类。

2005年出版的《现代汉语词典》第5版,在对词条标注词性时,把方位词、时间词、助动词、趋向动词、属区别词、状态词、状态词视为名词、动词、形容词的附类,这样就维持了名词、动词、形容词、数词、量词、代词、副词、介词、连词、助词、叹词、拟声词12类的词类系统。《现代汉语词典》标注的词类,是先后召开三次有许多专家学者参加的研讨会、在充分吸收专家意见的基础上制定出来的,这也说明,12类的现代汉语词类系统具有广泛的代表性和可接受性。

习惯上,汉语的这12类词可以分成实词和虚词两大类,**能单独作句法成分的是实词,不能单独作句法成分的是虚词**。12类词中,名词、动词、形容词、数词、量词、代词、副词、叹词、拟声词9类是实词,介词、连词、助词 3 类是虚词。

本书采用具有广泛的代表性和可接受性的 12 类的词类系统，而把时间词、方位词视为名词的特殊小类，把能愿动词（助动词）、趋向动词、判断词视为动词的特殊小类，把区别词、状态词视为形容词的特殊小类，把语气词仍称为语气助词，作为助词的次类（下位类型）。

本教材虽然采用 12 类的词类系统，但由于加强了对区别词、状态词、语气词 3 个特殊小类的论说，所以跟胡裕树《现代汉语》的 13 类系统（有"语气词"）、黄伯荣、廖序东《现代汉语》、邵敬敏《现代汉语通论》的 14 类系统（有"语气词、区别词"）、北大中文系现代汉语教研室《现代汉语》的 15 类系统（有"语气词、区别词、状态词"）实际上是相容的。

下面逐一介绍本教材词类系统的 12 类词。

四、现代汉语实词

（一）名词

名词的语法意义是表示人或事物的名称。例如：

老师　干部　父亲　人类　鲁迅　工程师　　　（表示人的名称）
学校　教室　土地　衣服　鱼　计算机　　　（表示具体事物的名称）
思想　精神　纪律　关系　友谊　积极性　　　（表示抽象事物的名称）
现在　刚才　昨天　去年　夏天　早晨　傍晚　（表示时间的名称）
上　下　左　右　东　西　上面　旁边　前面　（表示方位的名称）

表示人和具体事物、抽象事物、时间、方位等名称的词都是名词。

名词具有以下语法功能：

1. 名词一般都能作主语、宾语。例如"猫捉老鼠。""武松打虎。""小学生学电脑。"其中的"猫"、"老鼠"、"武松"、"虎"、"小学生"、"电脑"是名词。

2. 名词一般都能作定语、作中心语，例如"外婆的澎湖湾"、"现在的大学生"等。其中的"外婆"、"澎湖湾"、"现在"、"大学生"是名词。

3. 名词一般不能作谓语，但有少数表示节令、籍贯、天气之类的名词能在一些短句子中直接作谓语，如"明天清明"、"后天国庆节"。名词一般不作状语，但表示时间、地点等的名词能作状语，如"明天见"、"北京见"。

名词跟动词、形容词的重要区别有两个方面。一是名词一般能受表示名量的数量词组的限制,如"一张纸"、"三条鱼"、"一筐水果"等。二是名词一般不能受副词的修饰,例如不能说"不猫"、"很老鼠"、"忽然电脑"等。当然也有例外,比如有少数名词不受数量词组的限制,如"民心、年华、赤子"等,也有极少数名词在特定情况下受副词修饰,比如"后天就国庆节了",等。

时间词、方位词是名词的特殊小类。

时间词是表示时间名称的词。时间词能够作"在"、"到"、"等到"的宾语,并且能用"这个时候"、"那个时候"指代。例如:

白天　夜里　早晨　中午　傍晚　晚上　深夜　午夜
刚才　现在　过去　将来　明天　今天　去年　从前
2008年　秋天　宋朝　元旦　春节　正月

方位词是表示方向或位置名称的词。方位词大多能够作"往"、"朝"的宾语,或者附着在某些实词或词组后面组成词组作"往"、"朝"、"在"、"到"的宾语。方位词可以分成单纯方位词和合成方位词两类。单纯方位词包括"上、中、下、前、后、左、右、东、西、南、北"等。合成方位词有:"上边、上面、上头、当中、中间、下边、下面、下头、前面、前头、后面、后头、左边、右边、旁边、东面、西面、南面、北面"等。

(二) 动词

动词的语法意义是表示人或事物的动作、行为或变化、存在等。例如:

唱　跳　吃　说　批评　讨论　学习　　　　　(表示动作、行为)
恨　爱　喜欢　讨厌　盘算　害怕　想念　　　(表示心理活动)
发生　发展　成长　死亡　改变　融化　　　　(表示发展、变化)
存在　有　出现　消失　呈现　　　　　　　　(表示存现、消失)
能够　愿意　应该　能　应　该　　　　　　　(表示能够、愿意、应该)
去　来　进去　起来　下去　上来　　　　　　(表示趋向)
是　　　　　　　　　　　　　　　　　　　　(表示判断)

动词具有以下语法功能:

1. 作谓语。如"我说。""他知道。"其中的谓语"说"、"知道"都是动词。

2. 动词大多能够带宾语,如"讨论几个问题","学习新的知识","想念自己的战友"等。其中的"讨论"、"学习"、"想念"是动词,"几个问题","新的知识","自己的战友"是宾语。**能够带宾语的动词叫做"及物动词"**。及物动词在具体的语言环境中也可以不带宾语,如"下午讨论"、"这些问题不再讨论"、"好好学习"等。**不能带宾语的动词叫做"不及物动词"**，如"睡觉、考试、咳嗽、生活、劳动、合作、约会、毕业"等。

3. 在特定条件下，多数动词也可以作主语、宾语、定语、状语、中心语。

动词跟名词、形容词的重要区别在于：1. 大多数动词能带宾语，凡是能带宾语的词肯定是动词；2. 大多数动词可以后带"着、了、过"表示动态；3. 大多数动词不受程度副词"很"、"太"等的修饰。但也有例外，比如有些动词（不及物动词）不能带宾语，有些动词（例如表示心理活动的动词、能愿动词）可以受程度副词"很"、"太"等的修饰。

能愿动词、趋向动词、判断动词是动词的几个特殊小类。

能愿动词是可以用于其他动词前面表示能够、愿意、应该的动词。它的前面加上否定词"不"就表示不能够、不愿意、不应该。能愿动词可分 3 个小类：

表示可能的：能　能够　可能　可　会　可以
表示愿意的：愿　愿意　肯　要
表示应该的：应　该　应该　应当　得（děi）

能愿动词可以单独作谓语，或者受副词修饰而作中心语，但不能带名词性宾语，不能带助词"着、了、过"。能愿动词的特殊性在于能单独或以"×不×"形式作表示衡量、评议的状语，如"他能来。""你能不能准时到？"

趋向动词是可以用于动词后面表示趋向的动词。有单纯的和复合的两类。复合趋向动词是由两个单纯趋向动词构成的。

	上	下	进	出	回	过	开	起
来	上来	下来	进来	出来	回来	过来	开来	起来
去	上去	下去	过来	出去	开来	过去	开去	

趋向动词可以单独作谓语，或者受副词修饰而作中心语。它的特殊性在于它常常用于动词后面表示趋向，作补语。

判断动词是表示判断的动词。典型的判断动词只有一个"是"。不典型的判断动词有"为"、"即"、"系"等，不典型的判断动词多用于书面语。

判断动词"是"用在判断句中，如"鲁迅是伟大的文学家。"它也可以受状语的限制而作中心语，如"过去是，现在也是。"但是它不能带助词"着、了、过"表示动态。

（三）形容词

形容词的语法意义是表示人或事物的形状、性质或状态。例如：

大　小　长　短　肥胖　矮小　高大　瘦弱
坏　安全　伟大　优秀　勇敢　昂贵　豪华
安静　高兴　愉快　通红　红通通　沉甸甸

形容词具有以下语法功能：

1. 大部分能作定语。如"美丽的花朵"，"伟大的人民"，"红通通的太阳"，"笔直的大路"等。其中的定语"美丽"、"伟大"、"红通通"、"笔直"是形容词。

2. 大部分能作谓语。如"语言生动"，"成绩优秀"，"身材魁伟"等。其中的谓语"生动"、"优秀"、"魁伟"是形容词。

3. 作中心语。"很生动"、"比我好"、"非常优秀"等，其中的中心语"生动"、"好"、"优秀"是形容词。

4. 有许多形容词能作状语、补语，在特定条件下，有一些形容词也可以作主语、宾语。

形容词跟名词、动词的重要区别是：形容词一般都能受程度副词"很"、"太"、"非常"、"更"修饰，而名词、动词不能。但也有例外，如"冰凉"、"雪白"、"笔直"等形容词，本身已表示某种状态和程度，所以不能再受程度副词修饰。

形容词有两个特殊小类。

1. 区别词。区别词的语法意义是表示人或事物的特定属性，所以又叫属性词。区别词不能单独作谓语，所以又叫"非谓形容词"。例如：

男　女　野生　袖珍　家养　大型　小型　双边　多年生
假性　急性　上等　下等　头等　特等　特级　超级　初级
临时　有形　有机　急性　应用型　复合型　世界性

区别词的语法功能主要有两个方面。一是作定语，例如"男学生、女学生、野生蘑菇、袖珍词典"；二是加"的"组成"的"字词组，例如"男的、女的、野生的、袖珍的"。区别词作主语、宾语限于对举的，如"急性转成了慢性"、"男女不限"、"不分男女"。这时候"急性"相当于"急性的（病）"、"慢性"相当于"慢性的（病）"、"男"相当于"男的"，"女"相当于"女的"。

区别词不能受程度副词"很、太、非常"等的修饰，也不受否定副词"不"的限制。它不能单独作谓语或谓语中心，也不能作补语。

2. 状态词。状态词的语法意义是表示人或事物呈现出来的状态。例如：

飞快　雪白　火热　煞白　死沉　笔直　通红　崭新
香喷喷　亮晶晶　静悄悄　恶狠狠　绿油油　甜丝丝
糊里糊涂　干干净净　漂漂亮亮　大大方方　端端正正
堂堂正正　黑咕隆咚甜不丝儿　灰不溜秋　白不呲咧

从形式上看，状态词跟一般形容词是有些联系的，如"飞快、雪白、火热"等是"比况成分+单音节形容性语素"，"快、白、热"单用时是形容词。"香喷喷、亮晶晶、糊里糊涂、干干净净、漂漂亮亮"等是形容词的变化形式或重叠式，"香、亮、糊涂、干净、漂亮"原本是形容词。

状态词的语法功能是，大多数状态词都可以作定语、谓语，多数情况下要后加"的"。如"雪白的衬衣"、"他的衬衣雪白"、"静悄悄的教室"、"教室里静悄悄的"、"这里的黎明静悄悄"、"灰不溜秋的床单"、"床单灰不溜秋的"。一半以上的状态词可以作补语（限于带"得"的补语），如"跑得飞快"、"脸涨得通红"等。

状态词不能受程度副词"很、太、非常"的修饰，因为它本身已带有表示某种状态和程度的成分，它也不受否定副词"不"的限制。

(四) 数词

数词的语法意义是表示数目，数目包括基数和序数。

表示基数的，如"一、二、三、四、五、六、七、八、九、零（〇）、十、百、千、万、亿"等。其中"一、二、三、四、五、六、七、八、九、零（〇）"是系数词，"百、千、万、亿"等是位数词。"十"前面有系数词时，它是位数词；"十"前面没有系数词时，它是系数词。系数词跟位数词组成复合基数词，如"四十"、"二百"、"三万五千六百四十二"等。

表示序数的，一般形式是"第……"，如"第一、第二、第三、第一〇五（页）、第一二〇（号）"等。在特定情况下，"第"字可以不用，如"二哥、三弟、五楼、六〇五次"中的"二、三、五、六〇五"。在文章中表示顺序编号时可以不用"第"，如"一、二、三、四……"。其他表示序数的词有阿拉伯数字"1、2、3、4……"，天干序数"甲、乙、丙、丁……"等。

数词具有以下语法功能。

数词最主要的语法功能是跟量词一起组成数量词组。如"五条"、"七斤"、"一把"、"第一回"、"第三次"等。这是数词的本质功能。

基数词单独作定语的情况很少，往往是由于语用上的需要而省去了可以省略的量词，如"睁一（只）眼，闭一（只）眼"、"一（只）手拿枪，一（只）手拿笔"，省去量词更简洁。还有"这一阶段"、"那一阶段"、"前一阶段"等。也有一些是不便于使用量词的，如"两姐妹"、"三兄弟"、"七昼夜"等。

小数、分数、概数也是基数词。例如小数"0.14"、"30.7"等，分数"1/2"、"7/30"等，概数"七八（座）"、"三四（个）"、"十七八"、"七八十"、"二三百"等。

用阿拉伯数字"1、2、3、4……"等记数有方便之处。中华人民共和国国家标准"出版物上数字用法的规定"要求：

（1）统计表中的数值，如正负整数、小数、百分比、分数等，必须使用阿拉伯数字，如："48、302、-2、34.5%、1/4、2/5"等。

（2）定型的词、词组、成语、惯用语，或具有修辞色彩的词语中作为语素的数字，必须用汉字，如"一律、一方面、十滴水、三叶虫、二万五千里长征、不管三七二十一、相差十万八千里、第一书记、第四方面军、十三届四中全会"等。

（3）凡是可以使用阿拉伯数字而且又很得体的地方，特别是当表示的数目比较精确时，均应使用阿拉伯数字。遇特殊情况，或者为了避免歧解，可以灵活变通，但全篇体例应相对统一。

（五）量词

量词的语法意义是表示人或事物或动作行为的计数单位。

量词所表示的计数单位，可以分为两类。一类是人或事物的计数单位，这类量词叫名量词；另一类是动作行为的计数单位，这类量词叫动量词。

名量词表示人或事物的计数单位。例如：

表示个体的，如"个、只、本、张、条、头、匹、架、把、根、台、项、件、艘、间、栋、辆、块"等。

表示集体的，如："副、对、双、套、打、群、批、伙、班、堆、捆、排、帮"等。

表示度量衡的，如"米、分米、厘米、毫米、微米、千米、公里、海里、克、千克、公斤、吨、亩、公顷、平方米、立方米、升、毫升、元、角、瓦、千瓦、度、分贝"等。

有些量词是专用的，有些量词是借用的。

借自名词的，如"一桶水"的"桶"，"一壶酒"的"壶"，"一盆花"的"盆"，"一碗饭"的"碗"，"一屋子人"的"屋子"等等。

借自动词的，如"一捧花"的"捧"，"一挑水"的"挑"，"一封信"的"封"，"一捆书"的"捆"，"一堆土"的"堆"等等。

动量词表示动作的计数单位。动量词也有专用的和借用的分别。专用的动量词，如"次、回、下、遍、顿、遭、阵、趟、番、通、场"等。借用的动量词，如"看一眼"的"眼"，"踢一脚"的"脚"，"打了几枪"的"枪"，"砍了一刀"的"刀"等。

表示时间的量词，如"天、日、时、小时、分钟、秒钟"等用于计算动作的久暂，是动量词。

复合量词是由两三个不同的量词复合而成的。一类是两个名量词复合而成的，如"件套、台套、台件、篇本、篇部"等，它们用于计算同类事物，含有"或"的意思。另一类是名量词与动量词组成的，如"架次、人次、辆艘次"等。

量词的语法功能是跟数词组成数量词组。如"一本"、"三次"等。这是量词的本质功能。

量词前面的数词一般不能省略，只有下列两种情况是例外。一是数词为"一"且前面有指示代词"这"或"那"时，数词"一"可以不出现，如"这一本书～这本书"、"这一堂课～这堂课"、"那一篇文章～那篇文章"、"那一间教室～那间教室"。二是数词为"一"且前面有动词时，数词"一"有时也可以不出现，如"写一本书～写本书"、"买一件衣服～买件衣服"等。

量词重叠使用，如"朵朵"、"片片"、"篇篇"等，有两种意思，一是"多"，比如"白云朵朵"是"白云一朵又一朵"，"爆竹声声"是"爆竹一声又一声"。二是"每一"，比如"篇篇皆好"是说"每一篇皆好"。

量词重叠使用，前面有数词"一"时，还有第三种意思，即"逐一"，比如"一朵朵地数"、"一片片地看"、"一篇篇地读"，是说"一朵一朵地数"、"一片一片地看"、"一篇一篇地读"，都有"逐一"的意思。

（六）代词

代词的语法意义是表示指别和称代。代词表示的指别和称代，具有高度的概括性。世界上几十亿人口，人人有名字，但代词仅用"你、我、他（她）"即可指代。世界上万事万物，非"这"即"那"，"这、那"两个代词即可称代世上一切。

代词可分为人称代词、指示代词、疑问代词三类。

1. 人称代词。常见的有：

我　咱　你　您　他　她　它

我们　咱们　你们　他们　她们　它们

自己　大家　别人　他人　人家　大伙儿

人称代词大多数用于代替人，"它"、"它们"指物。人称代词的语法功能基本上跟名词相同，可作主语、作宾语、作定语，有一些可以受定语修饰而作中心语。

2. 指示代词。常见的有：

这　那　彼　此　该

这儿　那儿　这里　那里　这样　那样　这么　那么　这么着　那么着

每　各　某　本　另　别的　其余　其他　一切

有的指示代词是指代人或事物名称的，如"别的、其余、其他、一切、这、那、这儿、那儿、这里、那里"，它们的语法功能基本上跟名词相同。有的指示代词是指代动作、行为、性质、状态的，如"这样、那样、这么着、那么着"，它们的语法功能基本上跟动词、形容词相同。有的指示代词指代动作行为，性质状态的方式、程度，如"这么、那么"，它们的语法功能基本上跟副词相同。

3. 疑问代词。常见的有：

谁　什么　哪　何　哪儿　哪里　多会儿　多

怎样　怎么　怎么样

有的疑问代词是询问人或事物的，如"谁、什么、哪、何、哪儿、哪里、多会儿"，它们的语法功能基本上跟名词相同。有的疑问代词是询问动作、行为、性质、状态的，如"怎样、怎么、怎么样"，它们的语法功能基本上跟动词、形容词相同。还有的疑问代词如"有多高"、"有多大"的"多"，它们的语法功能基本上跟副词相同。

疑问代词有时不表疑问，有两种情况。一种情况是任指，如"他什么都知道"中的"什么"，"他谁也不想见"中的"谁"，"我哪儿也不想去"中的"哪儿"。第二种情况是虚指，如"我好像在哪儿见过他"中的"哪儿"，"我也没说什么"中的"什么"。

（七）副词

副词表示动作行为的程度、频度、广度、时间限度、空间限度、情态、方式等语法意义。

表示动作行为的程度的，如"很、十分、非常、最、更、更加、太、极其、分外、格外、越、越发、愈、稍微、稍、过于"等。

表示动作行为的频度的，如"常、常常、时常、经常、时时、往往、偶尔、累次、屡次、屡屡、重新、再、再次、再三"等。

表示动作行为的广度的，如"只、仅、仅仅、光、统统、总、共、总共、一概、一律、单单、净、一齐、一共"等。

表示动作行为的时空限度的，如"刚、刚刚、才、一向、从来、早晚、马上、立刻、顿时、已、已经、曾、曾经、正、正在、在、将、将要、终于、快要、就要、随处、处处、到处"等。

表示动作行为的情态、方式的，如"大肆、肆意、猛然、忽然、公然、竟然、径直、擅自、胡乱、亲自、互相、相互、大力、稳步、阔步、单独、暗暗、悄悄、暗中"等。

表示肯定、否定的，如"的确、确实、准、一准、必定、不、没、未、别、莫、勿、不必、不曾、是否"等。

表示语气的，如"难道、也许、偏偏、反正、反倒、幸亏、幸而、大约、大概、也许、究竟、岂、万万"等。

副词的语法功能是作状语，修饰、限制动词和一部分形容词，以及动词性词组、形容词性词组。作状语是副词的本质性功能。例如"刚来"、"一准出席"、"不必计较"、"很好"、"非常漂亮"等等。

副词"极"、"很"还可以作补语，如"好极了"、"高兴得很"等。"很"作补语时要用补语标志"得"。

语气副词作状语可置于动词（或动词性词组）前，也可置于句首，如："他也许走了。""你莫非也要走吗？""难道你还要走吗？"

(八) 叹词

叹词的语法意义是表示说话人感叹、呼唤、应答等声音。例如：

表示赞叹的，如："哇！（好漂亮啊！）""啊，（多美呀！）"

表示惊叹的，如："嚄！（你怎么在这里！）""哎呀，（糟了！）"

表示哀叹的，如："唉，（怨谁呢？）""嗐！（人老了，没用了！）"

表示呼唤的，如："喂，（你是谁呀？）"

表示应答的，如："嗯。"

表示愤怒的，如："哼，（走着瞧！）"

表示鄙视的，如："呸！"

叹词的语法功能是作独立成分，或独立成句。叹词后面是逗号的，可认为它作独立成分；叹词后面是句号、感叹号的，可认为它独立成句。

叹词有时也作定语、状语，如"哎哟哎哟的叫唤声"、"哎哟哎哟地叫着"。

（九）拟声词

拟声词的语法意义是模拟事物和动作发出的各种声音，也叫象声词。例如"唰、扑通扑通、咚、咕咚、哗啦、哗啦啦、唧唧喳喳、叽叽喳喳、呜、呜呜、轰隆隆、叭、砰、砰砰、叽里咕噜"等。

同一个拟声词可以表示不同事物发出的声音，同一个事物发出的声音也可以用不同的拟声词表达，所以只有在具体的语言环境中才可以明确知道拟声词所模拟的是什么声音，如在"北风呼呼地吹"中，"呼呼"是风声，在"他呼呼大睡"中，"呼呼"是睡觉打鼾的声音。

拟声词常作定语、状语，如"轰隆隆的雷声"、"砰砰的枪声"、"雨劈里啪啦地下着"、"河水哗哗地流着"。

拟声词也常作独立成分，如："轰隆隆，远处传来了雷声。""咯嚓，车把断了。"

拟声词也常独立成句，如："砰砰砰！街上传来枪声。"

五、现代汉语虚词

现代汉语虚词共有三种，这就是介词、连词、助词。

（十）介词

介词的语法意义是介引，介引与动作行为相关的时间、处所、原因、目的、对象等。

介引时间、处所、方向的，如"当、在、于、从、自从、自、打、往、到、由、至、沿着、顺着"等。

介引原因、目的的，如"因、由于、为、为了"等。

介引方式、方法的，如"按照、按、照、依照、遵照、据、根据、依据、本着、凭着、凭、用、拿、以、靠、就"等。

介引对象的，如"对、对于、关于、同、与、跟、和"等。

介引受事、施事的，如"把、将、给、被、叫、让"等。

介词的语法功能很简单，那就是跟它所介引的词（或词组）组成介词结构。

介词结构是一种词组，所以也叫介词词组。介词结构主要作状语，例如："他从北京来。""我在学校学习。"其中"从北京"、"在学校"作状语。有些介词结构可以作补语，如"这件事发生在上海。""在上海"作补语。还有些介词结构可以作定语，如"环保小组提出了关于环境保护的建议"、"这是他们对你的几条意见"中的"关于环境保护"、"对你"。

（十一）连词

连词的语法意义是连接，把两个或更多的语法单位连接起来构成一个更大的语法单位。有的连词表示并列连接，有的连词表示主从连接。

表示并列连接关系的，例如：

和　跟　同　与　及　以及　而且　并且　或者　不仅
而且　与其　不如　首先　此外

表示主从连接关系的，例如：

因为　所以　可是　而　然而　然　虽然　但　但是　既然
只要　无论　如果　要是　尽管　否则

连词的语法功能是：

（1）连接词与词，如"少而精"、"他和我"、"继承并发展"、"柔软而且光滑"等。

（2）连接词与词组，如"他和我们班的王老师"、"继承并大力发展"、"不但柔软而且十分光滑"等。

（3）连接词组与词组，如"宣读论文并进行讨论"、"坚决拥护并且认真执行"等。

（4）连接分句与分句，如："尽管她十分忙碌，但是她仍然时时地想着慧梅。"

（5）连接句子与句子，如："湿沙层的水分足够供应固定沙丘的植物的需要。所以在流动沙丘上植树种草，是可以成活的。"

（6）有少数连词还可以连接状语与中心语，如"为人民的利益而死"、"为光明的前途而努力"中的"而"。

（7）有少数连词还可以用在状语之前，如"只有在断电的情况下才可以进行"，句中"只有"与副词"才"配合，关联的是状语和中心语。

要注意区分连词"和、跟、同、与"和介词"和、跟、同、与"的区别。介词"和、跟、同、与"跟所介引的词（或词组）组成"介A"形式的介词结构作状语或补语，连词"和、跟、同、与"是连接前后两个具有相同性质的词（或词组）组成"A和B"形式的联合词组作句法成分。在具体的语言环境中，可以通过层次分析区分它们。

区分连词"因为"跟介词"因为"，主要看它后面的成分，如果"因为"后面是名词性成分，如"他因为这件事受到了处分"，那么"因为"是介词；如果"因为"后面是分句，则"因为"是连词。

（十二） 助词

助词是附着于词、词组或句子表示某些附加意义的词。助词可以分为动态助词、结构助词、语气助词三类。

1. 动态助词

动态助词是用在动词或部分形容词后面表示动作行为变化的动态的词。动态又叫"体"或"情貌"。

"着"表示动作在进行或状态在持续，是进行体助词。如"正说着"、"外面下着雨"、"他戴着一顶草帽"、"灯亮着"等。

"了"表示动作或状态的实现，是实现体助词。如"吃了饭"、"下了课"、"忘了把书带来"、"苹果熟了"等。

"过"表示曾经经历过这样的动作或状态，是经历体助词。如"上过山"、"进过城"、"看过这本小说"、"说过这番话"等。

"看"附着在动词或动词性词组后表示尝试，是尝试体助词。如"你说说看"、"你动动脑筋看"、"走两步看"等。

2. 结构助词

结构助词是用在偏正、中补等词组里面表示结构关系，或直接附着于词组构成助词结构（词组）的助词。

"的"用在定语与中心语之间，表示定中关系，如"美丽的蝴蝶"、"天气晴朗的日子"、"我的祖国"等。有一些"定语＋的＋中心语"偏正词组中的"中心语"可以隐去，当中心语隐去时，定语跟"的"组成"的"字结构（词组）。

"地"用在状语与中心语之间，表示状中关系，如"大声地歌唱"、"快乐地旅游"、"踏踏实实地工作"等。

"得"用在中心语与补语之间，表示中补关系，如"高兴得跳起来"、"你说得对"、"小雨来得正是时候"等。

"之"是个古汉语结构助词，在现代汉语中有时也用得到，如"立党之本"、"执政之基"，"之"用在定语与中心语之间，表示定中关系。

"所"也是个古汉语结构助词，在现代汉语中有时也用得到。"所"用在作定语的主谓词组的主语与谓语之间，如"我所深爱的祖国"、"鲁迅所写的小说"等；或用在作定语的状中词组的状语与中心语之间，如"刚才所说的那些话"、"现在所住的房子"等；或用在作定语的动词前，如"所得到的一切"、"所画的画"等。当以上词组中的中心语隐去时，"所"跟原先作定语的词或词组组成"所"字词组，如"鲁迅所写"、"刚才所说"、"所画"等。

"者"有时是一个语素，有时也是一个结构助词，视不同的语境而定。在"读者、作者、记者"等双音节词中的"者"是语素，在"成绩优秀者"、"获得前三名者"中的"者"是结构助词。结构助词"者"附着于某些词或词组后面组成"者"字词组。

比况意义的结构助词"似的、似地、一样、一般、般、样"等附着于词或词组后面，并与之组成比况词组。如："大海一样（的胸怀）"、"石头似的（站在那儿）"等。

表示约数意义的结构助词"来、把、多、上下、左右"等附着于数词或数量词组表示约数，如"五十来（人）"、"一千多"、"三十上下"等。

列举意义的结构助词"等、等等、云、云云、什么的"等附着于某些词或词组后面表示列举，如"闯王等（十八人）"、"长江、黄河等"。

"们"有时是语素，有时是结构助词，要根据具体语境加以区分。在"我们、你们、他们、它们、她们、咱们"双音节词中"们"是语素，在"大哥哥大姐姐们"、"全体同学们"中的"们"是结构助词。

3. 语气助词

语气助词也叫**语气词**，它一般用在句末，语法意义是**表示陈述、疑问、祈使、感叹等语气**。例如：

的、了、吧、啊、呢、罢了、着呢　（表示陈述语气）

吗、呢、吧、啊　　　　　　（表示疑问语气）

吧、了、啊　　　　　　　　（表示祈使语气）

啊　　　　　　　　　　　　（表示感叹语气）

有些语气助词在不同的句子里可以表示不同的语气。例如"啊"可以表示四种语气。

①这事儿，我管不了啊。（表示陈述）

②你说什么啊？（表示疑问）

③你千万可别这样想啊！（表示祈使）

④好漂亮啊！（表示感叹）

有些句子末尾可以连用几个语气助词，例如：

⑤这些人也够辛苦的了。（的、了）

⑥他吃了早饭了吧？（了、吧）

⑦你看见的吧！（的、吧）

⑧你知道他去哪里了吗？（了、吗）

语气助词连用时，一般规律况是：如果有"的"，"的"在前，"了"和其他语气词在后；如果没"的"，"了"在前，其他语气词在后。

有些语气助词可以附着于句子内部的某个成分后面表示提顿语气，如"票呢，还没有买。""老张吧，就这么个人。"

六、词的归类

词的归类不同于词的分类。词的分类是以全体词为对象，把所有的词分成为数不多的十几个类，得出来的结果是词类。词的归类则是以某一个具体的词为对象，明确它的词性，把这个词归入某一个词类或某几个词类中去。进行词的归类，需要经过以下几个步骤。

1. 考察词的读音和词汇意义，确定词的同一性

给一个具体的词归类，首先要考虑它的同一性。因为在汉语中，一个写法的词，可能是一个词，也可能是同形的几个词中的一个，所以我们在对某一个具体的词进行归类时，首先要考察词的读音和它的词汇意义，分辨它是一个词还是几个同形词中的一个。比如"公房"，读音为 gōngfáng，词汇意义只有一个，即"属于公家的房"，那肯定是一个词；"公派"，读音为 gōngpài，词汇意义为"由国家派遣"，那也是一个词。但"公道"则不一样，它有两种读音、两种意义：

【公道】：gōngdào，词汇意义为"公正的道理"。

【公道】：gōngdao，词汇意义为"公平、合理的"。

这样，由于两个"公道"的读音、意义不同，"公道"就肯定是两个词。如果只知其一，不知其二，笼统地把"公道"归入某一词类，那就完全错误了。

写法相同、读音相同的两个词，如果各自的词汇意义没有联系，那么它们也不是一个词。例如：

【火星】[1]：huǒxīng，词汇意义为"太阳系行星之一"。

【火星】[2]：huǒxīng，词汇意义为"极小的火"。

《现代汉语词典》把"火星"分列为两个词条，一为"火星[1]"，一为"火星[2]"。"火星[1]"跟"火星[2]"没有同一性，是两个词。

对于一种写法、一种读音的多义词，尽管辞书上只列一个词条，它也不一定具有同一性，也有可能是两个词。比如：

【编辑】：biānjí，①动 "对资料或作品进行整理、加工"。

②名 "做编辑工作的人"。

根据《现代汉语词典》，"编辑①"跟"编辑②"词性不同，词汇意义不同，我们认为它也不具有同一性，是两个词[①]。在给"编辑"归类时，应根据"对资料或作品进行整理、加工"和"做编辑工作的人"分两类进行归类，如果把它们混为一谈，混在一起进行归类，势必得不出正确妥当的词性。

我们前面在讲各类词的语法意义和语法功能时，所列举的例词都采取了模糊的做法，如在讲方位词时所说的"上"、"下"，其实参照《现代汉语词典》应该写为"上^5·shàng①"、"下^{1}xià①"；在讲趋向动词时所说的"上"、"下"，参照《现代汉语词典》应该写为"上^{4}shàng"、"下^4·xià"；在讲量词时所说的"下"，参照《现代汉语词典》，则应写为"下^{3}xià"。我们之所以采取了模糊的做法，只是为了图省事。

总之，考察词的读音和它的词汇意义，确定词的同一性，是词的归类的首要问题。

2. 全面考察在这个意义上的这个词的语法功能

词类是综合考察词的语法功能和语法意义而划分出来的，语法功能是划分词类的主要依据之一，因此给词归类的时候，必须全面考察在特定意义上的这个词的语法功能。比如：

宽敞 kuānchang 宽阔、宽大。

语法功能：①作定语，如"宽敞的教室"、"宽敞的房子"；②作谓语，如"教室宽敞"、"房子宽敞"；③作中心语，受程度副词修饰，如"很宽敞"、"十分宽敞"……

教室 jiàoshì 学校里进行教学的房间。

语法功能：①作主语，如"教室宽敞"、"教室很大"；②作宾语，如"打扫教室"；③作中心语，受数量词组修饰，如"三间教室"……

全面考察了一个词的语法功能，就为下一步的工作打下了可靠的基础。

前面已经讲过，意义同一，词才有同一性。因此考察一个词的语法功能，应当以某一特定的意义作为前提。例如"编辑"有"对资料或作品进

[①] 对于一种写法、一种读音的多义词，如果分属两种不同的词类，吕叔湘认为"得算两个词"，邢福义指出，吕叔湘这样的判断是科学的。本书采用这种说法。

行整理、加工"和"做编辑工作的人"两种意义，自然要分开来进行语法功能的考察。

编辑① biānjí（对资料或作品进行整理、加工）

语法功能：①作动语，带宾语，如"编辑报纸"、"编辑图书"……

编辑② biānjí（做编辑工作的人）

语法功能：①受数量词组修饰，作中心语，如"出版社的几位编辑"；②作主语……③作宾语……

全面考察在特定意义上的这个词的语法功能，需要进行细致、周密的调查。只有做到真正无遗漏，才能保证后续归类工作的正确。上面所列"宽敞"、"教室"、"编辑①"、"编辑②"的语法功能，仅仅是列举而已。

3. 根据词的词汇意义和语法功能，判定词的语法意义

词的语法意义是前人总结出来的各个词类的概括意义。我们已经在前面对各个词类的语法意义作了介绍。这里要补充说明的是，它跟词的词汇意义也有很大程度上的联系。所以，判定词的语法意义，要综合考虑词的词汇意义和语法功能。例如：

错误① cuòwù：做法不正确；与客观实际不符合。

语法功能：①作定语，如"错误的方法"；②作谓语，如"方法错误"；③作中心语，受程度副词修饰，如"很错误"、"十分错误"。

语法意义：表示事物或动作行为的一种性质。

错误② cuòwù：不正确的事物、行为。

语法功能：①作宾语，如"犯了错误"；②作中心语，受数量词组修饰，如"两个错误"；③作主语，如"错误产生（的原因）"。

语法意义：表示一种抽象事物的名称。

"错误①"的语法意义"表示事物或动作行为的一种性质"与它的词汇意义"做法不正确；与客观实际不符合"有联系，与它的语法功能"作定语"、"作谓语"、"受程度副词修饰，作中心语"也是有联系的。

"错误②"的语法意义"表示一种抽象事物的名称"跟它的词汇意义"不正确的事物、行为"是有联系的，跟它的语法功能"作宾语"、"受数量词组修饰，作中心语"、"作主语"也是有联系的。

所以在判定词的语法意义时，一定要综合考虑词的词汇意义和语法功能。

4. 综合考虑词的语法功能、语法意义，得出结论

这一步跟上一步紧密相连。在综合考虑了一个词的语法功能、语法意义

之后，往往就能知道这个词属于哪个词类。例如"错误①"的语法功能是"作定语"、"作谓语"、"作中心语，受程度副词修饰"，语法意义是"表示事物或动作行为的一种性质"，说明"错误①"是形容词。"错误②"的语法功能是"作宾语"、"作中心语，受数量词组修饰"、"作主语"，语法意义是"表示一种抽象事物的名称"，那么"错误②"就是名词。再如：

宽敞 kuānchang 宽阔、宽大。

语法功能：①作定语，如"宽敞的教室"、"宽敞的房子"；②作谓语，如"教室宽敞"、"房子宽敞"；③作中心语，受程度副词修饰，如"很宽敞"、"十分宽敞"……

语法意义：表示事物的一种性质。

结论：形容词。

教室 jiàoshì 学校里进行教学的房间。

语法功能：①作主语，如"教室宽敞"、"教室很大"；②作宾语，如"打扫教室"；③作中心语，受数量词组修饰，如"三间教室"……

语法意义：表示一种事物的名称。

结论：名词。

《现代汉语词典》第5版全面给词条标注词性，实际上就是做了词的归类工作。当然，辞书的编写跟语法教学和语法研究是不同的。辞书不可能叙述词的归类的操作过程。辞书涉及的是词的写法、读音、词性、词汇意义、用法举例，我们所说的"语法功能"，只能部分地体现在它的"用法举例"中。辞书不可能详细列举每一个词的语法功能和语法意义。

思考和练习三

一、什么是词？

二、什么是词类？本书认为建立词类系统应主要考虑的三个方面是什么？

三、名词、动词、形容词三者之间最主要的区别是什么？

四、找出下面一段话中的名词、动词、形容词。

当年用自己的血汗保卫过第一个红色政权的战士们，谁不记得井冈山上的青青翠竹呢？大家用它搭过帐篷，用它做过梭镖，用它当罐盛过水、当碗蒸过饭，用它做过扁担和吹火筒。在黄洋界和八面山上，还用它摆过三十里竹钉阵，使多少敌军魂飞魄散，鬼哭狼嚎；如今，早就不用竹钉当武器了，然而谁又能把它忘怀呢？

五、中华人民共和国国家标准"出版物上数字用法的规定"要求我们怎样使用数字？

六、复合量词由两三个不同的量词复合而成的。除了教材中讲到的"件套、台套、台件、篇本、篇部、架次、人次、辆艘次"，你还能列举出几个并附有用例吗？

七、找出下面句子里用错的量词，并改正。

1. 那是一所幽静的地方。
2. 街道中央还有块小花园，种满了绿草和各种各样的鲜花。
3. 他是一个年近半百而缺少一个左手的工人。
4. 随着一阵歌声和脚步声，一行整齐的队伍出现在我们面前。
5. 《人民文学》是一本有益的精神食粮。

八、改正下面句子里用错的连词。

1. 尽管是什么原因，对于黄老师的热情和热爱祖国的精神，我总是永记不忘的。
2. 他这个人很热情，只有你需要，他就会帮你的忙。
3. 天才来自勤奋。只要刻苦学习，持之以恒，才能攀登科学技术的高峰。
4. 只要你一心一意为人民作出了贡献，就一定会受到人民的欢迎和爱戴；虽然是极其微小的贡献，也会得到人民的欢迎和肯定。
5. 合龙的战斗打响了。即使天气这么冷，可大家还是赤膊上阵，干得满头大汗。
6. 现在，牛还是农业劳动的重要工具；然而实现了农业机械化以后，牛还有很大的用处，挤奶、食肉都少不了它。
7. 这么简单的工具连小学生都会运用自如，况且中学生呢？
8. 他们扑灭了大火和保护了仓库。

九、改正下面句子里用错的助词。

1. 30多年前，这里发生着一场激烈的战斗。
2. 我永远不会忘记曾经教育着我的李老师。
3. 在一次的战斗里，她挂了彩。
4. 这件事你是不是有把握吗？
5. 嘿，可别把牙齿给笑掉了啰！还要留着吃饭哩！

6. 小郭，发生了什么事？是你父母不答应呢？到底是什么事？

十、大多数代词是代替名词的，但也有一些代词可以代替动词、形容词。请列举6个能代替动词或形容词的代词，并用它们各造一句（或从典范白话文著作中各找出一个用例）。

十一、副词大多用于动词之前，但语气副词既用于动词之前，也可用于句首。请选择4个语气副词，按用于动词之前和用于句首分别造句（或从典范白话文著作中各找出一个用例）。

十二、叹词跟语气助词有何不同？请用具体的例句来说明叹词"啊"与助词"啊"的不同。

十三、"和、跟、同、与"既是介词，又是连词。请分别造句（或从典范白话文著作中各找出一个用例）。

十四、请按照"读音和词汇义·语法功能·语法意义·结论"四步法给下列词归类。

情感　思绪　平息　聪明　复杂　计较　理解　花哨

实在^1　实在^2　希望^1　希望^2　麻烦^1　麻烦^2　麻烦^3

地道^1　地道^2　锁^1　锁^2　把^1　把^2　把^3　把^4

第四节　现代汉语词组

一、什么是词组

词组是词与词结合而形成的用于造句的语法单位。

这个定义，包含以下几方面的意思。

（1）词组是一种语法单位，它不是语音单位或词汇单位。前面已经讲过，语法单位有6种，它是其中之一。

（2）词组是用于造句的一种语法单位，意思是说它可以充当句子的一个成分，如主语、谓语、动语、宾语、定语、状语、补语、中心语。大多数词组带上一定的语气就可以直接成为句子。

（3）词组是由词与词组成的，它至少由两个词组成，而不能只是一个词。

（4）词与词结合而成为词组，这也意味着它的组合是符合汉语语法结构规律的，而不是任意几个词的胡乱堆砌。

作为造句材料，词组可以在句子的不同层次上充当不同的句子成分。例如：

(1) 中国人民站起来了。(作主语)
(2) 中国人民的决心是下定了的。(作定语)
(3) 困难吓不倒中国人民。(作宾语)
(4) 十三亿中国人民建设小康社会的决心，是任何人动摇不了的。(作中心语)

从上面几个例子可以看出词组"中国人民"的造句能力。

词跟词组成词组的语法手段有两个，一是语序，二是虚词。语序不同，组成的词组就不同，例如：

优秀品质（偏正词组）
品质优秀（主谓词组）
热爱人民（动宾词组）
人民热爱（主谓词组）
建设祖国（动宾词组）
祖国建设（偏正词组）

除了语序，下面的词组，还运用了结构助词、连词等虚词作为组合手段。结构助词、连词都是虚词，有表示词组结构关系的作用。

优秀的品质（偏正词组）
努力地工作（偏正词组）
勤劳得很（中补词组）
不但勤劳而且勇敢（联合词组）

词组和词都是造句的材料，它们的区别在于：词是"最小的"用于造句的语法单位，词组是比词大的用于造句的语法单位。在造句时，词是一个零件，词组是一个部件。

前面已经说过，有一些词组可能跟词不易区分，现在再举一些例子。

东西：学校的东西两面皆有工厂。（"东西"是词组）
　　　他买了三样东西。（"东西"是词）
兄弟：兄弟二人都看见了。（"兄弟"是词组）
　　　这是他的一个小兄弟。（"兄弟"是词）
就是：这就是火车。（"就是"是词组）
　　　就是你不去他也要去。（"就是"是词）

要注意词组与句子的区别。词组是没有语气的静态单位，因此可以说"你去"、"北京的早晨"、"好香的干菜"、"禁止吸烟"、"让他去"等都是词组。而句子是具有语气和句调的交际单位，下面几例都是句子。

(6) 你去。(陈述句)
(7) 你去!(祈使句)
(8) 你去?(疑问句)
(9) 北京的早晨。(陈述句)
(10) 好香的干菜!(感叹句)
(11) 禁止吸烟!(祈使句)
(12) 让他去?(疑问句)

词组可以从多种角度进行分类,比如:

根据词组内部层次的多少,可以把词组分为简单词组和复杂词组两类。只有一层结构关系的词组是简单词组;有多层结构关系的词组是复杂词组。

按词组的内部结构关系,可以把词组分为主谓词组、偏正词组、动宾词组、中补词组、联合词组、同位词组、兼语词组、连动词组、量词词组、介词词组、助词词组等。

按词组的造句功能,可以把词组分为名词性词组、动词性词组、形容词性词组、副词性词组四类。名词性词组的造句功能相当于一个名词,动词性词组的造句功能相当于一个动词,形容词性词组的造句功能相当于一个形容词,副词性词组的造句功能相当于一个副词。动词性词组和形容词性词组也可以合称谓词性词组。

根据词组的意义的多少,可以把词组分为单义词组和多义词组两类。单义词组只有一种意义,多义词组有两个或更多个不同的意义。多义词组也叫做歧义词组。

二、词组的结构类型

着眼于词组的内部结构,可以把词组分为主谓词组、动宾词组、偏正组、中补词组、联合词组、连动词组、兼语词组、重叠词组、同位词组、量词词组、介词词组、助词词组12类。后两类是以虚词为标志的词组。

(一) 主谓词组

主谓词组的直接成分是主语和谓语,两个成分之间有陈述和被陈述的关系,被陈述的成分是主语,在前;陈述的成分是谓语,在后。例如:

思想解放　　我们喜欢　　比赛开始　　我去
今天国庆节　劳动光荣　　结果怎么样

(二) 动宾词组

动宾词组的直接成分是动语和宾语,两个成分之间有支配和被支配的关系，支配的成分是动语，在前；被支配的成分是宾语，在后。动语一般由动词充当，动词的后面有时附有"着、了、过"（动态助词）。例如：

　　歌唱祖国　　去北京　　写文章　　爱美
　　打击敌人　　进行辩论　　下着雨　　害了自己

动宾宾词组（双宾词组）是动宾词组的一个特殊小类，它有两个宾语，一个表人，一个表物。表人的宾语靠近动语，可称为近宾语，表物的宾语在表人的宾语后面，可称为远宾语。例如：

　　问你一个问题　　给我两束鲜花　　告诉你一个好消息

（三）偏正词组

偏正词组包括定中词组和状中词组两类。

1. 定中词组

定中词组的直接成分是定语和中心语，定语在前，中心语在后，定语是修饰、限制中心语的。有些定语用结构助词"的"作标记，有些不用。在特定情况下，可用结构助词"之"作标记。例如：

　　木头房子　　优良品质　　这样的婆婆　　清醒的头脑
　　他写的文章　　立党之本　　执政之基

有一种定中词组是以方位词为中心语的，通常叫它方位词组。例如：

　　桌子上　　大树底下　　平凡中　　村东　　黄河以南
　　桌子的上面　　大树的下面　　平凡之中

在方位词组中，定语和中心语之间，有的用结构助词"的"作标记，有的不用。单音节方位词前面可用"之"，双音节方位词"以×"前不用"的"和"之"。

定中词组中还有这样一个特殊小类，它的中心语是动词或形容词，例如：

　　这本书的出版　　他们的到来　　问题的解决
　　狐狸的狡猾　　合同的签订　　您的光临

2. 状中词组

状中词组的直接成分是状语和中心语，状语在前，中心语在后，状语修饰、限制中心语。有些状语用结构助词"地"作标记，有些不用。例如：

　　已经知道　　这样做　　去年出生　　十分漂亮
　　不怎么样　　批判地继承　　试探地说

（四）中补词组

中补词组的直接成分是中心语和补语，两个成分之间有补充和被补充的关系，被补充的成分是中心语，在前；所补充的成分是补语，在后。有些中心语和补语之间需要用结构助词"得"、"个"作标记，有些不要。例如：

说清楚　　洗干净　　好起来　　学得怎么样　　打个落花流水

说得清清楚楚　　洗得干干净净　　坏透了

说一通　　洗一下　　看三遍　　走了三天

（五）联合词组

联合词组由两个或两个以上并列成分组合而成，也叫并列词组。联合词组的直接成分之间有并列、递进、选择等关系。联合词组跟上述词组不同的地方有：（1）它的直接成分可以是两个，也可以是两个以上，而上述几种词组的直接成分，除动宾词组的特殊小类"动宾宾词组"外，都只有两个；（2）联合词组的直接成分之间可以有停顿（在书面上以顿号、逗号等标点符号表示），而上述几种词组的直接成分之间不可能有这样的停顿；（3）联合词组的直接成分常用连词来连接，而上述几种词组的直接成分之间不用连词；（4）口语或口语性的文章中，联合词组的直接成分之后有时会有语气词。例如：

工人农民　　聪明伶俐　　吃、穿、用

工人和农民　　做或者不做　　讨论并且通过

又说又笑　　既全面又准确　　不但好看而且便宜

唱啊跳啊　　哭哇闹的　　跑步啦、游泳啦、打球啦

（六）连动词组

连动词组由两个或两个以上直接成分组合而成。连动词组表示连续的动作行为。例如：

开门出去　　去跳舞　　笑着说　　来看　　进去说

上街买菜　　拉着手不放　　进屋去拿东西

（七）兼语词组

兼语词组由三个直接成分组成，第一个直接成分表示动作行为，可视为动语，第二个成分是前面动语的宾语，又是后面成分的主语，被称为"兼语"，第三个成分是第二个成分的谓语。例如：

派小王去　　请王老师来　　有人反对　　没人知道

推选老王做代表　　托别人找他　　使大家高兴

（八）重叠词组

重叠词组是由同一个词或同一个词组重叠形成的，例如：

很多很多　　很好很好　　飞呀飞呀　　你瞧你瞧

大口大口　　一阵一阵　　轻轻地轻轻地

重叠词组常作定语，例如"门口挤了很多很多人。"作状语，如"他大口大口地喘着气。"作补语，如"他说得很好很好。"作谓语，如"它飞呀飞呀，一直飞到很远很远的地方。"作语用成分，如"你瞧你瞧，那不是他来了吗？"

"谢谢、打打闹闹、干干净净、山山水水、刚刚"等是语素重叠然后组成复合词，不是重叠词组。

（九） 同位词组

同位词组也叫复指词组，一般由两个直接成分构成，两个成分指称同一人或同一事物。例如：

他自己　　咱们大家　　我王老五　　你们几个
章明李旺他们　　中国的首都北京　　电机厂厂长李大明

（十） 量词词组

量词词组由两个直接成分构成，后一个直接成分是量词，有三个小类。一类是由数词跟量词组成，可称为"数量词组"；一类是由指示代词跟量词组成，可称为"指量词组"；一类是由疑问代词跟量词组成，可称为"问量词组"。例如：

两位　　三个　　三五座　　365天　　一场
这件　　这辆　　那套　　那回　　每次
哪件　　哪桩　　几件　　多少斤

在指示代词跟量词组成的指量词组中，隐含着一个数词"一"，"这件"就是"这一件"，"那次"就是"那一次"。在疑问代词"哪"跟量词组成的问量词组中，也隐含着一个数词"一"，"哪件"就是"哪一件"，"哪桩"就是"哪一桩"。

（十一） 介词词组

介词词组又叫介词结构，由一个介词跟被它介引的成分组成，例如：

为人民（服务）　　向他（学习）　　比我（热情）
被老师（表扬）　　把困难（克服掉）
在教室里（上课）　　从现在（开始）

在介词词组中，被介词所介引的成分，习惯上称之为"介词的宾语"，简称"介宾"。

（十二） 助词词组

助词词组由结构助词附加于词或词组之后组成。常见的有以下几种。

1. "的"字词组。"的"字词组由结构助词"的"附着于词或词组之后组成，例如：

大的　　小的　　吃的　　住的　　修车的
　　卖肉的　　看热闹的　　不听话的
　　"的"字词组实质上是某些定中词组隐去了中心语剩下的"定语+的"。"卖肉的"等于"卖肉的人"，"看热闹的"等于"看热闹的人"，"不听话的"等于"不听话的孩子"或"不听话的学生"等。

　　2. "者"字词组。"者"字词组由结构助词"者"附着于词或词组之后组成，例如：
　　去北极探险者　　成绩优胜者　　勤奋学习者
　　不杀不足以平民愤者　　屡教不改者
　　"者"字词组实质上也是由定中词组变化而来，"者"相当于"的+中心语"或"之+中心语"。"去北极探险者"等于"去北极探险的人"或"去北极探险之人"。

　　3. "所"字词组。由结构助词"所"加于动词或动词性词组构成。有"所"加于动词之前的，有"所"加于主谓词组的主谓之间的，有"所"加于状中词组的状中之间的，例如：
　　所说　　所需　　所剩　　所知　　所论
　　我们所料（果然不出我们所料。）
　　刚才所说（刚才所说，是我个人的一点想法。）
　　"所"字词组的后面加"的"，组成"的"字词组，这种现象十分普遍。例如：
　　你刚才所说+的（你刚才所说的我都记下了。）
　　大家所关心+的（这几条都是大家所关心的。）
　　五四运动所反对+的（五四运动所反对的是卖国政府。）
　　"所"字词组加"的"作定语，很常见，不加"的"作定语，不多见。例如：
　　他刚才所提（他刚才所提的意见都很不错。）
　　王蒙所作（王蒙所作《青春万岁》一书，我尚未读完。）

　　4. 比况词组。由比况意义的结构助词"似的、一样、一般、般、样"等附着于词或词组后面组成。例如：
　　大海一样（的胸怀）　　石头似的（站在那儿）
　　孩子似的（撒娇）　　猴子般的（跳跃）

　　5. 概数词组。由表示概数的结构助词"来、许、把、多、上下、左右"等附着于数词或数量词组构成，例如：

五十来（人）　　一千多　　三十上下
九时许　　十里许　　斤把（米）

6. 列举词组。由表示列举的结构助词"等、等等、云、云云、什么的"等附着于某些词或词组后面组成，例如：

闯王等（十八人）　　白居易等

7. "们"字词组。由助词"们"附着于名词或名词性词组组成，表示群体复数，例如：

小朋友们　　大学生们　　工人朋友们
大哥哥大姐姐们　　党员团员们

助词词组小类较多，功能也有区别。

三、复杂词组的结构分析

复杂词组，指的是词组里包含着词组，因而是不止一个结构层次的词组。复杂词组也叫"多层次词组"或"多重词组"。例如"你写的字"是定中词组，其定语"你写"是主谓词组，这样，"你写的字"中就有两层结构关系，是复杂词组。"在同学们的帮助下"是介词词组，其介宾"同学们的帮助下"是方位词组，"同学们的帮助"是定中词组。因而"在同学们的帮助下"就有三层结构关系，是复杂词组。

分析复杂词组，可用"层次分析法"。

层次分析法，又叫"直接成分分析法"，英文是 Immdiate Constituent Analysis，所以也叫"IC 分析法"。层次分析法是语法结构的分析方法之一。所用的方法是逐层切分，先通过切分找出整个结构的直接组成成分，再通过切分找出直接组成成分的直接组成成分，这样一直切分到不能再切分为止。在句法结构上是切分到词为止。例如：

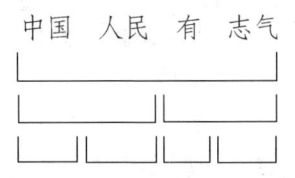

中国　人民　有　志气

复杂词组层次分析的三条原则是：

1. 每次切分出来的直接成分都必须是音义结合的语法单位，或者是词，或者是词组。比如：

他弟弟 昨天没有去　　＊他弟弟昨天 没有去

"他弟弟昨天没有去"应切分为"他弟弟"和"昨天没有去"两部分，而不能切分为"他弟弟昨天"和"没有去"两部分，因为"他弟弟"和"昨天没有去"都是合法的词组，而"他弟弟昨天"不是合法的词组。

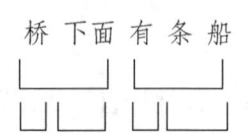

```
桥  下面  有  条  船
└─┘  └──┘  └┘  └─┘
└────┘    └────┘
```

第二次切分时，把"有条船"切分为"有"和"条船"，是对的，因为这里的"条船"代表"一条船"，"条"是"一条"的省略说法。"一条船"是合法的词组。

2. 每次切分出来的直接成分都必须有语法搭配的可能性，亦即所切分出来的成分之间必须有一种语法结构关系。例如：

```
老师同学们  都去听报告      * 老师  同学们都去听报告
└────┘  └─────┘         └─┘  └────────┘
```

"老师同学们都去听报告"应切分为"老师同学们"和"都去听报告"两部分，而不能切分为"老师"和"同学们都去听报告"，因为"老师同学们"和"都去听报告"之间有主谓关系，具有组成主谓词组的可能性，而"老师"和"同学们都去听报告"之间没有语法结构关系可言。

3. 每次切分出来的直接成分在语义上的搭配必须跟整个组合的原意相符。例如：

```
咬死了  猎人的狗        咬死了猎人的  狗
└──┘  └────┘         └──────┘  └┘
```

这两种切分都符合一、二两条原则，所以孤立地看，两种切分都不错。若从具体的语言环境来看，在"那匹狼咬死了猎人的狗"句中，只能是第一种切分，它跟整个组合的原意相符。在"咬死了猎人的狗被我们捉住了"句中，只能是第二种切分，才跟原意相符，才是正确的切分。

复杂词组的层次分析还应注意以下几点。

一是二分为主，但也不排斥多分。主谓词组、动宾词组、偏正词组（定中、状中）、中补词组都是由两个直接成分组成的词组，应该二分。有宾有补的动词性词组也可以二分，例如"咬死了/三只羊"、"拿出来/三本书"是动宾词组，"拿出书/来"、"打他/一拳"是中补词组。量词词组、介词词组、助词词组也应二分。不过，有些词组是不能二分的。例如兼语词组是由三个成分组成的，就应当一分为三；动宾宾词组（双宾词组）也可以一分为三；联合词组、连动词组的成分有时是两个、有时是三个，有时超过三个，则应当根据其组成情况，有几个直接成分就一分为几。例如：

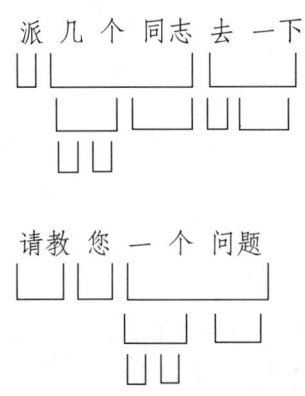

派 几个 同志 去 一下

请教 您 一个 问题

二是多义词组可能有两种或更多种切分，不能拘泥于一种切分。前面已经讲到，"咬死了猎人的狗"有两种切分，再如"在路东的邮局"可以切分为"在路东（的）/邮局"，归入偏正词组，也可以切分为"在／路东的邮局"，归入介词词组。"两个师院的学生"可以切分"两个师院（的）/学生"，也可以切分为"两个/师院的学生"，都是偏正词组，但意义不同。

三是有些单义词组也可以有两种或更多种切分，只要符合切分的三条原则就行，不要轻易判错。如"努力学习外语"可以切分为"努力/学习外语"（偏正词组），也可以切分为"努力学习/外语"（动宾词组）。"阿姨带孩子有耐心"可以切分为"阿姨带孩子/有耐心"，也可以切分为"阿姨/带孩子有耐心"，都是主谓词组。"不赞成下午开会"可以切分为"不/赞成下午开会"（偏正词组），也可以切分为"不赞成/下午开会"（动宾词组），不过从节律上看，觉得"不赞成/下午开会"更好读一些。

四是根据一般的习惯，有些词是不算作词组成分的，我们不能把它切分为直接成分。这些词有：（1）连词，（2）动态助词"着、了、过"，（3）作为语法关系标记的结构助词，如定中关系标记"的"、状中关系标记"地"、中补关系标记"得"，（4）语气助词，如"唱啊跳啊"中的"啊"等。例如：

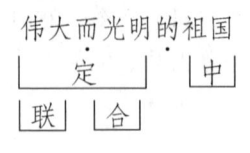

伟大而光明的祖国
```
|   定   | 中 |
|联|合|
```

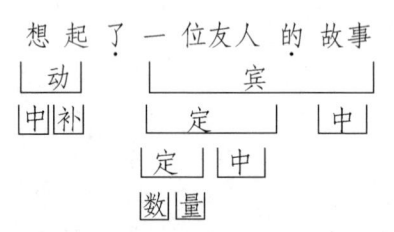

想起了一位友人的故事
```
|  动   |   宾   |
|中|补| |  定  | 中 |
         |定|中|
         |数|量|
```

　　反映复杂词组的结构层次，有好多种图示方法，以上我们所用的是逐层切分、逐一图示、完整表示切分过程和结果的图示方法，它具有方便实用的特点。下面介绍另一种运用较广泛的图示方法：

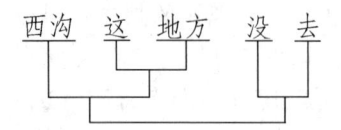

西沟 这 地方 没 去

　　这种图示方法能很清楚地揭示复杂词组的内部结构，显示出词组由简单到复杂的逐层组合的过程，也反映了层次分析的结果，所以应用也比较广泛。

　　分析复杂词组，一方面是要弄清楚它的内部结构，另一方面是要把它们分别归到主谓词组、动宾词组、偏正词组（定中词组、状中词组）、中补词组、联合词组、连动词组、兼语词组、重叠词组、同位词组、量词词组、介词词组、助词词组12类词组中去。复杂词组的归类，主要根据复杂词组的直接成分，例如"中国人民有志气"的直接成分是"中国人民"和"有志气"两个，它们之间是主谓关系，所以"中国人民有志气"归主谓词组。"伟大而光明的祖国"的直接成分是"伟大而光明"和"祖国"两个，它们之间是偏正关系，所以"伟大而光明的祖国"归偏正词组。"想起了一位友人的故事"的直接成分是"想起了"和"一位友人的故事"两个，它们之间是动宾关系，所以"想起了一位友人的故事"归动宾词组。再举几个例子：

　　　班长和同学们都去郊外了　　（主谓词组）
　　　打击来犯的敌人　　（动宾词组）
　　　分析和解决问题　　（动宾词组）
　　　开会之前发文件　　（偏正词组）
　　　小心谨慎得过分了　　（中补词组）

推选他们组里的老王做大家的代表　　（兼语词组）
听到这个消息哭起来了　　　（连动词组）
值得注意的是下面这些句子中的词组。
（1）他躲在一个［他看得见你，你却看不见他］的地方。
（2）［宁可牺牲生命，也不放弃阵地］的精神是令人钦佩的。

例（1）中作定语的词组"他看得见你，你却看不见他"、例（2）中作定语的词组"宁可牺牲生命，也不放弃阵地"，孤立地看都是"复句"（后面将要学到），但在上面两句中却是词组。有些语法书上称它们是"复句形式词组"。我们在学习了"复句"后将会知道，这些词组的两个直接成分之间的关系或为联合或为偏正，因此它们可以分别归到联合词组、偏正词组中去。

还有下面这些句子中的词组。
（3）最好的办法是［大家都去或者大家都不去］。
（4）［没找到凭据就下判断］叫武断。

例（3）中作宾语的词组"大家都去或者大家都不去"、例（4）中作主语的词组"没找到凭据就下判断"，有些语法书上称它们是"紧缩的复句形式词组"。我们认为，这类词组的两个直接成分之间的关系或为联合，或为偏正，因此也可以分别归到联合词组、偏正词组中去。

四、词组的语法功能分析

比较词组的语法功能与词的语法功能，可以把词组分为名词性词组、动词性词组、形容词性词组、副词性词组四类。动词性词组、形容词性词组可以合称为谓词性词组。

1. 名词性词组

名词性词组在充当句子成分时相当于一个名词。名词性词组包括：
（1）定中词组。所有定中词组都是名词性词组。
（2）同位词组。所有同位词组都是名词性词组。
（3）量词词组。量词词组能作主语宾语，可以归入名词性词组。
（4）联合词组中的一部分。如"工人和农民"、"他和他的老师"、"我和你"、"这一本和那一本"等。
（5）助词词组中的大部分。助词词组中的"的"字词组、"者"字词组、"所"字词组、列举词组、"们"字词组，都是名词性词组。

2. 动词性词组

动词性词组在充当句子成分时相当于一个动词。动词性词组包括：

（1）动宾词组。所有动宾词组都是动词性词组。

（2）连动词组。所有连动词组都是动词性词组。

（3）兼语词组。所有兼语词组都是动词性词组。

（4）状中词组中的一部分。中心语是动词的状中词组是动词性词组，如"马上出发"、"立即行动"、"很高兴地说"等。

（5）中补词组中的一部分。中心语是动词的中补词组是动词性词组，如"说清楚"、"理解得很深刻"、"发生在昨天"等。

（6）联合词组中的一部分。如"能上能下"、"写文章做演说"、"吃饱睡足"等。

3. 形容词性词组

形容词性词组在充当句子成分时相当于一个形容词。形容词性词组包括：

（1）状中词组中的一部分。中心语是形容词的状中词组是形容词性词组，如"很好"、"非常漂亮"、"比我好一些"等。

（2）中补词组中的一部分。中心语是形容词的中补词组是形容词性词组，如"大一点"、"深刻得很"、"好极了"等。

（3）联合词组中的一部分。如"又高又大"、"光荣而艰巨"、"既生动又具体"等。

（4）助词词组中的比况词组，主要作定语和状语，也是形容词性词组。

4. 副词性词组

副词性词组在充当句子成分时相当于一个副词。

介词词组是副词性词组，它经常作状语，这跟副词十分相像。介词词组从不作主语、谓语，这也跟副词十分相像。不过，有少数介词词组能加"的"作定语，副词是不能的。

五、现代汉语的多义词组

多义词组在不同的语言环境中有不同的意义，因而要作不同的分析。

上面说到，在"咬死了猎人的狗被我们捉住了"中，"咬死了猎人的狗"必须切分为"咬死了猎人"和"狗"两部分才正确，而在"那匹狼咬死了猎人的狗"中，"咬死了猎人的狗"又只有切分为"咬死了"和"猎人的狗"两部分才是正确的。这就说明，"咬死了猎人的狗"有两种意义，两种切分，是多义词组。

现在再举几个例子：

```
新  职工  宿舍              新  职工  宿舍
└定┘└─中─┘                └─定─┘└中┘
└──定──┘└中┘              └定┘└──中──┘
```

前一种切分的意思是"新建的职工宿舍"；后一种切分的意思是"新职工的宿舍"。

```
穿  好  衣服               穿  好  衣服
└动┘└─宾─┘               └─动─┘└宾┘
    └定┘└中┘              └中┘└补┘
```

前一种切分的意思是"穿好的衣服"；后一种切分的意思是"穿好了衣服"。

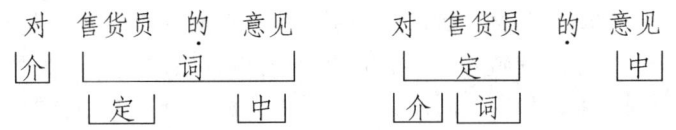

```
对  售货员  的  意见         对  售货员  的  意见
└介┘└───词───┘            └────定────┘└中┘
└──定──┘└──中──┘         └介┘└──词──┘
```

前一种切分的意思是"对于售货员自己提出的意见（应如何处理）"，是介词词组；后一种切分的意思是"（别人提出的）对于售货员的意见"，是定中词组。

```
在  这儿  睡  不  好        在  这儿  睡  不  好
└──状──┘└──中──┘         └──主──┘└──谓──┘
└介┘└词┘└中┘└补┘         └─状─┘└中┘└状┘└中┘
```

前一种切分的意思是"在这儿睡不好觉"，是状中词组；后一种切分的意思是"在这儿睡觉是不妥当的"，是主谓词组。

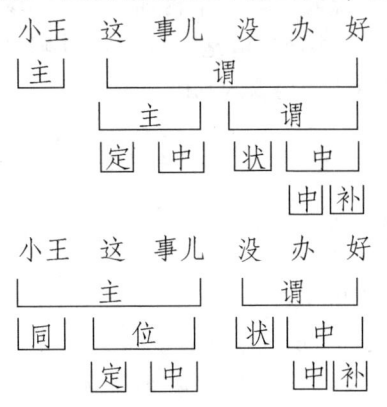

```
小王  这  事儿  没  办  好
└主┘└───────谓───────┘
     └───主───┘└──谓──┘
     └定┘└中┘└状┘└中┘
                └中┘└补┘
```

```
小王  这  事儿  没  办  好
└───主───┘└──────谓──────┘
└同┘└─位─┘    └状┘└中┘
     └定┘└中┘      └中┘└补┘
```

前一种切分的意思是"小王他没有把这事儿办好";后一种切分的意思是"没有把小王这事儿办好"。

词组多义的成因是多方面的。

词性不同造成词组多义。例如"房门没有锁",其中"锁"可以是动词"锁"(房门没有锁起来),也可以是名词"锁"(房门上没有锁具),因此造成词组多义。再如,"鸡汤不热",其中"热"可以是动词"热"("鸡汤不再加热"),也可以是形容词"热"("鸡汤不太热")。

语法关系不同造成词组多义。例如"我喜欢炒鸡蛋",其中"炒鸡蛋"可以是动宾关系(在锅里炒鸡蛋),也可以是偏正关系(炒的鸡蛋)。再如,"解释不清楚"可以是主谓关系(其解释是不清楚的),也可以是中补关系(解释得不清楚)。

语义关系不同造成词组多义。例如"母亲的回忆",可以是"对母亲的回忆",也可以是"母亲所做的回忆",在第一种理解中"母亲"是受事,在第二种理解中"母亲"是施事。这两种理解的组合层次和结构关系完全相同,多义的原因是施事和受事同体,从形式上无法区分。再如,"汽车运走了",可以理解为"汽车被运走了",也可以理解为"用汽车把别的什么运走了","汽车"既可以充当受事,又可以充当工具。

大多数多义词组的语义在特定语境中可以确定。比如"开刀的是他父亲"有两种不同的意义,但在"开刀的是他父亲,他父亲是一位有名的外科医生"句中,"开刀的"指医生;在"开刀的是他父亲,他十分担心父亲的刀口能否很快愈合"句中"开刀的"指患者。还有些多义词组在口语中可以根据其重音或者停顿确定其语义,比如"穿好衣服"可以分别读成"穿/好衣服"或者"穿好/衣服"分辨语义。消除词组歧义的方法,一是增加实词或虚词,比如"鸡汤不热",可以说成"鸡汤不再加热""鸡汤不太热"以明确语义。二是变换结构,比如"解释不清楚"变成"其解释是不清楚的"或者"无法解释清楚",通过转换结构以区别语义。

思考和练习四

一、什么是词组?

二、从词组的内部结构着眼,词组有哪些类型?

三、下列词组各属于什么结构类型:

(1) a. 成绩优秀　　　(2) a. 有我　　　(3) a. 起来说

　　　　b. 优秀成绩　　　　　b. 我有　　　　　　b. 说起来
(4) a. 工厂的幼儿园　　(5) a. 去请他
　　b. 工厂和幼儿园　　　　b. 他去请
　　c. 工厂办幼儿园　　　　c. 请他去

四、请运用层次分析法分析下列复杂词组，并指出其结构类型。
(1) 拣好了几件东西
(2) 抵御风沙袭击的方法
(3) 一位小偷的辩护律师
(4) 英勇的斗争和艰苦的劳动
(5) 笑得十分自信
(6) 河水呛得我很难受
(7) 走进了一个琥珀和珍珠缀成的世界
(8) 又突然又猛烈
(9) 乘电车去海宁路
(10) 去海宁路看望一位多年未见的朋友
(11) 为祖国的繁荣昌盛而奋斗
(12) 当我还在鲁镇的时候
(13) 在大街旁边看摊儿的
(14) 梅、尚、程、荀四大名旦

五、请分析下列多义词组，指出其结构类型和意义。
(1) 告别山区的青年
(2) 我们五个一组
(3) 对小王的意见
(4) 他的书读不完
(5) 我和你的同学
(6) 两个农场的青年

六、从词组的语法功能着眼，词组可以分为哪些类型？

第五节　现代汉语句子和句子成分

一、什么是句子

句子是以词或词组为直接组成成分、前后有较大的停顿隔开、有特定的语气语调、能表达一个较为完整的语义、用于交际的语法单位。

这个定义，包含以下几方面的意思。

（1）句子是一种语法单位。

（2）句子是一种用于交际的语法单位，是一种动态的使用单位，而前面所讲的语素、语素组、词、词组，则是几种静态的备用单位。

（3）句子具有较为完整的语义，能在交际中把说话者所要表达的信息、认识、思想、情感等相对完整地传达给听话者。

（4）句子都是有自己特定的语气和句调的，比如有陈述语气、疑问语气、祈使语气、感叹语气等，有平调、降调、升调、曲折调等。这是句子作为交际单位特有的，而语素、语素组、词、词组都没有这样的语气句调。

（5）句子的前后都有较大的停顿，这是因为每个句子都有较为完整的语义，可以单独完成特定的交际任务。另外，句子前后的停顿又可以把这一句跟那一句区隔开来，不影响听话者对这一句的接受和理解。当然，口语中的停顿大小是相对的，需要仔细辨别。不过书面语中的停顿可以由标点符号表示，一般来说，句号、问号、感叹号表示较大的停顿，顿号、逗号、分号表示较小的停顿，因此可以借助于句号、问号、感叹号来识别句子。

（6）句子是由词或词组构成的，词、词组是构成句子的材料。可以是一个词构成一个句子，也可以是几个词一起组成一个句子，也可以是词跟词组、词组跟词组一起组合成为一个句子。例如：

（1）走！

（2）他呢？

（3）谁的书？

（4）多好的小伙子啊！

（5）他的妹妹高高兴兴地背着书包上学去了。

例（1）是由一个词构成的句子，例（2）是由两个词组成的句子，例（3）是由三个词组成的句子，例（4）和例（5）都是由词跟词组逐层组成的句子。

二、现代汉语句子的语气成分

句子成分可以分成三类：一类是句子的语气成分；一类是句子的语用成分；一类是句子的句法成分。

句子都是有语气的，句子的语气可以用语气助词表达，也可以不用语气助词而由语调、语速等其他手段表达。**在书面语中，句末语气助词、句末标点符号是句子的语气成分**。例如：

(1) 今天的天气真好啊！
(2) 今天的天气真好！
(3) 赶快走吧！
(4) 赶快走！
(5) 你不相信我吗？
(6) 你不相信我？
(7) 各人有各人的心事呗。
(8) 各人有各人的心事。

例（1）、（3）、（5）、（7）的语气，由句末语气助词加标点符号表达，例（2）、（4）、（6）、（8）的语气，仅由句末标点符号表达。

我们在分析句子成分时，首先要把句子的语气成分切分出来，然后才能进行句子结构的分析并确定句型。句子的语气成分不影响句型的成分。

三、现代汉语句子的语用成分

在具体的语言交际中，一个句子，除了语气成分、句法成分之外，还可以有语用成分。所谓**语用成分，是指说话者为了表达的需要、在语用平面上运用的句子成分，是句子的特殊成分**。包括独立成分、移位或重复成分、连接成分。

（一）独立成分

句子的独立成分又叫"独立语"。说它"独立"，是说它有一定的独立性，它在句子中的位置比较灵活，可以置于句首，也可以置于句末，有的还可以置于句子中间。

独立成分可以细分为插入语、呼应语、感叹语、拟声语等。

1. 插入语。有的插入语表示信息的来源，例如：

(1) 据张老师讲，小华现在还住在医院里。
(2) 你现在不必急着去找他，我看。
(3) 大家知道，谎言是不会持久的！

有的插入语用来强调肯定的口气，例如：

(4) 毫无疑问，只有社会主义才能够救中国！
(5) 说实话，武震是不喜欢山的！
(6) 不错，党八股中国有，外国也有，可见是通病。

有的插入语用来提醒对方注意，例如：

（7）你看，又一批毛竹下山了。
（8）你听听，他都说了些什么？

有的插入语表示说话的角度，说话的参照点，例如：

（9）一般说来，人民内部矛盾，是在人民利益根本一致的基础上的矛盾。
（10）这种人，严格地说，不能算是学者。
（11）对于一个共产主义战士来说，生命诚可贵，爱情亦美好，若为革命故，二者皆可抛。

此外，插入语还可以表示其他一些意义。

2. 呼应语。呼应语表示称呼对方、呼唤、应答，例如：

（1）张老师，你在哪儿？
（2）你在哪儿，张老师？
（3）魂牵梦绕的祖国啊，我终于回来了！
（4）嗨，大家好！
（5）喂喂，您是谁？
（6）好，我就来。
（7）对，就这么办。

3. 感叹语。感叹语表示说话人自己的赞叹、惊讶、忧伤、惋惜、愤怒、鄙夷等感情，例如：

（1）啊，多可爱的小生灵啊！
（2）哎呀，刘队长，欢迎，欢迎！
（3）唉，后悔有什么用！
（4）哼，你猜不着。
（5）你猜不着，哼。

4. 拟声语。拟声语模拟句子中涉及的某种声音，例如：

（1）唧唧喳喳，麻雀早早醒来了。
（2）哗啦啦，放水了！
（3）夜里，果然来了，沙沙沙，门外像是风雨声。
（4）枪响了，砰，砰。

值得注意的是，表示呼应、感叹、拟声的词有时会独立成句，那就是呼应句、感叹句、拟声句，而不是呼应语、感叹语、拟声语了。例如：

（1）喂！（呼应句）
（2）唉！（感叹句）
（3）叭！叭！（拟声句）

（二）移位或重复成分

在交际过程中，说话人为了表达的需要，有时会把某些句法成分从句法结构中提出来，或置于句首先说，或置于句末补说，有时还会把某些在前面说过的又在句末重说，从而造成一些游离于句法结构之外的语用成分。

1. 提前到主语之前的成分。状语是修饰限制谓语中心的，一般在主语之后，谓语之前。但有时为了表达的需要，说话人会把它提至句首，成为提前成分。在别的语法书上，提前成分也叫"句首状语"，或"全句的修饰语"。

时间名词、表时间和处所的词组经常作提前成分，有些形容词、副词也能作提前成分。例如：

（1）昨天，我看见刘翔了。
（2）天亮之前，你们一定要赶到！
（3）院子里，儿童们在玩游戏！
（4）慢慢地，他习惯了这里的生活。
（5）忽然，机器发生了故障。

时间名词、形容词、副词充当的提前成分，可以同义变换到主语之后，如"我昨天看见刘翔了。""他慢慢地习惯了这里的生活。""机器忽然发生了故障。"表时间和处所的词组同义变换到主语之后，则往往要加介词"在"，如"你们在天亮之前一定要赶到。"

许多介词词组充当的状语能作提前成分，例如：

（6）除了老汪，我都通知到了。
（7）由于工作关系，我在长沙逗留了几天。
（8）对这件事，我们会作出安排的。
（9）在长期的斗争中，我们党积累了丰富的经验。

介词词组作提前成分，除了上面所举的例子外，常见的还有"根据……"、"通过……"、"依照……"、"关于……"、"对于……"、"至于……"、"论……"、"自从……"、"为了……"等。

并不是所有状语都能提到主语前作提前成分的，副词和形容词充当的状语，多数不能提到主语前，特别是单音节的。也不是所有提前成分都可以移至谓语中作状语，例如"关于……"、"至于……"、"论……"等就不大好后移，一定要后移时，可以换用别的介词。

2. 后置于谓语之后的成分。为了表达的需要，说话人有时也会把某些状语从谓语中移出，置于句末，成为句末的一种游离成分。这种成分，叫作"后置成分"。例如：

(1) 我感谢他的好意，为我，为中国。
(2) 大家都来了，从东，从西，从南，从北。
(3) 下班了，已经。
(4) 他们走了，都。
(5) 他已经到家了，大概。

为了表达的需要，说话人有时也会把某些句子的主语置于句末，成为"后置成分"。例如：

(6) 冷得很呢，那房子。
(7) 是小王打来的吗，刚才那电话。
(8) 出来吧，你们！
(9) 来过了吗，王老师？

例（9）是向王老师以外的人打听"王老师来过没有"的话，不是向王老师询问的，所以"王老师"是后置成分。如果直接向王老师说"某某来过了吗，王老师？"其中"王老师"则为独立成分。

3. 句末重复成分。口语中，说话人为了表达的需要，有时在句末把在前面已经说过了的某个词语再重复一遍，提醒对方理解时注意这个词语，这种成分，叫做"句末重复成分"。例如：

(1) 你刚才说什么了你？
(2) 你刚才说什么了刚才？
(3) 你刚才说什么了你刚才？
(4) 你们出来吧，你们！
(5) 王老师他来过了吗，王老师？

（三）连接成分

为了表达的需要，说话人还可以在说话时加上一些起连接作用的语用成分。大致有以下几类。

1. 总说语。常见的有"综上所述"、"总而言之"、"总之"、"总起来说"、"一言以蔽之"等。例如：

(1) ……总而言之，我不想再说了。

(2) 此事事关重大，不能拖延，总之，要立即行动。
(3) 我说了这么多，是什么意思呢？一言以蔽之，要自强，自强不息。

2. 分说语。常见的有"第一……，第二……"、"首先……，其次……"、"其一……，其二……"、"一方面……，另一方面……"等。例如：
(1) 第一，一切行动听指挥；第二，不拿群众一针一线；第三，一切缴获要归公。
(2) 首先，要保护好现场；其次，要立即派人进行勘查。
(3) 一方面，我们要增加生产；另一方面，我们要厉行节约。

3. 换说语。常见的有"换句话说"、"换言之"、"也就是说"、"这就是说"等。例如：
(1) 他有点不聪明。换句话说，他是个弱智。
(2) 你不能赶尽杀绝。也就是说，现在该你让步了。
(3) 他上午已经去美国了，这就是说，现在你不可能在这儿见到他。

4. 关联语。表示关联的语用成分相当多，比如"因为"、"所以"、"此外"、"起初"、"后来"、"可是"、"因此"等。在复句中，关联语表示分句与分句的联系，在句组中，它表示句子与句子的联系，在单句中，有时也用它联系句子成分。以下各举一例：
(1) 由于各拱相连，所以这种桥叫作连拱石桥。（复句）
(2) 最初，我的个儿矮，必须仰头才能看到花朵。后来，我逐渐长高了，夹竹桃在我眼中也逐渐矮了起来。（句组）
(3) 只有热爱工作的人，才能热爱生活。（单句）

句子的语用成分的数目和类型较多，难以穷尽，以上三大类十小类属于常见的例子，不排除还有其他的类型和用例。

四、现代汉语句子的句法成分

本教材分析句子的句法成分所用的术语主要是六个：主语、谓语、定语、状语、宾语、补语。此外，在分析主谓句时还有"主语中心、谓语中心"两个术语，在分析非主谓句时还有"中心语、动语"两个术语。句子的句法成分跟词组成分大同小异，这是由不同的分析对象决定的。

（一）主语

主语和谓语是主谓句的两个直接成分。主语跟谓语相对而言，主语是谓语陈述的对象，谓语是陈述和说明主语的。

名词、代词、名词性词组常作主语。例如：

(1) 张老师教我们数学。(名词)
(2) 你喜欢看小说吗?(代词)
(3) 这位同志姓李。(名词性词组)

动词、形容词、动词性词组、形容词性词组有时也能作主语,这时它们表示"指称"意义,例如:

(4) 爬山能锻炼人的意志。(动词)
(5) 辱骂和恐吓绝不是战斗。(动词性词组)

例(4)的"爬山"是指"爬山这样的运动",例(5)的"辱骂和恐吓"是指"辱骂和恐吓这样的行为"。

从语义上看,有些主语是谓语动作的发出者,这类主语可叫做"施事主语";有些主语是谓语动作的承受者,这类主语可叫做"受事主语";有些主语既非谓语动作的发出者,也非谓语动作的承受者,这类主语可叫做"中性主语",例如:

(6) 张老师教我们数学。(施事主语)
(7) 问题已经解决了。(受事主语)
(8) 这位先生是他的朋友。(中性主语)

中性主语是判断、说明、描写的对象。

(二) 谓语

谓语是陈述和说明主语的,陈述主语的动作行为、发展变化,说明主语的性质状态等。

根据作谓语的词或词组的功能类别,谓语可以分为动词性谓语、形容词性谓语、名词性谓语、主谓谓语等。例如:

(1) 张老师教我们数学。(动词性谓语)
(2) 昆明的风景非常优美。(形容词性谓语)
(3) 明天国庆节。(名词性谓语)
(4) 小玲心眼儿好。(主谓谓语)

动词性谓语的结构类型繁多,下面讲句型句式时还要讲到。

(三) 定语

在主谓句中,定语修饰、限制主语中心。在名词性非主谓句中,定语修饰、限制中心语。一个中心成分可以有多个定语。例如:

(1) (最后走的)人要把门关好。
(2) (他的)(那)(一顶)(黑色的)帽子被人拿走了。
(3) (陈芳在周末舞会上穿的)(那)(条)(漂亮的)(浅绿色)(缎

子）百褶裙吸引了许多人的目光。

多项定语的一般顺序是：时间/处所/领属—指示—数量—性质—外观—材质—功用。其中"时间/处所/领属"三类定语之间的语序较为自由，所以用斜线表示。例如：

（陈芳在周末舞会上穿的）（那）（条）（漂亮的）（浅绿色）（缎子）百褶裙
　　　时处　　　　　指别　数量　性质　　外观　　材质

（书桌上）（这）（三个）（破旧的）（空）（玻璃）瓶子
　处所　　指别　数量　　性质　　外观　材质

（他的）（那）（些）（新鲜的）（大）对虾
　领属　指别　数量　　性质　　外观

由于表达的需要，有时也可以有一些变化。如：

（陈芳）（那条）（在周末舞会上穿的）（漂亮的）（浅绿色）（缎子）百褶裙被人弄坏了。

变化以后，强调了领属，语义略有区别。

（四）状语

在主谓句中，状语修饰、限制谓语中心。在动词性形容词性非主谓句中，状语修饰、限制中心语。一个中心成分可以有多个状语。例如：

(1) 他［以前］来过。

(2) 我们［必须］［把革命］进行到底。

(3) 姐姐［昨天晚上］［在家里］［耐心地］帮助妹妹。

多项状语的一般顺序是："时间—空间—情态—工具/材料—经由—对象—方式"，比如：

(1) 叶卫国［昨夜］［在瓜棚里］［清清楚楚地］听见了狼叫。

(2) 张老师［课后］［在教室］［诚恳地］［向学生］［一一］征求意见。

(3) 哥哥［清早］［在厨房］［小心翼翼地］［用小铝锅］［给妹妹］热牛奶。

(4) 厂长［上个星期］［从肇庆］［经广州］［接连］去了三趟深圳。

在一个具体的句子里，各种状语不一定全部都出现。

（五）宾语

宾语是动作行为直接涉及的对象，宾语在动作行为的动词后面，它不用介词介引。在主谓句中，宾语在谓语中心的后面，在非主谓句中，宾语在动语的后面。

宾语可以由名词、代词、名词性词组充当，也可以由动词、形容词、谓词性词组充当。

名词、代词、名词性词组充当的宾语,有的是受事,叫受事宾语;有的是施事,叫施事宾语;有的既非受事又非施事,叫中性宾语。例如:

(1) 你学过英语吗?   (受事宾语)
(2) 我去看电影。   (受事宾语)
(3) 门口站着一位老大爷。   (施事宾语)
(4) 台子上坐着主席团。   (施事宾语)
(5) 解放军是人民子弟兵。   (中性宾语)
(6) 这已经成了制度。   (中性宾语)

动词、形容词、谓词性词组充当宾语,其前面的动语有一定的限制,它常常是:表示动作起始和进行的动词,如"开始"、"进行"、"结束"等;表示心理活动和感知的动词,如"喜欢"、"爱"、"估计"、"打算"、"听见"、"看见"等;表示对待、处理的动词,如"加以"、"予以"等。例如:

(7) 咱们明天开始播种小麦。
(8) 你喜欢看电影吗?
(9) 我们要予以坚决回击。

一个动语后面有两个宾语,是双宾语。靠近动语的宾语叫做近宾语,另一个叫做远宾语。例如:

(10) 他刚才告诉我 一个好消息。
(11) 你借了她 一本词典吗?
(12) 大家都称他 老妈妈。

后面讲双宾语句式时,还要详细讲到双宾语。

(六) 补语

在主谓句中,补语是谓语中心后面的补充成分,在非主谓句中,补语是中心语后面的补充成分。

有些补语的前面有结构标记"得",也有些补语的前面没有补语标记,也有些补语的前面用"个"、"得个"作结构标记。例如:

(1) 他气得〈说不上话来〉。   (有标记"得")
(2) 妈妈把屋子收拾得〈又干净又整齐〉。(有标记"得")
(3) 写完后至少看〈两遍〉。   (无标记)
(4) 你要把它洗〈干净〉了。   (无标记)
(5) 雨下个〈不停〉。   (有标记"个")
(6) 地被他扫得个〈干干净净〉。   (有标记"得个")

补语所表达的意义是多种多样的，常见的有程度、结果、情态、数量、时间、处所、趋向等。例如：

(7) 他疼得〈很厉害〉。　（程度）
(8) 引水渠终于修〈好〉了。　（结果）
(9) 宋师傅经常累得〈满头大汗〉。　（情态）
(10) 他把这话说了〈三遍〉。　（数量）
(11) 她和六宝一起忙了〈五六天〉。　（时间）
(12) 雨来出生〈在一个普通的家庭〉。　（处所）
(13) 太阳升〈起来〉了。　（趋向）

有些句子中有两个趋向补语，如"他忽然唱〈起〉歌〈来〉"，"我拿〈出〉两本书〈来〉"等。

（七）句子成分分析法

汉语的句子成分分析法100多年来是不断发展的。

早期句子成分分析法以黎锦熙《新著国语文法》（1924）为代表。由于它分析句子时注重找中心词，所以也被叫做中心词分析法。早期句子成分分析法认为：句子成分有主语、述语、宾语、补足语、形容性的附加语（简称"形附"，相当于今之定语）、副词性的附加语（简称"副附"，相当于今之状语）6种，每种成分都是由一个词充当的。词组不能够作句子成分，要找出词组里的中心词来充当句子成分。其图解法清晰、醒目，但复杂的句子画起来也挺麻烦，这里举一个比较简单的例子，"京汉铁路局的工人修造黄河上的铁桥"图解为：

```
    工人    ‖  修造  │  铁桥。
京汉铁路局│的         黄河—上│的
```

中期句子成分分析法以1956年《"暂拟汉语教学语法系统"简述》和1959年《汉语知识》为代表，句子成分有主语、谓语、宾语、定语、状语、补语6种，另有两种特殊成分：独立成分、复指成分，它提出了"主语部分"和"谓语部分"两个概念，并允许主谓结构、联合结构两种词组作句子成分，体现了一定的直接成分观念，是一种有所改进的句子成分分析法。根据这个系统写成的《汉语知识》（1959）一书，其中使用了在句子上面加符号的"图解法"。符号共4种，"主语部分"和"谓语部分"之间用‖，主语、谓语下面都画＿＿＿，宾语下面画＿＿＿，定语、状语、补语下面都画〜〜〜。例如：

中国的 孩子们‖过着 幸福的 生活。

后期句子成分分析法以 1984 年《中学教学语法系统提要（试用）》为代表，它把中期句子成分分析法的"主语部分"和"谓语部分"改称为"主语"和"谓语"，认为各种词组（短语）都可以充当句子成分，更多地体现出直接成分观念，是一种新的改进了的句子成分分析法。《中学教学语法系统提要（试用）》有"句子的图解"一节，规定了图解句子的 8 种符号：

‖ 表示主谓句，‖之前是主语，之后是谓语；

∣ 表示非主谓句，非主谓句的结构类型写在这根竖线上头；

主谓短语作其他短语的成分时，主语下边画＿＿，谓语下面画＿＿；

～～ 表示宾语；（ ） 表示定语；〔 〕 表示状语；〈 〉 表示补语。

（三班）班长‖〔用几句话〕就〔向老师〕说〈清楚〉了(班里刚才发生的)(不愉快的) 事情。

相对来说，后期句子成分分析法较为成熟，较为完善，体现了 20 世纪 80 年代初期对汉语句子结构的认识。不过，还有一些需要进一步完善的地方。本教材参考后来出版的一些语法著作和教材，根据本教材句型教学的需要，作如下调整：

一是增加"主语中心、谓语中心"两种成分，认定上面例句中跟定语"三班"相对的"班长"是"主语中心"，谓语里跟状语、宾语、补语相对的"说"是"谓语中心"；

二是承认副词充当状语的资格，给上面例句的谓语中的"就"加上状语符号；

三是对作定语、状语、补语、宾语的词组，不作进一步的分析。上面例句的谓语中的宾语"班里刚才发生的不愉快的事情"，是词组作宾语，无须再标出其中的两个定语。

四是在上述 8 种符号之外，再增加几个图解符号，例如：

．．．． 表示中心语（主语中心、谓语中心、非主谓句的中心语等）；

～～ 表示兼语；

∣ 分隔号，用于作谓语的联合词组、连动词组、重复词组的直接成分之间。

这样，上面例句就可以分析、图解为：

（三班）班长‖〔用几句话〕〔就〕〔向老师〕说〈清楚〉了班里刚才

发生的不愉快的事情。

后期句子成分分析法经过这样的改进以后，突出了"主语中心"、"谓语中心"两个核心成分，在分析句子成分时，总是向着"主语中心"、"谓语中心"来进行切分，在主语里向着"主语中心"切分出定语，在谓语里向着"谓语中心"切分出状语、补语、宾语，所以可以把这种分析句子的方法叫做"向心切分析句法"。下面用这种析句法来分析几个句子：

① （全班）同学‖〔都〕〔已经〕准备〈好〉了旅行的干粮。
② （许多）（强壮）的工人‖修建一座很长的铁桥。
③ （愚蠢）的企鹅‖〔畏缩〕地〔把肥胖的身体〕躲藏〈到峭崖底下〉。
④ 六千名代表汇聚北京‖标志着科学的春天的到来。
⑤ 最可怜的‖是我的大哥。
⑥ （你说）的（那些）情况‖我都跟他们说了。
⑦ 老李‖站〈起〉身〈来〉｜〔轻轻〕地拉〈开〉门｜走了〈出去〉。
⑧ 明天‖国庆节。

需要指出的是，（一）如果主语不能分析出"主语中心"及其一个或几个定语，也不是由主谓词组充当的，就无须作进一步的分析，如例⑤、⑦、⑧。（二）如果谓语不能分析出"谓语中心"及其一个或几个向心成分（状语、补语、宾语），也不是由主谓词组充当的，也无须作进一步的切分，如例⑧。

（八）**直接成分分析法**

直接成分分析法，也叫层次分析法，本章前一节曾运用它来分析复杂词组，当然也可以用它来分析句子，揭示句子的结构层次。每作一层切分，就得到两个"直接成分"。层次分析法有好多种图解方法，下面是一种"框式图解法"：

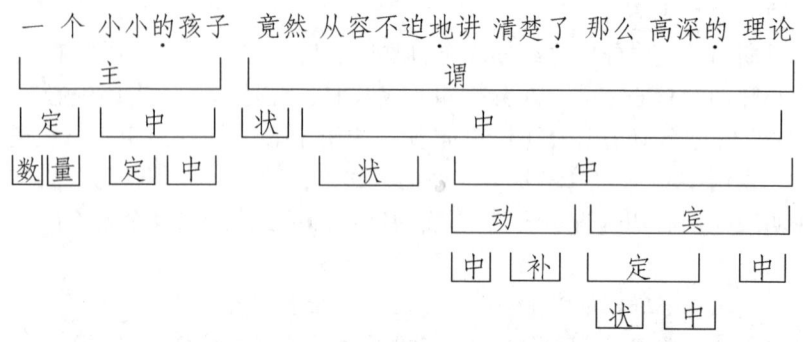

```
  一 个 小小的孩子   竟然 从容不迫地讲 清楚了 那么 高深的 理论
  └───┬───┘         └──────────────┬──────────────────────┘
      主                           谓
  ┌─┴─┐ ┌─┴─┐   ┌─┴─┐ ┌─────────┴─────────┐
   定   中    状           中
 ┌┴┐ ┌┴┐           ┌┴┐ ┌────┴────┐
 数量 定 中          状         中
                         ┌┴┐ ┌───┴───┐
                          动        宾
                         ┌┴┐ ┌─┴─┐ ┌┴┐
                         中 补  定  中
                              ┌┴┐
                              状 中
```

层次分析法的优点是：逐层分析，层次清楚，比较适用于短句子的分析。它的缺点是无限制地分析到词，显得零碎。特别是，它不怎么适用于长句子的结构分析。因为句子一长，就不容易写为一行，而且层次多到十几层，分析符号跟原句字词相隔很远，就显不出层次清楚的优点了。

思考和练习五

一、什么是句子？

二、句子成分有哪三种大的类型？

三、请指出下列句子的语气成分。

(1) 今天的天气真好啊！
(2) 刚来的那人是谁呀？
(3) 去就去呗！
(4) 哪个说你不可靠的？
(5) 咱们都是一家人嘛！
(6) 来吃西瓜吧。
(7) 我该回家了。

四、分析下列句子的语用成分，并分别指出其意义。

(1) 姑娘们，你们信不信？
(2) 你看，你看，这不是又一批毛竹滑下山来吗？
(3) 参加这次大会的人，少说一点，也有四五千。
(4) 毫无疑问，我们应当批评各种各样的错误思想。
(5) 你应当亲自去慰问一趟，按理说。
(6) 好，就这样决定了。
(7) 喂，同志，你的书掉啦！

(8) 嘭，嘭，我正在看书的时候，响起了敲门声。
(9) 你这是干什么呀你这是？
(10) 为了你，我愿意赴汤蹈火。
(11) 在 1986 年 9 月 22 日，新疆部分地区可以看到日全食，上海什么也看不到。
(12) 津浦路上，他遇到一位多年不见的朋友。
(13) 夏天，他坚持锻炼；冬天，他也坚持锻炼。
(14) 努力奋斗吧，为了祖国的明天！

五、用向心切分句法分析下列句子的句法成分，用"符号图解法"显示。

(1) 我已经把下午开会的事告诉小王了。
(2) 毒辣辣的太阳直晒得马路上的柏油发软。
(3) 老向导又告诉我们一个故事。
(4) 昔日的穷山村近年盖起了两座现代化的小楼。
(5) 生长在江南的同志们看到这些水墨画高兴得直鼓掌。
(6) 要管的是獾猪、刺猬、猹。
(7) 军阀、官僚、土豪、劣绅是地主阶级的政治代表。
(8) 我听见他在河里大声叫我。
(9) 我的好朋友王永最近完成了一项很重要的任务。
(10) 他去年在实验室里用计算机努力地做了 10 个月。
(11) 西斜的阳光照着那条整齐的街道。
(12) 喜欢看踢足球的学生今天都早早地来了。

六、用"符号图解法"标示下列句子的语用成分和句法成分（语用成分下面标△着重号）。

(1) 在战争年代，人们对一身灰布制服，一件本色的粗毛绒衣，或者自己打的一副手套、一双草鞋，都很有感情。
(2) 自从早晨散会之后，菊英就在后院奶奶家里等候通知。
(3) 为了羊群，英雄的小姐妹——玉荣和龙梅同暴风雪搏斗了一天一夜。
(4) 这种一个倾向掩盖另一个倾向，一种潮流来了，多数人跟着跑，只有个别人顶住的事，在历史上多次发生。
(5) 依我想，艺术要有活泼的生命、真实的力量。
(6) 那么，究竟我们的党还有什么问题没有呢？

第六节 现代汉语句型、句式、句类

一、现代汉语句型

句型是根据句子的内部结构划分出来的句子类型。
现代汉语的句型一般是这样划分的：
第一步，先把句子分为单句和复句两大类。
典型的单句是主谓句，不典型的单句由非主谓词组构成，或者只由一个词单独构成。典型的复句是由两个或两个以上在形式上类似于单句的分句组成的，往往用一些关联词语表示分句之间的关系。例如：

(1) 苹果从树上掉下来了。(单句)
(2) 如果我们没有学会说群众懂得的话，那么广大群众是不会领会我们的决议的。(复句)

第二步，分别从单句、复句中划分出它们的小类。
单句，一般以它是否为主谓结构作标准，把它分为主谓型单句和非主谓型单句两类。主谓结构的单句为主谓型单句，简称主谓句；其他结构的单句为非主谓型单句，简称非主谓句。例如：

(1) 苹果从树上掉下来了。(主谓型单句)
(2) 来客人了。(非主谓型单句)

复句，一般根据其分句之间的关系，把它分为联合复句和偏正复句两类。各分句之间关系平等的复句为联合复句；分句之间的关系有偏（从属）有正（中心）的复句为偏正复句。例如：

(1) 我们必须克服困难，我们必须学会自己不懂的东西。(联合复句)
(2) 因为我这么爱她，所以我才为她的缺点着急。(偏正复句)

第三步，对单句的小类主谓型单句、非主谓型单句，以及复句的小类联合复句、偏正复句继续划分。
对主谓型单句，一般根据其谓语继续划分。谓语有单词充当的，有词组充当的。谓语或谓语中心是动词的为动词性谓语句，谓语或谓语中心是形容词的为形容词性谓语句，谓语或谓语中心是名词、代词、名词性词组的为名词性谓语句，谓语是主谓词组的为主谓谓语句。例如：

(1) 小张到了。 (动词性谓语句)
(2) 小张到北京了。 (动词性谓语句)

(3) 小张到北京出差了。 （动词性谓语句）
(4) 小张和他哥哥一起到北京了。 （动词性谓语句）
(5) 北京，美！ （形容词性谓语句）
(6) 北京真美呀！ （形容词性谓语句）
(7) 北京美得很。 （形容词性谓语句）
(8) 明天元旦。 （名词性谓语句）
(9) 那个小孩儿黄头发。 （名词性谓语句）
(10) 母亲性格和蔼。 （主谓谓语句）

非主谓型单句，可以由一个词构成，也可以由一个词组构成。我们可以根据构成非主谓型单句的那个词、那个词组的性质，把它们分为动词性非主谓句、形容词性非主谓句、名词性非主谓句、叹词句、拟声词句等。例如：

(1) 谢谢！ （动词性非主谓句）
(2) 谢谢光临！ （动词性非主谓句）
(3) 下雨了。 （动词性非主谓句）
(4) 好！ （形容词性非主谓句）
(5) 太好了！ （形容词性非主谓句）
(6) 飞机！ （名词性非主谓句）
(7) 多大的飞机呀！ （名词性非主谓句）
(8) 啊呀！ （叹词句）
(9) 砰！ （拟声词句）

对联合复句，一般根据分句之间的关系，把它分为并列复句、承接复句、递进复句、选择复句、解说复句等。

(1) 她是个好同志，你也是个好战士。（并列复句）
(2) 那老旦当初还只是踱来踱去地唱，后来竟在中间的一把交椅上坐下了。（承接复句）
(3) 不但学生要努力学习，教师也要努力学习。（递进复句）
(4) 是先读基础的书呢，还是先读专业的书呢？（选择复句）
(5) 社会主义制度终究要代替资本主义制度，这是一个不以人的意志为转移的客观规律。（解说复句）

对偏正复句，一般根据分句之间的关系，把它分为转折复句、因果复句、假设复句、条件复句、目的复句等。

(1) 虽然我一见便知道是闰土，但又不是我记忆上的闰土了。（转折复

句)
(2) 因为他想跟苦三儿说说话的心情越来越急切,所以送饭的间隔也越来越短了。(因果复句)
(3) 如果美是专指"婆娑"或"旁逸斜出"之类而言,那么白杨树算不得树中的好女子。(假设复句)
(4) 只要我能够活下去,我就决不能让这个叛徒漏网。(条件复句)
(5) 他四面八方地看着,为的是饱看一下八年不见的平原风景。(目的复句)

第四步,对于需要继续划分的小类继续划分。

每个小类都可以继续划分。但有些小类成员不多,可以不再划分,如叹词句、拟声词句。有些小类成员繁多,而且对掌握汉语句子结构规律有重要作用,如动词性谓语句,就应该继续划分。各种复句也可以继续划分出更小的类型。

经过前三步划分,就可以得出一个基本的汉语句型系统。

句子	单句	主谓型单句（主谓句）	动词性谓语句
			形容词性谓语句
			名词性谓语句
			主谓谓语句
		非主谓型单句（非主谓句）	动词性非主谓句
			形容词性非主谓句
			名词性非主谓句
			叹词句
			拟声词句
	复句	联合复句	并列复句
			承接复句
			递进复句
			选择复句
			解说复句
		偏正复句	转折复句
			因果复句
			假设复句
			条件复句
			目的复句

在确定具体的句子所属句型时，要综合考虑，谨慎对待，以单句归类为例，需要注意以下几点。

1. 主语、状语之后的停顿不影响整句结构，有无这种停顿皆属于同一句型。例如：

(1) 向导蔡光烈在雪坡上一脚一脚地把冰雪踢开。
(2) 向导蔡光烈，在雪坡上一脚一脚地把冰雪踢开。
(3) 向导蔡光烈在雪坡上，一脚一脚地把冰雪踢开。

例（1）中没有停顿，例（2）中主语之后有停顿，例（3）状语"在雪坡上"之后有停顿，但例（1）例（2）例（3）整体句法结构相同，仍归入同一句型。

2. 句子语气、句末语气词、句首语气副词，不影响整句结构，有无这些皆属于同一句型。例如：

(1) 小张到北京了。
(2) 小张到北京喽！
(3) 小张到北京了吗？
(4) 难道小张到北京了？
(5) 莫非小张到北京了？

例（1）—例（5）有不同的语气、语气词、语气副词，但不影响整句结构，皆属于同一句型。

3. 句子中的独立成分，不影响句型归属。有无独立成分，皆属于同一句型。例如：

(1) 小张去上海了。
(2) 据说小张去上海了。
(3) 依我看，小张去上海了。
(4) 哎呀，小张去上海了！

例（1）中没有独立成分，例（2）—例（4）中有独立成分，但都是同一句型。

4. 句子中的状语被提至主语前，或被置于句末，不影响句型归属。例如：

(1) 你们刚才去哪里了？
(2) 刚才你们去哪里了？
(3) 你们去哪里了，刚才？

例（2）中状语被提至主语前，例（3）中状语被置于句末，但这不影响其句型归属，例（1）例（2）例（3）都是同一句型。

5. 句首有用于连接上句的词语，句中有用于连接句子成分与句子成分的连词，不影响句型归属。例如：

(1) 热爱工作的人能热爱生活。

(2) 只有热爱工作的人，能热爱生活。

(3) 总之，只有热爱工作的人，能热爱生活。

例（1）中没有语用性连接成分，例（2）例（3）中有连接成分，但例（1）例（2）例（3）仍是同一句型。

总之，句型是依据句法结构确定的，各种语气成分、语用成分都不影响句型。

二、现代汉语句式

"句式"是句子的语法结构格式。本书所说的句式，是指现代汉语中的特定句式。

特定句式是与"非特定句式"相对而言。例如，我们可以根据"兼语词组作谓语"这一特定的结构特征，把所有主谓句分为"兼语谓语句"和"非兼语谓语句"两类；我们也可以根据"连动词组作谓语"这一特定的结构特征，把所有主谓句分为"连动谓语句"和"非连动谓语句"两类；我们还可以根据"谓语中心带双宾语"这一特定的结构特征，把所有主谓句分为"双宾句"和"非双宾句"两类，等等。那么，"兼语谓语句"、"连动谓语句"和"双宾谓语句"就是特定句式，"非兼语谓语句"、"非连动谓语句"和"非双宾句"就是非特定句式。

有时一个句子具有多个为人们重视的特定的结构特征，则可以被划归不同的句式。例如：

(1) 连小李都被他打过。（"被"字句、"连"字句等）

(2) 村外是一片水田。（"是"字句、存现句等）

(3) 门口有个士兵在站岗。（"有"字句、存现句、兼语句等）

特定句式多种多样，下面介绍七种特定句式。

（一）主谓谓语句

由主谓词组作谓语的主谓句叫主谓谓语句。为了叙述的方便，我们把这种句子的主语称为大主语，它的谓语称为大谓语，把在这种句子中作谓语的主谓词组的主语称为小主语，主谓词组的谓语称为小谓语。比如：

陈师傅 心眼儿 十分好

```
|大主语|    |大谓语    |
     |小主语||小谓语|
```

以下介绍主谓谓语句的几种主要类型。

1. 大谓语对大主语加以描写，说明大主语在某一方面的特点。大主语跟小主语有广义的领属关系。例如：

(1) 这本书内容很好。
(2) 他个子不是很高。
(3) 西湖风景非常优美。
(4) 中国人口很多。
(5) 梅梅脸色非常严肃。

这是典型的主谓谓语句。小主语是名词，小谓语或小谓语的中心是形容词。大主语跟小主语（例如"这本书"跟"内容"）有广义的领属关系，其余各例亦如此。孤立地看，在这种句子的大主语后面加上"的"，它就可以变成一般的主谓句，但在许多特定的语言环境中，却是不能加"的"的。

2. 小谓语是动词性的，大主语在意念上是小谓语中动词的受事、工具、材料、与事等。例如：

(1) 昨天的讲座你听了吗？（大主语是受事）
(2) 我的护照你找到了没有？（大主语是受事）
(3) 什么书他都看。（大主语是受事）
(4) 张萌和王超我昨天见过他们。（大主语是受事）
(5) 这把刀我切菜。（大主语是工具）
(6) 那些零星布料我要用来拼画儿。（大主语是材料）
(7) 小李我送他一支钢笔。（大主语是与事）

这些句子的大主语，看上去都像是从后面的主谓词组当中提到句首去的，如例(1)"昨天的讲座你听了吗？"（你听了昨天的讲座吗？）例(5)"这把刀我切菜。"（我用这把刀切菜。）有些句子中还在原位置上用一个代词来复指它，如例(7)"小李我送他一支钢笔。"但有时在具体的语言环境中只能用这种主谓谓语句句式，而不能改用非主谓谓语句句式。

3. 大主语是话题，是大谓语关涉的事物，大主语前面暗含一个介词"关于"、"对于"、"至于"。例如：

(1) 这个问题你有什么看法？
(2) 这件事，中国人民的经验太多了。
(3) 咱们的菜地，水第一重要。

(4) 闺女的亲事，她比谁都急。
(5) 年龄，我是比他大了一点。
(6) 会计我们已经有人了。

4. 小主语复指大主语。例如：
(1) 一个边防军人，他随时准备为边关奉献一切。
(2) 安天线，这可不简单。
(3) 事不过夜，这是我们的规矩。

5. 小主语部分地复指大主语，例如：
(1) 我们俩谁也没去过那地方。
(2) 这次招来的青工，女的太多了。
(3) 花炮，浏阳生产的不错。

6. 小主语中有复指大主语的词，例如：
(1) 这位同日本侵略者周旋了整整十年的老战士，他的作战经验是很丰富的。
(2) 晃旗那小子，他爹我认识。
(3) 他活着别人就不能活的人，他的下场可以看到。

7. 小谓语部分地复指大主语，例如：
(1) 讲义一人一本。
(2) 对虾，十元一斤。
(3) 班车，一天两趟。

这三个句子中没有动词，是汉语习用句式。

(二) 双宾句

双宾句是谓语中心动词带有两个宾语的主谓句。在双宾句中，谓语中心动词有两个宾语，紧靠动词之后的宾语叫近宾语，在近宾语之后的宾语叫远宾语。

并不是所有动词都能带两个宾语的，能带两个宾语的动词大致有以下几类：

1. "给"类：如"给、送、送给、交、交给、还、还给、寄给、赠、赠给、赠送、献、献给、赐、赐给、赏、赏给、赏赐、让、让给、塞、塞给、递、递给、赔、赔给、汇、汇给、补、补给、补贴、拨、拨给、发、发给、付、付给、卖、卖给"等。近宾语表示人、单位，远宾语表示钱、物。例如：

(1) 爸爸给我无价宝。

(2) 乡亲塞给他几个鸡蛋。

(3) 他捐给灾区五十万元。

2. "请教"类：如"请教、问、询问、告诉、求、考"等。近宾语表示人，远宾语表示请教、询问的内容。例如：

(1) 我请教您三个问题。

(2) 你问他机器能不能马上修好。

(3) 蔡队长告诉我们一个好消息。

3. "称呼"类：如"称呼、称、叫（'称呼'义）、骂、喊（'称呼'义）、封"等。近宾语表示人，远宾语表示称呼。例如：

(1) 大家叫她祥林嫂。

(2) 有人骂他草包。

(3) 我不要他喊我爸爸。

4. "欠、罚、借"类：如"欠、差、拖欠、短、少（'欠'义）、罚、借、租、分"等。近宾语表示人、单位，远宾语表示钱、物。例如：

(1) 他欠我们公司一大笔钱。

(2) 我们不会少你一分钱的。

(3) 交警罚我一百元。

"借"类动词双宾句有时有歧义。例如：

(4) 她借我三元钱。

(5) 她借我三元钱，（让我买了双袜子）。

(6) 她借我三元钱，（买了双袜子给她爸爸）。

例（4）有歧义。例（5）例（6）没有歧义。例（5）是"借给我"，例（6）是"向我借"。

（三）连动谓语句

连动词组作谓语的主谓句，叫连动谓语句，简称连动句。连动句的谓语一般是两个或多个相连的动词性词组或动词，可以用"动$_1$+动$_2$+动$_3$……"表示。我们这里先讨论由两个相连的动词性词组构成的连动句。在连动句中，动$_1$跟动$_2$之间不可以有停顿，动$_1$和动$_2$前面都不可以有关联词语，动$_1$跟动$_2$之间不能是并列关系。这类连动句有以下形式：

1. 动$_1$和动$_2$是先后发生的动作。例如：

(1) 她上街买菜。
　　　　|动$_1$||动$_2$|

(2) 黄参谋写好报告交给站在旁边的通讯员。

(3) 我已经打电话通知他们了。
　　　　　　动₁　　动₂

2. 动₁表示动₂的方式，例如：
(1) 她笑着答应了。
　　　动₁　动₂
(2) 毛博士指着儿子的鼻子教育他。
　　　　动₁　　　　动₂
(3) 他苦笑着摇摇头。
　　　动₁　　动₂

3. 动₁是"来"、"去"类动词，例如：
(1) 你来答。
　　　动₁动₂
(2) 我去找她。
　　　动₁动₂
(3) 你过去看一下。
　　　动₁　动₂

4. 动₁从肯定方面说，动₂从否定方面说，例如：
(1) 大娘紧紧地握住我的手不放。
　　　　　动₁　　　动₂
(2) 章素素一直板着脸儿不笑。
　　　　　　动₁　　动₂

5. 动₁的宾语是动₂的受事，句子主语是动₁和动₂的施事，例如：
(1) 我倒杯茶喝。
　　　动₁　动₂
(2) 你找个人问问。
　　　动₁　动₂
(3) 你何不拿出一些来分给大家？
　　　　　动₁　　　动₂

6. 动₁和动₂是相同的动词带不同的后续成分，动₁带宾语，动₂带补语，例如：
(1) 老王喝酒喝醉了。
　　　　动₁　动₂
(2) 老章抓工作抓得很紧。
　　　　动₁　　动₂
(3) 这孩子说话说不清楚。
　　　　　动₁　动₂

7. 动₁是"有"类动词带宾语，例如：
(1) 我们有能力完成这个任务。
　　　　　动₁　　动₂
(2) 他们有地方开会吗？
　　　　动₁　　动₂
(3) 灾区人民有房子住吗？
　　　　　　动₁　　动₂

连动句的谓语也可以是三个或更多相连的动词性词组，例如：
(1) 大家到晒谷坪集合排工。
　　　　动₁　　动₂ 动₃
(2) 他半夜起来　去　喂牛。
　　　　动₁　　　动₂　动₃
(3) 你去办公室亲自打电话请丁医生。
　　　动₁　　　　动₂　　　动₃

要注意连动句跟并列谓语句的区别。并列谓语句是指联合词组作谓语的主谓句。在动词性并列谓语句中，动₁跟动₂是并列的，如并列谓语句"他们唱歌跳舞。"其中"唱歌"跟"跳舞"是并列的。

（四）兼语谓语句

兼语词组作谓语的主谓句，叫兼语谓语句，简称为"兼语句"。兼语句的特点是包含两个表述。如"领导派我去北京"这个兼语句，谓语可分析为"派我"为动宾结构，"我去北京"为主谓结构，"我"为兼语，即既为前面动语"派"的宾语，又兼为后面谓语的主语。兼语句是由两个表述套接在一起构成的句子。

并不是所有动词都能带兼语的，能带兼语的动词大致有以下几类：

1. "使令"类。如"使、让、令、命令、催、催促、逼、逼迫、强迫、派、指派、指使、委派、请、求、恳求、邀请、托、委托、拜托、通知、号召、鼓励、动员、怂恿、发动"等。例如：
(1) 虚心使人进步。
(2) 连长命令大家快速前进。
(3) 他一再催哥哥早早动身。
(4) 我去请院士作报告。
(5) 你不要托别人找他。
(6) 领导通知我们晚上开会。

（7）我们要发动群众跟犯罪分子作斗争。

"使令"类动词兼语句是典型的兼语句，占兼语句中的大多数。有些动词用在别的句子中没有使令意义，如"他到处托人"、"首先要发动群众"，但用在兼语句中它们却有了使令意义。

2. "有"类。如"有、无、没有、没"等。例如：

（1）老马有个儿子在北京工作。

（2）村里无人入眠。

（3）这事没有谁不知道。

3. "称呼"类。如"称呼、称赞、夸、追认、称、叫（'称呼'义）、骂、喊（'称呼'义）、封"等。例如：

（1）大伙儿称他是老黄牛。

（2）两年前七斤曾经骂过赵七爷是贱胎。

（3）土匪头子封他做了个小头目。

（4）人人都夸你是神枪手。

（5）后来，人民政府追认他为革命烈士。

这类兼语句中有一些跟双宾句有联系，如例（1）例（2）例（3），是在远宾语之前用上了动词，使得近宾语成了兼语，动词跟远宾语组合起来，做了兼语后面的谓语。

我们要注意兼语句跟主谓词组作宾语句（如"我知道他不会来的"）的区别，主要区别是：兼语句中，动词仅支配兼语，主谓作宾句中，动词支配整个主谓词组；兼语句中，动词跟兼语之间不能有逗号、冒号那样的停顿，主谓作宾句中，主谓词组前面可以有逗号、冒号那样的停顿，如"我知道，他不会来的。"而且还可以有状语，如"我知道明天他不会来的。"

（五）"把"字句

"把"字句是指作谓语中心的动词前面有介词词组"把……"作状语的主谓句。"把"字句的基本格式是："主语+'把……'+动词及其连带成分"。为了叙述的方便，我们把其中的"主语"称为前段，把状语"把……"称为中段，把"动词及其连带成分"称为后段。

1. 前段

"把"字句的前段是句子的主语，一般由名词、代词、名词性词组充当。例如：

(1) 妈妈把饭做好了。
(2) 他把手机带在身边。
(3) 这笨重的活儿把他干累了。

在特定情况下，非名词性词组也可以作"把"字句的主语，这时，非名词性词组表示指称。例如：

(4) 艰难和曲折把他磨炼得越来越成熟了。
(5) 贵客临门把老人家乐坏了。

从语义上看，很多主语表示施事，如例（1）和例（2）；但也有些主语表示受事，如例（3），"这笨重的活儿"是"干"的受事；有些主语不表示施事和受事，如例（4）和例（5）。

2. 中段

中段"把……"是状语。"把"字的宾语（介宾）一般由名词、代词、名词性词组充当。前面的例（1）—例（5），都是这样。但也有非名词性词组作"把"字宾语（介宾）的，这时，非名词性词组表示指称。例如：

(1) 现在他也不［把死］放在心上了。
(2) 旧时代一些人民英雄往往［把反对强权、平均地利］作为自己的理想。

从语义上看，中段"把"字的宾语（介宾）常常表示后段当中动词的受事，有时也表示后段当中动词的施事、工具、处所等，例如：

(3) 我回头［把爷爷］拉回家去。（受事）
(4) 你别［把自己干的事］往别人身上扣。（受事）
(5) 他［把东西］都收拾好了。（受事）
(6) 那场官司［把他］打得筋疲力尽。（施事）
(7) 妈妈［把樟木箱］装了毛料衣服。（工具）
(8) 老二［把家里］闹得不成样子了。（处所）

3. 后段

"把"字句的后段一般不由单独一个动词充当，尤其不用单个单音节动词。动词的前面可能还有状语，动词的后面往往有补语、宾语，例如：

(1) 你把写好的稿子［都］给我吧。
(2) 你怎么也不能把他的行为［跟他的身份］联系〈起来〉。

（3）祥子把钱[又]数了〈一遍〉。
（4）他把孙子惯得〈一点人样都没有〉。

单独一个动词充当后段，起码要带一个助词"了"或"着"，例如：

（5）他把脚上的血泡挑了。
（6）夏老太太把试工的保姆辞了。
（7）你得把这些留着。

口语中有"看把他气得！""看把你美的！"后面本该有补语，但没有说出来。

另外，有些双音节词、三音节词也能作"把"字句的后段，这样的双音节动词多半是动补结构。例如：

（8）咱们要用适当的方法把它摧毁。
（9）你不要把问题复杂化。

在特定条件下，也可以有单音节动词作"把"字句后段的情况。例如在韵文里就有"我手执钢鞭将（把）你打"、"两人一起把楼上"之类。

"把"的宾语一般来说是有定的、已知的，可以接受"这、那"的限定。例如"把东西收拾好了"，其中"东西"是有定的、听话方已知的"那东西"；"把樟木箱装了毛料衣服"，其中"樟木箱"也是有定的、听话方已知的"那樟木箱"。如果"把"的宾语是听话方未知的，便会觉得说话方的"把"字用得莫名其妙，达不到交际的目的。

从语义上看，"把"字句有两种句式意义：（1）主语是施事、"把"字宾语（介宾）是受事的"把"字句，表示的是"处置"意义，即主语对"把"字宾语（介宾）施加一定的影响，使它发生某种变化，产生某种结果，处于某种状态、遭受某种遭遇，如"他把脚上的血泡挑了。""夏老太太把试工的保姆辞了。"（2）主语非施事、"把"字宾语（介宾）是施事的"把"字句，表示的是"致使"意义，客观存在的事件致使某人某事物遭受到某种遭遇、发生了某种变化，或处于某种状态，如"贵客临门把老人家乐坏了。""那场官司把他打得筋疲力尽。"

（六）"被"字句

"被"字句是指作谓语中心的动词前面有介词词组"被……"作状语的主谓句。"被"字句的基本格式是："主语＋'被……'＋动词及其连带成分"。为了叙述的方便，我们把其中的"主语"称为前段，把状语"被……"称为中段，把"动词及其连带成分"称为后段。

1. 前段

"被"字句的前段是句子的主语。它一般是后段动词的受事。由名词性词语充当。例如：

(1) 贪睡的小洁被妈妈推醒了。
(2) 原来好端端的茶棚被风掀得趴了架。
(3) 剩下的钱被土匪抢了去。
(4) 水缸被她用来养鱼了。
(5) 墙上被贴满了广告。

在例（1）中，"推"的是"贪睡的小洁"，例（2）中，"掀"的是"原来好端端的茶棚"，例（3）中，"抢"的是"剩下的钱"，它们都是受事。例（4）中，"水缸"不是"养"的对象，而是"养鱼"的工具。例（5）"墙上"是"贴"的处所。

2. 中段

中段分两种情况，一种是介词"被"带宾语（介宾），另一种是介词"被"不带宾语（介宾）。例如：

(1) 小偷［被警察］抓住了。
(2) 小偷［被］抓住了。
(3) 书记马斌［被他］拉到维尼纶厂蹲点。
(4) 书记马斌［被］拉到维尼纶厂蹲点。

中段是介词"被"带宾语（介宾）的，"被"所带宾语（介宾）一般表示后段动词的施事，例如例（1）中"警察"是"抓"的施事，例（3）中"他"是"拉"的施事。中段是单独一个介词"被"不带宾语（介宾）时，常常是因为这个施事是可以从上下文中看得出来的，如例（2）例（4）。

3. 后段

"被"字句的后段一般由动词性词组充当。例如：

(1) 这件事被老黄［一口］回绝了。
(2) 锅扣大爷被人们［从野坟地］抬〈回来〉了。
(3) 整个教室被灯光照得〈亮堂堂的〉。
(4) 两个火车头被游击队击毁了一个。
(5) 我被张婶推着向站里面挤。

由单独一个动词充当后段的情况较少，多数要带上动态助词"着"、"了"、"过"，或者前段和中段之间有状语，例如：

(6) 他被老板辞了。
(7) 他被痛苦的心情折磨着。
(8) 小王的哥哥［经常］被老师表扬。

从语义上看，"被"字句表示某人或某事物遭受到某种境遇，这种境遇有的是对自己不利的，如："剩下的钱被土匪抢了去。"有的是有利的，如："小王的哥哥经常被老师表扬。"也有的无所谓不利或有利，如："整个教室被灯光照得亮堂堂的。"

（七）存现句

存现句是表示某处存在、出现、消失某人某事物的特定句式。它有三种小类：存在句、出现句、消失句。存在句表示某处存在着某人某事物，出现句表示某处出现了某人某事物，消失句表示某处消失了某人某事物。例如：

(1) 山顶上有一个古庙。（存在句）
(2) 她脸上现出欢喜而又凄凉的神情。（出现句）
(3) 回来的路上走失了一位小朋友。（消失句）

存现句的三种小类都有一个共同的结构形式：前段是表示处所的词或词组，例如："山顶上"、"她脸上"、"回来的路上"；中段是表示存在、出现或消失的动词，例如："有"、"现出"、"走失了"；后段是表示人或事物的名词性词语，例如："一个古庙"、"欢喜而又凄凉的神情"、"一位小朋友"等。

存现句的三种小类的区别在于中段的动词。

1. 存在句

存在句是存现句里使用频率最高的一种。根据中段动词的不同，存在句有七个小类："有"字存在句、"是"字存在句、"v 着"存在句、"v 了"存在句、"v 过"存在句、"v"存在句、无动存在句。例如：

(4) 山顶上有一个庙。（"有"字存在句）
(5) 山顶上是一个庙。（"是"字存在句）
(6) 山顶上一个古庙。（无动存在句）
(7) 山顶上建着一个庙。（"v 着"存在句）
(8) 山顶上建了一个庙。（"v 了"存在句）
(9) 山顶上建过一个庙。（"v 过"存在句）
(10) 山顶上建一个庙。（"v"存在句）

"有"字存在句是典型的存在句。其他六种存在句都可以转换成"有"字存在句。不能转换成"有"字存在句的就不是真正的存在句。例（8）例（9）例（10）较少见。

2. 出现句

出现句中段常用的动词有"出现、展现、呈现、现、露、跑、走、来、飞"等，动词后要有补语"出"、"来"、"过来"、"进来"等，有些还要加助词"了"。例如：

(11) 对面走来一个人。
(12) 脸上露出了少有的笑容。

3. 消失句

消失句中段常用的动词有"消失、丢失、损失、失、死、少、跑、走、缺"等，动词后要有助词"了"，有些在动词和"了"之间还需要补语"掉"、"失"等。例如：

(13) 团里走了三个演员。
(14) 仓库里少掉了两袋米。

在各类存现句中，中段动词前面都可以有状语，例如：

(15) 山顶上［曾经］有一个庙。
(16) 脸上［终于］露出了少有的笑容。
(17) 仓库里［忽然］少掉了两袋米。

从语义上看，存现句表示某处存在、出现、消失某人某事物。从句法结构上看，它的前段是主语，中段加后段是谓语。从语用结构上看，前段是主题，中段加后段是述题。

三、现代汉语句类

句类是根据句子的语气划分出来的句子类型。句子的语气有陈述语气、疑问语气、祈使语气、感叹语气等，所以一般把句子分为陈述句、疑问句、祈使句、感叹句四类。

句子是语言交际单位，人们说出一句话，总有一定的语用目的。比如要告诉别人一件事（如"他笑了。"），或者询问别人一个问题（如"他笑了吗?"），或者命令、请求、劝说别人做什么（如"别笑了!"），或者表达自己的喜怒之情（如"太好笑了!"），等等。不同的语用目的表现为不同的语气，不同的语气反映不同的语用目的。因此，句类也是从语用角度划分出来的一种句子类型。

（一）陈述句

陈述句是具有陈述语气，用于叙述人或事物的动作行为、发展变化，描写人或事物的性质、形状，解释和评议事理的句子。例如：

（1）李老师刚刚去上海了。　（叙述）
（2）他们还没吃饭呢。　（叙述）
（3）小张很聪明。　（描写）
（4）院子里静悄悄的。　（描写）
（5）他就是我常跟你说的李博士。　（解释）
（6）这也不是我们的过错嘛!　（解释）
（7）这间屋子完全可以住四个人。　（评议）
（8）说话写文章都应该简明扼要。　（评议）

有的陈述句句末不用语气助词，如上面的例（3）例（5）例（7）例（8），有的要用语气助词，如例（1）的"了"，例（2）的"呢"，例（4）的"的"，例（6）的"嘛"。

陈述句有肯定形式的和否定形式的，上面八个例句中有六个是肯定形式的，两个是否定形式的。否定形式的陈述句是指句子的谓语中心动词、形容词前面有否定词"不、没、没有"的句子。如上面的例（2）"他们还没吃饭呢。"例（6）"这也不是我们的过错嘛!"

有一种双重否定的句子，句子整体上仍然表示一个肯定的意思，例如：
（9）看来我不能不说了。
（10）这件事没有人不同意的。
（11）我非把它写出来不可。

例（9）的意思是"我应该说"，例（10）的意思是"这件事大家都同意"，例（11）的意思是"我要把它写出来"。它们也是陈述句。

（二）疑问句

疑问句是具有疑问语气、表示询问的句子。从疑问句的形式和结构来看，疑问句可以分为是非问句、特指问句、选择问句、正反问句四类。

是非问句是对全句即整个命题表示疑问，要求对方作出肯定（是）或否定（非）的回答。例如：
（1）你打算教小明写字?
（2）你打算教小明写字吗?
（3）你打算教小明写字吧?
（4）你打算教小明写字，是吗?
（5）你打算教小明写字，对吧?

特指问句是用疑问代词对某一点或几点进行询问，要求对方针对其中的疑问代词进行回答，例如：

（1）谁教你进来的？（问动作者）
（2）你打算吃什么呢？（问动作的受事）
（3）咱们在哪儿见面？（问动作的处所）
（4）你打算去哪里？（问动作的目的地）
（5）你们怎么上山的？（问动作的方式）
（6）你昨天为什么没有来？（问原因）
（7）你带了几件衣服？（问数量）
（8）刚才你说谁给谁写了一封长信？（问两个人）
（9）你让我读一段，从哪儿到哪儿呀？（问起点和终点）

选择问句是在询问时给出并列的选择项，要求对方从中选择进行回答，例如：

（1）你是喜欢吃苹果还是喜欢吃梨？
（2）今天晚上咱们是看电影还是看杂技？
（3）咱们去找他，还是在这儿等他来呢？
（4）你告诉我，你们是一起去，是分别去？

正反问句是在询问时给出一正一反两个选择项，要求对方从中选择一个进行回答，例如：

（1）你喜欢不喜欢这种款式？
（2）你有没有问过他？
（3）你问过他没有？
（4）你同意不同意参加？
（5）他说得清楚不清楚？

有的疑问句句末不用语气助词，有的则需要用语气助词。常用的表示疑问的语气助词有"吗"、"吧"、"么"、"呢"、"啊"等。值得注意的是，是非问句句末一般用"吗"不用"呢"，其他三种疑问句句末一般用"呢"不用"吗"。

疑问句一般是表示有疑问的，但也有一种疑问句是"无疑而问"的。**"无疑而问"的疑问句叫做反诘问句，简称反问句。**例如：

（1）难道你一点儿也不知道？
（2）这两句话不是前后矛盾吗？
（3）谁能和你比呢？

例（1）的意思是"你不会一点儿也不知道"，例（2）的意思是"这两句话是前后矛盾的"，例（3）的意思是"谁也不能和你比"，都是没有疑问的命题。其所以用疑问句表达，完全是语用上的需要，因为这样讲，可以增强表达效果。

(三) 祈使句

祈使句是具有祈使语气、要求对方做或者不做某事的句子。从语用意义上看，有表示命令、制止的，有表示请求、劝说的，有表示催促、警告的，等等，但总的来说，都是向对方提出要求。例如：

(1) 站起来！　　（命令）
(2) 别过来！　　（制止）
(3) 请让我过去！　　（请求）
(4) 咱们就给他个机会吧。　　（劝说）
(5) 你快点来吧！　　（催促）
(6) 当心碰头！　　（警告）

祈使句的主语一般是"你"、"您"、"你们"，由于具体的语言环境，所以主语常可省略。例（4）主语为"咱们"，是婉转的说法，实际上也是向对方提出的要求，因而这个主语也可省略。

(四) 感叹句

感叹句是具有感叹语气、表达强烈感情的句子。从语用意义上看，感叹句往往表示赞叹、慨叹、惊叹、哀叹、惊讶、鄙视、醒悟、高兴等情感。例如：

(1) 北京真美呀！　　（赞叹）
(2) 这本书写得太好了！　　（赞叹）
(3) 这是一位多么可怜的老人啊！　　（慨叹）
(4) 哎呀呀！　　（惊讶）
(5) 天哪，这么大呀！　　（惊叹）
(6) 哎，没办法呀！　　（哀叹）

句型、句式、句类是从不同的角度对句子的分类。从不同的角度研究句子，有助于认识和运用句子。

思考和练习六

一、什么是句型？现代汉语句型是如何划分的？
二、举例说明哪些因素不影响句型的划分。
三、请用符号图解法分析下列句子，并在句子后面的括号内写上它属于哪种句型（用·隔开上下位句型）。

例：（今天）的天气‖[真]好啊！（单句·主谓句·形容词谓语句）
(1) 我们必须学会自己不懂的东西。（　　　）
(2) 人参这种植物，娇嫩极了。（　　　）
(3) 那个小孩黄头发。（　　　）
(4) 任何困难他都能克服。（　　　）
(5) 多好的一个地方啊！（　　　）
(6) 就剩下这个问题了。（　　　）
(7) 马上就要下雨了。（　　　）
(8) 多不容易啊！（　　　）
(9) 哎呀！（　　　）
(10) 不但你们喜欢，我也喜欢啊。（　　　）

四、请用符号图解法分析下列句子，并在句子后面的括号内写上它属于哪种句式。
(1) 许光发站起来迎接他们。（　　　）
(2) 他把刚才的话又说了一遍。（　　　）
(3) 我们总不能被表面现象迷惑了。（　　　）
(4) 那篇文章他只写了一半。（　　　）
(5) 种田的把土地看作是自己的希望。（　　　）
(6) 指导员走过去把伤员抱起来放到担架上。（　　　）
(7) 大树的后面躲着他的好朋友王小刚。（　　　）
(8) 母亲教给我们许多生产知识。（　　　）
(9) 人们都叫她祥林嫂。（　　　）
(10) 人们都把她称为祥林嫂。（　　　）
(11) 人们都称他是万金油。（　　　）
(12) 他被人家称为万金油。（　　　）
(13) 王经理委派我来北京进行专业培训。（　　　）
(14) 他那丰满的脸上堆着和蔼的笑容。（　　　）
(15) 大家的事情大家办。（　　　）

五、请在下列句子后面的括号内写上它属于哪种句类。
(1) 北京是伟大祖国的首都。（　　　）
(2) 您休息一会儿吧！（　　　）
(3) 你这么说话叫人难受不难受？（　　　）

（4）为什么大陆架会蕴藏着丰富的石油呢？（　　）
（5）别大声嚷嚷！（　　）
（6）你有资格说话吗？（　　）
（7）他昨天到城里买了一本书。（　　）
（8）她吃过多少苦啊！（　　）
（9）她吃过苦。（　　）
（10）她吃过苦？（　　）

六、主谓谓语句有哪些小类？举例说明。

七、能带双宾句的动词是哪几类？

八、能带兼语的动词是哪几类？

九、"把"字句有哪两种句式意义？举例说明。

十、"被"字句表达什么语义？举例说明。

十一、存现句可分为几种小类，各小类的句式意义如何？

十二、双重否定句属于哪种句类？请举例说明。

第七节　现代汉语复句

一、复句概说

复句是由两个或两个以上分句组成的有一个统一的句调的句子。分句在结构上相当于单句，但没有单句那样完整而独立的句调。组成复句的分句之间在意义上有联系、在结构上互不包含。在书面上，分句之间用逗号、分号、冒号标示，复句后面用句号、问号、感叹号标示。

理解复句概念，要注意以下几方面。

1. 复句至少由两个分句组成。分句之间有小的停顿，书面上用逗号、分号、冒号表示，分句之间的这种停顿是复句的重要标志之一。例如：

（1）天上的风筝渐渐多了，地上孩子也多了。

（2）山朗润起来了，水涨起来了，太阳的脸红起来了。

（3）坐着，躺着，打两个滚，踢几脚球，赛几趟跑，捉几回迷藏。

（4）只要我们解放思想，深入群众，调查研究，实事求是，纵然问题成山，麻烦成山，困难成山，我们都能依靠人民的力量将这些大山推倒，创造出一个光芒四射的新世界。

例（1）有两个分句，例（2）有三个分句，例（3）有六个分句，例

(4) 有九个分句。

2. 复句有一个统一的句调，是一个句子。一个复句，无论它有几个分句，分句之间的停顿都只是短暂的小停顿，只有在整个复句句末才出现一个大的表示句子结束的停顿，在口语中可以感觉出复句的语气和句调，在书面语中复句句末用句号、问号、感叹号表示停顿，提示全句的语气。例如：

(1) 鸣蝉在树叶里长吟，肥胖的黄蜂伏在菜花上。
(2) 她是从四叔家出去就成了乞丐的呢，还是先到卫老婆子家然后再成乞丐的呢？
(3) 赶快救人，赶快救人！
(4) 听到这个消息，大伙儿是多么高兴啊！

例（1）是陈述句，例（2）是疑问句，例（3）是祈使句，例（4）是感叹句。

3. 一个复句的几个分句之间在语义上有一定的联系，整个复句有一个明确的整体意义。例如：

(1) 他看的是《人民日报》，我看的是《光明日报》。
(2) 假如昨天不下雨，我肯定去了。
(3) 昨天下雨，但他还是来了。

例（1）中两个分句在语义上都是说读报，但两人所读的报不同，有对比关系。例（2）中前分句是一种假设，后分句则是以这种假设推论出来的结果。例（3）中，前分句叙述一种情况，后分句叙述一种逆转情况，前后有转折关系。

4. 复句由两个或两个以上的分句组成，分句在结构上各自有相对的独立性，它们是相互独立、互不包含的，复句中的一个分句不能是另外分句的句法成分。例如：

(1) 今天是赵老板本人来的，那天来的不是赵老板本人。
(2) 他去北京开会，我去北京探亲。
(3) *到现在我才知道，那天来的不是赵老板本人。
(4) *他去北京开会，比我去好多了。

例（1）例（2）是复句，例（3）例（4）不是复句。例（3）是单句中有语音停顿，"那天来的不是赵老板本人"是句中的宾语。例（4）中"他去北京开会"是主语，"比我去好多了"是谓语，例（3）例（4）中没有两个分句，所以是单句。

5. 复句中的分句，可以是主谓句，也可以是非主谓句，可以是主谓齐全的主谓句，也可以是主语省略、谓语省略的主谓句。例如：

(1) 风很大，雨也很大。
(2) 一场大暴雨，河水涨起来了。
(3) 刮了一夜北风，竟然下起雪来。
(4) 即使 [　] 得了冠军，你们也不应该骄傲。
(5) 它既不需要谁来施肥，[　] 也不需要谁来灌溉。
(6) 我已经准备好了，你 [　] 呢？

例（1）中两个分句都是主谓句，且都主谓齐全。例（2）中前分句是非主谓句，后分句是主谓句。例（3）中两个分句都是非主谓句。例（4）中前分句主语省略，例（5）中后分句主语省略，例（6）中后分句谓语省略。

(7) 他们爱祖国，爱人民，爱正义，爱和平。
(8) 孙中山欢迎俄国革命，欢迎俄国人对中国人的帮助，欢迎中国共产党和他合作。

对于例（7）例（8）这类句子，语法学界有两种看法，一种看法认为它们是联合词组作谓语的单句，另一种看法认为是后面分句主语承第一分句主语省略的复句，本教材采用后一种说法，认为它们是复句，后面分句主语承第一分句主语而省略。

6. 关联词语用于连接分句，是复句的显著标志之一，但也有一些复句中的分句不用关联词语，而直接靠语序组合。借助关联词语组合，和靠语序直接组合，是复句组合的两种方式。例如：

(1) 我买票，他忙着照看行李。
(2) 狂风吹不倒它，洪水淹不没它，严寒冻不死它，干旱旱不坏它。
(3) 他爱诗，并且爱用唱歌的音调教我们读诗。
(4) 由于叛徒告密，方志敏同志不幸落到敌人的手里。
(5) 尽管太阳是人类生存不可缺少的，但总还有人批评太阳的某些过失。

例（1）例（2）是靠语序直接组合的复句。例（3）的后分句有关联词语"并且"，例（4）的前分句有关联词语"由于"，例（5）的前分句有关联词语"尽管"，后分句有"但"，例（3）例（4）例（5）是借助关联词语组合的复句。

借助关联词语组合，有时是单用一个，有时是配对使用。如例（3）和例（4）中只有一个分句中用了关联词语，例（5）则两个分句都用了关联词语，前分句用"尽管"，后分句用"但"。

常见的关联词语有四类，一类是连词，这是主要的，如"因为、所以、但是、如果、不但、而且"等；第二类是副词，如"就、也、才、还"等；第三类是时间名词，如"当初、起初、起先、后来、最后"等；第四类是词组，如"一方面、另一方面、如果说、就是说、那就是说"等。其中，副词既作关联词语用，也是句法成分（状语），连词和词组作关联词语用，是语用成分，不是句法成分。时间名词作关联词语用，视具体情况分析。

二、联合复句

前面已经说过，复句可以分为联合复句和偏正复句两大类。这是基于分句之间的语法关系划分出来的类型。

从语义上考虑，现代汉语的联合复句可以分为并列复句、承接复句、递进复句、选择复句、解说复句五类。

（一）并列复句

并列复句中的分句之间关系是平等的、不分主次的，有的不用关联词语连接，有的用一个、一对或几个关联词语连接，表现为"A，也B"、"A，又B"、"既A，又B"、"又A，又B"、"也A，也B"、"一会儿A，一会儿B"、"一边A，一边B"、"一方面A，一方面B"等等。例如：

（1）时间紧，任务重。
（2）他既会唱歌，又会跳舞。
（3）祥子一边吃，一边把被拉去的事说了一遍。

有一种表示对比关系的复句，可以称为"对比式并列复句"，它是并列复句的一个特别小类。它的表现形式是："是A，不是B"、"不是A，而是B"、"并非A，而是B"等，有时仅在后分句用"而、而是、则"等关联，有时也可以不用关联词语连接。例如：

（4）这是物质条件不好，不是我们不讲卫生。
（5）他们提出的问题不是小问题，而是涉及到怎么看待马列主义毛泽东思想的大问题。
（6）南方湿润多雨，北方则干燥多风沙。
（7）南方湿润多雨，北方干燥多风沙。

（二）承接复句

承接复句又叫顺承复句、连贯复句。承接复句的各分句表现出一种先后相承的顺序关系，有的不用关联词语连接，有的用一个、一对或几个关联词语连接，如"先 A，又 B"、"起先 A，后来 B"、"首先 A，然后 B"、"A，接着 B"、"先 A，后 B，最后 C"、"A，终于 B"等等。例如：

(1) 我悄悄地披上大衫，带上门出去。
(2) 它们滑下溪水，转入大河，流进赣江，挤上火车，走上迢迢的征途。
(3) 我和母亲也都有些惘然，于是又提起闰土来。
(4) 那老旦当初还只是踱来踱去地唱，后来竟在中间的一把交椅上坐下了。
(5) 沼上架了一个十字形的飞梁，下面由三十四根八角形的石柱支撑。
(6) 泉上有亭，亭上悬挂着清代著名书法家傅山写的"难老泉"三个字。

例(1)—例(4)表现出时间上的承接关系，例(5)例(6)表现出空间上的承接关系。

(三) 递进复句

递进复句的后面分句所说的事比前面分句所说更进一层。递进复句有三个小类。第一类是正向递进复句，以"不但 A，而且 B"为代表；第二类是反向递进复句，以"不但不 A，反而 B"为代表；第三类是衬托递进复句，以"尚且 A，更（何况）B"为代表。前两类中的"不但"也可不用，或用同义的"不仅"、"不光"、"不独"、"不特"、"非但"等，"而且"也可用"还"、"又"、"也"等，"反而"也可用"反倒"。例如：

(1) 这种桥不但形式优美，而且造价便宜。（正向递进）
(2) 在沙漠里边不但光线会作怪，声音也会作怪。（正向递进）
(3) 风不但没停，反而越来越大了。（反向递进）
(4) 母亲对我这一举动不但不反对，反而给我许多慰勉。（反向递进）
(5) 见面尚且怕，更不必说有所托付了。（衬托递进）
(6) 秋天尚且这么热，夏天就可想而知了。（衬托递进）

还有多重递进的递进复句，例如：

(7) 小吴不但接受了同学们的帮助，而且诚恳表示愿意改正错误，甚至表示立即以实际行动将功补过。
(8) 屋里尚且这么冷，何况他是在室外，更何况时令是北风呼啸的冬季。

(四) 选择复句

选择复句有两类，另一类是"选择未定"的，另一类是"选择已定"的。

"选择未定"的选择复句，其分句表示几种可供选择的项，让人二者选一，或数者选一，有些疑问形式的选择复句中几项可以兼选。例如：

(1) 要么你就别管，要么你就管到底。（二者选一）
(2) 或者你去，或者他去，或者你俩一块去。（数者选一）
(3) 是因为怯场、心慌，还是由于身体不适而影响声音？（可能兼选）

"选择已定"的选择复句，其中有一个分句表示选取，另一个表示舍弃，有的先舍后取，有的先取后舍，例如：

(4) 与其碌碌无为地混这一生，还不如壮烈地死去。（先舍后取）
(5) 雨来宁肯牺牲生命，也不肯泄露机密。（先取后舍）

（五）解说复句

解说复句分两类，一类是后面的分句对前面的分句加以解释，另一类是后面的分句对前面的分句加以说明。

解释型解说复句，后面分句对前面分句加以解释，有的是针对前分句全句作解释，有的只针对前分句中的某一部分作解释。例如：

(1) 母亲同情贫苦人，这是朴素的阶级意识。（后分句解释前分句）
(2) 在延安，美的观念有更健康的内容，那就是整洁、朴素、自然。（后分句解释前分句中的宾语）
(3) 前面停了一辆车，是公安局的。（后分句解释前分句中的宾语）

说明型解说复句，有的是先总起来说后分开来说，有的是先分开来说后总起来说，前者叫做"先总后分"。后者叫做"先分后总"。例如：

(4) 有两座大山挡住了他家的出路，一座叫做太行山，一座叫做王屋山。　（先总后分）
(5) 山上堆了一些各种形状的怪石，有的像弯腰的老人，有的像咆哮的狮子，有的像长颈的鹤。　（先总后分）
(6) 一种是教条主义，一种是经验主义，两种都是主观主义。（先分后总）
(7) 朝霞满山，泉流潺潺，好一个山区之晨。（先分后总）

解说复句一般不用关联词语，但也有一些常见的格式，如后分句用"这、那"作主语，解释前分句或前分句中的某个成分，如例（1）和（2），或者后分句主语承前分句宾语省略，如例（3），或者有先总后分、先分后总的语义联系，如例（4）—例（7）。

三、偏正复句

最简单的偏正复句由两个分句组成,一个是"正句",一个是"偏句"。根据分句之间的语义联系,我们把现代汉语的偏正复句分为转折复句、因果复句、假设复句、条件复句、目的复句五类。

(一) 转折复句

转折复句的前分句叙述一件事,后分句不是顺着前分句的意思往下说它的后果,而是说出跟前分句意思相对、相反或部分相反的结果。常见的格式是"虽然……但是……"。跟"虽然"作用相似的还有"虽说、虽是、虽、尽管"等,跟"但是"作用相似的还有"然而、然、可是、可、但、却"等。"虽然"所在的分句是偏句,"但是"所在的分句是正句,这种使用成对关联词语的转折复句叫做**重转式转折复句**。例如:

(1) 虽然他说确有其事,但是我不相信。
(2) 虽然我一见便知道是闰土,但又不是我记忆中的闰土了。
(3) 虽说他有些不高兴,可还是去了。
(4) 尽管大家都赞扬这部影片,然而各人的侧重点却不尽相同。

如果仅在后分句用"但是、然而"等关联词语,转折的意味会轻一点,如果仅在后分句用"不过、只是"等关联词语,则转折的意味更轻一点,这种只在后分句使用一个关联词语的转折复句叫做**轻转式转折复句**。例如:

(5) 人们都在灯下忙碌着,但窗外很寂静。
(6) 蜜蜂是画家的爱物,我却总不大喜欢。
(7) 这人很面熟,不过我一时想不出来他是谁。
(8) 我也很想去看看,只是没有时间了。

如果正句在前、偏句在后,则只需要在后分句中用"虽然"类连词,前分句不用关联词语,例如:

(8) 他的性格,在我眼里和心里是伟大的,虽然他的姓名并不为许多人知道。
(9) 今晚却很好,虽然月光还是淡淡的。

(二) 因果复句

因果复句由表示原因的分句和表示结果的分句组成。表示原因的分句是偏句,表示结果的分句是正句。因果复句可分说明型和推论型两类。

说明型因果复句常用成对关联词语"因为……所以……"、"由于……所以……",或单个关联词语"由于"、"所以"、"因此"、"因而"、"以

致"关联。如果先讲结果后讲原因,则用"之所以……是因为……"、"因为"等关联。例如:

(1) 因为治疗及时,所以他的病很快就好了。
(2) 由于各拱相连,所以这种桥就叫做连拱石桥。
(3) 他的腿受了重伤,以致几个月都起不来床。
(4) 散文之所以重要,是因为它更接近我们口中的语言。
(5) 我们主张积极的思想斗争,因为它是达到党内和革命团体内的团结使之利于战斗的武器。

推论型因果复句的前分句提出已成为现实的或已肯定的前提,后分句以这个前提作原因推论出结果。常用"既然……就……"、"既然"、"可见"等关联,例如:

(6) 既然矛盾已经暴露了,就不应该回避。
(7) 你既然同意我的意见,那就签个名吧。
(8) 事情既然已经这样了,后悔有什么用呢?

说明型因果复句和推论型因果复句的区别在于:说明型因果复句的两个分句都反映已经存在的客观事实;推论型因果复句的前分句反映的是已经存在的客观事实,后分句反映的则是一种主观推断。

(三) 假设复句

假设复句中,偏句表示一种假设的情况,正句表示在这种假设前提下产生的结果或结论。假设复句可分为条件型假设、让步型假设和对比型假设三类。

条件型假设复句的常见格式是"如果……,那么……",前分句表示一种假设的条件,后分句表示前面的假设必然带来的结果或结论。跟"如果"作用相似的有"假使、假如、假设、假若、若、若是、要是、倘若、倘使、倘"等,跟"那么"作用相似的有"那、就、便、则"等。例如:

(1) 如果海上风不大,那么船是一定要起锚的。
(2) 倘若肯多花一文,便可以买一碟盐煮笋。

让步型假设复句的格式是"即使……,也……",前分句表示一种让步的假设,后分句表示在这种让步的前提条件下仍然会有的结论。跟"即使"作用相似的关联词有"纵然、纵使、就算、就是、哪怕"等。例如:

(3) 即使条件再好,也还要靠自己努力。
(4) 就算遇到天大的困难,我们也要想办法克服。

对比型假设复句的格式是"如果说……,那么……",前分句以假设的形式说出一种事实，后分句以前分句为前提条件作出新的判断，加以对比。在这种复句里，"如果说"、"那么"都不能省略。例如：

(5) 如果说一部分商人、地主和官僚是中国资产阶级的前身，那么一部分农民和手工业工人就是中国无产阶级的前身了。

(6) 如果说瞿塘峡像一道闸门，那么巫峡简直像江上一条迂回曲折的画廊。

前两种假设复句中，表示假设的偏句有时也可以出现在表示结果或结论的正句之后，例如：

(7) 你一定是一位中学教师，如果我没有猜错的话。

(8) 我们一定要按时完成任务，哪怕再多加几个夜班。

假设复句的正句在前、偏句在后时，正句不用关联词语。

(四) 条件复句

条件复句中，偏句表示条件，正句表示在这种条件下产生的结果。条件复句可分为必要条件复句、充足条件复句和无论条件复句三类。

必要条件复句的典型格式是"只有……才……"。含"只有"的偏句表示必要条件。跟"只有"作用相似的关联词有"除非"、"唯有"等。例如：

(1) 只有充分地发扬先进的东西克服落后的东西，社会才会进步。

(2) 除非你答应我的条件，我才告诉你。

充足条件复句的典型格式是"只要……就……"。含"只要"的偏句表示充足条件。跟"只要"作用相似的关联词有"只需"、"一旦"等，跟"就"作用相似的关联词有"则"、"便"等。例如：

(3) 只要那些人一不注意，他就从瓜地跑进旁边的棉花田里。

(4) 这种事情一旦被郭松沾上手，就会比什么都要棘手。

无论条件复句的典型格式是"无论……都……"。含"无论"的偏句表示的条件不影响正句的结论。跟"无论"作用相似的关联词有"不论、不管、任凭"等，跟"都"作用相似的关联词有"总、总是"等。例如：

(5) 无论做什么工作，他都非常认真。

(6) 不管认识不认识，他都打招呼。

条件复句也有正句在前、偏句在后的，在前的正句不需要关联词语，在后的偏句要用关联词语"除非、只要、不管、无论"等，例如：

(7) 我绝不离开这里，除非得到上级指示。

(8) 我可以替他带去，只要东西不太多。

(五) 目的复句

目的复句的正句表示一种动作行为，偏句表示这种动作行为所要达到的目的。目的可以有两类，一类是想要获得的，可称为求得性目的，另一类是想要避免的，可称为求免性目的。因此，目的复句也可分为两类：一类是**求得型目的复句**，另一类是**求免型目的复句**。

求得型目的复句常用的关联词语是"以便、以、借以、用以、为的是、好"等，求免型目的复句常用的关联词语是"以免、免得、省得、以防"等，这些关联词语都用在偏句。例如：

(1) 你先把材料准备好，以便小组开会讨论。（求得）
(2) 应当从多方面增产节约，以支援国家建设。（求得）
(3) 必须坚持写仿宋字，以免被敌人发现笔迹。（求免）
(4) 我领你出去玩玩，免得你老闷在家里。（求免）

还有一种目的分句在前的目的复句，用"为了"、"为"关联，例如：

(5) 为了纪念一位古代的英雄，大家请雕刻家给这位英雄雕一个石像。（求得）
(4) 为了不致一口吞下去，他把面团捏成了长条。（求免）

要注意的是，"为了"后面如果是一个名词或名词性词组，则是"为了"与之组成介词词组，作状语，不是目的分句在前的目的复句。

四、多层复句

有些复句是由两个分句组成的，有些复句是由三个或三个以上分句组成的。如果我们把分句作为复句的构成单位来分析复句的层次，那么由两个分句组成的复句就只有一个层次，由三个或三个以上分句组成的复句，除了一部分联合复句外，其余则可能不止一个层次，**只有一个层次的复句叫单层复句，具有两个或两个以上层次的复句叫多层复句。**

在前面讲联合复句、偏正复句时，我们所举的例句，大多数是单层复句，只有解说复句的例句中有几个是多层复句。其实，现代汉语的各类复句都有多层组合的情形，并不限于单层组合。例如：

(1) 我喜欢这绚丽灿烂的秋色，因为它表示着成熟和繁荣，也意味着愉快和欢乐。

从总体上看，这是一个因果复句，果在前，因在后。但表示原因的不是一个分句，而是两个分句组成的分句组，这两个分句之间是并列关系。这个复句有3个分句，如果我们分别以①、②、③代表这3个分句，它们的结构层次是：

| ① | ② | ③ |　①跟②③是因果关系（第一层）
　　| ② | ③ |　②跟③是并列关系（第二层）

为了分析的方便，我们可以先在每一个分句前面加上序号，然后以序号代表分句作层次分析，例如：

(2) ①华大妈听到"痨病"两个字，②变了一点脸色，③似乎有些不高兴；④但又立即堆上笑，⑤搭讪着走开了。

| ① | ② | ③ | ④ | ⑤ |　①②③跟④⑤是转折关系（第一层）
| ① | ② | ③ | ④ | ⑤ |　①跟②③是因果关系，④跟⑤是承接关系
　　| ② | ③ |　　　　②跟③是承接关系

多层复句可以根据其结构层数，分为二层复句、三层复句、四层复句、五层复句等等。在实际语言中，二层复句、三层复句比较常见。例（1）是二层复句，例（2）是三层复句。

分析多层复句，还可以用竖线图解法，这是一种很方便很实用的图解方法。做法是：第一层用单竖线"｜"表示；第二层用双竖线"‖"表示；第三层用三根竖线"‖"表示，其余以此类推，在竖线下面用小字写上前后分句之间的关系。例如：

(3) 因为我们是为人民服务的，｜所以，我们如果有缺点，‖就不怕别人批评指出。
　　　　　　　　　　　　　（因果）　　　　　　　　　　（假设）

(4) 虽然是满月，‖天上却有一层淡淡的云，｜所以不能朗照。
　　　　　　　（转折）　　　　　　　　　　（因果）

(5) 他今天把自己结合于工农群众，‖他今天是革命的；｜但是如果他明天不去结合了，‖或者反过来压迫老百姓，‖那就是不革命的，‖或者是反革命的了。
　　　　　　　　　　　　　　　（因果）　　　　　　（转折）
　　　　　　　　　　　　　　　　　　　　　　（选择）　　　　　　（假设）
　　　　　　（选择）

分析多层复句，要注意以下几点：

1. 确定分句的数目。有些状语后面有逗号，不要把这样的状语当作分句，有些分句中间有逗号，不要把这样的一个分句当作两个分句或几个分句，例如：

(6) *我今天起来的时候，天还没有亮，鸡还没有叫。

(7) *除了少数人之外，大家都想去杭州，不想去苏州。

(8) *浪头卷起来比小山还高，急得渔民们把桅杆横起来绑在船上，压着风浪。

(9) *我去年曾经去过那里，看见破的石马倒在地下，一个石羊蹲在草地里。

例（6）"我今天起来的时候"是状语，不是分句；例（7）"除了少数人之外"是状语，不是分句；例（8）"急得渔民们把桅杆横起来绑在船上，压着风浪"是一个分句，不是两个分句；例（9）"看见破的石马倒在地下，一个石羊蹲在草地里"是一个分句，不是两个分句，所以，这4句都不是多层复句。

2. 要着眼于全句，找准第一层次，逐层分析。第一层次找错了，那下面的分析就全错了。找准了第一层次，再依次找出第二层次，第三层次……这样就能把全句分析清楚。

3. 要善于利用关联词语，如果成对的关联词语被省略了一个，或者全部省略，则应当搞清楚不省略时它们该在什么地方。如果同时有几对关联词语，就要明白每一个关联词语是管一个分句，还是管几个分句。

4. 理解句义是关键。在可能的情况下，要联系上下文来理解句义。

五、跟复句有关的几个问题

（一）混合关系复句

"但"类关联词是表示转折的，可是它又可以用在并列、递进、因果等关系复句中，使原句表现出两种关系。例如：

(1) 既有天伦之乐，但也有纠纷烦恼。（并列+转折）
(2) 不但不害怕，却反而显得更加执拗了。（递进+转折）
(3) 宁可慢些，但要好些。（选择+转折）
(4) 如果说过去还有点糊涂，那么今天却已经是完全清醒了。（假设+转折）
(5) 既然解决不了问题，却为什么还要累死累活地干呢？（因果+转折）
(6) 无论你怎么劝，他却总是不答应。（条件+转折）

关联词"才"是表示条件的，可是它又可以用在承接等关系复句中，例如："首先有了吃穿住，然后才能进行其他活动。"这种句子中既有承接关系，又有条件关系。

（二）一种关联词语表示多种关系

有少数关联词语可以表示多种关系，比如"就"、"便"、"则"等，可以表示多种关系，例如：

(1) 我害怕到了极点，就不顾一切地跳进那条河里。（因果）
(2) 我们多留一天，他们就会增加一天的负担。（假设）
(3) 多读多写，作文就会有进步。（条件）
(4) 刚坐下，就趴在办公桌上大哭了起来。（承接）

分析这类句子，要仔细读懂原文原句，在可能的情况下，要联系上下文来进行。再如：

(5) 一接到通知，他就会立即赶来的。（条件）
(6) 他一到办公室，就先劈里啪啦发了一通火。（承接）

两例都用"一……就……"关联，例（5）的意思是说"一旦……就……"，例（6）的意思是说"刚一……就……"。

（三）复句降格充当句子成分

有一些结构不太复杂的复句可以降格充当句子成分。例如：

(1) 宁可牺牲生命，也不放弃阵地。（选择复句）
(2) 【宁可牺牲生命，也不放弃阵地】的精神是令人钦佩的。（作定语）
(3) 你们千万要记住：【宁可牺牲生命，也不放弃阵地】。（作宾语）
(4) 【宁可牺牲生命，也不放弃阵地】是他们的誓言。（作主语）

复句降格充当句子成分以后，实际上已成为一种特殊的词组，我们可以把它叫做"复句形式词组"。

（四）复句紧缩为单句——紧缩句

分句是组成复句的基本单位。在复句中，分句之间是有语音停顿的，在书面上用逗号、分号等表示。如果分句之间的停顿没有了，它就会发生质变。例如：

(1) 狐狸再狡猾也斗不过好猎手。
(2) 没有条件创造条件也要上。
(3) 咱们不做完作业不走。
(4) 你不想去也得去。
(5) 风越刮越大。
(6) 你知道自己错了就得改正。

这类句子中也有像复句那样的关联词语，也能表示复句那样的意思，但是这些句子不能算是复句，因为它们不是由分句组成的。

这些句子是一些特殊的单句。一般称之为"紧缩句"。例（2）可以分析为非主谓句，其余可以分析为"紧缩的复句形式词组"作谓语的主谓句。

思考和练习七

一、什么是复句？现代汉语复句有哪些类型？

二、分句跟单句有什么不同？

三、分句都是主谓结构的吗？举例说明。

四、请指出下列复句的类型（用着重号标出关联词语，用·隔开上位类型和下位类型）。

例：一旦出了问题，后果就不堪设想了。（偏正复句·条件复句）

（1）不管哪一位媒人登门，他都只当是夜猫子进宅。

（2）因为父母死得早，他忘了生日是哪一天。

（3）我们不但善于破坏一个旧世界，我们还将善于建设一个新世界。

（4）或者把老虎打死，或者被老虎吃掉，二者必居其一。

（5）事情既已如此，我还能说什么呢。

（6）只有正视自己的不足，才能不断地提高和完善自己。

（7）谁害怕用功夫，谁就无法得到真理。

（8）假如方才不是我自己亲眼看见，我也不敢相信。

（9）姐姐刚一走，明姑娘就带着赵灿忙上了。

（10）不是我不愿意去，而是我实在没有空。

（11）他不是在车间，就是在仓库，要不就在料场。

（12）张山之所以没有发言，是因为他知道说了也没有用。

（13）在工作中没有缺点和错误的人是没有的，除非他不做工作。

（14）今晚务必准备好收割工具，以免浪费时间。

五、下列句子，是复句还是单句？为什么？

（1）游览者看"鱼戏莲叶间"，又是入画的一景。

（2）他们主张不能只关心自己的家事，还要关心国家和全世界的大事。

（3）无论谁，都要参加劳动。

（4）无论他是谁，都要参加劳动。

（5）即使在软席包房里，他还在不断地看资料和有关文件。

（6）只有遭受过深重不幸的女人，才会发出这样令人肝肠寸断的哭声。

（7）在夜间，她回到了她那被烧毁了的破屋子。

（8）片面地强调读书，而不关心政治，或者片面地强调政治，而不努力读书，都是极端错误的。

（9）老顾抱起离开了三年的孩子嘻嘻地笑着。
（10）老顾抱起离开了三年的孩子，嘻嘻地笑着。

六、用竖线图解法分析下列多层复句，竖线下面注明复句关系。

（1）如果出到十几文，那就能买一样荤菜，但这些顾客多是短衣帮，大抵没有这样阔绰。

（2）镇上的人们也仍然叫她祥林嫂，但音调和先前很不同；也还和她讲话，但笑容却冷冷的了。

（3）姑娘穿上衣裳，一边梳她的长长的黑头发，一边跟牛郎谈话。

（4）这个院子虽然并不气派，甚至连一条平坦的大路也没有，下雨天还到处是水塘和泥坑，但却不时有漂亮的卧车驶入，卧车里的人都是来找那位陈科长的。

（5）因本品易受潮，请用后盖紧，并放在干燥处，以防止结块。

（6）没有工业，便没有巩固的国防，便没有人民的福利，便没有国家的富强。

（7）鲁镇的酒店的格局，是和别处不同的：都是当街一个曲尺形的大柜台，柜里面预备着热水，可以随时温酒。

（8）我们到青岛的第一天，就被海岸的美丽景色吸引住了，从栈桥玩到鲁迅公园，从鲁迅公园玩到海水浴场，整整玩了一下午，第二天又到崂山去玩。

（9）掌柜是一副凶脸孔，主顾也没有好声气，教人活泼不得；只有孔乙己到店，才可以笑几声，所以至今还记得。

（10）不管他是什么人，不管他地位有多高，官有多大，如果高高在上，对群众的呼声充耳不闻，把自己的意志和权威看得高于一切，甚至称王称霸，骑在人民头上拉屎撒尿，那就不行。

七、请从现当代文学作品中找出"复句降格充当宾语"的5个例句。

第八节 现代汉语句组

一、句组概说

句组是由前后衔接的两个或两个以上的句子组成的表达一个相对完整的意思的语言单位。理解句组概念，要注意以下几方面。

1. 句组跟句子一样，是语言的使用单位、动态单位，它直接用于交际。

它跟语素、语素组、词、词组不一样，语素、语素组、词、词组都不是语言的使用单位，而是语言的备用单位、静态单位。

2. 句组往往由多个句子组成，至少得由两个句子组成。句子是组成句组的基本单位，组成句组的句子可以是单句，也可以是复句。例如：

(1) 老栓一手提了茶壶，一手恭恭敬敬的垂着；笑嘻嘻的听。满座的人，也都恭恭敬敬的听。(鲁迅《药》)

(2) 大礼堂的造型如此完美，色调如此清新，我们不能不赞叹建设者杰出的创造和智慧。但是，在这样大的空间里，音响问题是怎样处理的呢？能保证坐在任何角落的人都听清主席台上的发言吗？(《雄伟的人民大会堂》)

(3) 人的正确思想是从哪里来的？是从天上掉下来的吗？不是。是自己头脑里固有的吗？不是。人的正确思想，只能从社会实践中来，只能从社会的生产斗争、阶级斗争和科学实验这三项实践中来。(毛泽东《人的正确思想是从哪里来的？》)

例(1)由两个句子组成，例(2)由三个句子组成，例(3)由六个句子组成。组成这些句组的句子，从结构上看，有单句，有复句。从语气上看，有的是陈述句，有的是疑问句。

3. 组成句组的句子必须是前后衔接的，一个句子不能跳过一个或几个句子去跟别的句子组成句组，前一段落的句子不能跟后一段落的句子组成句组。例如有人认为下面两例是句组。

* (1) 春天像刚落地的娃娃，从头到脚都是新的，它生长着。
　　　春天像小姑娘，花枝招展的，笑着，走着。
　　　春天像健壮的青年，有铁一般的胳膊和腰脚，他领着我们向前去。(朱自清《春》)

* (2) 吃人的人是我哥哥。
　　　我是吃人的人的兄弟。
　　　我自己被人吃了，可仍然是吃人的人的兄弟。

(鲁迅《狂人日记》)

其实，这两例都不是句组，其中每一个句子都已经成为段落。段落之间的停顿大于句子之间的停顿。句组内部不能有这样大的停顿。句组只应该在一个段落内，最多只能是一个段落。这两例是段组。

4. 句组必须表达一个中心意思。我们可以用一句话归纳它的意思。例如：

(1) 革命的集体组织中的自由主义是十分有害的。它是一种腐蚀剂，使团结涣散，关系松懈，工作消极，意见分歧。它使革命队伍失掉严密的组织和纪律，政策不能贯彻到底，党的组织和党所领导的群众发生隔离。这是一种严重的恶劣倾向。（毛泽东《反对自由主义》）

(2) 它没有婆娑的姿态，没有屈曲盘旋的虬枝。也许你要说它不美。如果美是专指"婆娑"或"旁逸斜出"之类而言，那么，白杨树算不得树中的好女子。但是它伟岸，正直，朴质，严肃，也不缺乏温和，更不用提它的坚强不屈与挺拔，它是树中的伟丈夫。（茅盾《白杨礼赞》）

例（1）的中心意思是"革命的集体组织中的自由主义是十分有害的"，例（2）的中心意思是"白杨树是树中的伟丈夫"。

5. 句子和句子组合成句组，有的要利用一些特定的词语进行组合，有的不用特定的词语而靠语序组合。

有一些表示复句关系的关联词语可以用来组合句组。但一般是单用一个在后面句子的句首。例如：

(1) 我们赞美英勇的斗争和艰苦的劳动，也赞美由此而获得的幸福生活。因此，花市归来，我拉拉扯扯写下这么一些话，让远地的人们也来分享我们的快乐。（秦牧《花城》）

(2) 有的人说她是吓痴了，有的人说她是气迷了，也有人说她心里比谁都明亮。可是，她到底是真痴假痴，真迷假迷，只有她自己和我们党的地下组织的负责同志知道（峻青《党员登记表》）

例（1）用"因此"连接，例（2）用"可是"连接，都是用在下一句的开头。

有一些不常用于复句而常用于句组的关联词语，比如"另外、此外、总、总而言之、综上所述、比如、再如、归根到底、由此看来、一言以蔽之、原来、除此而外、更有甚者"等等。

6. 一个句组表达的中心意思是相对完整的。一个段落往往就有一个相对完整的意思。如果一个段落只由一个句子组成，那么它自然不是句组。如果一个段落由两个句子组成，那么它就是一个简单句组。如果一个段落由好多个句子组成，那么它就可能是一个复杂的句组。由好多个句子组成的复杂句组是可以划分其层次结构的，如果某一个或几个层次结构是由两个或两个以上句子组成的，这个层次也就是一个句组。也就是说，一个复杂的句组可以包含一个或几个简单句组,一个简单句组可以跟别的句组或句子组成复杂的句组。

二、句组的基本类型

依据句组中句子之间的语法语义关系,可以把现代汉语句组分为并列句组、承接句组、递进句组、选择句组、解说句组、转折句组、因果句组、假设句组、条件句组、目的句组等。

1. 并列句组。句组中两个或几个句子之间有并列结构关系。有的不用关联词语直接组合,有的在后句句首用"同时、另外、此外、恰恰相反"等词语关联,有的句组中也可以出现成套的关联词语,如"首先……其次……再次……最后"、"一方面……(另)一方面"、"第一……第二……第三"等。例如:

(1) 风,更猛了。雪,更大了。(杜鹏程《夜走灵官峡》)
(2) 我们对外开放二十来个城市,这也是在社会主义经济是主体这个前提下进行的,不会改变它们的社会主义性质。相反地,对外开放有利于壮大和发展社会主义经济。(邓小平《中国是信守诺言的》)

例(1)不用关联词语连接,例(2)用"相反地"连接。

2. 承接句组。句组中后句承接前句,有先后相承的关系。例如:

(1) 雨住一会儿,又下一会儿,比以前小了许多,祥子一口气跑回了家。抱着火,烤了一阵,他哆嗦得像风雨中的树叶。(老舍《在烈日和暴雨下》)
(2) 老通宝又提到那猪棚,言外之意仿佛就是:还没有山穷水尽,何必干那些犯"王法"的事呢!接着他又用手指敲着那猪棚的木头,像一个老练的木匠考查那些木头的价值。然后,他也踱进屋子去了。(茅盾《秋收》)

例(1)由两句组成,不用关联词语连接,但看得出前后句有先后关系。例(2)由三句组成,用"接着"、"然后"关联。

3. 递进句组。句组中后句的意思比前句更进一步,有逐层递进关系。例如:

(1) 自己因为一向看到的菱角都是两个角的,就以为天下的菱角都是两个角的。而且连人们早已调查出来的菱角的各种状态都不知道。(秦牧《菱角》)

(2) 我向来是不惮以最坏的恶意来推测中国人的，然而我还不料，也不信竟会下劣凶残到这地步。况且始终微笑着的和蔼的刘和珍君，更何至于无端在府门前喋血呢？（鲁迅《纪念刘和珍君》）

例（1）用"而且"连接，例（2）用"况且"连接。

4. 选择句组。句组中各句之间有选择关系。例如：

(1) 站在他们的前头领导他们呢？还是站在他们的后头指手画脚地批评他们呢？还是站在他们的对面反对他们呢？（毛泽东《湖南农民运动考察报告》）

(2) 要是再生一个孩子多好啊！或者，现在有身孕也行啊！（程家政《青春的纪念》）

例（1）由三句组成，后两句前有"还是"连接。例（2）两句，用"或者"连接。

5. 解说句组。句组中后面的句子解释、说明前面的句子，例如：

(1) 大家都知道，泰山上有一个快活三里。意思是说，在艰苦的攀登中，忽然有长达三里的山路，平平整整，走上去异常容易，也就异常快活，让爬山者疲惫的身体顿时轻松下来，因此名为"快活三里"。（季羡林《牛棚杂忆》）

(2) 沙漠地区地势平坦，风力很强。如新疆的星星峡、托克逊、达坂城都是著名的风口。（竺可桢《向沙漠进军》）

(3) 去年"一二·一"昆明青年学生为了反内战，遭受屠杀，那算是青年一代献出了他们最宝贵的生命！现在李先生为了争取民主和平而遭受了反动派的暗杀，我们骄傲一点说，这算是像我们这样大年纪的一代，我们的老战友，献出了最宝贵的生命！这两件事发生在昆明，这算是昆明无限的光荣。（闻一多《最后一次的讲演》）

例（1）用"意思是说"关联，例（2）用"如"关联。例（3）的第三句总说前两句。凡先分说后总说，或先总说后分说的句组，都归入解说句组。

6. 转折句组。转折句组中后面的句子跟前面的句子有转折关系，常用"但是、但、可是、可、可惜、可惜的是、幸而、然而"等词语关联。例如：

(1) 满天里张着个灰色的幔，看不见太阳。然而太阳的威力好像透过了那灰色的幔，直逼着你头顶。（茅盾《雷雨前》）

（2）中国留学生会馆的门房里有几本书卖，有时还值得去一转；倘在上午，里面的几间洋房里倒也还可以坐坐的。但到傍晚，有一间的地板便常不免要咚咚咚地响得震天，兼以满房烟尘斗乱；问问精通时事的人，答道，"那是在学跳舞。"（鲁迅《藤野先生》）

例（1）用"然而"关联，例（2）用"但"关联。

7. 因果句组。因果句组中后面的句子跟前面的句子之间有因果关系，常在后面的句子前头用"因为、所以、因此、正因为如此、其结果、由此看来、原来"等词语关联。例如：

（1）我喜欢海，溺爱着海，尤其是潮来的时候。因此即使是和妻一道默坐在房里，从闭着的窗户内听着外面隐约的海潮音，也觉得满意，算是尽够欣幸的了。（鲁彦《听潮》）

（2）在义理、考据和辞章这三者中，义理应当是灵魂、是统帅。因为形式是为内容服务的，而材料是要由观点来统率的。（施东向《义理、考据和辞章》）

例（1）用"因此"关联，例（2）用"因为"关联。

8. 假设句组。假设句组中有一个或几个句子表示假设，例如：

（1）你对于那个问题不能解决么？那末，你就去调查那个问题的现状和它的历史吧！（毛泽东《反对本本主义》）

上例中前句表示假设。

表示假设的关联词语"如果……那么"一般不能用来关联假设句组，因为"如果"常常要跟"那么"在同一个句子里。下例假设句组用"譬如吧……。那么……"关联：

（2）譬如吧，我们之中的一个穷青年，因为祖上的阴功（姑且让我们这样说吧），得了一所大宅子，且不问他是骗来的，抢来的，或合法继承的，或是做了女婿换来的。那么，怎么办呢？我想，首先是不管三七二十一，"拿来"！（鲁迅《拿来主义》）

上例三句，第一句表示假设。

9. 条件句组。条件句组中有一个或几个句子表示条件，别的句子表示在这种条件下的结果或结论。条件句组一般是后面句子开头用"这样，才"、"这样"、"只有这样"、"除非这样"、"只要"、"不管"等关联。例如：

（1）无论准确也好，鲜明、生动也好，就语言方面讲，字眼总要用得恰如其分。这样，表现的概念才会准确，也才能使人感到鲜明。

(郭沫若《关于文风问题》）

(2) 没有辫子，该当何罪，书上都一条一条明明白白写着的。不管他家里有些什么人。(鲁迅《风波》）

例 (1) 中前句表示条件，后句用"这样……才……才"关联，例 (2) 中后句表示条件，后句句首用"不管"关联。

10. 目的句组。目的句组中有一句或几句表示目的，其余的句子表示在这种目的下的做法。目的在前的，后面句首用"为此、为达此目的"等词语关联。目的在后的，后面句首用"为的是、省得、这是为了"等词语关联。例如：

(1) 同志们，我们的大会闭幕之后，我们就要上战场去，根据大会的决议，为着最后地打败日本侵略者和建设新中国而奋斗。为达此目的，我们要和全国人民团结起来。(毛泽东《论联合政府》）

(2) 时至今日，一切空话不必说了，还是做件切实的工作，借以立功自赎为好。免得逃难，免得再受蒋介石死党的气，免得永远被人民所唾弃。(毛泽东《南京政府向何处去》）

例 (1) 后句句首用"为达此目的"关联，例 (2) 后句用"免得……免得……免得"关联。

三、多层句组

如果一个句组由三个或三个以上句子组成，那么就有可能有两层或两层以上结构关系。**只有一层结构关系的句组，叫作单层句组，有两层或两层以上结构关系的句组，叫作多层句组。**我们可以根据多层句组的结构层数，把现代汉语的多层句组分为二层句组、三层句组、四层句组、五层句组等等。

分析多层词组，也用层次分析法。并以最外层的结构关系把多层句组归到并列句组、承接句组、递进句组、选择句组、解说句组、转折句组、因果句组、假设句组、条件句组、目的句组等类中去。我们前面讲句组类型时所举例子中已有几个多层句组，如并列句组的例 (2)，解说句组的例 (3)。

下面用层次分析法分析几个多层句组。分析的步骤是：先在每个句子前面依次标上序号，然后在第一层结构关系分界处标上一条竖线"｜"，在竖线下面写明结构关系名称，然后再在第二层结构关系分界处标上双竖线"‖"，也在竖线下面写明结构关系名称，以此类推，直分析到最后一层关系。分析结束后画出结构层次示意图。

(1) 我的第一个反应是无法掩盖的欣慰。‖ (2) 啊，我那顽皮的小
(解说)

弟弟，那个整天赖在父亲的汽车里不肯下来的淘气包，竟然考上了北京大学！｜（承接）（3）接着，忧虑又开始袭上心头，弟弟走了，父亲和母亲身边再没有亲人了。

|1＋2|3｜　1+2 跟 3 是承接关系（第一层）
|1|2｜　　　1 跟 2 是解说关系（第二层）

这是一个二层句组。句组中有三个句子，（1）＋（2）跟（3）之间是承接关系，所以这个句组是承接句组，（3）句句首用"接着"关联。（1）跟（2）之间是解说关系，（2）句是解释（1）句中的"欣慰"的。

（1）为什么我国的石拱桥会有这样光辉的成就呢？｜（解说）（2）首先，在于我国劳动人民的勤劳和智慧。‖‖‖（解说）（3）他们制作石料的工艺极其精巧，能把石料切成整块大石碑，又能把石块雕刻成各种形象。‖‖‖‖（并列）（4）在建筑技术史上有很多创造，在起重吊装方面更有意想不到的办法。‖‖‖‖‖（解说）（5）如福建漳州的江东桥，修建于八百年前，有的石梁一块就有二百来吨重，究竟是怎样安装上去的，至今还不完全知道。‖（并列）（6）其次，我国石拱桥的设计施工有优良传统，建成的桥，用料省，结构巧，强度高。‖（并列）（7）再其次，我国富有建筑用的各种石料，便于就地取材，这也为修造石拱桥提供了有利条件。

|1|2+3+4+5+6+7|　　1 跟 2+3+4+5+6+7 是解说关系（第一层）
　|2+3+4+5|6|7|　　2+3+4+5 跟 6 跟 7 是并列关系（第二层）
　|2|3+4+5|　　　　2 跟 3+4+5 是解说关系（第三层）
　　|3|4+5|　　　　3 跟 4+5 是并列关系（第四层）
　　　|4|5|　　　　4 跟 5 是解说关系（第五层）

这是一个五层句组。句组中有七个句子，（1）跟（2）（3）（4）（5）（6）（7）之间是解说关系，（1）是总说，后六句是分说。（2）（3）（4）（5）跟（6）和（7）之间是并列关系，关联词语是"首先……其次……再其次……"。（2）跟（3）（4）（5）又是解说关系，（3）（4）（5）解说（2），（3）跟（4）（5）是并列关系，（4）跟（5）是解说关系，（5）是（4）的例证。

思考和练习八

一、什么是句组？理解句组概念，要注意些什么？

二、依据句组中句子之间的语法语义关系，可以把现代汉语句组分为哪些类型？

三、用竖线图解法分析下列多层句组。

（1）不论在自然界，还是社会上，一切新生力量，就其性质来说，从来就是不可战胜的。而一切旧势力，不管它们的数量如何庞大，总是要被消灭的。因此，我们可以藐视而且必须藐视人世遭逢的任何巨大的困难，把它们放在"不在话下"的位置。

（2）一般图书馆或资料室都具有各种卡片箱，里面盛着目录卡片供人查找。不过，这只是图书目录的一种形式，人们称它为"卡片式目录"。另外还有编成书本形式的，人们称它为"书本式目录"或"簿式目录"。这种目录便于流传、翻阅和保存，所以应用的范围更广泛。

（3）四个现代化，关键是科学技术的现代化。没有现代科学技术，就不可能建设现代农业、现代工业、现代国防。没有科学技术的高速度发展，也就不可能有国民经济的高速度发展。

（4）会议根据毛泽东思想，针对部队的实际，提出问题，分析问题，解决问题，很好，很必要。这次会议，中心突出，主题明确，精力集中，越开越好。会议的风气正，发扬民主，畅所欲言，对原则问题又不含糊，给下边作了好样子。总之，会议开得很圆满，很成功。

（5）文章最好是用最经济的方法，把你想说的东西说出来，所谓"要言不烦"。把可有可无的字去掉，当然，更不用说可有可无的句、章、节了。这样的文章才会受欢迎，才有可能成为好文章。

（6）对语言进行语法分析，就是分析各种语言片段的结构。要分析一个语言片段的结构，必须先把它分解成多少个较小的片段。结构就是由较小的片段组合成较大的片段的方式。所以，要做语法结构的分析，首先得确定一些大、中、小的单位，例如句子、词组、词。

（7）我初到德国的时候，供应十分充裕，要什么有什么，根本不知道饥饿为何物。但是，法西斯头子侵略成性，其实法西斯的本质就是侵略，他们早就扬言：要大炮，不要奶油。在最初，德国人桌子上还摆着奶油，肚子里填满了火腿，根本不了解这句口号的真正意义。于是，全国翕然响应，仿佛他们真的不想要奶油了。大概从 1937 年开始，逐渐实行了食品配给制度。最初限量的就是奶油，以后接着就是肉类，最后是面包和土豆。到了 1939 年，希特勒悍然发动第二次世界大战，德国人的腰带就一紧再紧了。这一口号得到了完满的实现。

第九节 病句的分析与修改

病句是指违反语法规则、不符合说话习惯的句子。我们应该知道病句的类型，修改病句的原则和方法，从而避免在说话和写文章时出现语病，提高自己的语言表达能力。

一、病句的类型

（一）用词不当

1. 实词使用不当

在句子中，词与词的搭配并非是随意的。如果在某个句法位置上，本该用此词却用了彼词，就很容易构成病句。例如：

① *业务员总是耐心地指导客户把资料写得完整、清晰、条理。

② *这本小说写得非常好，里面有很多感动的故事情节。

例①"条理"是名词，此处与形容词"完整"和"清晰"并列使用不妥当，应该为"有条理"。例②"感动"是动词，此处修饰"故事情节"应该用形容词，可改为"感人"。

2. 虚词使用不当

虚词是汉语表示语法意义的重要手段，虚词的使用频率很高。有些虚词之间有差别细微，使用不当会形成病句。例如：

① *你们公司要努力完成并超额完成今年的盈利任务。

② *这一事实充分说明着在他面前没有克服不了的困难。

例①"努力完成"和"超额完成"只能是选择关系，"并"应该改为"或"。例②中"着"是动态助词，表动作正在进行或状态正在持续。此例中的"说明"并不表进行或持续，因此不能在后面加助词"着"。

3. 成语使用不当

误用成语也会形成病句。例如：

① *小张从超市出来后发现，自己停在车棚里的自行车不胫而走。

② *春节即将来临，商家纷纷开展促销活动，各类商场、超市里人满为

患，好不热闹。

例①的"不胫而走"指消息迅速传播，丢失东西应用"不翼而飞"。例②的"人满为患"强调人多有坏处，是贬义词，跟后文"好不热闹"不配，应改为"人山人海"。

（二）成分残缺

所谓成分残缺是指在一个句子里，缺了应有的句法成分。成分残缺会导致句子结构不完整，意思表达不准确。

第一，主语残缺。

① *由于信息技术的提高和普及，为各类学校开展微课教学提供了良好的条件。

② *看到环卫工人除夕夜辛勤工作的情景，使我很受感动。

例①误用"由于"造成主语残缺，应该删除"由于"。例②多用了"使"造成主语残缺，可以改为"看到环卫工人除夕夜辛勤工作的场景，我很受感动。"

第二，谓语残缺。

① *学习自然科学如果没有逻辑思维，就不可能正确理解学科的题意、概念和原理，不可能有条有理、严密的思维能力。

② *艺术家应当深入生活，只有了解各种各样的社会生活情况，才能真实深刻地反映生活的目的。

例①句子较长，容易犯谓语中心残缺的错误，应该在"有条有理、严密的思维能力"前加"养成"。例②"……目的"缺少谓语中心，应在"才能"加上动词"达到"。

第三，宾语残缺。

① *学校讨论了在全校师生中开展爱国卫生运动。

② *工商部门严肃查处了这家音像店出售盗版光碟。

例①与"讨论"相对的宾语缺中心语，应在句末加上"（的）问题"。例②"查处"的宾语缺中心语，应在句末加上"（的）违法行为"。

第四，定、状、补语残缺。

① *一个人要想取得优异的成绩，必须付出劳动。

② *对于这项任务，领导是做了不少工作，但却没有一抓到底，没把问题解决。

例①表意不严密，仅"付出劳动"是不能"取得优异的成绩"的，应在"劳动"前加定语"艰苦的"。例②"领导"做了不少工作，问题应该解决了一些，只是没有把问题解决好，没有解决彻底。应该在"解决"后加补语"好"，或在"解决"前加"彻底地"。

（三）成分多余

成分多余是指句子中某个语义相同的成分重复出现，使得句子表意不清或者重复啰嗦的现象。

第一，主语里有多余成分。

①＊往事的回忆又像电影一样一幕一幕地在我眼前放映。

例①主语里有成分多余，"往事"跟"回忆"在语义上重复，应删去"的回忆"。

第二，谓语里有多余成分。

①＊他之所以能评上"三好学生"，是因为他努力学习，热心为集体工作而评上的。

②＊昨天从王老师那里借来的讲义，正在进行着复印，明天可以发到学生手里。

例①"而评上的"与前面的"能评上"重复，应删除"而评上的"。例②"进行着"多余，应将其删除。

第三，宾语里有多余成分。

①＊法国著名小说家巴尔扎克以毕生的精力完成了小说集《人间喜剧》的编写。

②＊全国人民决心以实际行动庆祝中华人民共和国成立五十周年国庆节的到来。

例①句末宾语里"的编写"多余，应删除。例②宾语里面"的到来"多余，应删除。

第四，修饰语里有多余成分。

①＊这是我校建校以来从来没有过的第一次师生互动运动会。

②＊学生们都从心里由衷地感谢王老师的培养。

例①定语"从来没有过的"、"第一次"语义重复，应删去一个。例②状语"从心里"和"由衷地"语义重复，应删去一个。

（四）搭配不当

所谓搭配不当，主要是指主语与谓语、动语与宾语、中心语与补语、修饰与中心语（偏正）之间语义上不能贯通。

1. 主谓搭配不当

①＊李老师那循循善诱的教导，又重新出现在我的面前。

②*老班长的革命精神时刻浮现在我的眼前。

例①中"……教导"不能"出现",可与"又在我耳边回响"搭配。例②"……精神"不能与"浮现"搭配,此例可将"精神"改为"形象"。

2. 动宾搭配不当

①*这篇文章出色地塑造了狼牙山五壮士的英雄事迹。

②*回到家乡,我又看到了那阔别多年的伙伴,那我从小就住惯了的小屋,那崎岖的山路,那熟悉的可爱的乡音。

例①"塑造"与"……事迹"不能构成动宾关系,应把"事迹"改为"形象"。例②"……乡音"不能与"看到"搭配,应加上"听到",改为"听到那熟悉的可爱的乡音"。

3. 中补搭配不当

①*张同学投篮投得正确,命中率很高。

②*我们的宿舍打扫得干干净净、整整齐齐。

例①补语"正确"跟中心语"投"在语义上不能搭配,应把"正确"改为"准确"。例②中心语"打扫"的结果可以是"干干净净",但却不能是"整整齐齐",应把"整整齐齐"删除或改为"布置得整整齐齐"。

4. 偏正搭配不当

①*据生物学家统计,蜜蜂每酿造一斤蜜,大约需采集50万朵的花粉。

②*五年来,他刻苦钻研,已经成熟地掌握了这门车床技术。

例①属于定中搭配不当,"50万朵"与"花粉"语义上不能搭配,应改为"50万朵花(的)"。例②属于状中搭配不当,"掌握"不能用"成熟"来修饰,应把"成熟"改为"熟练"。

(五) 语序不当

①*博物馆最近展出了一千五百年前新出土的文物。

②*每一个有志气的青年将来都希望自己成为一个对社会发展有贡献的人。

③*全校教职工讨论和听取了校长关于学校教学改革的报告。

例①属于定语次序不当,"一千五百年前"应该在"新出土"的后面。例②属于状语次序不当,"将来"应在"自己"之后,修饰"成为"。例③属于谓语中心语次序不当,应该是先"听取"再"讨论",所以应改为"听取和讨论"。

(六) 杂糅

所谓杂糅是指把多种不同的句式或格式混用,造成结构不合规则或语义混乱的语言现象。

1. 两种格式杂糅

①＊对于在可持续发展的问题上，我曾有过错误的想法。

②＊一个人能否成功，关键在于内因起决定作用。

例①"对于……"和"在……上"两个格式混用，可改为"对于可持续发展的问题"或"在可持续发展的问题上"。例②"关键在于……"与"……起决定作用"杂糅，可改为"关键在于内因"或"内因起决定作用"。

2. 两种句式杂糅

①＊对于滥用不规范汉字的现象是应该受到批评的。

②＊你不认真学习，怎么能取得好的成绩是可想而知的。

例①表主动的句式"对于……"与表被动的句式"受……"杂糅，应改为"对于滥用不规范汉字的现象是应该批评的"或改为"滥用不规范汉字的现象是应该受到批评的"。例②反问句和陈述句杂糅，可改为"你不认真学习，怎么能取得好的成绩"或"你不认真学习，不能取得好成绩是想而知的"。

二、病句修改的原则

（一）忠于原意的原则

修改病句时，应在尽量保持句子原意的前提下，将错误的地方做适当的调整、修改，修改病句不能违背句子的原意。

A. ＊欧美歌剧节的上演，极大地提升了市民对高雅艺术的兴趣。

B. 欧美歌剧的上演，极大地提升了市民对高雅艺术的兴趣。

C. 欧美歌剧节的举办，极大地提升了市民对高雅艺术的兴趣。

A 句是病句，因为"歌剧节"只能"举办"，不能"上演"。改成句子 B，句子虽然通了，但是却违背了原意，丧失了"歌剧节"这层意思。改为句子 C，既合乎规范，又符合原意。

（二）不轻易改变原句句式的原则

修改病句时，不要轻易改变原句句式。要考虑修改后的句子的格式跟上下文的句式保持协调。例如：

A. ＊你们几个先把自己犯的错误反思，然后再把作业做好。

B. 你们几个先反思自己犯的错误，然后再把作业做好。

C. 你们几个先把自己犯的错误反思一下，然后再把作业做好。

A 句是病句，"把"字句的谓语中心一般不能是一个词，单用"反思"就不符合这个要求。B 句虽然符合规范，却取消了"把"字句句式，跟后面的分句不协调。比较合理的改法是 C 句，前分句"先把……"，后分句"再把……"。

（三）从简原则

修改病句时，应以改动最少为原则。调整语序能解决问题的，就不要增减字词；增减一个词能解决的，就不增减多个词。

A. *他大学时打下的国学基础知识，为他进一步研究中国传统文化创造了良好的条件。

B. 他大学时学到的国学基础知识，为他进一步研究中国传统文化创造了良好的条件。

C. 他大学时打下的国学知识基础，为他进一步研究中国传统文化创造了良好的条件。

A 句是病句，"打下"与"……知识"动宾搭配不当。B 句的改法符合规范，却更换了动词。实际上只要将 A 句中的"基础"和"知识"语序调换一下，变成 C 句即可，无需更换动词。

三、病句修改的方法

（一）朗读感知法

修改病句首先应重视语感，在充分利用语感的基础上对病句进行修改。在修改病句时，要反复朗读原句，找出在语感上显得别扭或与习惯说法不符的地方，然后根据语法知识对这些地方加以修改。

（二）紧缩检查法

修改病句时，可以对句子的作适当紧缩，去掉一些定语、状语、补语，检查主语和谓语之间、动语和宾语之间、修饰语与中心语之间能否搭配，内部有无毛病。

①A. *今天的年轻人担负着把我国建设成为富强文明的社会主义强国。

B. 今天的年轻人担负着把我国建设成为富强文明的社会主义强国的重任。

②A. *在旧社会，爸爸和哥哥两个壮力挣来的钱还不够养活一家人的生活。

B. 在旧社会，爸爸和哥哥两个壮力挣来的钱还不够养活一家人。

例①A 句紧缩为"青年担负着建设成为强国"。从这个主干可以看出这个句子缺少宾语中心语，"担负"应该与"重任"搭配，所以应改为 B 句。

例②A 句紧缩后主干部分是"钱不够养活生活"，很显然"养活"与"生活"在语义上不相配,属于动宾搭配不当,"养活"的只能是人,不能是"生活",可改为 B 句。

(三) 类比判断法

分析句子是否有语病,还可以按照原句格式仿造一些浅近的、容易把握的句子加以比较,以便于判断原句正误。

①﹡这个教学经验值得全校教师特别是主干课教师的重视。

例①结构比较复杂,紧缩以后是"这个经验值得教师的重视",仍然似是而非,不好判断,那么可以类比原句的结构仿造几个句子。

②A. ﹡这个经验值得他们的学习

　B. 这个经验值得他们学习

③A. ﹡这个景点值得我们的参观

　B. 这个景点值得我们参观

通过跟例②和例③的比较可以看出,例①、例②A 和例③A 这三个句子和日常说法相比多了一个"的"字,因此,例①需将"教师的重视"中的"的"删去,修改后全句为"这个教学经验值得全校教师特别是主干课教师重视"。

思考和练习九

一、现代汉语病句主要有哪几种类型?

二、修改病句有哪些原则?

三、举例说明修改病句有哪些方法?

四、指出下列病句属于哪种病句类型,并加以修改。

(1) 去年入冬以来,少数目无法纪的人,任意偷窃、哄抢电线电缆厂大量物资,损失在百万元以上,目前警方已经立案侦查。

(2) 每个企事业单位都应该完善和建立各项规章制度,并严格照章执行。

(3) 五一路乒乓球馆是经体育局和民政局批准的专门推广乒乓球运动的团体。

(4) 一个人之所以变坏的原因,除了受到坏的影响外,更主要的是他自己没有把握住自己。

(5) 止咳祛痰片是我厂里新产品,它的主要成分是川贝、桔梗、贝母、氯化铵等配制而成。

（6）听了校长的报告，订出了本学期的学习计划。

（7）小明办事不调查研究，不和别人商量。他这种办事果断的做法，受到了大家的批评。

（8）弟弟年纪很小，因此懂得许多深刻的道理。

（9）今年校庆将放假两天，我们应该把这个好消息让大伙儿知道。

（10）白求恩这个名字对于中国人民是很熟悉的。

（11）同学们都静静地全神贯注地听着王教授的讲演。

（12）他丰富的发言，吸引着所有的听众。

（13）这学期，一百五十多名在职人员通过自修取得了博士和硕士学位。

（14）张教授曾被应邀到美国、日本、英国、法国等四国访问和讲学。

（15）这次亚运会，我国的冠军数遥遥领先于参赛的三十七个亚洲的国家和地区的代表队。

本章参考文献

[1] 范晓：《短语》，北京：商务印书馆2000年版。
[2] 胡明扬：《语法和语法体系》，北京：人民教育出版社1990年版。
[3] 黄伯荣：《句子的分析与辨认》，上海：上海教育出版社1981年版。
[4] 陆俭明：《现代汉语语法研究教程》（第三版），北京：北京大学出版社2005年版。
[5] 吕叔湘：《汉语语法分析问题》，北京：商务印书馆1979年版。
[6] 邵霭吉：《现代汉语词组》，武汉：湖北教育出版社1985年版。
[7] 邵霭吉：《汉语教学语法探索》，北京：中国书籍出版社2008年版。
[8] 吴竞存、侯学超：《现代汉语句法分析》，北京：北京大学出版社1982年版。
[9] 邢福义：《汉语语法学》，长春：东北师范大学出版社1996年版。
[10] 邢福义：《词类辨难》，北京：商务印书馆2003年版。
[11] 张斌、胡裕树：《汉语语法研究》，北京：商务印书馆1989年版。
[12] 朱德熙：《语法讲义》，北京：商务印书馆1982年版。
[13] 朱德熙：《语法答问》，北京：商务印书馆1985年版。
[14] 程树铭：《试论现代汉语的语法单位》，《语文学刊》2006年第12期。
[15] 徐枢、谭景春：《关于〈现代汉语词典（第5版）〉词类标注的说明》，中国语文2006年第1期。
[16] 李庆荣：《常见病句分析》，北京：语文出版社2007年版。
[17] 薛玲：《常见病句辨析》，北京：北京工业大学出版社2005年版。

第六章 现代汉语修辞

第一节 修辞概说

在现代汉语里,"修辞"一词通常有两种含义:一是指修辞现象本身;一是指研究修辞现象的修辞学。

一、修辞

作为修辞现象的修辞,是指能够决定语辞行为的质量和效果的现象。 修辞现象与人们的语辞行为密切相关,语辞行为的质量和效果如何,是由修辞现象所决定的。凡是质量不高或效果不好的语辞行为,都是因为修辞方面出了问题所致。譬如比喻不妥、夸张不当等等。

在汉语里,修辞一词古已有之,但作为修辞学核心概念的修辞,则是在20世纪初由龙伯纯、汤振常等人首先从接受了西方文明的日本引进到中国来的[1]。此前的中国修辞学并不使用修辞这个概念。作为修辞学核心概念的修辞,是西方人的 rhetoric(rhētorikē、tēkhnē)的译名之一,也有人倾向于译成"雄辩"或"劝说"[2],也有人干脆用"雷妥类克"(音译名)[3]。这说明,作为修辞学核心概念的修辞,与中国古已有之的"修辞"、"劝说"、"雄辩"等概念都比较接近,但也不是十分吻合。

由于作为 rhetoric(rhētorikē、tēkhnē)译名的修辞,与古已有之的修辞并不十分吻合,因此当我们通过分析汉语里"修"和"辞"两个字的含义,来推敲修辞和修辞学的含义时,便会遭遇窘境。正如老舍先生所批评的那样:

> 现在学术上的名辞多数是由外国文字译过来的,不明白译辞的原

---

[1] 宗廷虎:《中国现代修辞学史》,浙江教育出版社,1997年版,第20页。
[2] 陈介白:《修辞学·周序》,上海开明书店,1931年版,第2页。
[3] 董鲁安:《修辞学讲义》,北平文化学社,1931年版,第2页。

意，而勉强翻开中国字书，去找本来不是我们所有的东西的定义，岂非费力不讨好？就以修辞学说吧，中国本来没有这一种学问，而在西洋已有两千多年的历史，亚里士多德是第一个有系统而科学的写《修辞学》的。那么，我们打算明白什么是修辞学，是应当整个的研究自亚里士多德至近代西洋的修辞专书呢，还是应当只看《说文》中的"辞：说也，从䇂辛"，"䇂辛犹理辜也"，"修：饰也，从彡，攸声"，或是引证《易经》上的"修辞立其诚，所以居业也"，就足以明白"修辞学"呢？名不正则言不顺，用《易经》上的"修辞"二字来解释有两千多年历史的修辞学，是张冠李戴，怎能有是处呢？（老舍：《文学概论讲义·引言》第4—5页。）

"修"和"辞"两个字在汉语里很早就开始单独使用了，"修辞"一词也早在"修辞立其诚"（《易·文言》）这句话中被使用了。按孔颖达的疏解，"修辞立其诚"中的"修辞"，是"整理文教"的意思，与"rhetoric（rhētorikē、tēkhnē）"的含义差别较大。后来宋人文天祥的解释——"修辞者，谨饬其辞也"（《文文山集》卷十一），虽然与"rhetoric（rhētorikē、tēkhnē）"的含义比较接近，却仍旧不是修辞学的核心概念。20世纪初，陈望道《修辞学发凡》终于把"修辞"作为修辞学的核心概念，并解释为"调整或适用语辞"，才与"rhetoric（rhētorikē、tēkhnē）"的含义基本吻合了。后来更有人提出"修辞即优化语辞"的观点，不仅与"rhetoric（rhētorikē、tēkhnē）"的含义基本吻合，而且也更贴近修辞现象的实质和修辞学研究的实际了。不难看出，从"谨饬语辞"，到"调整和适用语辞"，再到"优化语辞"，这些通过分析"修+辞"的含义来解释修辞和修辞学的学术含义的做法，虽然越来越贴近修辞现象的实质，却也越来越远离"修：饰也"，"辞：说也"的原始意义了。之所以如此，就因为古已有之的"修辞"与rhetoric（rhētorikē、tēkhnē）的含义并不十分吻合。

需要说明的是，中国古已有之的"修辞"与rhetoric（rhētorikē、tēkhnē）的不吻合，主要在"修"的含义，而不在"辞"的含义。文天祥关于"修辞立其诚"的"辞"的解释是："辞之义有二：发于言则为言辞，发于文则为文辞。"（《文文山集》卷十一《西涧书院释菜讲义》）这与陈望道《修辞学发凡》中"辞当作语辞解"（《修辞学发凡》第2页）的观点基本一致。陈先生的意思是，对于修辞学的"辞"宜作广义的"语辞"解。修辞学不能只研究书面的文章修辞，也应研究口头的话语修辞。这种观点代表了中国修辞学的主流认识。

在中国修辞学的引进时代，也曾有人把"修辞"写作"修词"，但后来就都统一为"修辞"了。今天看来，这种统一是正确的。让"辞"专指言辞（话语）或文辞（文章），让"词"专指组造言辞或文辞的材料级别的语言单位，现已成为整个语言社会的共识。按照这种共识性分工，修辞所关涉的并不是作为语言单位的词的质量和效果，而是作为信息交流单位的言辞（话语）或文辞（文章）的质量和效果。贾岛在韩愈的点拨下把"推"替换为"敲"，其成就主要在于让辞句"僧敲月下门"胜过了"僧推月下门"，同时也给整首诗篇增添了光彩。作为造句材料的"推"和"敲"，它们只有被选择或被抛弃的命运，本身并没有得到任何修饰或润色。总之，"词"属于语言层面，"辞"属于言语层面，二者不能混为一谈，"修辞"不宜写作"修词"。

修辞是决定语辞行为质量和效果的自我管控现象。在人们的感觉中，它时刻伴随着人们的语辞信息交流活动，管控着人们的语辞行为，影响着人们的语辞交际的质量和效果。就人类整体而言，修辞是伴随人类语言的诞生而诞生的智能活动现象，是人类区别于其他动物的智能特征之一。就人类个体而言，修辞与每个人的具体的语辞信息交际活动息息相关，它不仅负责策划语辞活动的实施方案，还通过对语辞行为的质量和效果不断监控，以同步性信息反馈的方式，及时管控语辞活动方案的具体实施。

人类的语辞活动行为主要有两种：语辞表达（发信的说与写）活动和语辞理解（收信的听与读）活动。决定语辞行为质量和效果的修辞，始终与两种语辞活动行为相伴而行。无论是言辞交往活动中的表达和理解，还是文辞交往活动中的表达和理解，概莫能外。

例如西汉时，司马相如在长安官运亨通，被拜为中郎将，从此便迷恋上长安的繁华，忘记了离家时对妻子卓文君立下的誓言。五年过去了，他萌生了休妻的念头，于是给卓文君写了一封短信，内容是：

一二三四五六七八九十百千万

这封信，一串数字连起来，独缺最后一个"亿"字，运用的是藏词兼双关，意思即"无意"。聪明的卓文君看后，揣度到丈夫已有了抛弃她的念头（看来她也是懂得藏词格和双关格的）。但她并没有采取先是气急败坏地骂一通司马相如，如"没有良心"之类，然后哭天号地地闹一番的战略，而是决定写一封回信，用自己的真情打消丈夫要休她的念头。为了感动丈夫，她故意运用镶嵌格，把信上的数目字当作丈夫让她写诗的题目，巧妙地构思了一首诗，每句诗各嵌一个数目字，先顺后倒各成一段，即：

  一别之后，二地相悬，只说三四月，又谁知五六年，七弦琴无心弹，八行字无可传，九连环从中拆断，十里长亭望眼欲穿。百思想，千系念，万般无奈把郎怨。

  万语千言说不完，百无聊赖十依栏，重九登高看孤雁，八月中秋月圆人不圆，七月半烧香秉烛问苍天，六月伏天人人摇扇我心寒，五月石榴如火偏遇阵阵冷雨浇花端，四月枇杷未黄我欲对镜心意乱，忽匆匆三月桃花随水转，飘零零二月风筝线儿断。噫！郎呀郎，巴不得下一世你为女来我为男。

  司马相如读了这封信，果然为之感动，深感自己对不起卓文君，于是高车驷马，亲自回家乡把卓文君接到长安。这段才子佳人的故事，其实也是一段绝妙的修辞佳话，是一场高水平的修辞智慧的较量。

二、修辞学

修辞学是研究修辞现象、揭示修辞规律、指导修辞实践的科学。

  修辞学研究的修辞现象是一种动态现象，动态现象的研究模型与静态现象的研究模型是不同的。静态现象的研究模型一般由"单位"和"单位之间的关系"等要素组成。动态现象的研究模型则由"活动主体"、"活动环境"、"活动方案（目标、策略、手段等）"、"方案的实施与反馈"等要素组成。因此，修辞学的研究模型大体包括一下几个方面的内容。

  1. 语辞行为主体

  语辞行为主体即作为发信者或收信者的交际双方。相对于语辞行为来讲，人是当然的主体。交际双方是以特定的角色参与语言交际的，因此，其身份、地位、年龄、心理、知识结构（语言知识、文化知识）等等，都是其语辞行为的重要的制约因素。修辞的第一任务，就是要对影响语辞行为的主体因素有清醒的认识和把握，以便因人而宜，确保语辞行为的得体性。所谓"什么人说什么话"，"说者无意，听者有心"等等，都与主体因素的影响息息相关。

  2. 语辞行为环境

  语辞行为环境即影响语辞行为的时间、空间、文化、社会心理等因素。小的方面包括"时间"、"地点"、"场合"等；大的方面包括时代、社会、文化等。修辞的第二任务就是要熟悉与语辞行为有关联的各种环境因素。所谓"入乡随俗"，"到什么山上唱什么歌"等等，都说明了环境对语辞行为的影响力。

3. 语辞行为方案

语辞行为方案即修辞者为语辞表达行为或语辞理解行为所制定的具体行动方案。其内容包括：语辞行为的目标、策略、手段等。目标是预定的表达的质量和效果或理解的质量和效果的具体指标，主要有两类：（1）必达目标，即所有语辞行为在任何情况下都必须达到的质量和效果指标要求，如准确性、得体性、高效性等指标要求；（2）选达目标，即某些语辞行为在某些情况下需要达到的质量和效果指标要求，如形象性、趣味性、气势性等指标要求。策略，即为达到目标而采用的各种策略，如准确性策略、得体性策略、形象性策略、气势性策略等。手段，即为实施策略而采用的各种表达手段或理解手段，如夸张、比喻、双关等各种修辞格，就是修辞手段的典型代表。修辞的第三任务就是根据对主体和环境的了解和把握，对自己的语辞行为作出具体的规划，即制定出具体的行动方案。首先是定好目标，其次根据目标定好策略，最后是根据目标和策略定好采用的手段。譬如决定采用形象化策略时，就应选用形象化的手段等。

4. 语辞行为方案执行

修辞是伴随语言活动始终的调控活动，修辞调控的依据是语辞行为受到调控后的反馈信息。所谓反馈信息，主要是指执行语辞行为方案时所获得的语辞行为的质量和效果是否合乎预期目标的信息。若合乎预期目标，方案便继续执行，否则必须调整方案，以便使结果合乎预期。修辞的过程，就是"调控——反馈——调控"，周而复始，直至语辞行为终止的过程。

中国修辞学的发展可大体分为古代和现代两个阶段。20世纪之前的中国修辞学可称之为古代修辞学，大多缺乏严密的学术体系性，也没有自己的核心概念，因此算不上真正的修辞学。真正的具有严密的学术体系和核心概念的修辞学，是从20世纪初才从国外引进，并逐步发展壮大起来的，可称之为中国现代修辞学。

中国现代修辞学发展到20世纪30年代，已经卓有成效，且相当成熟了。其标志便是1932年陈望道《修辞学发凡》的问世。《修辞学发凡》和当时的许多修辞学书一样，都讨论了消极修辞和积极修辞两大分野、修辞格和语体风格等内容。但《修辞学发凡》的两大分野，讲得最全面、最明确；《修辞学发凡》的修辞格，讲得最丰富、最概括；《修辞学发凡》的语体风格，也讲得最扼要、最井井有条。在这一时期，杨树达的《中国修辞学》（1933）属于另一种体系。他主张建立属于本民族语言的修辞术体系。他的特点是结合语法讨论修辞。先讨论字句的改易增删，次讨论名、代、动、状、副、介词的变化。在辞格方面主要讨论了"参伍、双关、曲指、代用、错综、颠倒、省略"等。这与《修辞学发凡》等把修辞分为消极修辞和积极修辞两大分野的做法大异其趣。

20 世纪的 50 至 60 年代，中国修辞学完全脱胎换骨为现代汉语修辞学。在这一时期，影响较大的修辞学著作有三本。一是吕叔湘、朱德熙《语法修辞讲话》(1951)，也采用依傍语法讲修辞的做法，但讨论的是白话文的语法和消极修辞现象，主要任务是"匡谬正俗"，讨论的重点是语言应用中的错误现象，所引有错误或问题的例句大大超过了所引正确例句的数量。二是张志公《修辞概要》(1953)，也采用依傍语法讨论修辞的体例，讲造句讲到短句、长句、长短句并用，讲到受动者、动词谓语和表语、同位语、时间词、动词修饰语这五种的位置等。讲修辞格，尽量改用白话名称，如称譬喻为打比方，称借代为换名等。讲风格，参考了《修辞学发凡》，但简化为三对六体，即简洁和细致，明快和含蓄，平实和藻丽。《修辞概要》的体系对后来的教学修辞学体系有很大影响。三是张弓《现代汉语修辞学》(1963)。该书建立了一个崭新的修辞学体系，发展了以往的修辞学理论，达到了这个年代的汉语修辞学研究的新高度。他针对修辞的原则、性质、任务等问题发表了独特见解。他的关于"寻常词语艺术化"、"同义形式的选择"、"修辞和语言三要素的关系"、"修辞应结合现实语境，注意交际效果"等命题的论述，在 70—80 年代的中国修辞学界很有影响。

从 20 世纪 70 年代末到 20 世纪末，是汉语修辞学蓬勃发展并进一步繁荣的时期，涌现出很多很有影响的修辞学著作，其中王希杰的《修辞学新论》(1993)、《修辞学通论》(1996)、《修辞学导论》(2000)，在其独特的语言观、修辞观、修辞原则的指导下，把全部修辞学问题纳入"四个世界"、"零度和偏离"、"潜和显"三组范畴之内，以辩证法为总纲，运用各种方法，尤其是演绎法和二元互补法，构筑了一个体大思精的修辞学理论体系。他的修辞学理论体系，不仅大大超越了陈望道等在 20 世纪 20—30 年代所建立的修辞学理论体系，也大大超越了张志公、张弓等在 20 世纪 50—60 年代所创立的修辞学理论体系。王希杰的修辞学理论，不仅在中国修辞学界闻名遐迩，而且也受到日本等外国修辞学界的极大重视。

三、修辞学同语言学、逻辑学、语用学的关系

作为一种学科体系，修辞学同语言学、逻辑学、语用学等学科，都有比

较密切的邻近关系。

1. 修辞学同语言学的关系

语言学要研究语言的各个部分，于是分成了语音学、语义学、语法学、词汇学、文字学等。修辞学也研究语言的这些方面，但它是从如何运用才好的角度来研究的。语言学的各个部门所建立的主要是语言单位的聚合和组合的各种规范，如哪个词能同哪个词组合，而不能同哪个词组合；主语必须同谓语搭配，动语必须同宾语搭配等，主要是个"通不通"的问题。修辞学所要建立的则是如何运用才好的规范，如必须达意准确、内外协调、经济有效，形象生动、委婉含蓄、妙趣横生、声情并茂等等，主要是个"好不好"的问题。

2. 修辞学同逻辑学的关系

逻辑学是研究思维系统及其规律的科学。由于修辞活动是离不开思维活动的，因而修辞学同逻辑学也有密切关系。逻辑学关心的思维现象，修辞学也非常关心。但二者关注的角度和标准不同。其区别在于：逻辑学管"对不对"，修辞学管"好不好"。例如："一个南瓜如地球，结在五岳山上头，把它架到大西洋，世界又多一个洲。"这首诗，从逻辑学的角度说，违反了矛盾律；从修辞学的角度说，则属于夸张不当。

3. 修辞学同语用学的关系

修辞学和语用学都是研究语言运用问题的科学。语用学是研究语用系统及其运行规律的科学，它主要关心语言运用的遵规情况（行不行）；修辞学则是研究修辞活动及其运行规律的科学，它主要关心语言运用的修辞控制情况（好不好）。例如，有个男人打来电话说："杨女士在家么？"接电话的是杨女士的小孩，一听是找他妈的，有点反感，就回答说："在！"刚说完就把电话扣上了。按语用规则中的"合作性原则"，小孩的做法是不"行"的。如果小孩不把电话扣上，而是絮絮叨叨地说了一大通废话（没有语法或逻辑上的毛病），然后告别，那就只是修辞控制不"好"的问题了。

对同一语辞，我们可以分别从语法、逻辑、修辞以及语用的角度进行分析，但也可以作综合性的分析。作综合性分析时，其结果不外乎三种情况：（1）合乎修辞也合乎语法、语用和逻辑，这是最好的；（2）不合逻辑或语法、语用，但合乎修辞。如有则广告词的内容是："威力洗衣机，够威！够力！"从逻辑和语法角度说，都讲不通；而从修辞角度说，则是适当地利用"拟误"；（3）合乎语法、语用和逻辑，但不合乎修辞。如说话啰嗦、比喻不当等。这就要求我们千万不能用逻辑或语法、语用的分析代替修辞的分析，判定一个语辞境界的高低优劣，应该以修辞控制的目标要求为最高依据。

思考与练习一

一、中国人的修辞与西方人的 rhetoric 是什么关系？修辞就是修词吗？有人说："修辞就是咬文嚼字，修辞就是雕琢词句、卖弄文字技巧。"这种说法对不对？为什么？

二、修辞是如何决定语辞行为的质量和效果的？试举例说明。

三、简要叙述中国现代修辞学的发展脉络。

四、修辞学同语言学、逻辑学、语用学是什么关系？它们分别研究人类语言活动的哪些方面？从语法、逻辑和修辞三方面分析"他下了班，要去打球"这句话，并就此说明语法、逻辑和修辞的主要区别。

五、从自己生活的实践中总结出一条学习修辞最有效的方法来，并举例说明。

第二节　现代汉语词语的锤炼

句子的组造与词语的锤炼是同一个问题的两个方面。词语是造句的材料，是句子成分的充当者。所谓词语的锤炼，古人称为"炼字"。实质上就是为了完成造句的计划而对词语的斟酌运用。精心锤炼词语，是组造好句子乃至篇章的前提和基础。一词之得，往往使全句生辉，一语之失，往往令全篇减色。因此，古往今来的语言大师们，无不十分重视对词语的精心锤炼。

一、词语的修辞价值

现代汉语词汇是极其丰富的，词汇中有大量的同义词，还有大量熟语，如成语、惯用语等。各类词语在修辞价值上既有同一性又有差异性，这就为我们根据不同需要选用最恰当的词语，创造了条件。词语作为语言的材料单位，都具备声音形式和意义内容两个侧面。各类词语的修辞价值大都与这两个侧面息息相关，因此，锤炼词语主要是锤炼词语的声音和意义。

（一）词语声音的修辞价值

从声音上看，汉语是音乐性极强的语言。汉语语音的音质、音长、音强和音高等方面，都具有极高的修辞价值。如双声、叠韵、叠音、押韵等与音质有关的现象；长音和短音等与音长有关的现象；轻音、重音等与音强有关的现象；平仄、高音、低音等与音高有关的现象；以及与音节数量有关的均衡、错综和直接模拟声音的拟声词等，都为我们选用恰当的词语，造成音感的协调、流畅提供了方便。例如：

①望长城内外，唯余莽莽；大河上下，顿失滔滔。(毛泽东《沁园春·雪》)

叠音词的使用效果：音感上铿锵和鸣，意义上贴切形象。

②阳春灯火，自然没有北京或广州的灯火那样漫漫无边铺向远方，也不像重庆灯火那样高低错落起伏跌宕。但是，它却有自己的妙趣。城市不大，灯火显得特别集中，好似群山环抱中的一斛珍珠，能充分展示山城的玲珑风貌，如同一件经过精雕细刻的璀璨的盆景。(柯原《粤城灯火》)

双声词、叠韵词的使用效果：回环荡漾，悦耳动听。

③飒爽英姿五尺枪，曙光初照演兵场。中华儿女多奇志，不爱红装爱武装。(毛泽东《为女民兵题照》)

押不同的韵可以表示不同的感情。押入声韵带有噪音成分，念起来急促低沉，单调沉闷，令人不快，宜于表现孤寂、悲愤、抑郁的思想感情；押阳声韵则因带有鼻音韵尾，念起来洪亮悦耳，有回环震荡、令人振奋之效，因而宜于表现激昂慷慨、英勇雄壮的豪情；押阴声韵则因音质细微柔和，常用来表现幽雅、清新、欢快的情趣。例⑤押阳声韵。

④姜昆：(在春节联欢晚会上介绍乐队指挥时)"指挥是李德伦——"，(观众一听是名指挥家，报以热烈的掌声)"的妹妹李××。"观众顿时哗然大笑。

突出的长音一般具有引人注意、突出强调的作用。本例是利用突出的长音与观众开玩笑，从而调节联欢晚会的气氛。

⑤一张白纸(仄仄)，没有负担(仄平)，好写最新最美的文字(平仄)，好画最新最美的画图(仄平)。(毛泽东《介绍一个合作社》)

古人作文很讲究声律。所谓声律，就是平仄的格律。写现代文章当然无须讲究格律，但一般的平仄规律还是应该考虑的。因为平仄相间，可以形成声调的有规律的高低强弱，即节奏；有了节奏，也就可以形成音乐性的旋律。反之，如果一平到底或一仄到底，不但不好听，而且拗口。本例不说"图画"而说"画图"，就是为了同"文字"平仄相间，从而形成音乐性的旋律。

⑥蓝色的天空，富饶的大地，金黄的麦浪，灿烂的花朵……（文）

⑦五岭/逶迤/腾/细浪，乌蒙/磅礴/走/泥丸。金沙/水/拍/云崖/暖，大渡/桥/横/铁索/寒。（诗）

⑧"某某考上清华了。""哇！"（是惊羡？）

"某某考上师专了。""哎……好……"（是遗憾？）

"某某落榜了。""啊！"（是懊恼？）

"哇"、"哎"、"啊"这类叹词的巧妙运用，将三种不同的心理状态恰到好处地表现了出来，如闻其声，如见其形。

（二）词语意义的修辞价值

从意义上看，汉语词语中的同义与反义、同音与多义、明确义与模糊义、言内义与言外义、褒义色彩与贬义色彩、口语色彩与书面语色彩、古语色彩与现代色彩、典雅色彩与通俗色彩、敬语色彩与谦语色彩、通用色彩与行业或方言色彩以及外语色彩等的差异，都为我们斟酌词语，追求语意的准确性和色彩的协调性提供了便利条件。例如：

①我没有思索地从外套袋里抓出一大把铜圆，交给巡警，说，"请你给他……"（鲁迅《一件小事》）

一个动词"抓"，把"我"不安而又有点慌张的神情，准确而贴切地表现了出来。如果换用"取"或"摸"等同义词，虽然同样是手的动作，但"取"没有动态形象，"摸"不能表示迅速的动作，都不如"抓"好。

②在那里，我度过了自己贫穷而又富有、痛苦而又欢乐的童年与少年。特别是那些与雪相关的事情，远在故乡，近在眼前，每一想起就会让我长久地沉浸在一种亲切的莫可言传的忆念中。（赵培光《故乡的雪》）

反义词可以相互对照使用。例中将"贫穷"和"富有"、"痛苦"和"欢乐"、"远"和"近"对照使用，巧妙而准确地概括出了作者对自己的童年和少年的感受和忆念。另外，反义词语也可以与语境对照使用，从而造成反语。（详见辞格部分）

③老师问王寒："蜜蜂给花园增添了生气是什么意思？"王寒答道："蜜蜂偷花粉，花儿就生气呗！"大家听了哄堂大笑。王寒辩驳道："要是鲜花不生气，哪来的鲜花怒放呢？"（《故事会》1981年第6期）

文中前一个"生气"跟后两个"生气"是同形词，不同义，王寒正是利用这一点同老师和同学们开了一个不大不小的玩笑。

④她一见秀敏就说："秀敏同志，你那发言稿哪？""啥镐？""讲话

的稿。""讲话还带镐?""不用稿也得有个提纲吧。""啥缸?""拿张纸把你要说的内容大概写下来,提防忘了,说溜了。"秀敏一听说"写",愣了。她扭着个脖子:"我不会写。"(黄宗英《小丫扛大旗》)

同音词语容易引起歧解。作者正是利用这一点,逼真而传神地把农村妇女秀敏的形象活画了出来。

⑤巴勒斯坦自治领导机构主席阿拉法特30日上午视察了拉马拉,受到成千上万巴勒斯坦市民的热烈欢迎。(《人民日报》1996-01-01)

人们表达客观世界,既需要明确性词语,也需要模糊性词语。例中"30日上午"是相对明确的,"成千上万"、"热烈"则是相对模糊的。

⑥有一回,他似乎是姓赵,但第二日便模糊了。(鲁迅《阿Q正传》)

作者故意使用模糊词语,对阿Q的不幸表示了同情,同时辛辣地讽刺了作为旧时代代表持有卑劣心态的赵太爷之流。

⑦我与内子均好,阿米巴似已和海婴告别,但海婴这家伙却非常顽皮,两三日前竟发表了颇为反动的宣言,说:"这种爸爸,什么爸爸!"真难办。(鲁迅《致增田涉》1934-08-07)

作者使用贬义词语,表现了自己对儿子的喜爱之情,反映了他"无情未必真豪杰,怜子如何不丈夫"的亲情观。

⑧相比之下,哈萨克斯坦的议会正处于多事之秋。总统解散议会,引来了百名议员的绝食抗议。(守望者《世界的"瓢儿"》)

成语"多事之秋"具有书面语、古语和典雅色彩,"瓢儿"具有"口语色彩"、现代色彩、通俗色彩,两者形成鲜明对比。

⑨元旦刚过,敬爱的周总理与世长辞,大风雪中的中国瞬间开放了亿万朵白花,……七月盛夏,朱委员长不幸逝世,……九月,毛主席又永远无可挽回地离开了人民……(徐刚《曙光升起的时候——天安门前抒怀》)

变换使用讳饰性词语,表达了对三位领导人的尊敬和悼念之情。

⑩关在房子里,最容易高谈彻底的主义,然而也最容易"左倾"。西洋的叫做"Salon的社会主义者",便是指这而言。"Salon"是客厅的意思,坐在客厅里谈社会主义,高雅得很,然而并不想到实行的。(鲁迅《二心集》)

汉字中夹杂使用外文单词,使人耳目一新,再配上巧妙的解释,更加意味深长。

另外，从语法上看，名词、动词、形容词等各类实词以及各类虚词，也都有其独特的修辞价值。如名词对表现作者的立场、态度和观点等具有特别重要的修辞价值，动词对增强表达的真实性和生动性具有特别重要的修辞价值，形容词对增强语言的生动性和形象性具有特别重要的修辞价值，等等。

二、词语锤炼的要求

词语的锤炼，从词语与句子以及篇章的关系上说，必须符合句子组造以及篇章结构的修辞目标要求，即必须符合准确性、得体性、高效性等各种必达目标，以及形象性、趣味性、气势性等各种选达目标的要求。从词语与词语在各要素平面上的关系说，则要求达到语音要流畅，语意要准确，色彩要鲜明，语法要通顺，用词要高效。

（一）语音要流畅

音感的流畅性，是词句及篇章的美质之一。明人王冀德说得好："句子长短平仄，须调停得好，令人情意宛转，音调铿锵，虽不是曲，却要美听。"（《曲律》）一般认为，音感的流畅性，大体可分为自然的流畅和艺术的流畅两种。

1. 自然的流畅性

自然的流畅是所有情况下都需要的。例如：

①故乡的雪，总是在人们殷殷的期盼中飘落下来。它像千万只玉色的蝴蝶，漫天飞舞，舞够了，飞累了，便安安静静地伏在大地的怀抱，倾听母亲那无比温柔的心语。（《人民日报》1996-01-02）

②雪国自有雪国的美丽与奇妙。冬天到了最冷的时候，松花江两岸便会出现最迷人的景观。满世界的玉树银枝，亮晶晶的，毛茸茸的，如龙飞，似蛇舞，使人心醉神驰，留连忘返！（《人民日报》1996-01-02）

这两例选自同一篇散文《故乡的雪》。作者在这两段文字中，并没有使用对偶、压韵、平仄等有意安排的形式，但却让人有一种自然的流畅感。这跟作者巧妙地选用词语，并特别注意词语搭配之后的音响效果，是分不开的。

2. 艺术的流畅性

艺术的流畅性则只有在某些特殊的情况下才需要。之所以叫做艺术的流畅，是因为它往往需要通过特殊的修辞手段才能达到，如押韵、平仄、对偶、排比、顶针、回环等。

（二）语意要准确

所谓语意上的准确性，是指所用词语跟其他词语相辅相成，能够准确地表达出所要表达的信息内容。福楼拜曾对莫泊桑说过："我们所要表现的东西，这里只有唯一的字眼可以表现它，说明它的动作的只有唯一的动词，限制它的性质的只有唯一的形容词，直到找到了它们为止。只是发现近似的字眼，是不能满足的。"（莫泊桑《论小说"两兄弟"》）这就是说，锤炼词语不能以找到了近似的词语为满足，应尽力搜求那"唯一"的最得当的词语。例如：

①样子平平常常，有农民似的质朴，愚蠢，但也很沾了些游乐之徒的狡猾，……只要在头上戴一顶瓜皮小帽，就失去了阿Q，我记得我给他戴的是毡帽。（鲁迅《寄"戏"周刊编者信》）

这里的"质朴"、"愚蠢"、"游乐之徒的狡猾"、"毡帽"等，就是鲁迅在塑造阿Q的形象时，所选择的能跟其他词语相辅相成的、最准确、最恰当的词语。

②我掀开帘子，看见一个小姑娘，只有八九岁光景，瘦瘦的苍白的脸，冻得发紫的嘴唇，头发很短，穿一身很破旧的衣裤，光脚穿一双草鞋，正在登上竹凳想去摘墙上的听话器，看见我似乎吃了一惊，把手缩了回来。（冰心《小桔灯》）

在这里冰心为我们刻画了一位被生活所困的小姑娘的形象。形容小姑娘的脸时，用了"瘦瘦的"、"苍白的"等词语；形容小姑娘的嘴唇时，用了"发紫的"等词语；形容小姑娘的衣服时，则用了"破旧的"等词语，都非常准确。

值得注意的是，所谓语意上的准确，既包括一般修辞意义上的准确，也包括特殊修辞意义上的准确。一般修辞意义上的准确的表现是：字面意义跟所表达的实质意义完全同一，没有言内之意与言外之意、表层意义与深层意义等的区别。特殊修辞意义上的准确表现是：字面意义跟所表达的实质意义不同一，有言内之意与言外之意、表层意义与深层意义等的区别，如双关有表层意义与深层意义等，但又是相互配合、融为一体的。

（三）色彩要鲜明

所谓色彩，是指词语的修辞色彩，跟某些表示颜色的词语所表示的某种颜色不是一回事。修辞色彩主要包括感情色彩、语体（风格）色彩等。所谓色彩的鲜明，是指所用词语在修辞色彩上必须跟整个句子或篇章色调一致、协调统一。正如作家老舍先生所说："一篇作品须有个情调，情调是悲哀的，或是激壮的，我们的语言就须恰好足以配合这悲哀或激壮。比如说，我们要传达愁情，就须选择色彩不太强烈的字，声音不太响亮的字，造成稍长的句子，使大家读了，因语调的缓慢、文字的暗淡而感到悲哀，反之，我们若要传达慷慨激昂的情意，我们就须选用明快强烈的语言。"(《我怎样学习语言》)感情情调色彩的配合是如此，语体（风格）色彩的配合也同样需要这样的协调。如果忽视了感情色彩或语体（风格）色彩的鲜明，就不可能达到最佳的修辞境界。例如：

①拦路抢劫的是位青年，大高个，身穿一件皮夹克。（报）

"位"是个有褒义色彩的量词，通常只用于称呼受尊敬的人，用于称呼罪犯，显然不妥。

②日本鬼子砍瓜切菜般地屠杀着村民，整个村子一片鬼哭狼嚎。（书）

由于不注意词语感情色彩的鲜明，让人觉得作者不是在同情村民，而是在赞美日本鬼子。又如：

③医生："老人家，您的胁疼吗？"

病人："我的鞋不疼，有时脚疼。"（书）

医生对老太太使用专业术语，让老太太莫名其妙，没有以交际对象为出发点。

色彩的鲜明，有一般的和特殊的两种。一般性鲜明的表现是：词语材料跟相邻的其他词语和语域环境在色彩和色调上完全相同，如褒词褒用、贬词贬用、雅词雅用、俗词俗用、大词大用、小词小用等等；特殊性鲜明的表现是：词语材料跟相邻的其他词语和语域环境在色彩和色调上完全对立，二者之间是对立统一的协调，如褒词贬用、贬词褒用，雅词俗用、俗词雅用，大词小用、小词大用等等。

(四) 结构要通顺

所谓语法结构的通顺，是指造句时必须做到句中词语的组合要得当，文气要畅通。如关联词语、修饰语、插入性词语的使用等。例如：

①明知自己的行为会发生危害的结果，并且希望或者放任这种结果的发生，因而构成犯罪的，是故意犯罪。（《刑法》）

"并且"、"或者"、"因而"运用恰当，语气畅通，脉络清晰。

②为了使公共利益、本人或者他人的人身和其他权利免受正在进行的不法侵害，而采取的正当防卫行为，不负刑事责任。（《刑法》）

讨论稿中没有"而"，使行为间的因果联系不明显，读起来不顺畅。

③虽然我们现在所学的一些专业课过去没有接触过，学起来比较吃力，但是我相信，在老师的帮助下，只要下苦功，是一定能够学好的。

原文中"我相信，在老师的帮助下"放在条件分句的两部分中间，使之隔得太远，读起来疙疙瘩瘩，很不顺畅。现在将它们放到"只要"之前，就没有这种毛病了。

(五) 用词要高效

所谓用词的经济、高效，是指用词节俭而不苟简，语意完足而没有冗词赘语。古语云："言不在多，达意则灵。"要言不烦，字字如珠，简练有力，才能使人兴味盎然；冗词赘语，絮絮叨叨，不得要领，必定令人扫兴厌烦。例如：

①这个、这个、这个，今天啊，我讲一讲这个、这个，计划生育的问题嘛，是不是啊，有这个，这个很重要的意义呀，啊！这个，这个，我们啊，都应该是不是呀，积极地响应这个，这个啊，只生一个孩子的号召……

讲了半天，让人不得要领，听来肚肠发痒，本来很重要的内容，经他"这个、这个"一番，群众一笑了之，又怎能达到宣传的目的呢？

②星期天的时候，本来应该好好休息一下，我却到图书馆坐了十二个钟头。

"星期天"本来就是一种"时候"，再用一个"时候"必然多余。

当然，追求简练是有限度的，即不能造成苟简，妨害意义的表达。如有人在相声中所讽刺的，把"上海吊车厂"说成"上吊"，这种随便简缩词语的现象，同样是违背高效性要求的。

三、词语锤炼的方法

从语言运用的过程来看，词语锤炼的方法可概括为词语的选炼和词语的斟酌两大类。选炼是指初次表达时的锤炼，斟酌是指修改时的锤炼。

(一) 选炼词语的策略和手段

选炼词语，就是根据表达计划从词汇库存中选取最符合需要的词语来组织句子乃至篇章。选炼词语的策略主要有常规选炼和变异选炼两种。

1. 常规选炼

所谓常规选炼，是把在词义、色彩、声音、词性等方面，跟整个句子乃至篇章环境相辅相成的词语材料，选用到某个特别需要的位置上的选炼方式。其主要特点是：各尽所能，按需选炼。所谓"各尽所能"，是指要充分发挥词语材料在词义、色彩、声音、词性等方面所特有的常规性修辞价值；所谓"按需选炼"，是指词语材料的选炼必须符合句子以及篇章组造的修辞需要。例如：

①泉水丁冬，泉水丁冬，泉水丁冬响；绕过了山冈，走过了草地，来到我身旁。（歌词）

连用三个"丁冬"，使响亮动听的滴水之声似乎悠然入耳，对表现轻松欢快的浪漫心情具有很好的衬托作用；用"绕过"配"山冈"，"走过"配"草地"，"来到"配"身旁"，准确而贴切，并且符合由远及近的流动顺序。

②她美丽、端庄、朴实；他温柔、沉静、落落大方。她那双明媚的眼睛并不特别大，盖着长长的、微翘的睫毛，抬起来亮晶晶，低下去静幽幽。他说话慢慢的，脸上总带着善良的微笑。

作者大量使用褒义词语，赞美之情溢于言表。并且，从外表（美丽、端庄、朴实）到性格（温柔、沉静、落落大方），从眼睛到说话（慢慢的，带着善良的微笑），都描写得细致入微，贴切形象。特别是对眼睛的描写，由于选炼词语恰当，更是绝妙、传神。

2. 变异选炼

所谓变异选炼，是指把在词音、词义、色彩、词性等方面，跟整个句子乃至篇章环境相反相成的词语材料，选炼到某个特别需要的位置上的选炼方式。其主要特点是变其所能，按需选炼。所谓"变其所能"，是指让某词语材料具备超常规的适用性特征，能够适用于本来不能使用的语言环境中，如语音组合上的超常、语义组合上的超常、语法组合上的超常等；所谓"按需选炼"，是指词语材料的选炼必须符合句子以及篇章组造的修辞需要。

①你们女同胞都成熟起来了，真是神速。"有志者，誓进城嘛！"（徐乃建《杨柏的污染》）

原成语为"有志者事竟成"，现仿拟为"有志者誓进城"，利用语音条件造成变异，增加了幽默诙谐的情趣。

②演员在舞台上看到台下千百双眼睛，就有些战战兢兢，当然演不好戏。因此，要"目中无人"。（周恩来语）

这是周恩来同志在文艺工作座谈会和故事片创作会议上讲话时所说的一句话。故意使用"目中无人"的非常规意义，以造成语义上的变异，显得幽默而风趣。

③我也看看群山，看看河水，很有信心地回答他说："您老放心，

您已经很好地顾问过一次了。"（于炳坤《再航三峡港》）

"顾问"为名词，在这里作了谓语中心，具有了动词的特性，显得生动有趣。这种手段一般称之为"转品"。

④焦大以奴才的身份，仗着酒醉，从主子骂起，直到别的一切奴才，说只有两个石狮子干净。结果怎样？结果是主子深恶，奴才痛绝，给他塞了一嘴马粪。（鲁迅《言论自由的界限》）

将成语"深恶痛绝"拆开，作互文式使用（意即主子奴才都深恶痛绝），造成语法上的变异，既幽默风趣，又尖锐深刻。

⑤那几天，车滚马腾，天崩地塌，把整个沙市闹得只有沙而没有市。（郭沫若《流亡》）

将地名"沙市"拆开，并作字面意义的分析，造成语法和语义上的变异，生动形象地描写出了当时沙市的真实状况。这种手段一般称之为"析词"。

⑥电影售票处

实际上是"售电影票处"，但由于不符合节奏习惯，只好改语法结构（变异）而迁就于语音习惯。

（二）斟酌词语的策略和手段

词语的斟酌，实际上是对已经草成的文稿进行修饰和润色时对词语的重新选炼。斟酌的是词语，得到加工的是句子乃至整个篇章。这是一种典型的后馈修辞。就斟酌的策略而言，大体上有使达意更准确、周密，色彩更鲜明、亮丽，音感更流畅、悦耳，消除冗词赘语等。具体手段主要有增添、删减、更换和调位等。

1. 增添

增添有两种情况：一是将缺少的词语材料增加上；一是在已选用的词语材料上添加某些语素或音节，使之更为合适。例如：

①所以这文坛，从阴暗这方面看起来，暂时大约还要被两大类子弟，就是"破落户"和"暴发户"所占据。（《鲁迅手稿选集》）

例句中原来没有"从阴暗这方面看起来"，在语意上显然不够准确、周密。后来加上了"从阴暗这方面看起来"，语意显得准确、周密。

②这种对人类的伟大贡献，只有在社会主义国家才有产生的可能。

原句缺少"产生的"三字，显然不够通顺和明确。

③有时这些声音寄托于劳动的号子，寄托于车队的奔驰之中，仿佛令人感到冬冬战鼓和进军号角的撼人的气魄。（秦牧《土地》）

原句中"战鼓"二字跟"进军号角"四字在音节搭配上不相称,缺乏节奏感和力量感。后改"战鼓"为"冬冬战鼓"。

④我感到痛悔,于是带了酸痛的心情对妻说了些抱歉的话……(巴金《爱的十字架》)

原句用"心",描述感情状态不如"心情"更恰当。

2. 删减

删减也有两种方式:一是删去某个可用可不用的词语材料;一是压缩某个词语材料的长度,删去某些可用可不用的语素或音节。例如:

①不久世界上发生了一件可怕的事情,狂风大作,山呼海啸,地壳发生了翻天覆地的巨变,大片大片枝粗叶茂、一望无际的原始森林被地球张开的大口吞食,深深地埋入地下。

用"枝粗叶茂"修饰树木可以,修饰森林就不恰当了,宜删去。或保留"枝粗叶茂"添加某些词语改成两个分句也可。

②老渔民长得高大结实,……嘴巴下留着一把花白胡子。(杨朔《雪浪花》)

原文有"嘴巴下",实属多余。后删去。

③有一天,这位干部生病,党总支书记每天三餐把饭菜端送到床前。(报)

用"端"或"送"都很顺当,用"端送"反而显得累赘。

④黑犀的前角长而曲,后角短而垂直,皮灰里带黑,上唇突出。(书)

"前角长而曲"跟"后角短而垂直",音节上多寡不相称,读起来不流畅,宜改"垂直"为"直"。

3. 更换

更换即用恰当的词语材料代替不恰当的词语材料。例如:

①恰好这时烤鸭和荷叶饼也上桌了,他们便啖鸭、把酒,叙谈起来。

"啖鸭"、"把酒",都是文言色彩比较浓的词语,与上下文在语体色彩上不协调,宜改为"吃鸭"、"喝酒"。

②我便将这事告知了藤野先生;有几个和我熟识的同学也很不平,一同去诘责干事托辞检查的无礼,并且要求他们将检查的结果发表出来。终于这(事情)流言消灭了。(鲁迅《藤野先生》)

原先用"事情",后来改为"流言"。把"事情"改为"流言",不仅语法上通顺了，修辞上也恰当了。"事情"是中性词，不能表达对造谣者的非常气愤的心情，"流言"是贬义词，正好合适。

③不管在什么时候，鲁迅都是我行我素地斗争着。

"我行我素"为贬义词，与整个句子的赞扬格调不符，宜改为"不屈不挠"。

④如果飞到地球引力及不到的高空里去，物体就根本没有重量了。（书）

"及"为文言词语，用在通俗读物里，让人感到别扭，青少年读者也许会莫名其妙，何不改为通俗的"达"呢？

4. 调序

调位即将某些所处位置不合理的词语材料，调到合理的位置上。例如：

①陈白露　这屋子忽然酸得厉害。我要吸一点新鲜空气。（《曹禺选集》）

原作中，这两句台词的位置是颠倒的。先结果后原因不太顺当，也不利于加强讽刺意味（暗中讽刺两个男人为她而流露出的醋意）。调整后，不仅顺当多了，而且对加强讽刺效果大有好处。

②很久以来，我就想有一天能够写出一个真实的我，为观众，为朋友，为一切爱我的人们，也为我自己。（刘晓庆《我的路》）

按一般的顺序，状语应该在动词之前，但如果状语太多太长，也可以调到句子末尾，以免造成状语臃肿的现象。本例正是采用了这种状语后置顺序，对于减缓句子的语势有一定帮助。

思考和练习二

一、词语的锤炼与句子的组造有什么关系？如果着眼于句子的组造，词语锤炼的具体要求主要有哪些？

二、词语锤炼的方法主要有哪些？变异选炼同常规选炼有什么不同？词语的斟酌同词语的选炼有什么不同？斟酌词语的方式主要有哪些？

三、为什么说锤炼词语主要是锤炼词语的声音和意义？

四、举例说明双声、叠韵、叠音等现象的修辞价值。

五、举例说明押韵和平仄的修辞价值。

六、举例说明拟声词、叹词的修辞价值。

七、举例说明同义词与反义词的修辞价值。

八、举例说明同音词的修辞价值。

九、举例说明明确义与模糊义的修辞价值。

十、举例说明褒义色彩与贬义色彩、口语色彩与书面语色彩的修辞价值。

十一、"瑰丽端庄的中山公园,绿树成荫,花坛巧布,彩练横空,千红万紫。"句中"万紫千红"改变为"千红万紫"是为了:

    A. 音节匀称整齐　　B. 韵脚和谐

    C. 声调平仄相调　　D. 叠音自然

十二、"敬爱的周总理,您为祖国山河添光辉,您为中华儿女震声威,您不朽的业绩永世长存,您光辉的名字青史永垂。"句中"永垂青史"改变为"青史永垂"的原因是:

    A. 声调平仄相调　　B. 韵脚和谐

    C. 音节匀称　　　　D. 叠音自然

十三、原句:眼看朋辈成新鬼,怒向刀边觅小诗。

    改句:忍看朋辈成新鬼,怒向刀丛觅小诗。

作者锤炼词语所运用的方法是:

    A. 词语的调序　　B. 词语的更换

    C. 词语的增添　　D. 词语的删减

十四、"金沙水拍云崖暖,大渡桥横铁索寒"一句在韵律配合上所达到的修辞效果有:

    A. 叠音自然　　B. 韵脚和谐

    C. 整齐匀称　　D. 平仄协调

十五、"这个枪法实在惊人,落时如乌龙摆尾,举时像鸾凤朝阳,枪风阵阵,冷气飕飕……"一句在韵律配合上所达到的修辞效果有:

    A. 音节整齐匀称　　B. 叠音自然

    C. 平仄协调　　　　D. 韵脚和谐

十六、标明下列各句在选炼词语上所使用的变异选炼的方法(概念义的变异用 A 表示,色彩义的变异用 B 表示,词性变异用 C 表示,词形变异用 D 表示)。

①他的《世界地理》讲义模仿的是章太炎的笔法,写些古而怪之怪而古之的奇字,写些颠而倒之倒而颠之的奇句。(　　)

②屋子有多长,铺就有多长。据说,当时每个工人的铺位是一尺半。不过实际睡的时候可以向两边"侵略""扩张"。(　　)

③老金认为女儿回上海，再和小孙保持恋爱关系，生活上会产生许多困难，于是一定要女儿和小孙断交。（　）

④我也看看群山，看看河水，很有信心地回答他说："您老放心，您已经很好地顾问过一次。"（　）

十七、判断下列各句中带括号的词语在色彩方面是否得当。

1. 帝国主义称霸世界的狰狞（面貌）早已被世界人民所识破了。

2. 文成公主是一个胸怀大略，聪明而智慧的女子，当她一离开长安，就（处心积虑）地要把唐代比较先进的经验、文化带到藏民中去广为传播。

3. 正当她和我谈话（之际），其他的人都忙着把我的行李搬到报到处。

4. 我走进商店，没有人，（回首）一看，还是没有人。

十八、判断下列句中带括号的词语是否得当。

1. 蚕的灰白色的身体完全露出来，连成一个平面，在那里（波动）。

2. 粉碎"四人帮"以后，一支（庞大）的向四个现代化进军的科学技术队伍正在迅速形成和壮大。

3. 在广州一下火车，就接着去找民航班次的时刻表，（策划）返京的（归程）。

4. 赵劲脸色严峻，那由心里（涌）上来的难过（爬）上了嘴角。

十九、把下列句子与词语变异的类型连起来。

小两口搞了一点基本建设。	词性的变异
我们全党全民把这个雄心壮志牢固地树立起来，扭着不放，"顽固"一点，毫无动摇。	词形的变异
结果是主人深恶，奴才痛绝，给塞了一嘴的马粪。	色彩义的变异
你向来只做标金，现在乘机会我劝你也试试公债，弄几文来香香手，倒也不坏！	概念义的变异

第三节　现代汉语句子的锤炼

造句需要锤炼词语，组织篇章则需要锤炼句子。陈骙在《文则》中写到："鼓瑟不难，难于调弦；作文不难，难于炼句。"只有每一句话都写好了，整个篇章才能达到最佳的境界。我们这里所谓篇章，包括句组、段落、节、章等各级篇章单位。

一、句子锤炼的要求

句子（也包括复句中的分句，下同）的锤炼跟句组（也包括复句，下同）乃至篇章的组织是同一个问题的两个侧面。如果着眼于句子，其修辞控制的具体目标是：每个句子必须在主旨、语意、结构、语气、风格等方面，与所在句组以及篇章中的其他句子相辅相成、协调统一。如果着眼于句组乃至篇章，其具体目标则是：题旨要鲜明，语意要贯通，结构要明晰，语气要恰当，风格要统一。下面主要从句组乃至篇章组织的角度来讨论句子的锤炼问题。

（一）题旨要鲜明

题旨是一个篇章的灵魂，对整个篇章具有统率或支配作用。每一个句子的锤炼，都必须考虑句旨同篇章题旨的协调，确保题旨的鲜明而统一，这是锤炼每个句子的基本要求。如果整个篇章的题旨是拥护什么、热爱什么，那么各个句子最好就不要再节外生枝，透露出反对或仇恨的信息。否则，就难免造成题旨的模糊或混乱。例如：

①周总理，我们的好总理，你在哪里呵，你在哪里？你可知道，我们想念你！——你的人民想念你！（柯岩《周总理，你在哪里？》）

几句诗如黄河之水，一泻千里，不可抑制，共同表达了对周总理无比怀念的深厚感情，题旨鲜明而统一。

②我不觉对着茶花沉吟起来。茶花是美啊。凡是生活中美的事物都是劳动创造的。是谁白天黑夜，积年累月，拿自己的汗水浇着花，像抚育自己的儿女一样抚育着花秧，终于培养出这样绝色的好花？应该感谢那为我们美化生活的人。（杨朔《茶花赋》）

虽然直接揭示句组题旨的是最后一句，但其他句子也都围绕着这个题旨来写，表达题旨的任务是由大家共同完成的。

（二）语意要贯通

将几个句子组合到一块儿，目的就是更完整、更清楚地表达一个较为复杂的信息内容。因此，意思上不相关的句子是捏不到一块儿的。只有将几个意思上相关的句子，顺着一定的思路，一句一句说下去，使之上下连贯、语意贯通，才能将较为复杂的信息内容，表达得更完整更清楚。例如：

①孔乙己是站着喝酒而穿长衫的唯一的人。他身材高大，清白脸色，皱纹间时常夹些伤痕，一部乱蓬蓬的花白胡子。穿的虽是长衫，可是又脏又破，似乎十多年没有补，没有洗。他对人说话，总是满口之乎

者也,教人半懂不懂的。因为他姓孔,别人便从描红纸上的"上大人孔乙己"这半懂不懂的话里,替他取下一个绰号,叫孔乙己。

作者为了刻画孔乙己这一人物形象,用五个句子组成了这个句组。第一句点明他是一个没落的知识分子;第二句介绍他邋遢的外貌特征;第三句说他的穿着打扮;第四句说他说话的特点;第五句说他绰号的由来。顺序井然、语意贯通。

②(原文)它们大小不一,多种多样,其中有很多惊人杰作,最出名的是河北省石家庄附近的赵州桥,但此外还有不少伟大创造,现在只举几个例。

首先应当提到卢沟桥……

至于赵州桥,它确实是世界上最伟大的石拱桥……

(改文)这些桥大小不一,形式多样,有许多是惊人的杰作。其中最著名的当推河北省赵县的赵州桥,还有北京附近的卢沟桥。

赵州桥横跨在洨河上,是世界著名的古代石拱桥……

永定河上的卢沟桥,修建于公元一一八九到一一九二年间……

原文前面说"最出名的是河北省石家庄附近的赵州桥",但后面却"首先应当提到卢沟桥",让人觉得前后不贯通、不顺畅。改文调整了顺序,前后文都是先说"赵州桥",再说"卢沟桥",就使前后文紧密衔接,读来如行云流水,自然流畅。

从语意方面说,句子通常有主动句与被动句、肯定句与否定句之别。

主动句主要用于表叙述,即陈述一个动作、事件及其过程。被动句主要用于说明,即对人或事物的某些方面进行说明。例如:

③半月前,一个村子被毁灭了。经过两个钟头的抵抗,村民当场死了四十多人,被拉走了三百多人,留下的不到十分之一,所有的房屋被烧光。(姚雪垠《碉堡的风波》)

由于整个语境是诉说一个"村子"及其"村民"的生命财产惨遭日本侵略者蹂躏的事件,不是叙述敌人的侵略行径,因此,整句话的"话题"是"村子及其村民的生命财产"。为了让这个"话题"贯穿始终,被动行为"拉走"和"留下"只好用被动句表达。又如:

④自己被人凌虐,但也可以凌虐别人;自己被人吃,但也可以吃别人。(鲁迅《灯下漫笔》)

这是以"自己"作为"话题"的句子。鲁迅先生采用主动句与被动句对举的组织方法，让"自己"一会儿是"施事"，一会儿是"受事"，从而，深刻地揭露了当时社会中的有些人往往是被压迫者又是压迫者的双重性，以及那种大鱼吃小鱼、小鱼吃虾米的残酷现实。这里的主动句与被动句都不能对调，也不能取消，否则，就达不到上述的表意效果和修辞作用。

一般说来，主动句比被动句的使用频率要高得多，但在下列几种情况下，则适合使用被动句。

第一，为了强调、突出受事者。例如：

⑤他的名字并不为许多人所知道。（鲁迅《藤野先生》）

鲁迅先生为了强调藤野先生是一个埋头工作的普通教师，许多人并不知道"他的名字"，因此，将"他的名字"置于句首而构成被动句。

⑥有一只鞋，她怎样也找不到，另一只又被一个男孩捡起来抢跑了。（安徒生《卖火柴的小女孩》）

作者为了突出卖火柴的小女孩在严寒的夜晚没鞋子穿的困境，在第二分句将"另一只"置于句首而构成被动句（"被"字句）。

第二，为了使前后分句主语一致，句子紧凑、流畅，应在有关的分句里使用被动句。例如：

⑦小二黑挣扎了一会，无奈没有他们人多，终于被他们七手八脚打了一顿捆起来了。（赵树理《小二黑结婚》）

这是叙说小二黑在和"小芹"幽会时，被其"情敌"带着一帮人打了埋伏的情景。全句以小二黑作为主语一贯到底，因此在第三分句用了"被"字句。

⑧他是个独苗苗，虽说生在穷人家，但也被看得像宝贝似的。（《刘老太赴台探亲记》）

这一句是以"他"为叙说对象的，如果改为："他是个独苗苗，虽说生在穷人家，但是（家人）也把他看得像宝贝似的。"不但复沓啰嗦，语气不流畅，甚至句子的合法性都有问题。

第三，不使用"被"字句，不足以表达被动的意义，或会产生歧义时，就应该使用"被"字句。例如：

⑨他到达象牙海岸时，被拒绝登陆。

⑩暑假期间，大院的孩子们被组织起来了。

例⑨如果删去"被"字，改成"他到达象牙海岸时，拒绝登陆"，语义就完全相反了。例⑩如果删去"被"字，改成"暑假期间，大院的孩子们组织起来了"，就产生歧义。

(三) 结构要明晰

结构明晰也是句子锤炼和篇章修辞的目标之一。从结构上看，每个句组都由两个或两个以上的句子构成（复句则是由两个或两个以上的分句构成），各个句子（或分句），都按一定的条理和顺序组织在一起。先说哪个，后说哪个，哪个跟哪个在一个层次上等等，都必须做到结构紧凑，层次分明。更大的篇章单位段、节、章的组造也同样如此。例如：

①说起野花，也是海岛上的特色。春天有野迎春。夏天太阳一西斜，漫山漫坡是一片黄花，散发着一股清爽的香味。黄花丛里，有时会挺起一枝火焰般的野百合花。凉风一起，蟋蟀叫了，你就闻见野菊花那股极浓极浓的药香。到冬天，草黄了，花也完了，天上却撒下花来，于是满山就铺上了层耀眼的雪花。（杨朔《海市》）

本例写海岛上的"花"，是按春、夏、秋、冬的顺序来写的，脉络清晰，结构紧凑。

②这几天心里颇不宁静。今晚在院子里坐着乘凉，忽然想起日日走过的荷塘，在这满月光里，总该另有一番样子吧。月亮渐渐地升高了，墙外马路上孩子们的欢笑，已经听不见了；妻在屋里拍着闰儿，迷迷糊糊地哼着眠歌。我悄悄地披了大衫，带上门出去。（朱自清《荷塘月色》）

第一句写起因，第二句写产生了念头，第三句写时机，第四句写动身去。这样四层意思，从心情到景色，从时间到空间，从静到动，层层交代，有条不紊。给读者描绘出了一个安谧、雅静、优美的境界。

句子在结构方面，通常有长句与短句（形体结构）、常句与变句（语序结构）、整句与散句（韵律结构）之别。

1. 长句与短句

短句是指句子的形体短，词语数量少，结构比较简单的句子；长句是指句子的形体长，词语的数量多，结构比较复杂的句子。短句和长句各有各的特点，各有各的表达作用与效果。

长句表意丰富，严谨周密，富有气势。例如：

①亲爱的朋友们，当你坐上早晨第一列电车走向工厂的时候，当你扛上犁耙走向田野的时候，当你喝完一杯豆浆、提着书包走向学校的时候，当你向孩子嘴里塞着苹果的时候，当你和爱人悠闲散步的时候，朋友，你是否意识到你是在幸福之中呢？（魏巍《谁是最可爱的人》）

②当你坐在飞机上，看着我们无边无际的像覆盖上一张绿色地毯的

大地的时候；当你坐在汽车上，倚着车窗看万里平畴的时候；或者，在农村里看到一个老农捧起一把泥土，仔细端详，想鉴定它究竟适宜于种植什么谷物和蔬菜的时候；或者，当你自己随着大伙在田里插秧，黑油油的泥土吱吱地冒出脚指缝的时候，你曾否为土地涌起过许许多多遐想——想起它的过去，它的未来，想起世世代代的劳动人民为要成为土地的主人，怎样斗争和流血，想起在绵长的历史中，我们每一块土地上面曾经出现过的人物和事迹，他们的痛苦、忿恨、希望、期待的心情？（秦牧《土地》）

短句的特点是灵活精悍，活泼自然，经常出现在口语中。如：

①枪，看见过的，兵和警察背在背上，是乌亮的一根管子。难道结果女儿女婿的就是那东西么？她不信。女儿女婿的形象，真是画都画得出。哪一处地方该吃枪弹呢？她不能想象。血，怎样从他们身体里流出来？气，怎样消散消散而终于断绝？这些都是模糊之极，像个朦胧的梦。

②我也知道补过的方法的；送他风筝，赞成他放，劝他放，我和他一同放。我们嚷着，跑着，笑着。——然而，他其时已经和我一样，早已有了胡子了。

许多时候长句和短句配合着使用。如：

③更多的人回答："什么？什么交响乐？什么《痛苦》？什么鸟？什么人是你？什么指挥？什么阿勃罗斯？什么什么什么？我们早忘记了。我们的事儿太多了。要买酱油和修抽水马桶。要评工薪和配外衣纽扣。我们为什么要去记住一段可能听过的也可能没听过即使听过也早已忘了的音乐和一只不是我们购养的鸟儿呢？"（王蒙《神鸟》）

上例前面用短句，最后一句用长句。

我们应当根据表达的需要，选择使用长句、短句。在修改、润色文章时，发现跟表达需要不相称的长句、短句，则应当根据表达的需要，将长句化短，或将短句变长。

2. 常序句与变序句

按照常规顺序组成的句子叫常序句，颠倒了常规顺序的句子，叫变序句。这里所谓"常规顺序"是指：

（1）主谓结构：主语在前，谓语在后；

（2）动宾结构：动语在前，宾语在后；

（3）偏正结构：定语或状语在前，中心语在后；

（4）中补结构：中心语在前，补语在后；

（5）偏正复句：偏句在前，正句在后。

同样的意思可以用常序句表达，也可用变序句表达，但往往有不同的修辞作用和效果。

主谓倒装的主要目的是突出和强调谓语，这样的句子比较具有号召力，具有很强的抒情性和鼓动性。如：

①起来，饥寒交迫的奴隶；起来，全世界受苦的人。（《国际歌》）

②鼓动吧，风！咆哮吧，雷！闪耀吧，电！把一切沉睡在黑暗怀里的东西，毁灭，毁灭，毁灭呀！（郭沫若《屈原》）

③起来，不愿做奴隶的人们！（《中华人民共和国国歌》）

状中倒装，有时是为了强调状语或适应句子结构的要求。如：

①如果我能够，我要写下我的悔恨和悲哀，为子君，为自己。

②有些人处于逆境时发奋努力，做出了成绩，而一旦条件变优越了，便无所事事起来。因此我们一定要引以为戒，尤其当我们生活在优裕的环境中时。

③他不好意思地笑了笑，为自己抽烟的习惯。

定中倒装，有时是为了突出或强调定语，使之成为信息的焦点。例如：

①春天像小姑娘，花枝招展的。

②原野上开满了各种各样的花，红的，蓝的，白的，好看极了。

③她一手提着竹篮，内有一个破碗，空的。

正句和偏句倒装，主要是为了强调偏句。例如：

①正义是杀不完的，因为真理永远存在。（闻一多《最后一次讲演》）

②他的性格，在我的眼里和心里是伟大的，虽然他的姓名并不为许多人所知道。

③那时我们将远远落在别的国家的后面，如果我们现在不努力的话。

上述复句中的偏句都置于正句之后，都是为了强调偏句。

3. 整句与散句

整句是指语言形式匀整，结构大致相同的一组句子，也叫均衡句，譬如对偶句、排比句等，其表达效果是富于节奏，音韵和谐，表意强烈，极有气势。散句是指结构不整、句式不同、长短参差的一组句子，也叫错综句，其表达效果是富于变化，能够自如地表情达意。"文似看山不喜平"。语感流畅、旋律优美、波澜起伏，也是句子锤炼或句组修辞的目标要求之一。几个句子组合在一起，在不影响表达意思的前提下，形成均衡或错综的韵律结构，避免单调、平板，追求气韵上的感染力，往往能收到较好的修辞效果。例如：

　　①眼下，又落雪了，雪花温存地抚摸我，感化我，好让我这颗游子的心生出一片又一片的怀乡之情。事实上，我虽然告别了生我养我的故乡，但我却不能告别故乡的梦幻一般的雪。我终于明白了，我之所以会在雪花迟迟不来的冬天，那么惶恐，那么烦躁，是因为在我的骨子里早有了这样的确认：接近冬天，就是接近雪花；接近雪花，就是接近故乡；接近故乡，就是接近我的不肯流浪的魂灵！（赵培光《故乡的雪》）

　　该句组通过交替使用错综句和均衡句，构成了跌宕起伏、优美流畅的旋律，读来如行云流水，欢快自如。

　　②呵，小小的山城，层层叠叠高高低低的灯火，宁静沉思和奔驰流动的灯火，如水晶般剔透又如火焰般燃烧的灯火，这是山城人写下的晶莹的诗句，是山城人发自内心的透明的歌。灯火处处，使得山城如同披上了珍珠的衣衫，宝石的璎珞，组成了现实与梦幻交织的境界，使得山城更加显得珠玉交辉，楚楚动人了。（柯原《粤城灯火》）

　　该句组主要靠使用整齐的句子，造成了令人激动的优美旋律，增强了文章的感染力。

（四）语气要恰当

　　语气有语意语气、语调语气等。无论哪类语气，都要做到语气适当，才能达意完美。

　　1. 语意语气（肯定句与否定句）

　　肯定句和否定句是就句子的语意语气（口气）划分出来的。一般说来，在陈述句里，肯定句具有肯定的口气，否定句具有否定口气。从句子形式方面看，否定句是由肯定句带上"不、没、没有、未、非、无"等否定词构成的。

　　双重否定句也表达肯定的意思。一般性的肯定句的语气比较直率、明确，双重否定句的语气则比较委婉、灵活。人们在日常交流中使用双重否定句，通常与避免使用某个词语有关，而避免使用某个词语，又往往是为了让语气比较委婉、灵活。商业广告大都使用肯定句，是因为肯定句的语气比较直率、明确。

　　同样的内容，既可以用肯定句表达，也可以用双重否定句表达。不过肯定句和双重否定句在风格、口气等方面有细微差别。具体应该用什么样的形式，得结合具体情况选择运用，以取得最佳表达效果。例如：

①从前线回来的人说到白求恩，人人都很佩服。

②从前线回来的人说到白求恩，没有一个人不佩服。

第一例是肯定句，直接从正面肯定。第二例是双重否定句，以否定形式从反面表达了肯定的内容，但肯定的口气比直接肯定更重。

值得注意的是，疑问语气具有否定的作用。当肯定句带上疑问语调时表达的是否定的意思，当否定句带上疑问语调时表达的是肯定的意思。例如：

①难道他做得不对吗？（否定句表达肯定的意思）

②你这样做符合国家利益吗？（肯定句表达否定的意思）

肯定句和否定句配合使用，可使肯定的内容与否定的内容形成对照，起到相互补充、映照对比的作用，可使表达周密、深刻，引人思索，发人深省。例如：

①一个大学生的经历：大一不知道自己不知道；大二知道自己不知道；大三不知道自己知道；大四知道自己知道。

本例写大学生四年的心理变化，从否定到肯定，再从否定到肯定，生动地反映了一个大学生从狂傲，到在知识面前畏惧，在知识的海洋里谦虚，直到学成后的踌躇满志的心理变化过程。

②要面包，不要炸弹！

1998年5月，印度不顾国际舆论的批评，连续五次进行核试验，遭到国内人民的反对，本例就是印度人民游行示威时打出的标语口号，肯定与否定互相对照，十分精警动人。

运用多重否定的句子，要注意否定词的使用，不要把意思说反了。比如双重否定是肯定，三重否定则表示否定，有些词语具有否定的意义，例如"否认、否定、拒绝、未必、避免、防止"等，当它们与否定词连用时，要注意不能出现矛盾。有时候一个句子前半句用了肯定与否定的形式，那么后半句运用词语也要与之照应起来，不然就会自相矛盾，把原意弄反了。例如：

*①谁也不能不否认地球是围绕太阳运转的。

*②谁都不会不承认地球不是围绕太阳运转的。

*③走的时候一定要把门锁好，避免不要丢了东西。

*④大家都看见是他干的，他未必不否认。

*⑤能不能团结大多数人，是一个人具备领导素质的重要条件。

*⑥谁不说京杭大运河不是世界上最长的运河呢？
　2. 语调语气（陈述、疑问、祈使、感叹）
　　句子的语气大致分为陈述、疑问、祈使、感叹四种。这四种句子可以表达相同的意思，但因为语气不一样，表达效果也就不同。譬如，表疑问语气的反问句，比表陈述语气的否定句语气更强烈；感叹句表达的感情要比陈述句强烈些；用疑问句的形式表达祈使的内容，带有商量的口气，语气要比对人直接提出要求的祈使句更委婉、更客气一些。例如：
　　①她是一个温柔而美丽的人。
　　②她是一个多么温柔和美丽的人啊！
　例①是陈述句，语气平稳；例②是感叹句，比例①的语气强一些。
　　③我听了这几句话，心里万分难过。
　　④我听了这几句话，心里能不万分难过吗？
　例③是陈述句，例④是反诘疑问句，语气比例③更加强烈，更加肯定。
　　⑤不要说话了！
　　⑥不要说话好吗？
　例⑤是祈使句，是对人直接提出要求；例⑥用疑问句式，语气委婉，含有商量的口气。
　　陈述句、疑问句、祈使句、感叹句各有各的结构和语气。相近的意思，用这些不同类型的句子表达，就有语气轻重、感情强弱的区别。因此，我们说话和写文章的时候，对于相同和相近的意思，要运用恰当的语气来表达，以便收到更好的效果。

　（五）风格要统一
　　所谓风格即语体风格。词语的锤炼需要讲究句子内部各词语之间在语体风格色彩上的协调统一，句子的锤炼则需要讲究句组（或复句）内部各句（或分句）之间在语体风格色彩上的协调统一。具体要求是：一个句组（或复句）应有一个统一的语体风格色调，每个句子（或分句）的运用都不能破坏这种协调统一。
　　在语体风格方面，句子通常有口语语体与书面语体之别。口语语体句式短小活泼，简单明快，口气随便，多用于日常交际会话。如：
　　"你到哪里去？""去图书馆。"
　　"去图书馆做什么呢？""去还几本书。"
　　这是对话，完全口语化的，还有省略，非常简短。其他如相声、话剧、电影、电视剧中的对白、小品中人物的语言，也都是口语语体。

书面语体句式比口语语体句式有可从容加工的优势。口语句随说随想随时组织，来不及字斟句酌，句子常常比较随便、松散。书面语句则是边想边写，比较从容，可以不断地修改，因而句子比较严谨、周密。例如：

①面对种种困难，我们既不能掉以轻心，也不能畏缩不前，要发扬大无畏的英雄气概，总揽全局，群策群力，采取切实有效的措施和办法，朝着既定的目标开拓前进。(报)

该复句属于政论语体，选用句式注意简短和对称，既富有气势，又富有逻辑性。

从总体上看，口语句和书面语句各有适合自己的特殊语境。一般来说，在法律法规文件中，宜于使用书面语句子，显得庄重严肃。在日常交际中，宜于使用口语句子，显得自然、亲切、活泼。但由于二者是按风格特点划分的，而不是按照语境特点划分的，因此，并非在口头交际语境中就绝对不能使用书面语句，也并非在书面交际语境中就不能使用口语句。比如一位古代汉语或者古典文学的教授，受其职业影响，可能会在口语中很自然地使用书面语句子，如成语、典故等，这是符合他的身份特点的。但是，无论在书面语中使用口语句，还是在口头语中使用书面语句，都必须以风格统一为底限，如果超出了这条底限，造成风格的不统一，就属于文白夹杂或不伦不类了。例如：

＊我是妈妈最小的女儿。在我们兄妹中，妈妈最疼爱的就是我。当我获悉母亲生了重病，急得满头大汗，请了个假，连夜跋涉而归。(习作)

该句组属叙事文体，由于选用词语和句式不当，造成了前后风格上的不协调。应该都选用口语句式。

二、句子锤炼的方法

句子的锤炼，可概括为句子的选炼和句子的斟酌两大类。选炼是指初次表达时的锤炼，斟酌是指修改时的锤炼。

(一) 选炼的方法

句子的选炼，实质上是根据组织句组乃至篇章的需要，来选择使用某个最合适的句子。其具体方法可分为常规选炼和变异选炼两种。

1. 句子的常规选炼

句子的常规选炼，是指把在主旨、语意、结构、韵律、风格等方面跟整个句组乃至篇章环境没有对立性特征的句子，选炼到表达需要的位置上去。

常规选炼的主要特征是：按照修辞的目标要求，充分发挥各种句子所特有的常规的修辞价值，对其作常规性的使用。例如：

①为了保证特区文化市场的健康有序发展，自去年秋季以来，厦门市集中开展了六次规模较大、声势较大的"扫黄打非"行动，重点打击激光唱盘和激光视盘盗版活动，共收缴非法盗版录像带1.62万盒，非法CD和LD1.03万盒，故事片81片。（报）

这是一个较长的复句。除了两个句首修饰语外，其他各分句都采用同类结构形式，具有相同的语气，属于常规选炼。

②对黄毒的泛滥，老师和家长最有切肤之痛。北京市五中特级教师姜菲感叹，社会上低级、庸俗、色情的东西无孔不入，老师应该指导学生正确安排业余时间。学生家长葛小刚愤怒地指责那些制黄、贩黄而毫无社会责任感的"病态作家"和"掉进钱眼的出版商"是在"制造罪恶"。（报）

从语意、主旨、结构等方面说，该句组中的各个句子也都属于常规选炼。

2. 句子的变异选炼

句子的变异选炼，是指把在主旨、语意、结构、韵律、风格等方面，跟整个句组乃至篇章环境存有对立性特征的句子，选炼到某个特别需要的位置上。变异选炼的主要特征是：按照修辞的目标要求，对某个句子作超常规的运用，将其运用到一般不能适用的语言环境中，构成一种既对立又统一的境界。

①太师夫人不是人，九天仙女下凡尘。（电影）

这是一副对联的上联，有两个分句。前分句在语意上跟整个语境和主旨存有对立性特征，如果离开了后分句，是无法单独适用于祝寿语境的。这个例子告诉我们一个事实：复句的主旨是由所有分句共同表达的。锤炼某个句子，必须考虑它同其他句子相互依存、相辅相成的关系。

②今天，这里有没有特务？你站出来！是好汉的站出来！你出来讲！凭什么要杀死李先生？杀死了人，又不敢承认，还要污蔑人，说什么"桃色事件"，说什么共产党杀共产党，无耻啊！无耻啊！这是某集团的无耻，恰是李先生的光荣！李先生在昆明被暗杀，是李先生留给昆明的光荣！也是昆明人的光荣！（闻一多《最后一次的演讲》）

该句组从句类上看，设问、反问、感叹、祈使和陈述句都有，语气变化多而剧烈。闻一多先生对反动派暗杀李公朴的巨大愤怒，正是通过这急剧变化的语气，像火山爆发一样喷发了出来。相对于其他语气的句子来说，某种语气的句子都属于变异选炼。

(二) 斟酌的方法

句子的斟酌，实质上是对已经草成的文稿中不太恰当的句子（或分句）重新进行选炼。斟酌的方法有增添、删减、更换和调整四种。从斟酌的目的上看，不外乎使主旨更加鲜明集中，语意更加协调贯通，结构更加条理分明，韵律更加流畅优美，风格更加协调统一等。

1. 增添

即增添句子或分句。例如：

① （原文）郑医生为难地说："李医生高烧三天了，上午还休克一次，我实在不忍心去请她。"

（改文）郑医生为难地说："看来要做胎盘剥离手术，我们医院也只有李医生能做。可是，她高烧三天了，上午还休克一次，我……"（《人民的好医生李月华》）

原文中郑医生的话有顾此失彼的毛病：照顾了李医生却置病人于不顾。加上一句"看来要做胎盘剥离手术，我们医院也只有李医生能做"，省去"实在不忍心去请她"，两方面也就都照顾到了。

2. 删减

即删去多余的句子或分句。如：

①那时，我国受帝国主义的残酷压迫，国内则是清朝的腐败统治。中国人民为了寻求救国救民的出路，发动了戊戌政变、义和团运动和辛亥革命。许多同志都曾参加过辛亥革命。可是这些运动和革命，都没有什么结果。（书）

"许多同志都曾参加过辛亥革命"与整个句组主旨不合，有节外生枝之弊，应删去。

② （原文）还有"战地黄花分外香"的菊花，"金美翠萼带春寒"的迎春花，都呈黄色。菊科植物除了黄花以外，还多橙色的花。橙色与柑橘南瓜等果实的颜色相似，而最典型的是胡萝卜，所以表现这种色彩的色素，就被称为胡萝卜素。

（改文）除了红花以外，还有黄色、橙色的花。橙色与柑橘、南瓜等果实的颜色相似，而最典型的是胡萝卜，所以表现这种色彩的色素，就被称为胡萝卜素。（贾祖章《花儿为什么这样红》）

由于原文所引诗句文艺色彩太浓，而且也不太通俗，与通俗的科普读物不合，宜删去；另外，"菊科植物……"一句游离于整个句组的语脉线索之外，属节外生枝，也必须删去。经过修改，改文不仅语体色彩更加协调，语脉结构也变得条分缕析了。

3. 改换

即用合适的句子或分句代替不合适的句子或分句。如：

①（原文）说也奇怪，惟独这一种歌唱很觉得惬心适意，耐住不唱，转觉十分难受，唱了出来，才得开一开胸臆。它开始辨知歌唱的意义和趣味了。

（改文）说也奇怪，这么一唱，心里就痛快多了，愁闷像清晨的烟雾，一下子就散了。要是不唱，就憋得难受。从这以后，它知道什么是歌唱的意义和趣味了。（叶圣陶《画眉》）

原文使用书面语句，与儿童的阅读口味不适合，改文换用口语色彩比较明显的语句，读来流畅自然、形象生动，又容易理解。

②（原文）早上六点半钟，她们便赶忙跑进厂去。傍晚太阳回去了，他们才归家。

（改文）早上天还没亮，他们赶忙跑进厂去；傍晚太阳早回家了，他们才回家。（叶圣陶《快乐的人》）

原文前一句用叙述之笔，后一句用描写之笔，不太协调。修改以后，不仅避免了笔调不一致的毛病，而且也形象生动多了。

4. 调序

即将不妥当的顺序调整妥当。例如：

①七月一日早晨，阳光万道，旭日东升。我们跨着雄健的步伐，排着整齐的队伍，迎着朝阳，唱着歌儿，高高兴兴地来到庆回归广场。（习作）

第一分句，应调整为"旭日东升，阳光万道"，才合乎事实；第二分句，应调整为"我们迎着朝阳，唱着歌儿，排着整齐的队伍，跨着雄健的步伐，高高兴兴地来到庆回归广场"，才合乎习惯。

②这些女篮队员，看起来也雄心勃勃，都是一些年轻力壮的姑娘。（报）

应调整为"这些女篮队员都是一些年轻力壮的姑娘，看起来也雄心勃勃"。因为按一般规律先看到的应该是具体实在的"年轻力壮"，而不是精神面貌"雄心勃勃"。

思考与练习三

一、句子锤炼的要求有哪些？它同句组的组造有什么关系？句子锤炼的方法有哪些？

二、举例说明句子的常规选炼和变异选炼有什么不同？句子的常规选炼和变异选炼的着眼点主要有哪些？

三、举例说明斟酌句子的目的和方法主要有哪些？

四、举例说明主动句和被动句的修辞价值有何不同？

五、举例说明长句和短句的修辞价值有何不同？

六、举例说明整句和散句的修辞价值有何不同？

七、举例说明常序句和变序句的修辞价值有何不同？

八、标明下列句子的类型（整句用 A 表示，散句用 B 表示，整散交错句用 C 表示），并分别说出它们的修辞效果：

①在斗争中，劳动中，生活中，时常会有东西触动你的心，使你激昂，使你欢乐，使你忧愁，使你深思，这不是诗又是什么呢？（　）

②真的猛士，敢于直面惨淡的人生，敢于正视淋漓的鲜血。（　）

③同时，你的眼睛也许有些倦怠，你对当前的"雄壮"或"伟大"闭了眼，而另一种味儿在你心头潜滋暗长了——"单调！"可不是！单调。有一点吧。（　）

④墙上草，随风倒，翻云覆雨，朝秦暮楚；大转弯，大变调，改换门庭，面无愧色。（　）

九、标明下列表达效果所适应的句子形式（整句用 A 表示，散句用 B 表示，肯定句用 C 表示，否定句用 D 表示）。

①语气委婉（　）

②语气强烈（　）

③结构匀称、声音和谐、富有气势（　）

④结构参差错落、灵活多变、舒卷自如（　）

十、标明下列句式的语序是常序句还是变序句（常序句用 A 表示，变序句用 B 表示），并分别说出它们的修辞效果。

①终于过去了，中国最后一个黑暗王朝的统治！（　）

②在我看来，花木灿烂的春光固然可爱，然而，瓜果遍地的秋色却更加使人欣喜。（　）

③桃树、杏树、梨树,你不让我,我不让你,都开满了花赶趟儿。(　　)

④无数的眼睛——金黄的、碧蓝的、黝黑的,同时注视着那条受伤的手臂,各种语言发出同声的惊叹!(　　)

十一、标明下列句子的类型是长句还是短句(长句用A表示,短句用B表示),并分别说出它们的修辞效果。

①他确乎有点像一棵树,强壮、沉默,而又有生气。(　　)

②全党全国人民一个共同认识是:实现四个现代化,必须实行民主集中制,造成一个安定团结的政治局面;如果不搞民主集中制,没有安定团结,也就没有四个现代化。(　　)

③临河的土场上,太阳渐渐的收了他通黄的光线了。场边靠河的乌桕树叶,干巴巴的才喘过气来,几个花脚蚊子在下面哼着飞舞。(　　)

④一个夏天的早晨,在北京一家绿树成荫的宾馆里,服务员们高高兴兴地在大楼上挂起鲜红的标语:"热烈欢迎劳模大会的代表!"(　　)

⑤在追悼总理的大会上,当邓小平同志致悼词时,那弥漫全场的由于强自压抑而显得格外沉痛的悲泣之声,更加使人肝肠欲裂!(　　)

⑥有个庄子叫张家庄,张家庄有个张木匠。(　　)

⑦人民不欢喜你们,人民斥责你们,人民起来了,你们孤立了,因此你们打败了。(　　)

⑧这是一个克里来亚的老牧人,一个高个子、白头发,给南方的太阳晒得黑黑的、干瘪的、智慧的老人。(　　)

第四节　现代汉语辞格:形象类

辞格,也称修辞格,是为达成修辞目标而采取的一些行之有效的模式化语言手段。这些模式化的语言手段,是人们在长期的语用实践中不断创造和积累起来的,是人类修辞智慧的结晶。

辞格具有民族性,各民族语言都有自己的辞格系统,虽然有某些类似的成分,但区别是非常明显的。

本书讲解22种常用的现代汉语辞格。我们把这些辞格分为形象性辞格、趣味性辞格、气势性辞格三大类:形象性辞格包括比喻、比拟、借代、通感、移就、对比、映衬;趣味性辞格包括拈连、顶针、回环、仿拟、拟误;气势性辞格包括(1)阳刚类:夸张、对偶、排比、层递、反复;(2)阴柔类：双关、反语、婉曲；（3）刚柔相济类：设问、反问。

需要指出的是，这22种常用的辞格中，有一部分是世界上其他语言也常用的修辞手段，如比喻、排比等，但也有相当一部分辞格是汉语独有的，如对偶、拈连、仿拟、顶针、回环等，从中可以发现汉语修辞格的某些特点同汉民族的语言文字有着密不可分的联系。

一、比喻

（一）定义

比喻，就是"打比方"，也叫譬喻，是根据事物之间的相似性，把某一事物比作另一形象性事物，以求得言语形象化的修辞手段。例如：

①在他的指挥下，小船像一条小梭一样飞速荡行。
②共产党，像太阳，照到哪里哪里亮。

（二）构成

比喻的构成需要两个成分、两个条件。

两个成分：（1）本体——被比喻的事物；（2）喻体——打比方的事物。
两个条件：（1）本体跟喻体是不同的事物；（2）本体跟喻体有相似点。
例如：

①这人的相貌不大好看，脸像个葫芦瓢子……（赵树理）
成分：（1）本体是"脸"；（2）喻体是"葫芦瓢子"。
条件：（1）本体"脸"跟喻体"葫芦瓢子"是不同的事物；（2）本体"脸"跟喻体"葫芦瓢子"有相似点。

本体、喻体可以是具体的人或事物，也可以是某种性质、行为、动作、道理等。例如：

②"过来先吃碗饭，毒不死你！两碗老豆腐管什么事?!"虎妞一把将他扯过去，好像老嫂子疼爱小叔子那样。

本体（虎妞疼爱祥子）、喻体（老嫂子疼爱小叔子）都是动作行为。

（三）功能

比喻是一种实施形象化策略的美化手段，因此，一般在需要形象化的情况下使用。在现实生活中，需要形象化的情况是很多的，如化未知为已知、化抽象为具体、化深奥为浅显、化平淡为生动等，都需要通过形象化来完成。采用比喻无疑是一种行之有效的办法。另外，各类变式比喻和融合式比喻大多还兼有其他修辞功能，如暗喻、借喻等的委婉、含蓄和模糊化功能等。

(四) 分类

比喻可分为明喻、暗喻、借喻等类。

1. 明喻

明喻是比喻的典型模式，所以也叫常式比喻。从语言表达形式上看，一般是一个主谓式的单句。本体一般是主语，喻体一般是宾语（有时是状语或补语中的宾语），相似点可以是谓语、定语等。"像、如、若、似"等所谓比喻词，在明喻句中有时是谓语中心，有时则是状语或补语中的介词。例如：

①他像小孩子般害怕，要啼哭。（钱钟书《上帝的梦》）
②月色如水。
③江南春，浓似酒。

如果省略了"像、如、似"之类，则可用"似的、一样、一般"之类比况助词充当比喻词。在这种比喻句中，本体仍是主语，喻体则是比况结构中的名词性成分，相似点是谓语。如：

④泪水呀，清泉般地喷涌；哭声呀，浪涛般地震响。

2. 暗喻

暗喻又叫隐喻，是将比喻关系暗藏在判断关系中，意在强调本体和喻体完全等同的比喻。一般是主谓句形式。例如：

①这泪雨中的每一滴，都是万金难买的友谊的珍珠。（本体、喻体都出现；比喻词：是）
②山风呀，成了进军的喇叭；松涛呀，成了庆功的唢呐。（本体、喻体出现；比喻词：成）
③我们不能世世代代都做人家案板上的肉。（本体、喻体出现；比喻词：做）

暗喻不仅在表层形式上跟明喻不同，而且其功能也与明喻有所不同。特别是在委婉化、含蓄化和模糊化等功能上，比明喻更强大一些。例如：

④带着死亡的庄严，高高矗立于太阳舞蹈的河岸
　我是我，也是整个世界，穿过黑暗合而为一
　岁月是风，是水，是缓缓移动于我内外的同一叶帆（杨炼《高原》）

诗人把"我"和"整个世界"视作同一，将抽象的"岁月"，与"风、水、帆"等形象化事物视作同一，虚构了一幅模糊性的动态画面，将深刻的哲理理念，形象而又模糊地表达了出来。

3. 借喻

借喻是用喻体直接代替本体的比喻。本体和比喻词皆不出现。例如：

①放下包袱，开动机器。(毛泽东)

②最可恨那些毒蛇猛兽，吃尽了我们的血肉。一旦把它们消灭干净，鲜红的太阳照遍全球。(《国际歌》)

③我们之间已经隔了一层可悲的厚障壁了。(鲁迅《故乡》)

④多用集束手榴弹，让他们听听我们的土音乐。

借喻同明喻的不同是：

第一，借喻的深层结构模式是：喻体+相似点。本体只是联想时的要素，在表达时已被喻体取代，成为隐含性要素。

第二，表层形式中不用比喻词。

第三，明喻的主要功能是形象化，借喻除了形象化外，还具有委婉、含蓄或模糊化的功能。

4. 其他比喻

明喻是比喻的最典型的代表性格式，暗喻是变体比喻的代表性格式，借喻是融合式比喻的代表性格式。

与暗喻类似的变式比喻还有"缩喻"、"反喻"、"倒喻"、"较喻"等。

把比喻压缩成偏正词组或复指词组的比喻，叫做缩喻。例如：

牛毛似的烟丝（喻体修饰本体）

镜子一样的水面（喻体修饰本体）

筛面细雨（喻体修饰本体）

思想感情的潮水（本体修饰喻体）

大自然的课本（本体修饰喻体）

这些回忆的毒蛇（本体修饰喻体）

刚出土的嫩芽梁生宝（复指式）

美丽的南海之花——鼓浪屿（复指式）

以否定形式，强调本体跟喻体反相似的比喻，叫做反喻。例如：

①文章的结尾最好能让读者觉得余香满口，余味无穷，千万不要是一粒发了霉的花生米。(徐仲华《文章的结构》)

这个反喻，以否定形式的比喻，强调本体"文章的结尾"跟喻体"一粒发了霉的花生米"的反相似。

喻体在前，本体在后的比喻，叫做倒喻。例如：

②犹如一滴水落进渭河里头去了，改霞立刻被满街满巷走来走去的

闺女群淹没了。(柳青《创业史》)

这是倒喻,喻体"一滴水落进渭河里头去了"在前,本体"改霞立刻被满街满巷走来走去的闺女群淹没了"在后。

与借喻类似的融合式比喻还有"博喻"和"较喻",例如:

③这平铺着,厚积着的绿,着实可爱。她松松地皱缬着,像少妇拖着的裙幅;她轻轻地摆弄着,像跳动的初恋的处女的心;她滑滑地明亮着,像涂了"明油"一般,有鸡蛋清那样软,那样嫩,令人想着所曾触过的最嫩的皮肤;她又不杂些儿尘滓,宛然一块温润的碧玉,只清清的一色——但你却看不透她!(朱自清《绿》)(几个比喻句的排比:总本体1,分本体4,分喻体4)

④风吹云动天不动,水推船移岸不移,刀切莲藕丝不断,斧砍江水水不离。(喻体4,相似点4,本体隐含)(歌剧《刘三姐》)

以上属于博喻。有的是几个比喻句排比,有的是用几个喻体的排比共同描述同一个本体。

用本体和喻体比较,认为本体超过了喻体的比喻,叫做较喻。例如:

⑤可是在中国,那时是确无写处的,禁锢得比罐头还严密。(鲁迅《为了忘却的纪念》)

这是较喻,用"中国"(本体)和"罐头"(喻体)比较,本体超过了喻体,中国比罐头禁锢得还严密。使用比较格式的比喻,大多含有夸张意味。

(五)使用

一般来说,只要满足了比喻的构成条件,就可以构成比喻,但却并不能保证就一定能运用得好。要运用好比喻应注意以下几点。

第一,必须贴切。所谓贴切,主要是指相似点的贴切。例如,有一次谢道韫与谢安、谢朗一起赏雪,谢安问:"白雪纷纷何所拟?"谢朗答道:"撒盐空中差可拟。"谢道韫则答道:"未若柳絮因风起。"谢安大悦。因为谢道韫的比喻(外形相似)更贴切一些。谢朗的比喻虽是虚拟性的,但因并不神似而欠贴切。

第二,必须易懂。如果把本体事物比喻得让人莫名其妙,就失去了比喻的价值。例如"张老师非常好客,就像在上海工作的大伯一样和蔼可亲。""在上海工作的大伯"对作者来说,也许是熟悉的;但对读者来说,就无从知晓了。

第三,必须新颖。英国作家王尔德说过:"第一个用花比喻美人的是天才,第二个再用的是庸才,第三个就是蠢材了。"钱钟书则认为:"不同处愈多愈大，则相同处愈有烘托；分得愈远，则合得愈出人意表，比喻就越新颖。"(《七缀集》1994)这说明，比喻的新颖与否跟喻体和相似点的选择有很大关系。陈陈相因、熟而不鲜的喻体和相似点，只能构成令人厌烦的比喻；而出人意料、想象奇特的喻体和相似点，则往往能给人以特别新颖的感觉。例如：

①所以它（蟒蛇）吃过猪后，想换换口味，囫囵吞了一头大羊，一段凸出的身子，像害着大头颈的病，又像通货膨胀的国家。(钱钟书《上帝的梦》)

由"蟒蛇"的"凸出的身子"联想到"通货膨胀的国家"，可谓奇特之至。

②这伴侣要能对自己了解。不过，这种了解只好像批评家对天才的了解，能知而不能行。(钱钟书《上帝的梦》)

由"伴侣"的"了解"，联想到"批评家对天才的了解"，可谓奇妙无比。

第四，必须鲜明。这里主要是指感情色彩要鲜明，切忌把褒贬的意图和结果搞颠倒了。例如：

＊从走廊的那一头，走出白求恩和奥布莱安，记者们像捕获到野兽似的扑上前去，七嘴八舌问长问短。

＊这个老农背有点驼，插起秧来，像螃蟹一样。

这两个比喻都不恰当。

二、比拟

(一) 定义

比拟是指以相似联想为基础，把一事物当作另一形象性事物来描写，以求得言语形象化的修辞手段。实质上是把另一事物的形象特征加到了与之相似的被描写的事物身上。例如：

①密集的芦苇细心地护卫着脚下偷偷开放的野花。

通过相似联想，由"芦苇"和"野花"的关系，联想到了"人"和"人"的关系，于是便把"人"的形象特征加到了"芦苇"和"野花"的身上，让"芦苇"和"野花"具有了"人"的特征："芦苇"能"细心地护卫"，"野花"也能"偷偷"开放了。

②帝国主义夹着尾巴逃跑了。

"夹着尾巴"本是属于狗类动物的特征，歌词却把它赋予"帝国主义"

者，联想巧妙，形象有趣。

(二) 构成

深层：本体（被描写的事物）+ 拟体（被借用其形象特征的事物）

表层：本体 + 拟体的形象特征

例如：

①春天来了，百花拉着手，唱着柔婉的曲子。

本体：百花；拟体：人；拟体的形象特征：拉着手，唱着柔婉的曲子。

②萤火虫在夏夜的草地上低飞，提着一盏小小的灯笼，殷勤地照看这花草的世界。

本体：萤火虫；拟体：人；拟体的形象特征：提着一盏小小的灯笼，殷勤地照看这花草的世界。

(三) 功能

写作时善用比拟，能启发读者联想想象，令文章生动形象。例如：

①沙果笑得红了脸，西瓜笑得比蜜甜，花儿笑得分了瓣，豌豆笑得鼓鼓圆。(《红旗歌谣》)

将植物"沙果"、"西瓜"、"花儿"、"豌豆"等都人格化了，形象生动地描绘出了丰收的景象。

②秦淮河失去了往日的欢笑，莫愁湖发出了撕胆的哭声。(张天明《按照人民的命令》)

用拟人方法描写了中国人民失去周恩来总理的悲哀，连江河湖泊也发出了悲哀的哭声，表达出了人民对周恩来同志无比热爱的真挚感情。

(四) 分类

根据拟体的不同属性，比拟可分为拟人和拟物两类。

1. 拟人

拟人是把物当作人来描写，将人的形象特征加于物，使之人格化。例如：

①春天的嘴巴咬住了冬天的尾巴，而夏天的脚步又常随在春天的身后。

②让高山低头，叫河水让路。

以上是把没有生命的事物当作人来写。又如：

③油蛉在这里低唱，蟋蟀们在这里弹琴。

④矮小而年高的垂柳，用苍绿的叶子抚摸着快熟的庄稼；密集的芦苇，细心地护卫着脚下偷偷开放的野花。

以上是把动物或植物当作人来描写。

2. 拟物

拟物是把人当作物来描写，或把甲事物当作乙事物来写，使人具有物的形象特征，或者使甲事物具有乙事物的属性。例如：

①随着一连串脚步声，屋里飞出了一个漂亮的小姑娘。

②现在总算是逃出这牢笼了，我从此要在新的开阔的天空中翱翔，趁我还未忘却了我翅膀的扇动。（鲁迅《伤逝》）

上两例是把人拟作物，当作会飞的鸟之类来描写。

③抒情的牙齿咬住词的尾巴。（《抒情的牙齿》，《江湖月刊》2002年第1期）

④心中的歌儿展翅飞。

以上两例是把甲事物拟作乙事物。

（五）使用

比拟的运用必须注意以下几点。

第一，拟体和本体必须具有相似特征。比拟的效果主要取决于相似特征抓得准不准。例如：

＊五洲向我们歌唱，四海向我们招手。

"五洲"不具备人的"歌唱"特征，"四海"不具备人的"招手"特征，作者没有抓住事物间的相似性特征。

＊热腾腾的白面馒头向我们频频点头，香气扑鼻的五色菜肴，向我们眉开眼笑，饭厅的桌椅板凳，也不停地向我们招手欢迎。

馒头不具备点头的特征，菜肴不具备眉开眼笑的特征，桌椅板凳不具备招手的特征。

第二，要注意情感与意境的协调。例如：

①高山笑啊流水欢！毛主席登上了"洛阳"舰！（《跟着毛主席远航》）

情感协调：用"高山笑啊流水欢"，正符合当时船员见到毛主席的欢乐之情。

②群山肃立，江河挥泪，辽阔的大地沉浸在悲痛之中。（《解说词》）

气氛协调。符合举国悲哀、沉痛悼念周恩来总理的气氛。

＊"你想得对，做得更对！"大家高兴得喊了起来，这喊声吓得窗外的大雨也停了。

气氛不协调。"这喊声吓得窗外的大雨也停了"与前面"大家高兴"的气氛不协调。

③几个小朋友警惕地守卫着秧田。麻雀啄食刚发芽的谷子，他们就拿起在腰里吊儿郎当地晃悠着的弹弓。

情感不协调。"吊儿郎当地晃悠着"与"警惕地守卫着"情感基调不协调。

第三，贵在出新。

同比喻一样，比拟的运用也切忌因循他人，只有自己独创的比拟才能有最好的效果。例如：

④每日东方乍白，我们梦已回而困未醒，会听到无数禽声，向早晨打招呼。那时夜未全消，寂静还逗留着，来庇荫未找清的睡梦。（钱钟书《写在人生边上·一个偏见》）

把"禽声"、"早晨"、"寂静"都当作人来说，新颖别致，不落俗套。

（六）辨析

比拟和比喻都是两事物相比，从而使语言形象化。但它们又有着明显的区别。

1. 比喻的结构是：本体＋喻体＋相似点；比拟的结构是：本体＋拟体的形象特征。

2. 比喻的"本体"和"相似点"可出现也可不出现，但"喻体"必须出现；比拟的"本体"和"相似点"必须出现，但拟体不能出现。例如：

①海燕像勇士一样。（比喻：本体、喻体都出现）

②勇敢的海燕，怒吼的大海。（比拟：本体、相似特征都出现）

③海燕像勇士一样，勇敢地在狂风暴雨中飞翔。（比喻：本体、喻体、相似点都出现）

④海燕像勇士一样，勇敢地与狂风暴雨搏斗。（比拟套比喻：整个是比拟，前半句是比喻）

三、借代

（一）定义

借代，也叫换名，是借用相关的某形象性事物来代称本体事物，以求得言语形象化的一种修辞手段。

借代的要素有二，一是被代称的事物，叫本体；二是用来代称的相关事物，叫借体。

所谓"相关事物"，仅指能够体现"本体事物"的形象特征的"相关事物"。例如："旌旗十万斩阎罗。"（《梅岭三章》）借"旌旗"代称"军队",因为"旌旗"是"军队"的标志性特征,是"相关事物"。

(二) 功能

恰当地运用借代可以突出事物的形象特征,增强语言的形象性,而且可以使文笔简洁精练,使语言富于变化和幽默感。

(三) 分类

借代主要有对代和旁代两种类型。

1. 对代

即代体跟本体具有对立统一关系的借代,如整体与部分的关系、特称与泛称的关系、抽象与具体的关系等。代体可以是这些关系中的任何一个方面。例如:

①但是历史将证明,这小米加步枪,将比蒋介石的飞机加坦克还要强些。(用部分的名称"小米加步枪"、"飞机加坦克"代称整体军队)

②请你相信,老战友,我过去不怕日本人,我现在也决不会怕美国人的。(用整体的名称"日本人"、"美国人"代称部分:"日本侵略者"、"美国侵略者")

③你杀死一个李公仆,会有千百万个李公仆站起来!(借用特称代泛称)

④水生说:"今天是县委召集我们开会。……"

女人低着头说:"你总是很积极的。"(泛称"女人"代特称"妻子")

⑤我恨不得砸了那个伟大的发明,可又舍不得那用心血换来的钞票。(《收获》1980.6)("那个伟大的发明"代称"录音机",抽象代具体)

2. 旁代

即代体是能够体现本体的某个方面的特征的邻近物的借代。例如:

⑥青年人喜欢沉醉于一种富有诗意的美丽的境界之中,那十二寸的方玻璃是无法满足的。(代体"那十二寸的方玻璃",本体"电视机"。代体为本体材料)

⑦结巴子瓦匠再也结巴不出话来了。他愣愣地望着申妈,那三十张"工农兵"在他手里,甩不出去,又缩不回来……(用拾圆人民币上的图案"工农兵"代"拾圆人民币"。代体是本体的画面特征)

⑧就在这时,吴兴良扔下镰刀,怀着一腔阶级仇恨参了军。(代体"镰刀"是本体"农活"的工具)

⑨读点鲁迅。(代体"鲁迅"是本体"鲁迅作品"的作者)

旁代的类型是列举不尽的。凡是代体事物的存在成为本体事物的某一特征的，为了突出这一特征，都可以用代体事物的名称来代称本体事物。

(四) 使用

借代的使用需要注意习惯性和方向性。

(1) 习惯性。借代的运用往往受到习惯性的影响。如都说"读点鲁迅"，却没有人说"读点周树人"，尽管都是作者。又如"主席"、"总理"等代称，尽管别人也当过主席和总理，但一般只代称"毛泽东"和"周恩来"。

(2) 方向性。借代中的旁代还有方向性。用"大前门"代称"大前门牌香烟"可以，但反过来不行，不能用"大前门牌香烟"代称北京的"大前门"。说"读点鲁迅"可以，但不能用"鲁迅的著作"代称"鲁迅"，说"《阿Q正传》是伟大的文学家。"

(五) 辨析

借代与借喻有相近的地方，都是用一事物代另一事物，但它们的性质完全不同。

借喻侧重相似性，借代侧重相关性；借喻可以改为明喻，借代则不能。借代的本体与借体之间有实在的关系，一般地说，这种关系还是相当密切的；借喻的本体与喻体是本质不同的事物，人们要根据它们之间的相似点，通过联想把它们联系起来。

四、通感

(一) 定义

通感又叫移觉，是指借联想引起感觉转移，把不同感官的感觉联通起来，"用一种感觉描写另一种感觉"，以求得言语形象化的修辞手段。例如：

①她那略带东北土音的普通话甜丝丝的。

略带东北土音的普通话：听觉；甜丝丝：味觉。

(二) 构成

事物 (+本官感觉) +伴官感觉

(三) 功能

通感技巧的运用，能突破语言的局限，丰富表情达意的审美情趣，收到增强文采的艺术效果。例如：

①看戏如果比作吃菜，那么，各种不同的戏页就有不同的味道。我

们尝过甜甜的戏《拾玉镯》，尝过苦味的戏《六月雪》，尝过酸酸的戏《吕蒙正坐窑》，……几年来，甜甜的戏似乎挖掘得特别多，常看戏的观众已经有些腻味，这时候尝到重庆市川剧团的辣戏——《打红台》，大概是能给人开开胃口的。

"甜甜""苦味""酸酸""辣"本来是口腔的味觉，这里用它来写听戏的感觉，可谓独具匠心。如果不采取这个手法，势必要费去更多笔墨。

②弯弯的杨柳的稀疏的倩影，却又像是画在荷叶上。塘中的月色并不均匀；但光与影有着和谐的旋律，如梵婀玲上奏着的名曲。（朱自清《荷塘月色》）

"和谐的旋律"本属于听觉的感受，光与影是视觉形象，是不能"有着和谐的旋律"的。但光与影是否和谐相称，很不容易描绘；而琴声是否和谐好听，却可感可辨。所以，作者把原属于对听琴的感觉移植给视觉形象，使人感到艺术的芳香。

（四）分类

1. 全式：事物＋本官感觉＋伴官感觉

①路旁的金合欢花散发出甜丝丝的清香。（杨朔《海天苍苍》）

②我的脚步声在凝滞的空气中发出钝重的回声。（《白净草原》）

例①"金合欢花"是事物，"清香"是本官感觉，"甜丝丝"是伴官感觉。例②"脚步声"是事物，"回声"是本官感觉，"钝重"是伴官感觉。

2. 略式：事物＋伴官感觉

①今天的心情晴朗而又美丽。（歌词）

②她那灿烂的音色和深沉的感情惊动了四座。（何为《第二次考试》）

例①"心情"是事物，"晴朗而又美丽"是伴官感觉。例②"音色"是事物，"灿烂"是伴官感觉。

（五）使用

运用通感应注意的是，不是任何感觉都可以无条件地随意通用，而是不同感觉之间要有一定联系才能沟通。因此要注意它们之间的相通性。

五、移就

（一）定义

移就，是通过把人的心理感受移用到物的身上，以求得言语的形象化的修辞手段。例如：

①是不是可以握住的，如温情的手？（何其芳）
②每一声焦急的喇叭。（姚振函）

例①"温情的手"，是将那人的"温情"移用的"手"上，既形象，又俏皮。例②喇叭没有感情，何来"焦急"与否？是作者故意将"焦急"者的"焦急"之情，移用到"喇叭"上的结果。

（二）构成

人的感受＋事物（定中关系）

一般组成"心情＋事物"的偏正结构。例如：

① 欢乐的篝火
② 悲惨的皱纹
③ 烦躁的枕头
④ 惨然的红囚衣
⑤ 伤心的苹果
⑥ 江风吹过寂寞的原野

也有不少"事物＋心情"式偏正结构或其他结构的。例如：

⑦那赤裸的胸膛上，鼓鼓的肌腱正闪烁着太阳的热情。（郭良原《解匠》）
⑧高山大海气，小桥流水情。

（三）功能

恰当地运用移就可获得以下两个方面的效果。

第一，表现人们对事物的感情。

第二，造成一种特殊的情调。

（四）辨析

移就同拟人（比拟）形式上很接近，但在内容上有很大差别。拟人（比拟）或是说人具有物的形象特征，或是说物具有人（或其他物）的形象特征。移就则只是把人的感受加于物，移就"移"的是表示人的情状的词语，用以做事物名词的修饰语，作用在使人的情绪、状态同一定事物联系起来，着重表现人的情绪或状态。再从结构上看，移就所关涉的两项构成定中关系，拟人（比拟）则大多为主谓关系，如"太阳从云里挣扎出来"、"拖拉机在田里小心地爬行"。

移就和通感也不同，移就是心理感受的连通，如"焦急的喇叭"，是把人的心理感受移用到物（喇叭）的身上；通感则是五官感觉的连通，如"合欢花散发出甜丝丝的清香"，是把嗅觉移到味觉。

六、对比

（一）定义

对比是把两种对立的事物或一种事物对立的两个方面放在一起互相比较，以突出事物之间的形象差异的形象化修辞手段。例如：

①蓝天白云美，绿叶红花鲜。
②过去走娘家，谈鸡又谈鸭，
现在走娘家，姐妹比文化。

（二）分类

1. 两种事物的对比

把两种对立的事物放在一起加以对比。例如：

①句句话忠君爱国，样样事祸国殃民。
②有的人，骑在人民头上："啊，我多伟大！"
有的人，俯下身子给人民当牛马。

2. 一种事物两个方面的对比

把一种事物矛盾对立的两个方面放在一起加以对比。例如：

③你白天是人，夜里是鬼；
当面是君子，背后是小人；
嘴上说得好听，心里又在捣鬼。

（三）使用

对比具有揭示事物之间的反差的特殊作用。这种反差性信息，也正是说话者所要表述的主要信息。俗话说，不比不知道，一比吓一跳。通过对比而暗示出来的反差性信息，有时就具有这种使人吓一跳的警示作用。例如：

①我们有健康的体魄，张海迪却被病魔吞噬了三分之二的躯体；我们本专业的知识都没有学好，可她，却自学了四门外语，学会了治病，学会了无线电修理。我们，身在教师的摇篮里不愿当教师，张海迪却用光辉的行动为我们上了最生动的一课，成为亿万青年最为知心的老师……（《大学生演讲选评》）

本例通过将拥有健康体魄的"我们"与病魔缠身的张海迪的对比，让人们意识到"我们"与张海迪之间的巨大差距。警示人们，一个残疾人能够做到的，为何我们正常人却做不到呢？

②人生就因此复杂了起来。一方面是有了肠胃而要饭去充实的人，另一方面是有饭而要胃口来吃的人。第一种人可以说是吃饭的；第二种

不妨唤作吃菜的。第一种人工作、生产、创造，来换饭吃。第二种人利用第一种人活动的结果，来健脾开胃，帮助吃饭而增进食量。所以吃饭时要有音乐，还不够，就有"佳人"、"丽人"之类来劝酒；文雅点就开什么消寒会、消夏会，在席上传观法书名画；甚至赏花游山，把自然名胜来下饭。吃的菜不用说尽量讲究。有这样优裕的物质环境，舌头像身体一般，本来是极随便的，此时也会有贞操和气节了；许多从前惯吃的东西，现在吃了仿佛玷污清白，决不肯再进口。精细到这种田地，似乎应当少吃，实则反而多吃。假使让肚子作主，吃饱就完事，还不失分寸。舌头拣精拣肥，贪嘴不顾性命，结果是肚子倒霉受累，只好忌嘴，舌头也只能像李逵所说"淡出鸟来"。这诚然是它馋得忘了本的报应！如此看来，吃菜的人生观似乎欠妥。（钱钟书《写在人生边上·吃饭》）

本例通过对比揭示的是两种人的生活及其世界观的巨大差异，借以讽刺"吃菜的人"及其人生观。

七、映衬

（一）定义

映衬，又叫衬托，它是为了突出主要事物而用正面的类似的事物或用反面的有差别的事物来作陪衬的修辞手段。衬托的宗旨是烘云托月，即通过衬体形象的衬托，使本体的形象特征更加鲜明突出。例如：

①鸟语花香，心情愉快。（以景衬情，更加愉快）
②天地苍黄，人心悲凉。（以景衬情，更加悲凉）

（二）分类

清人毛宗岗曾说："文有正衬与反衬。写鲁肃老实以衬孔明之乖巧，其反衬也。写周瑜乖巧以衬孔明为加倍乖巧，其正衬也。譬如写国色者，以丑女形之而美，不若以美女形之而觉其更美。写虎将者，以懦夫形之而勇，不若以勇夫形之而觉其更勇。"（《三国演义》，内蒙古人民出版社，1980）由此可见，所谓衬托可以分为正衬和反衬两种：以丑衬美、以怯衬勇等相反的两方面相衬的，是反衬；以美衬美、以勇衬勇等相同的两方面相衬的，是正衬。

1. 正衬

正衬，是用跟主体事物相类似的事物来作陪衬。例如：

①他现在要将这包里的新的生命移植到他家里，收获许多幸福。太阳也出来了；在他面前，显出一条大道，直到他家中……（鲁迅

《药》）（用"太阳出来了"、"一条大道直到他家中"衬托华老栓得了人血馒头、感到无比幸福的心情。是正衬）

②1960年4月14日，当一轮红日从东方升起，巍然的井架披上了金色霞光的时候，井场上一片繁忙，王进喜大步跨上钻台，握住冰冷的刹把，纵情地大喊一声："开钻了！"（以"红日从东方升""井架披上了金色霞光"衬托王进喜欢乐喜悦的心情，是正衬）

2. 反衬

反衬是用跟主体事物相反或相异的事物来作陪衬。例如：

③蠢笨的企鹅，胆怯地把肥胖的身体躲藏在悬崖底下……只有那高傲的海燕，勇敢地，自由自在地，在泛起白沫的大海上飞翔！（《海燕》）（以企鹅衬海燕，是反衬）

④蝉噪林愈静，鸟鸣山更幽。（以动衬静，反衬）

（三）功能

恰当地运用映衬，可以使主次分明，增强语言的鲜明性。用甲事物衬托乙事物，可以使乙事物显得更鲜明，更突出，更能使对方深刻地领会作者的本意。

正衬和反衬，有时可以并用。这样，可以收到"众星捧月月更明"的修辞效果。例如：

①姑娘选种麦田里，

沉甸甸的麦穗打脸皮，

手理头发怨自己，

为啥长得这样低。

这首民歌表达了劳动人民喜获丰收的愉快心情。先用正衬，说"沉甸甸的麦穗打脸皮"，后用反衬，说自己"长得这样低"，都是说麦子长得高，收成好。这样，不仅深化了主题，而且给读者留下了久久难忘的深刻印象。

（四）辨析

映衬与对比的不同主要在于：对比的双方无主次之分，映衬的双方有主次之分。即被衬托者为主，衬托者为次。例如：

①骑马穿行林中，只听见溅起在岩石上漫流的水的声音，更增添了密林的幽静。（碧野《天山景物记》）

这是以水声之动衬托密林之幽静。

②时候既然是深冬，渐近故乡时，天气又阴晦了，冷风吹进船舱

中，呜呜的响，从缝隙向外一望，苍黄的天底下，远近横着几个萧索的荒村，没有一些活气，我的心禁不住悲凉起来了。(鲁迅《故乡》)

这是以阴晦、苍黄、无活气的环境，衬托内心的悲凉。

思考与练习四

一、分析下列各句中的比喻，说明各是哪种类型，它们的修辞效果如何。

①我们共产党人好比种子，人民好比土地。(《关于重庆谈判》)

②这东明路就像一条飘带，飘扬在郑州城的外围。也像一条腰带，系在郑州城外边，我就像挂在这腰带上的一只跳蚤那样渺小。(张宇《垃圾问题》)

③美感的记忆，是人生最可珍的产业，认识美的本能是上帝给我们进天堂的一把秘钥。(徐志摩《曼殊斐儿》)

④房子是应该经常打扫的，不打扫就会积满了灰尘；脸是应该经常洗的，不洗也就会灰尘满面。我们同志的思想，我们党的工作，也会沾染灰尘的，也应该打扫和洗涤。(《论联合政府》)

⑤我所说的中国革命高潮快要到来，……它是站在海岸遥望海中已经看得见桅杆尖头了的一只航船，它是立于高山之巅远看东方已见光芒四射喷薄欲出的一轮朝日，它是躁动于母腹中的快要成熟了的一个婴儿。(毛泽东《星星之火，可以燎原》)

二、明喻都有"像"、"好像"之类的比喻词，但有"好像"、"像"等词的句子不一定都是明喻。指出下列句子哪些是比喻句，哪些不是比喻句，并扼要说明理由。

①旧历的年底毕竟最像年底，村镇上不必说，就在天空中也显出将到新年的气象来。

②如果不怕刺，还可以摘到覆盆子，像小珊瑚珠攒成的小球，又酸又甜，色味都比桑葚要好得多。

③小鸡的毛色都发灰，不像平时见到的那样。

④路上的行人，好像比平时慌张得多，匆忙得多。

⑤虹像五颜六色的彩带，好看极了。

三、暗喻中的本体和喻体的关系可用"是"联系，但用了"是"的不一定都是暗喻。指出下列句子哪个是暗喻，哪个不是，并扼要说明理由。

①天是灰的，心是沉的。我们约好清晨出发，人齐了，雨却越下越大。
②伸展开来的叶子，那是舞女的裙。
③池水清澈，那分明是一面明镜。

四、下列比喻恰当不恰当？为什么？
①他总是忘我地工作，就像下山的猛虎。
②当时，您像小狗见到主人一样高兴，但我愣住了：一个声音嘶哑、头发花白、驼背的老人出现在我的面前。这哪像我的爸爸呀！

五、就下面两句进行比较，说明比喻和比拟的区别在哪里。
①东西长安街成了喧腾的大海。（袁鹰《十月长安街》）
②鸟儿将巢安在繁花嫩叶当中，高兴起来了，呼朋引伴地卖弄着清脆的喉咙，唱出婉转的曲子。（朱自清《春》）

六、试就比拟的运用分析一下毛泽东的《卜算子·咏梅》的修辞效果。

七、借代的方式主要有哪些？

八、移就辞格有什么特点？跟比拟、通感有何区别？

九、什么是通感？它常借助于哪些修辞手法来表达？运用通感应注意些什么？

十、对比与映衬有什么不同？指出下列句子里对比、映衬的表达作用。
①我急急走前几步伏在他身上，叫着、喊着。灶膛里火光熊熊，他的身体却在我的胸前渐渐变冷了。有的人死在战场上，有的人死在酷刑下，而我们的钱班长却死在他的岗位上——锅灶前。
②俗话说：人逢喜事精神爽。偏巧，这天风和日暖，一路上山溪婉转，鸟语花香。莲子虽然没坐上花轿，心里依然是喜气洋洋。

第五节　现代汉语辞格：趣味类

一、拈连

（一）定义

拈连，是通过常规搭配和非常规搭配的相互映照以求得言语的趣味性的修辞手段。由于非常规说法是顺着常规说法拈连出来的，所以叫做"拈连"。例如：

①这就是你吗？万泉河，
　弯弯曲曲的河道流着清波；（常规搭配）

流着椰子木瓜的香气,(非常规搭配)
流着黎家姑娘的山歌。(非常规搭配)(《光明日报》)
②那肩上挑的哪里是粮食?挑的是中国的无产阶级革命!(袁鹰《井冈翠竹》)

(二) 构成

全式:常规搭配+非常规搭配。
略式:上下文+非常规搭配。

(三) 功能

运用拈连,可以使上下文联系紧密自然,表达生动有趣。其趣味性来源于常规搭配和非常规搭配的相互映照。例如:

①八年的企业亏损,使一些人认定生产电视机就该赔钱的逻辑像铁一样的冰冷。此外,还有更大的亏损——信仰的亏损,感情的亏损,命运的亏损,人生价值的亏损。(理由《纯情》)(拈连兼排比)

②人们望着火焰,仿佛觉得这红红的霍霍跳动着的火焰,不是柴草在燃烧,而是热西丁的生命之火,是老热西丁的一颗炽热的心在燃烧。(峻青《雄关赋》)

(四) 分类

拈连分全式拈连、略式拈连两类。

1. 全式拈连

①你别看我耳朵聋,我的心并不聋啊!
②茄子开花紫英英,咱们人穷志不穷。
③招娣呀,招娣,你不仅招来了一个弟弟,还招来了一个世界冠军。
④母亲把父亲从干活儿的地方背回家,也背回了抚养全家的责任。

2. 略式拈连

⑤在我们的肩上,扛着中华民族的尊严。

"尊严"是抽象的,本不能"扛着",这种直接的借用可算是拈连的省略形式。可以理解为"我们的肩上,扛着某某,扛着中华民族的尊严"。

⑥用小烟锅在羊皮烟包里挖着、挖着,仿佛要挖出悲惨生活的原因,挖出抗拒生命的法子。("挖着、挖着"后省略了"烟")
⑦我只是伫立凝望,觉得这一条紫藤罗瀑布不只在我眼前,也在我心上流过。("不只在我眼前"后省略了"流过")

（五）辨析

有些书把拈连定义为"利用上下文的联系，故意把只适用于甲事物的词语巧妙地顺势连用于乙事物的辞格"，只说到了拈连的皮毛，而未触及它的实质，而且无法将拈连同移就、通感、比拟等区分开。拈连的本质是两种搭配相映成趣，并非单纯的词语移用。属于词语的移用辞格很多，但各有不同的使用效果，需要区别对待，而不能混为一谈。如下列几例都属于词语移用，但都不属于拈连。

*这个工程引来的幸福水，今天灌溉着百万亩农田。

这是移就："幸福"本是人的感受，现让"水"有了人的感受。

*这方场中建筑的节奏，其实是再和谐不过的。

这是通感：建筑是视觉，节奏和谐是听觉。

*他留着浓黑的胡须，目光明亮，满头是倔强得一簇簇直竖起来的头发，仿佛处处在显示他对现实社会的不调和。

这是比拟（拟人）："倔强"是本人的性格特征，现在让"头发"有了性格。以上3例都没有常规搭配和非常规搭配的相互映照，所以不是拈连。

二、顶针

（一）定义

顶针，是通过上递下接、尾首蝉联的语言形式以求得言语的趣味性的修辞手段。顶针也叫顶真、蝉联、联珠、连珠。所谓尾首蝉联，就是用上一句、段的末尾的字、词、句，做下一句、段的开头。例如：

①有翼的床头仿佛靠着个谷仓，仓前边有几口缸，缸上面有几口箱，箱上面有只筐，其余的小东西便便不见了。(赵树理《三里湾》)

②嗯，这是我们江南的一个小村子，大龙溪很美，村子靠着山，山脚有个大龙潭，龙潭的水流到村前成了小溪，溪水碧清碧清的。(叶文玲《心香》)

③他赢而又赢，铜钱变成角洋，角洋变成大洋，大洋又成了叠。(鲁迅《阿Q正传》)

④我们要造成民主风气，要改变文艺界的作风，首先要改变干部作风；要改变干部作风首先要改变领导干部的作风；改变领导干部的作风首先要从我们几个人做起。(周恩来《在文艺工作座谈会和故事片创作会议上的讲话》)

(二) 构成

A+B+C, C+D+E, E+F+G, G+H+I, I+…… 如：

①有个农村叫张家庄，张家庄有个张木匠。张木匠有个好老婆，(好老婆) 外号叫"小飞蛾"。小飞蛾生了个女儿叫艾艾。(赵树理《登记》)

(三) 功能

表达者通过使用顶针，可展现自己的情趣和才华，解读者通过解读顶针，可享受其情趣和才华。

总的说来，环环紧扣，妙趣横生，引人入胜。具体地说，议事说理，准确、谨严、周密；抒情写意，格调清新；状物叙事，条理清晰。

(四) 分类

按顶针单位，可分为字顶针、词顶针、句顶针、段顶针等。

1. 字顶针，以字为顶针单位。如：

①我们镇上东关厢外有一座黄泥山，山顶上有一座七层塔，塔尖顶着天。

2. 词顶针，以词为顶针单位。如：

③蓝蓝的天空上飘着白云，白云下面有雪白的羊群，羊群好像是斑斑的白银，撒在草原上爱煞人。

④一人为大家，大家为四化。

3. 句顶针，以分句为顶针单位。如：

⑤我出了村，就过了河，过了河，就进了城。

⑥咱们做的事越多，老百姓就来得越多；老百姓来得越多，咱们的力量就越大；咱们的力量越大，往后做的事就越多。(欧阳山《高干大》)

(五) 使用

第一，运用顶针，尾首相连的词语最好不止一处，这样就具有环环相扣的气势和令人回味的风趣。例如：

①他比先前并没有什么大改变，单是老了些，但也还未留胡子，一见面是寒暄，寒暄之后说我"胖了"，说我"胖了"之后即大骂其新党。(鲁迅《祝福》)

②他小心地揭开一个木头蜂箱，箱里隔着一排板，板上满是蜜蜂，蠕蠕地爬动。(杨朔《荔枝蜜》)

③天空真蓝，蓝得可爱；阳光真暖，暖得亲切。(谭楷《国宝》)

第二，运用顶针手法，要求能够反映客观事实相辅相成或相互依存的关系，不能单纯追求上递下接的形式，把顶针当作文字游戏。上面例子里，各都有两个以上相同的字或词语紧挨着，一个是前句的尾，一个是后句的头，上传下接，首尾蝉联。

三、回环

（一）定义

回环，是通过语言序列的循环往复以求得言语的趣味性的修辞手段。

回环在古代叫回文，是文人雅士展露情趣和才华的一种形式，一般以字为循环往复的单位。例如"客上天然居，居然天上客；人过大佛寺，寺佛大过人。"把"客上天然居"倒过来读就是"居然天上客"；把"人过大佛寺"倒过来读就是"寺佛大过人"。

回环在今天被大量使用，是人民群众普遍喜爱的一种形式，一般以词语为循环往复的单位，而且不像古代回文那样严格。例如：

①焦点访谈成了访谈焦点。
②鬼中有人，人中有鬼。
③诗中有画，画中有诗。
④诗的纪实，纪实的诗。
⑤万家乐，乐万家。

（二）功能

回环的主要作用在于表现两种事物或现象相互依存相互制约的辩证关系，抒发回环跌宕的感情，加深读者或听者的认识和理解，增加语言的情趣性。

（三）使用

回环将两种顺序都列出来，能造成一种回环往复的气势，这是其他辞格所不及的。另外，在运用时也比较灵活，如果语气上需要，适当增添或改变点成分也可以，只要不破坏"尾首蝉联，回环往复"的大局就可以。例如：

①雷鸣夹着闪电，闪电带着雷鸣。（浩然《艳阳天》）
②失掉建制的敌人，官抓不住兵，兵抓不住官，乱成一窝蜂。（杜鹏程《保卫延安》）
③大家是你的恩人，你也是大家的恩人。（赵树理《李有才板话》）
④和坐在书库楼上走廊里的时候一样，我每年望着窗外的紫荆花，开了又谢，谢了又开，感到自己生命的消逝、消逝……（王西彦《炼

狱中的圣火·自序》)

⑤可此番进藏，为什么如此牵肠挂肚，挂肚牵肠？（黄宗英《留级生的心愿》）

⑥前六十九里人骑自行车，这后三里，只得自行车骑人了。（刘绍棠《小荷才露尖尖角》）

⑦欧阳兰白发苍苍，黄盖升苍苍白发。他们老了，孩子们大了。（孟伟哉《一座雕像的诞生》）

运用回环要注意事物内在的联系，避免单纯在词序上玩花样。

(四) 辨析

要注意分辨回环和顶针。

回环和顶针都是用上文末尾作下文的开头，但回环是"从甲到乙，从乙到甲"循环往复的形式，反映的是两个事物相互依存或密切相关的关系，顶针是"从甲到乙，从乙到丙，从丙到丁"依次相递的形式，反映的是两个或两个以上事物相互之间的顺接关系。回环的两项只是语序不同，词语基本相同；顶针只是前项尾部和后项首部相同，其余的词语不求相同。

四、仿拟

(一) 定义

仿拟是通过仿照原有的词句篇构拟新的词句篇，以使原有的词句篇与仿拟的词句篇相互映照、相映成趣的修辞手段。它是一种巧妙、机智而有趣的修辞格。例如：

①他（王朔）的人物说起话来真真假假，大大咧咧，扎扎刺刺，山山海海，而又时有警句妙语。微言小义，入木三厘。……他们的话乍一听"小逆不道"，岂有此理；再一听说说而已，嘴皮子上聊作发泄……（王蒙《逍遥集》）

②我觉得中国的一批作家的……幽默与机智正在成为他们守无不胜的甲克……（王蒙《逍遥集》）

(二) 构成

1. 原有的词句篇＋仿拟的词句篇（相映成趣）

①阿Q走近伊身旁，突然伸出手去摸伊新剃的头皮，……"这断子绝孙的阿Q！"远远地听见小尼姑的带哭的声音。"哈哈哈！"阿Q十分得意地笑。"哈哈哈！"酒店里的人也九分得意地笑。（《阿Q正传》）（讽刺性）

仿照"十分"临时造出"九分"。

2. 原有的词句篇（不出现）+仿拟的词句篇

②一些小头小脸……的人物会涌到前台来，风云际会一时……可笑可叹，可恼可耻，不堪入目，蔚为小观。（王蒙《逍遥集》）

这里仿照"蔚为大观"一词造出"蔚为小观"来，虽然"蔚为大观"一词在表达时没有出现，但人们还是能仿照着它来理解"蔚为小观"的含义的。

（三）功能

有助于揭示事物的矛盾对立，增强概括力，并使语言明快犀利，富于幽默感，具有讽刺色彩。仿拟本质是通过旧瓶装新酒，化熟悉为陌生，化平淡为新奇，符合人们求新求异的心理。恰当地运用仿拟，可使语言新颖别致、幽默风趣，产生强烈的讽刺性和幽默感。请看下面两则广告语。

①趁早下"斑"，请勿"痘"留。

这是某化妆品广告。仿照习惯用语，婉转鼓动人们尽快地使用某产品，早日祛除"斑"和"痘"，言语之间不乏幽默。

②一"臭"万年，香飘千里。

这是某豆腐乳广告。仿拟成语"遗臭万年"而作，但却化贬为褒，一则强调产品历史悠久，二则突出产品质优纯正，尤其是一"臭"一"香"相对应，突出豆腐乳香飘千里，极富幽默色彩。不仅用得贴切，而且很有表现力度。

③贪官代有新人出，各占版面没几天。

这是仿"江山代有才人出，各领风骚数百年"而作的，让贪官辈出和人才辈出形成鲜明对比，辛辣地嘲讽了某些干部前"腐"后"继"的不良现象，同时"各领风骚数百年"和"各占版面没几天"的对比，又含蓄地揭示出这些腐败分子很快就会被历史抛弃的下场，含义十分深刻。

（四）分类

1. 仿词

①有些天天喊大众化的人，连三句老百姓的话都讲不来，可见他就没有下过决心跟老百姓学，其实他的意思仍是小众化。（毛泽东《反对党八股》）

根据"大众化"一词，仿造出相对的"小众化"一词。

②满心"婆理"而满口"公理"的绅士们的名言暂且置之不论不议之列，即使所谓真心人所大叫的公理，在现今的中国，也还不能救助

好人，甚至于反而保护坏人。(鲁迅《论"费厄泼赖"应该缓行》)

先仿造"婆理"一词，与后面"公理"一词相对。

③"您真是个天才！"戈勒校长笑道，"您的胆量令人钦佩，女士。"

"我是'地才'，博士！"女科学家冷冷一笑，"正如生命起源于大地一样，我的认识也是脚踏实地摸索出来的。"(张扬《第二次握手》)

根据"天才"一词，仿造出相对的"地才"一词。

再如仿"交际花"造"交际草"(类义)，仿"文化团体"造"武化团体"，仿"精兵简政"造"精官简政"、仿"盛气凌人"造"生气凌鬼"等。

2. 仿句

仿句即语句的仿拟。如：

①风萧萧兮股市寒，钞票一去兮不复还！

这是仿拟"风萧萧兮易水寒，壮士一去兮不复还！"而作。揭示了在现实生活中有许多人因买彩票、炒股而失去很多钱，甚至倾家荡产，但仍痴迷不改的社会现实，在幽默的调侃中强调了当事人的辛酸痛楚。

②今年过节不送礼，送礼只送五千万：千万要平安，千万要健康，千万要幸福，千万要知足，千万不要忘记我！

这是仿照广告语"今年过节不收礼，收礼只收脑白金"而造，读到五千万时，让人猛地吓一跳，还以为是五千万元钱呢。再向下读，一股温馨溢满全身心，原来是含有五个"千万"的祝福。在诸多的祝福语中，它显得极新颖奇特，让人过目难忘。

3. 仿篇

即段篇的仿拟，是模拟经典段落或流行文体而创作，本质上是"旧瓶装新酒"。例如：

①满纸废号码，一把辛酸泪。都云彩民痴，谁解其中味？

这是仿拟《红楼梦》词句"满纸荒唐言，一把辛酸泪。都云作者痴，谁解其中味？"而作。将"荒唐言"换成"废号码"，"作者"换成"彩民"，换得极其恰当、贴切，很形象。

②天苍苍，野茫茫，今年的希望太渺茫。水弯弯，路长长，没钱的日子太漫长。楼高高，人忙忙，恨不得抢银行。

这是仿照古诗句"天苍苍，野茫茫，风吹草低见牛羊"而造，在幽默的调侃中宣泄出内心的苦闷，这对于紧张忙碌的生活、学习、工作而言，是一种调节。

③今天白天有点想你，下午转大至暴想。心情将由此降低五度，受此低情绪影响，预计此类天气将持续到见着你为止。

这是仿拟天气预报的格式，将"大至暴雨"换为"大至暴想"，"气温"换为"心情"，"寒流"换为"低情绪"，换得极其贴切、恰当，强调想念的程度极深，迫切希望见到所想念的人。

(五) 使用

第一，运用仿拟这种辞格，应注意仿造作品表意的明确性，否则人们会不知所云。

第二，既然是仿，换用的部分就不宜过多，结构格式也应与被仿者保持一致。

第三，如果现成的词、句不出现时，仿造的词、句应加引号，以引起读者注意。

五、拟误

(一) 定义

拟误，是有意识地模拟交际语误以追求言语交际的趣味性的一种修辞手段。拟误，也叫飞白。

在言语交际（包括文学艺术交际）中，飞白就是故意使用有毛病的字、词、句、篇，以求得幽默风趣的效果。这里的"毛病"，包括文字、语音、语义、语法、修辞、逻辑等方面。可以是记录或援用他人的语言错误，也可以是作者或说者有意识地写错或说错一些话。例如：

①崔：今天的话题是昨天、今天、明天。

男：昨天在家准备了一宿，今天上这里来了，明天回去。

崔：不是。我不是让你说昨天、今天、明天，往前说。

女：前天，我们俩刚领到乡里通知。（赵本山等《昨天、今天、明天》）

这是小品创作者故意让剧中人物发生交际误会，以博得观众一笑的"拟误"。误会的原因是主持人使用的是"昨天、今天、明天"的引申义，而被采访者使用的是其本义。

②二人正说着，只见湘云走来，笑道："爱哥哥，林姐姐，你们天天一处玩，我好容易来了，也不理我理儿。"黛玉笑道："偏是咬舌子爱说话，连个'二'哥哥也叫不上来，只是'爱'哥哥'爱'哥哥

的。回来赶围棋儿，又该你闹'么爱三'了。"（曹雪芹《红楼梦》第二十回）

这里是作者故意让林妹妹"拟误"湘云的语音失误。史湘云是真咬舌子还是故意，值得推敲。因为在第五十七回，史姑娘要因"当票"等事想去找迎春为邢岫烟打抱不平，被宝钗劝住了。她那时说的是："等我问着二姐姐去……"，这里怎么不咬舌子了？难道林姑娘当日一句说笑话竟把她的"语病"给改过来了不成？或者是作者的疏忽大意？

（二）构成

拟误的构成：语误 + 非语误的上下文。

（三）功能

拟误能使语言滑稽、幽默，增强文章的真实性、趣味性和感染力。

效果的强弱取决于语误与非语误对比的鲜明程度。对比越鲜明，效果越强，反之则越弱。

小品中赵本山与宋丹丹的语误错得很离谱，所以效果强烈。《红楼梦》中史湘云的语误经过林妹妹的一番奚落，也鲜明突出起来，所以效果也十分强烈。

（四）分类

就拟误的语言单位而言，可分为文字拟误、词语拟误、句子拟误和篇章拟误。就言语错误而言，可分为字面错误拟误、语音错误拟误、语义错误拟误、语法错误拟误和逻辑错误拟误等。

1. 文字拟误

文字拟误，是指对文字错误的拟误。例如：

①明朝文人沈石田有一次收到友人送来的一盒礼物，并附有一信。信中说："敬奉琵琶，望祈笑纳。"他打开盒子一看，却是一盒新鲜枇杷。沈石田不禁失笑，回信给友人说："承惠琵琶，开奁视之；听之无声，食之有味。"友人见信，十分羞愧，便作了一首打油诗自讽："枇杷不是此琵琶，只怨当年识字差。若是琵琶能结果，满城箫管尽开花。"枇杷、琵琶同音不同义，沈石田的友人张冠李戴，闹了笑话。

这是对书写错别字的拟误。

②"文革"中的一例笑话：不学无术的"四人帮"的爪牙陈阿大作报告，将秘书起草的发言稿中"我们要大干、苦干加巧干"的"巧干"念成了"23干"。台下哄堂大笑，陈竟发挥说：

"23 干是新生事物，什么叫 23 干，就是 12 分的力量还不够，还要加一倍，即24，留有余地23……"

会后，陈对秘书说："你的稿子写得很不错，就是忘了解释什么是23干。幸亏我补上了。"

将"巧干"认成"23干"，在大庭广众之下加以谬解，其荒唐可笑可想而知。

这是对念错别字的拟误。

2. 词语拟误

这是指对词语错误的拟误。例如：

③说有一次某中央领导到某地视察，觉得这里发展很快很好，就让主政官员谈谈经验体会。那官员说：我们这几年的发展，总起说来，是"三靠"：一靠"警察"，二靠"妓女"，三靠"不能讲"。领导们愕然。

你知道那官员实际想说的是哪"三靠"么？猜猜看。

原话是"一靠政策，二靠机遇，三靠北仑港"。那位官员说宁波话，在宁波话中"政策"跟"警察"音近，"机遇"跟"妓女"音近，"北仑港"跟"不能讲"音近。

3. 句子拟误

是指对句法错误的拟误。

④老包把眼镜放到那张条桌的抽屉里，嘴里小心地试探着说："你已经留过两次留级，怎么又……"（张天翼《包氏父子》）

将"留过两次级"说成"留过两次留级"，动宾搭配不当，也令人发笑。

⑤三姐：秀才只会吃白米，手脚几曾沾过泥，一块大田交给你，怎样耕来怎样犁？

罗秀才：听我言，我家田地宽无边，耙田犁地我试过，牛走后来我走先。（《刘三姐》）

罗秀才把"我走后来牛走先"说成"牛走后来我走先"，不懂犁地常识，令人发笑。

4. 篇章拟误

是指对篇章错误的拟误。例如：据传，20世纪30年代的山东省主席韩复榘在齐鲁大学的一次校庆大会上作过一篇"训辞"，通篇无多少正确的话，下面是其中的一段：

⑥今天是什么天气？今天是演讲的天气。开会的人来齐了没有？看

样子有五分之八啦，没来的举手吧！很好，很好，都到齐了。你们来得很茂盛。敝人也实在是感冒。……今天兄弟召集大家，来训一训，兄弟有说得不对的地方，大家应该互相谅解，因为兄弟和大家比不了。你们是文化人，都是大学生、中学生和留洋生。你们这些乌合之众是科学科的、化学化的，都懂七八国英文。兄弟我是大老粗，连中国的英文都不懂。……你们是从笔筒里爬出来的。兄弟我是从炮筒里钻出的，今天到这里讲话，真是使我蓬荜生辉，感恩戴德。其实我没有资格给你们讲话，讲起来嘛就像……就像……对了，对牛弹琴。

通篇错误不断，几乎没有不存在问题的句子。如"今天是什么天气？今天是演讲的天气。开会的来齐了没有？看样子大概有五分之八啦。没来的举手吧！"等，属于逻辑上推理错误；"诸位、各位、在座的"、"大学生、中学生、留洋生"等，属于逻辑上的分类混乱；"科学科、化学化、中国的英文"等，属于生造词语；"茂盛、感冒、乌合之众、蓬荜生辉、感恩戴德、对牛弹琴"等，属于词语误用。

思考与练习五

一、什么是拈连？拈连与移就有什么区别？试举例说明。

二、举例说明拈连和比拟的区别。

三、什么是仿词？什么是仿句？什么是仿篇？请分别举出三个例子来。

四、举例说明顶针和回环的区别。

五、指出下列各例用了什么辞格，有什么修辞效果？

①织鱼网啊，织鱼网，织出一片好风光。

②门外有个十里街，街内有个仁清巷，巷内有个古庙。

③生产产诗歌，诗歌歌生产，热带作物区里作诗，诗情最热。

④大伙你望着我，我望着你，谁也拿不出一个主意来。

⑤我家住在石头山，山腰有个天门关，关口就是我儿时的乐园。

⑥为了旱涝保收，我们整个冬季都在搞水利建设，大家担呀，担呀，担出了一口山湾大塘，也担来了全村的幸福。

⑦说是寂寞的秋的清愁，说是辽远的海的相思。

假如有人问我的烦忧，我不敢说出你的名字。

我不敢说出你的名字，假如有人问我的烦忧。

说是辽远的海的相思，说是寂寞的秋的清愁。——戴望舒《烦忧》

⑧一位男性公民向男士们呼吁：做家庭的贤夫良父。

⑨有一出戏，叫《林冲夜奔》，唱词里说："男儿有泪不轻弹，只因未到伤心处。"我们现在有些同志，他们也是男儿（也许还有女儿），他们是"男儿有泪不轻弹，只因未到评级时"。

第六节　现代汉语辞格：气势类

一、夸张

（一）定义

为了加强气势，故意言过其实的修辞手段，叫做夸张。

任何事物都有质和量两个方面，质是事物的不变的根本的方面，量是事物的变化的形态的方面。对事物的夸张，只能是对其量的方面的形态的夸张，这是区别夸张正误的根本标准。所谓事物的量的形态，主要包括数量、规模、范围、速度、频率、能量、程度等。例如：

①敌人处处挨打，寸步难行。（极言敌人行进之难度高）

（二）构成

事物＋对量的言过其实的描述。

若设事物量的常规值为1，那么夸张的量值区间分别为：

放量夸张＞1＜缩量夸张

（三）功能

用言过其实的方法，突出事物的本质，或加强作者的某种感情，烘托气氛，引起读者的联想。

（四）分类

可分为放量夸张和缩量夸张两类。

1. 放量夸张

放量夸张就是把事物的形态、数量等往量大的方面夸张，即极言其量大的夸张。例如：

①穿的虽然是长衫，可是又脏又破，似乎十多年没有补，也没有洗。（鲁迅《孔乙己》）（极言长衫又脏又破）

②若是采取这种战法，那么敌人可就气死了，朋友可就乐死了。（极言生气和快乐）

③他们看见那些受人尊敬的小财东，往往垂着一尺长的涎水。（毛

泽东《中国社会各阶级的分析》）（极言小财东垂涎之状）

有的夸张把事件发生的时间说得非常快，甚至超前发生（时间量为负值）。例如：

④他酒还没沾唇，心早就热了。（极言酒之劲大和其心理反应之快）

⑤"你放心，回头见！"刘铁柱话音还在，人早已不见了。（极言刘铁柱离开之快）

⑥流苏交叉着胳膊，抱住她自己的颈项。七八年一眨眼就过去了。你年轻么？不要紧，过两年就老了，这里，青春是不稀罕的。（张爱玲《倾城之恋》）（青春浪费得过于超前）

2. 缩量夸张

缩量夸张就是把事物的形态往量小的方面夸张，即极言其量小的夸张。例如：

⑦红眼睛原知道他家只有一个老娘，可是没料到他竟会那么穷，榨不出一点油水，已经气破肚皮了。他还要老虎头上搔痒，便给他两个嘴巴。（极言"油水"之少、"气"得厉害）

⑧"哼！当了个针鼻儿大的官儿，就打起了官腔！那原则性能当酒喝？"（范瑞先《爸爸和酒》）（比喻兼夸张，极言官职之小）

⑨她的身体太弱，来阵轻风便可把她吹倒。（极言身体之弱）

（五）使用

夸张是一种过甚其辞的表达法，它的作用是为了更突出地说明事物的特点，更深刻地揭露事物的本质，更鲜明地显示自己的思想，更有力地肯定自己喜爱的事物或否定自己不喜爱的事情，更好地渲染环境气氛，给人留下深刻的印象。

运用夸张，是感情激动的需要。只有在非言过其实就不能得到心理上的平衡，或者非如此就觉得言不及义的情况下，才能使用。例如：

①我笑得那石头裂开了嘴，我笑得那大树折断了腰，我笑得那刘三爷门前的旗杆喀嚓一声栽倒了！（贺敬之《笑》）

②冯兰池说着火起来，五官都挪了位置。（梁斌《红旗谱》）

③只有长颈鹿，今天浸湿的脚，非到明天才能感觉到。

例①通过比拟性的夸张，让笑的作用足以使石头裂嘴，大树折腰，旗杆栽倒，正是表达者那强烈的思想感情的体现。例②用"五官都挪了位置"来夸张冯兰池的发火，不仅是一种准确形象的表达，同时也是表达者对反面形象冯兰池的一种鞭挞。例③则是用来揶揄反应映迟钝者的一句夸张。

二、对偶

(一) 定义

结构相同或基本相同，字数相等，意义密切相关联的一组词组或句子，两两对称地组织在一起，这种辞格叫对偶。比如：

①横眉冷对千夫指，俯首甘为孺子牛。

②春光中，播种绿色的期望；秋野里，收获金色的理想。

(二) 构成

构成对偶的两个部分（词组或句子）形式上对称，意义上相关。

(三) 分类

从形式上看，对偶有严对和宽对之别。严对，除了两句字数相等，还要求词类相同，句式的语法结构相同，相对应的字平仄相反或符合格律，相对应的字不用同一个字，如上面的例①。宽对，只要求上下语句字数相等，结构相似，字面可以重复，平仄可以不对，如上面的例②。

从内容上分，对偶可分为正对、反对、串对三种。

1. 正对

正对是上下联意义相同、相近的对偶。两联在内容上往往互相补充。例如：

①墙上芦苇，头重脚轻根底浅；

山间竹笋，嘴尖皮厚腹中空。

②春分刚刚过去，清明即将到来。"日出江花红胜火，春来江水绿如蓝。"（郭沫若《科学的春天》）

③又说："看菜吃饭，量体裁衣"。（毛泽东《反对党八股》）

2. 反对

反对是上下联意义相反、相对的对偶。两联在内容上相反相成，对立统一。例如：

③红军中官兵夫衣着薪饷一样；

白军里将校尉饮食起居不同。

④洞中才数月，世上已千年。

3. 串对

串对，又叫流水对，是上下联意义相承、相接的对偶。两联之间常为承接、因果、假设、条件、转折等关系。例如：

⑤一籽入地，万粒归仓。
⑥一着不慎，满盘皆输。
⑦方悬四月，迭坠双星，东亚西欧同殒泪；
欣诵二心，恨无一面，南北天地遍招魂。（郭沫若《挽鲁迅》）

上联是说，高尔基1936年6月，鲁迅同年10月，仅仅相隔4个月，无产阶级文坛上就陨落了两颗巨星，怎能不使世人痛惜落泪呢？下联是说，自己读过《二心集》，但遗憾的是未能见先生一面，只好同世人一起来悼念先生的英灵。

(四) 运用

运用对偶，应切忌无视内容，为对而对的形式主义倾向。有个笑话说，有个人做了一首诗，给他的上司看，其中两句是："家兄江南殁，舍弟塞北亡。"上司惊问："果真如此？那太不幸了，要节哀顺变，节哀顺变。"不料诗人却道："实无此事，但求属对亲切耳。"这个笑话所讽刺的，就是那些只顾形式不顾内容的人。

(五) 辨析

对偶和对比不同。（1）从结构上说，对偶的两句字数必须相同，结构必须相同，而对比强调的是意义上的对立，两句字数不必相同，结构不必相同。（2）从作用上说，对偶是借用对称的语言形式，和谐优美的语音节奏，以加强艺术感染力，而对比主要是为了加强语言的鲜明性。

对偶中的反对，从意义上说又都兼属于对比；而通常的对比，除了"反对"以外，从结构上说却不一定都是对偶。

三、排比

(一) 定义

排比是把三个或三个以上的结构相同或相似、意义相关、语气一致的词组或句子排列起来，以增强表达的气势性的一种辞格。例如：

①麦收多么想再看她一眼啊，那个给他洗布衫的妞儿，那个帮他割麦子的少女，那个用拳头哀怨地捶打着他的好闺女啊！（张一弓《流泪的红蜡烛》）

(二) 构成

排比由三项或三项以上的词组或句子排列构成，各项之间形式类似，意义相关。例如：

①过年的时候，我们各地的花样一向可多啦：贴春联、挂年画、舞

狮子、玩龙灯、跑旱船、放花炮……人人穿上整洁的衣服，头面一新，男人都理了发，妇女都修整了辫髻，大姑娘还扎上了花饰。(秦牧《花城》)

②狂风吹不倒它，洪水淹不没它，严寒冻不死它，干旱旱不坏它。(陶铸《松树的风格》)

③我没有仗可打，我没有知青可当，我没有大学可读，我没有工作可做，我陷落在我的苍白的历史阶段之中。(池莉《让梦穿越你的心》)

以上各例的共同点是：各排列项至少有三项结构相似、意义相关、语气一致。

(三) 分类

排比可分为局部排比、整体排比两类。

1. 局部排比

排比的各项是句子成分的叫做局部排比，例如：

①南国之秋，当然是也有它的特异的地方的，比如，廿四桥的明月，钱塘江的秋潮，普陀山的凉雾，荔枝湾的残荷等等。可是秋色不浓，回味不永。比起北国的秋来，正像黄酒之与白干，稀饭之与馍馍，鲈鱼之与大蟹，黄犬之与骆驼。(郁达夫《故都之秋》)

②不注意研究现状，不注意研究历史，不注意马克思列宁主义的应用，这些都是极坏的作风。(局部排比)

2. 整体排比

排比的各项是句子(含分句)或段落的，叫做整体排比。例如：

③从秋叶的飘零中，我们读出了季节的变换；从归雁的行列中，我读出了集体的力量；从冰雪的消融中，我们读出了春天的脚步；从穿石的滴水中，我们读出了坚持的可贵；从蜂蜜的浓香中，我们读出了勤劳的甜美。(整体排比)

④如果你是一棵大树，就撒下一片阴凉；如果你是一泓清泉，就滋润一方土地；如果你是一棵小草，就增添一分绿意；如果你是一朵鲜花，就点缀一角夜空；如果你是一片白云，就装扮一方晴空；如果你是一只蜜蜂，就酿造一份甜蜜；如果你是一缕阳光；就照亮所有黑暗；如果你是一丝清风，就吹走世间的尘埃；如果你是一阵春风，就吹绿田野的庄稼。(整体排比)

(四) 使用

运用排比造成韵律的奔流之势，目的是为了透彻淋漓地表达思想感情。

如果不是感情需要，而是为排比而排比，则是不可取的。运用恰当的排比，其思想内容与表达形式是完美统一的。例如：

①这种作风，拿了律己，则害了自己；拿了教人，则害了别人；拿了指导革命，则害了革命。总之，这种反科学的反马克思列宁主义的主观主义方法，是共产党的大敌，是工人阶级的大敌，是人民的大敌，是民族的大敌，是党性不纯的一种表现。（毛泽东《改造我们的学习》）

例①作者通过使用句式整齐的排比句大声疾呼，抒发了作者拥护什么，反对什么，爱憎分明，毫不含糊的强烈情感，同时也体现了作者那大气磅礴的话语风格。

四、层递

（一）定义

把意义上有递升或递降的三个或三个以上的词组或句子按逻辑顺序排列在一起，以增强表达的气势性的辞格，叫层递。 所谓层递，其实就是层递性的排比。如果排比的各项之间，在语意上有层层递升或层层递降的顺序关系，就是层递。例如：

①事情就是这样，他来进攻，我们把他消灭了，他就舒服了。消灭一点，舒服一点；消灭的多，舒服的多；彻底消灭，彻底舒服。（毛泽东《关于重庆谈判》）

②如果还要贴在墙上，或付油印，或登上报纸，或印成一本书，那问题可就大了，它就可以影响许多的人。（毛泽东《反对党八股》）

（二）功能

层递的表达效果是：由于递升或递降，条理更清楚；由于意思逐步推进，用来说理，可使道理层层深化，用来抒情，可使感情渐次增强；由于根据需要巧妙地作递升、递降安排，使语句有了逼人的气势，从而给人以强烈的印象。

①读书为考试，为升学，为留美。

②近十年的发明创造，比以往两千年的总和还要多。一项新技术的研究周期现在大大缩短，例如纸，从发明到广泛使用，历时一千年，蒸汽机花了八十年，电话五十年，飞机二十年，而激光只花了两个月！（邱昶《面对知识老化的挑战》）

（三）分类

层递有递升的和递降的两种。

1. 递升层递

由小到大、由少到多、由低到高、由近到远、由浅到深之类的层递是递升式层递。例如：

①小时候
乡愁是一枚小小的邮票
我在这头
母亲在那头
长大后
乡愁是一张窄窄的船票
我在这头
新娘在那头

后来啊
乡愁是一方矮矮的坟墓
我在外头
母亲在里头
而现在
乡愁是一湾浅浅的海峡
我在这头
大陆在那头（余光中《乡愁》）

这是余光中的一首充满了无尽哀愁的诗，句子和段落都是递升式，从小时候"乡愁是一枚小小的邮票"，长大后"乡愁是一张窄窄的船票"，后来"乡愁是一方矮矮的坟墓"到现在"乡愁是一湾浅浅的海峡"，乡愁的分量逐步加深加重。

②一年，两年，三年，你望眼将穿；一年，两年，三年，我的归心似箭。（蒋光慈《写给母亲》）

这里，"一年，两年，三年"，都是在时间上层层深入，逐次递升。

2. 递降层递

由大到小，由多到少，由高到低，由远到近，由难到易之类的层递是递降式层递。例如：

③从那以后，李发和只有自甘堕落，连报仇的火辣劲儿也没了，要不是碰上八路军、共产党，这一辈子也就算完蛋了。可是当战士两年多，没有什么贡献，想起来真对不起革命，对不起上级，也对不起自

己。(刘白羽《无敌三勇士》)

在这里,"真对不起革命,对不起上级,也对不起自己",是从由大到小的次序说开来的,属于递降式层递。

(四) 辨析

排比：三个或三个以上结构相同或相似,语气一致的句法结构(句子/分句/词组)巧妙地组成一串,表达相关的内容。

层递：也是三项或三项以上排列,但关键是各项在内容上递升,或递降。

相同之处是排比和递进在形式上都是三项或三项以上。区别在于,排比的各项之间是平列的,是一个平面上的,各项的结构必须相同或相似,往往用提示语串连起来。层递的各项之间不是平列的,而是具有等级的,是按顺序层层递进或递降,在结构上并不要求相同,也无须用提示。

五、反复

(一) 定义

为了突出某个意思,强调某种感情,有意重复某些词语或句子的,叫做反复辞格。例如：

①逃,逃,逃,老李心里跳着一个字。连鸟儿也放开,叫它们飞,飞,飞,一直飞到绿海,飞到有各色鹦鹉的林中,饮着有各色游鱼的溪水。(老舍《离婚》)

②爱你爱你真爱你,请个画匠来画你。
把你画在眼睛上,整天整眼都看你!
恨你恨你真恨你,请个画匠来画你。
把你画在砧板上,刀刀剁你剁死你!(湖南民歌)

(二) 构成

反复是词语、句子或段落的重复出现,至少要重复出现两遍,但一般以重复出现三四遍为多见,太多了也不一定就好。例如：

①他连声说："了不起! 了不起! 言之有理! 有理!"(曹靖华《忆当年,穿着细事且莫等闲看》)

②看一看自己的身体,平平常常,同过去一样。看一看周围的环境,平平常常,同过去一样。金色的朝阳从窗子里流了进来,平平常常,同过去一样。(季羡林《八十述怀》)

③你说,中国是我们的母亲。不错。这虽是别人画的五线谱,但我

喜欢你拉的提琴。中国是我们的母亲,母亲母亲母亲母亲,调子传到外面有变奏。(王鼎钧《你不能只用一个比喻》)

(三) 功能

反复具有突出思想,强调感情,分清层次,加强节奏感等多方面的修辞作用。例如:

①南方的甘蔗林哪,南方的甘蔗林!

你为什么这样香甜,又为什么那样严峻?

北方的青纱帐啊,北方的青纱帐!

你为什么那样遥远,又为什么这样亲近?(郭小川《甘蔗林——青纱帐》)

②我扔掉香,伸出双臂,高声喊道:父亲你回来吧,回来吧!(何继青《哭歌》)

③沉默呵,沉默!不在沉默中爆发,就在沉默中灭亡。(鲁迅《纪念刘和珍君》)

运用反复,要注意充分发挥反复的作用,核心问题是用来反复的词语或句子要选准,应是关键性的,否则,将成为表达的累赘。试比较下例:

＊部队进入广西以后,山区人家少,粮食供应有了困难,山区人家少,运输的人力也不足,炊事班的同志为解决吃饭问题绞尽了脑汁。

上例将"山区人家少"进行反复,起不到反复的作用。从句意看,重点是表现炊事班遇到的困难以及克服困难的精神,让"山区人家少"反复,重点没有能够突出,倒是转移了读者的注意力。

(四) 分类

反复分连续反复和间隔反复两种。

1. 连续反复

连续重复相同的词语或句子,中间没有其他词语或句子间隔的,是连续反复。例如:

①可是,周围一静下来,他又振笔疾书了,只听得东窗下钢笔尖在稿纸上沙沙地响,沙沙地响。(吴岩《觉园》)

②唉,竟到了这种地步,眼睁睁看着儿子饿肚。作孽呀!作孽呀!(周大新《向上的台阶》)

③副司令说,怎么能这么说,怎么能这么说呀。(张卫明《英雄圈》)

④回家了,回家了!羽娴心中,涨满了踏实的归属感。(程乃珊

《归》)

2. 间隔反复

⑤叮铃铃，叮铃铃，

今天，铃声唤醒深山密林；

叮铃铃，叮铃铃，

明天，将引来汽笛声声，车轮滚滚！（李瑛《林海铃声》）

⑥这就是说，我们的学风还有些不正的地方，我们的党风还有些不正的地方，我们的文风还有些不正的地方。（毛泽东《整顿党的作风》）

（五）辨析

反复与排比有些瓜葛，要注意区别。

第一，反复，相同的词语出现两次就行。如："盼望着，盼望着。"排比，结构相似的短语或句子必须三项或三项以上。如："假山怪石，花坛盆景，藤萝翠竹。"

第二，反复是为了强调和突出；排比则是为了加强气势，表达强烈的感情。

六、双关

（一）定义

在一定的语言环境中，利用字词的同音、近音或词句的多义等条件，故意使语言表达具有双重意义，以便表达言在此而意在彼的修辞格，叫做双关。例如：

①如今，我也有了儿女，他们也有剩饭的毛病，害得我多次为一双小儿女打扫碗底，并因此被他们郑重授予"大尉"军衔。（《文汇月刊》）（大尉——打卫：打扫卫生）

②不打不相识。（打字机广告。打：①打字；②打架）

例①中，因"打卫（打扫卫生）"跟"大尉"读音相近，把"打扫卫生"说成"授予'大尉'军衔"，诙谐幽默。例②中，"打"是多义词，用俗语"不打不相识"做广告，受众很容易接受。

（二）构成

表层语言形式——表层语义信息 ⎫
（语音关联）　　　　　　　　　 ⎬ 谐音双关
深层语言形式——深层语义信息 ⎭

同一语言形式——$\begin{cases}表层语义信息\\深层语义信息\end{cases}$语义双关

(三) 功能

双关的表达效果是：生动形象，幽默风趣，含蓄有力，给人以无穷的余味。例如：

①聪明何必绝顶，慧根长留。（生发精广告）

该广告语包含了两个双关"聪明绝顶"和"慧根长留"。"聪明绝顶"一方面说的是人很聪明，另一方面说的是头上秃顶，头顶上没头发。"慧根"既指人聪慧的潜质，也指头发。广告就是要告诉消费者：聪明不一定要表现在"绝顶"（没有头发）上，若想让你的慧根（头发）长留，请用我们的生发精。

(四) 分类

根据构成双关所凭借的词语音义条件，双关可分为谐音双关和语义双关两种。

1. 谐音双关

凭借词语音同或音近的条件构成的双关叫谐音双关。例如：

①这也税，那也税，东也税，西也税，样样东西都要税，民国万岁（税）万万岁（税）。

"税"与"岁"谐音，关顾到"万岁"与"万税"两种意思。

②你的健康是"天大"的事——天大药业。

"天大"是形容词，也是一药厂的字号。这里"'天大'的事"既表示非常重要的事，也表示是"天大药厂"的事。

2. 语义双关

利用词语或句子的多义关系在特定的语言环境中构成的双关，叫语义双关，例如：

③借问瘟君欲何往，纸船明烛照天烧。（毛泽东《七律·送瘟神》）

"瘟君"既指血吸虫，又指社会上的害人虫。

④"雅"要地位，也要钱，古今并不两样的。但古代的买雅，自然比现在便宜；办法也并不两样，书要摆在书架上，或者抛几本在地板上，酒杯要摆在桌子上，但算盘却要收在抽屉里，或者最好是在肚子里。（鲁迅《病后杂谈》）

"收在抽屉里"的"算盘"是计算工具，"肚子里"的"算盘"是个人的想法和打算。

⑤她们的死，不过像在无边的人海里添几粒盐，虽然使扯谈的嘴巴们觉得有些味道，但是不久还是淡、淡、淡。

这里的"淡"既指盐的淡，又指人情的冷淡、淡漠。

双关以其独特的表达效果为现代广告制作者十分推崇，优秀的双关广告语层出不穷。例如：

⑥人类失去联想，世界将会怎样？（"联想"产品广告）

⑦好色之"涂"。（某涂料广告）

⑧"咳"不容缓。（某治咳药广告）

（五）使用

双关所关顾的两种意义，一种是字面上的，一种是字里蕴含着的，这两种意义都说得通，如果只能作一种解释，则不是双关。不过双关所关顾的两种意思，一个是表面的，次要的（字面上的），一个是实质性的，主要的（字里蕴含）。表达者言在此而意在彼，说出表面的次要意思，让人去领会其中蕴含的真正意思。例如：

1945年，国共和谈时，毛泽东会见国民党政府参加和平谈判的代表。有一位代表问毛泽东："你会打麻将吗？"毛泽东说："晓得些，晓得些。""你喜欢打'清一色'呢，还是喜欢打'平和'？"毛泽东心领神会，立即说："平和，平和，只要和了就行。"这里的"平和"表面上是谈论麻将，实则运用语义双关暗示了"和平"的愿望。

七、反语

（一）定义

反语就是说反话，即故意用相反的意思代替想要表达的意思。譬如用贬斥代替褒扬，用赞美代替诅咒等等。

在表现形式上，反语是将表示相反意义的语句放在一个表示真实意思的语境里，让人通过感受真意的语境与反意的语句间的鲜明对立，领会出表达者所要表达的真实意思。

（二）构成

真意的语境＋反意的话语。

褒扬语境中使用贬斥语句或贬斥语境中使用褒扬语句。

（三）分类

反语可分为"褒词贬用"和"贬词褒用"两类。

1. 褒词贬用的反语

在贬斥语境中使用褒扬语句的反语，例如：

①参加八国联军打败中国，迫出庚子赔款，又用之于"教育中国学生"，从事精神侵略，也算一项"友谊"的表示。（毛泽东《"友谊"，还是侵略？》）

②安装电话，除了斗智斗勇以外，完全是遵守规则的一种耐力和韧性的考验。（张宇《垃圾问题》）

以上几例是"褒词贬用"的反语。例①中的"教育"、"友谊"表示"教训"、"侵略"的意思。例②中的"斗智斗勇"表示"机关算尽"的意思。

2. 贬词褒用的反语

在褒扬语境中使用贬斥语句的反语，例如：

③几个女人有点失望，也有些伤心，各人在心里骂着自己的狠心贼。（孙犁《荷花淀》）

④小陶气愤地说："这些死人！只管看着干什么，还不把你们的雨衣扔过来。"（徐怀中《西线轶事》）

例③中的"狠心贼"用来表示"心上人"的意思。例④中的"死人"是气话，实际上表达的是一种见到战友时的亲切感。

反语根据适用对象的不同可分为讽刺性反语和幽默性反语两种。讽刺性反语适用于对敌斗争，作用在于深刻地揭露，辛辣地讽刺；幽默性反语适用于人民内部，作用在于制造轻松的气氛和诙谐的情趣，使语言风趣活泼。

（四）使用

由于反语是通过褒贬相对的词句的相互替换形成的，因此，被替换的词句同它的上下文以及语境，在感情色彩上必然相反相成，相映成趣，因而其趣味性功能也是相当明显的。具体表现是：当环境为褒，词句为贬时，褒义占上风，这时大多具有幽默性；当环境为贬，词句为褒时，贬义占上风，这时大多具有讽刺性。由于反语有讽刺性与幽默性之分，因此运用反语时一定要注意立场问题。一般说来，对正面的人或事物不能使用褒词贬用的反语。贬词褒用的反语，也只有对特别亲密的交际对象才可以用，否则，就难免引起交际上的不快。

（五）辨析

反语与双关：反语同双关都有表里两层意思，但它们却有区别。双关同时关顾字面字里两层意思，相关而不相反；反语涉及的两种意思，褒贬相对，语义相反。

八、婉曲

(一) 定义

婉曲，是在不能直说、不愿直说或不便直说的情况下，用委婉的说法来代替直接的说法表达本意的修辞方式。婉曲辞格的主要特点是将要表达的本意处理为"言外之意"，让受话人"思而得之"。例如：

①一位美国记者在采访周总理的过程中，无意中看到总理桌子上有一支美国产的派克钢笔。那记者便语带讥讽地问道："请问总理阁下，你们堂堂的中国人，为什么还要用我们美国产的钢笔呢？"周总理听后，风趣地说："谈起这支钢笔，说来话长，这是一位朝鲜朋友的抗美战利品，作为礼物赠送给我的。我无功受禄，就拒收。朝鲜朋友说，留下做个纪念吧。我觉得有意义，就收下了这支贵国的钢笔。"美国记者顿时哑口无言。

②肖伯纳年轻的时候，便声名大噪了。有一位女演员对他说："假如我们两人结婚，生了一个孩子，头脑像你，面孔像我，该有多好哟！"肖伯纳笑了笑说："假如往往是不可靠的。要是生的孩子，头脑像你，面孔像我，岂不是糟透了？"

(二) 功能

婉曲的主要作用是能避免刺激对方，使对方思想上接受得了，感情上承受得了，从而获得好的表达效果。运用婉曲辞格，可以避免许多尴尬的局面，减少不必要的冲突与摩擦。提意见、提要求时，把话说得婉转一些，能使对方乐于接受。委婉地表达需要避讳的东西，可显得文雅礼貌，有修养。例如：

①一个姑娘对泰戈尔说："您是我敬慕的作家，为了表示对您的敬仰，我打算用您的名字来命名我心爱的哈巴狗。"泰戈尔委婉地回答说："我同意您的打算，不过在命名之前，你最好和哈巴狗商量一下，看它是否同意。"

"和哈巴狗商量一下"能有结果吗？当然不会有。那就只有拒绝一种答案了。

(三) 分类

婉曲主要有婉言和曲语两种。

1. 婉言

婉言又称为婉转，是指有时因不便直说或不想直说而婉转表述的修辞手法。婉转的办法主要是"游移其辞"，即托词他事。例如：

①一个西方记者说:"请问,中国人民银行有多少资金?"周恩来委婉地回答说:"中国人民银行的货币资金嘛?有18元8角8分。"当他看到众人不解时又解释说:"中国人民银行发行的面额为10元、5元、2元、1元、5角、2角、1角、5分、2分、1分共10种主辅人民币,合计为18元8角8分。"顿时一片掌声。

②丘吉尔有个政敌是个女议员。一次在酒宴上,那女议员居然举起酒杯向丘吉尔敬酒:"如果我是您的太太,我一定会在您的酒杯里投毒!"丘吉尔笑笑:"如果我是您的先生,我会毫不犹豫地把它一口气喝光!"

③柳原笑道:"这一炸,炸断了多少故事的尾巴!"流苏也怡然,半晌方道:"炸死了你,我的故事就该完了。炸死了我,你的故事还长着呢!"(张爱玲《倾城之恋》)

流苏讥刺柳原用情不专,却不直言,说"炸死了我,你的故事还长着呢!"颇富讥讽妙趣。

2. 曲语

曲语又称为讳饰,指因为避讳而换用美饰性的委婉语的婉曲修辞法。美饰性的委婉语大多是已经流行的常用语。例如:

④安排下岗人员就业问题不容乐观。

⑤我们觉得有些结论是值得商榷的。

⑥小弟去了。小弟去的地方是千古哲人揣摸不透的地方,是各种宗教企图描绘的地方,也是每个人都会去,而且不能回来的地方。(冯钟越《哭小弟》)

⑦这两位朋友是在十年前的这个季节长眠于南部边地的。十年前南部边地曾经有过战事,两位朋友是在战事中间离开我的。(何继青《哭歌》)

例④不直说形势不太好,而说"不容乐观"。例⑤说"值得商榷",实际上就是不同意。例⑥说"去了",是"死"的避讳说法,"去的地方"即"天堂"之类。例⑦句中"长眠"、"离开我"也都是"死"的避讳语。

九、设问

(一) 定义

为了引起听者或读者的注意和思考,本无疑问而自己提问、自己回答的修辞格,就是设问。例如:

①何谓人文精神？人文精神泛指人文科学体现出的对人类生存意义和价值的关怀，是一种以人为对象、以人为中心的思想，它概括并包容了科学精神、艺术精神和道德精神。

②生活中的大石头是什么？是沉湎女色，与你的至爱共度时光？或是你的信仰、你的梦想？是一项值得为之奋斗的事业？真的，无论是做什么，能记住先放进"大石头"，也许会对自己有益吧！

采用这种形式，目的在于引起听者或读者的注意和思考，提高表达效果。

(二) 构成

设问的问，是无疑而问，设问的答是自问自答。无疑而问，自问自答，是设问的基本特征。因此，其结构一般包括"自问"和"自答"两部分。

(三) 功能

设问的作用是：提醒注意，引导思考，突出重心，加深印象。同时，用的方式不同，用的地方不同，又有不同的作用：多问一答，设一连串的问，增加吸引力；作一个回答，语气更肯定；由一个设问引出另一个设问，可使表达步步深入；用反问来回答设问，态度更加鲜明；问而不答，更能启发人们的思考。

(四) 分类

1. 一问一答。设问最常见的是一问一答式的。例如：

①什么叫自律？自律就是自己管束自己的行为。

②世界上有没有给自己写信的人呢？有！

2. 多问一答。即连续发问，最后做统一的回答。例如：

③老岩不是要在南方过年么？为什么提前回来了？一推门，我就看到了一个奇迹：一把褐色的样式古朴的陶土瓦壶，在蜂窝炉上呲呲地冒着水气。(叶文玲《心香》)

④只见沙海上出现一片褐色的峰峦，像一堵废弃在沙海中的城堞。是云？是雾？是烟？还是沙漠中常见的海市蜃楼的幻影？还是翻译同志眼尖，脱口而叫着："骆驼！骆驼！"(彭龄《在贝都因帐篷里作客》)

3. 连续设问。即由一个设问引出另一个设问。例如：

⑤施鹅山的松柏为什么这样青？因为她力争走上迎接英雄的凯旋门；甸溪河的流水为什么格外清？因为她准备为凯旋的亲人洗征尘。

以上第一个设问问松柏，第二个设问问河水，分别问分别答。

4. 先设问，然后反问作答。例如：

⑥现在我们要向外国学习，将来我们从落后转化为先进了，还要不要学呢？那个时候，外国仍然会有许多值得学习的好东西，我们仍然要向人家学习。这有什么不好呢？

这里用反问来回答前边的设问。

十、反问

（一）定义

反问是通过使用有反面答案的疑问句（反问句），以造成气势性的修辞格。例如：

①池水涟漪，莺花乱飞，谁能说它不美呢？

②但是，在那黑暗的岁月里，哪里有科学的地位？又哪里有科学家的出路？！（郭沫若《科学的春天》）

（二）构成

反问的基本模式是：无疑而问，问中有答。因而其表达结构一般是：上文＋问中有答的疑问句。当然，有时也可以单独或连续使用反问句。例如：

①多个青年的血，洋溢在我的周围，使我艰于呼吸视听，哪里还能有什么言语？（鲁迅《纪念刘和珍君》）

②团泊洼，团泊洼，你真是这样静静的吗？全世界都在喧腾，哪里没有雷霆怒吼，风云变化？（郭小川《团泊洼的秋天》）

反问的答案已经在问句之中，因此一般无须回答，但有时为了强调，也可以自问自答。例如：

③敢于这样做的人，难道不是一个英雄吗？可以肯定说是一个英雄，一个大大的英雄。

④这些都是事实，但谁个曾怀疑人类需要太阳呢？谁个曾因为太阳本身有黑点就否认他的灿烂光辉呢？没有。

本句反问也是设问，只不过所设的是反问句而已。

（三）功能

反问的作用是：加重语气，增强语言的气势和力量，激发读者的感情认同。例如：

①凭着崇高的理想、豪迈的气概、乐观的志趣，克服困难不也是一种享受吗？（吴伯箫《记一辆纺车》）

②哪一个成才者没有受过教育？哪一个伟人离得开老师的启迪和指引？哪一个民族不要知识？哪一门知识又不需要千千万万的教师去

"传道、授业、解惑"？（《大学生演讲选评》）

(四) 分类

反问的答案寓于问话的反面，往往肯定的意思用否定的反问来表达，而否定的意思用肯定的反问来表达，因此可把反问分为两种：否定性的反问和肯定性的反问。

1. 肯定形式表示否定的反问

肯定形式反问的答案是否定的。例如：

①难道爱一个人有错吗？

②我们和无论什么人做朋友，如果不懂得彼此的心，不知道彼此心里面想些什么东西，能够做成知心朋友么？

这两例反问，都是用肯定形式表达否定内容的。例①表示爱一个人没有错；例②表示做不成知心朋友。

2. 否定形式表示肯定的反问

否定形式的反问的答案是肯定的。例如：

③虽有老婆的讥讽，可肖济东也还是有一种荣耀感。想想也是可以理解的。不管是什么人，谁个不是喜欢听好话的？即使理智上明知是拍马屁的事，至少在感情上还是能产生一种安慰。（方方《定数》）

④难道还嫌我伤得不够深？

这两例都是用否定的形式表达肯定的意思。例③表示谁都喜欢听好话；例④表示爱得够深。

(五) 辨析

反问和设问都是"问"，要注意它们的区别。从修辞效果上看，反问是为了加强语气，用不容置辩的口气表明自己的看法；设问是为了引起读者的注意和思考，以便更好地论证问题。从表达意义上看，反问明确表达肯定和否定的内容，设问则不表示肯定或否定。另外，反问常在句组、段落的后面或中间，设问常在句组、段落的开头或前面。

思考与练习六

一、什么是对偶？举例说明对偶与对比的联系和区别。

二、下边两句，一个用对偶手法，一个不用。比较一下，用和不用在表达效果上有什么不同。

①要想登上书山，没有什么捷径，只有靠勤奋；要想在学习上到达胜利

的彼岸，除了刻苦以外，别无他法。

②书山有路勤为径，学海无涯苦作舟。

三、试给下面的①②③出句（上联）按正对、反对、串对分别填出相应的对句（下联）。

①靠山吃山靠水吃水

②乐观者从灾难中看到希望

③江山添秀色

四、排比的修辞效果是什么？了解排比的结构形式对写作有什么好处？

五、就下面两例谈谈排比和层递的相同点和不同点。

①首都人民，全体中国人民，在自己的歌声中，表明了自己的要求，自己的愿望，自己的意志，自己的力量……

②后来我才体会到，这位老教师是怎样关心青年一代，关心教育事业，关心祖国的未来。

六、双关的修辞作用是什么？从你读过的诗文里选出两个运用双关的例子，分析一下它们的修辞效果。

七、运用反语应力求明显，切忌含混。怎样才能做到这一点？试结合实例加以说明。

八、举例说明婉曲和反语、双关的区别。

九、什么是设问？设问和一般的疑问句有什么不同？试从形式和效果上加以比较说明。

十、举例说明设问和反问有什么不同，并分析各自的作用。

十一、下面的句子都用了什么辞格？

①时代变了，延安的歌就增加了新的曲调，换上了新的内容。二十年前那个时候，主要是歌唱革命，歌唱领袖，歌唱抗战，歌唱生产。（吴伯箫《歌声》）

②农民兄弟们，伫立在田野上，瞩望你；工人同志们，肃立在机器旁，呼唤你；千万名战士持枪站在哨位上，悼念你。

③我要说，我要说，我闷了30年了。

④我的许多作品，尤其是剧本，差不多都得到周总理的亲切关怀。他在日理万机之中挤时间读剧本，看演出，提意见，使我深受感动和激励。

⑤朱毛会师在井冈，红军力量坚又强。不费红军三分力，打败江西两只羊。

⑥希望大家积极支持文字改革工作，促进这一工作，而不要促退这一

工作。

⑦中国军人屠戮妇婴的伟绩，八国联军惩创学生的武功，不幸全被这几缕血痕抹杀了。（鲁迅《纪念刘和珍君》）

⑧要不是咱们今天搞到这口袋小米，你们的行军锅就要挂起来当锣敲哩。（杜鹏程《保卫延安》）

⑨我妈呀，她心里总想着别人，就是不想自己，老是说：咱是人民代表，只能奉献，不能索取。别人家里都现代化了，我们还是一贯制。

⑩"不表现自己"的"美德"误了多少事？如果有可能作个统计，误事的总数，平均分配到每个中国人头上，怕是谁都不会有一张笑脸的。

第七节　现代汉语辞格的综合运用

前面讲的辞格，为了便于说明不同辞格的特征和作用，都是一个一个地介绍的，大多数可以称之为辞格的单独运用。其实，在实际语言实践中，修辞格有单独运用的，也有综合运用的。

修辞格的综合运用，大致可分为连用、兼用和套用三种形式，有时还可以将连用、兼用和套用同时使用，是复杂的综合运用。

一、辞格的连用

同一种辞格或不同的辞格在一段话中的接连使用，叫辞格的连用。

辞格的连用的格式是：甲＋甲＋甲……或者是：甲＋乙＋丙……同一种辞格在一段话中的接连使用的，例如：

①桃花听得入神，禁不住落下了几点粉泪，一片一片凝在地上。小草听得大醉，也和着声音的节拍一会倒，一会起，没有镇定的时候。（许地山《春底林野》）

②江南的夏夜，蛙声如潮，月色似银。

③如果说白天的广州像座翡翠城，那么当太阳沉没，广州就成了颗夜明珠。

④调皮的群星一个接一个地溜出来，在天上眨着眼睛玩儿，起哄似地呼叫着月亮。

同一辞格的连用，可使该辞格的作用得到强化，更突出，更鲜明。例①是同类辞格（比拟）连用，把"桃花"、"小草"人格化，使它们充满了生机和活力。例②是同类辞格比喻的连用（如潮、似银）。例③也是同类辞格比喻的连用（像座翡翠城、成了夜明珠）。例④是同类辞格比拟（溜、眨着眼睛玩儿、呼叫着）的连用。

不同的辞格在一段话中的接连使用的，例如：

⑤春天像健壮的青年，有铁一般的胳膊和腰脚，他领着我们上前去。(朱自清《春》)

⑥八点五十分，满船人都在仰头观望。我也跑到甲板上，看到万仞高峰之巅，有一细石耸立，如一人对江而望，那就是充满神奇色彩的传说的神女峰了。(刘白羽《长江三日》)

⑦我们的某些同志却像一个小脚女人，东摇西摆地在那里走路，老是埋怨旁人说：走快了，走快了。

⑧我就向着最近的藤椅上瘫了下去，两手按住急颤的前胸，紧闭着眼，纵容内心的浑沌，一片黯黄，一片茶清，一片墨绿，影片似的在倦绝的眼膜上扯过……(徐志摩《我过的端阳节》)

例⑤是异类辞格（比喻和比拟）连用，"像健壮的青年、铁一般的胳膊和腰脚"是比喻，"领着我们上前"是比拟。例⑥说"神女峰"有"万仞"高，是夸张；说"细石耸立"如"如一人对江而望"，是比喻。例⑦是明喻（像一个小脚女人）和重复（走快了，走快了）的连用。例⑧是异类辞格（排比和比喻）的连用。异类辞格前后配合使用，互补互衬，珠联璧合，可以把思想内容表达得更加丰富多彩，更加鲜明有力。

二、辞格的兼用

辞格的兼用是指一种语言形式兼有多种辞格，也叫"兼格"。兼格从这一角度看是甲格，从另一角度看是乙格。一身多用，你中有我，我中有你，浑然一体，修辞效果突出。辞格兼用的格式是： 甲＋乙 ，例如：

①赶超，关键是时间，时间是生命，时间是速度，时间就是力量。

②高粱涨红了脸，稻子笑弯了腰。

③我觉得担子更重了，重得像两座山。(王愿坚《粮食的故事》)

例①是排比和反复的兼用，后3个分句是排比，其中"时间"反复。例②"高粱涨红了脸，稻子笑弯了腰"既是对比，又是对偶。例③"重得像两座山"既是明喻，又是夸张。

前面讲各个修辞格时所举的例子，也有不少是"兼格"，例如：

④句句话忠君爱国，样样事祸国殃民。

⑤有的人，骑在人民头上："啊，我多伟大！"

有的人，俯下身子给人民当牛马。

例④例⑤是讲对比时举的例，而例④既是对比，也是对偶，例⑤既是对比，也是反复。

辞格的兼用，是由于某些辞格之间关系密切，互相借助而形成的。它的作用是使多种辞格的作用相得益彰，使语言多姿多彩，从而使表达的力量得到加强。

三、辞格的套用

两种或两种以上的辞格一层套一层，有包含与被包含的关系，是辞格的套用。 格式是：甲乙

例如：

①这种感情像红松那样，根深蒂固，狂风吹不动，暴雨浸不败，千秋万载永不凋谢。（本例全句是个比喻；比喻的喻解部分即后三个分句是夸张，其中的"狂风吹不动，暴雨浸不败"又是对偶，因此，全句是比喻中套用了夸张、对偶。）

②树缝里也漏着一两点路灯光，没精打采的，是渴睡人的眼。（本例总的是暗喻。中间套着两个连用的比拟。）

③在这千万被压榨的包身工中间，没有光，没有热，没有温情，没有希望……没有人道。这儿有的是20世纪的技术、机械、体制和对这种体制忠实服役的16世纪封建制度下的奴隶！（本例从总体看是对比，而相对比的前一部分内部又含有排比，后一部分内部又含有"20世纪"与"16世纪"的对比）

④队伍虽然出罗网，韩英不幸入铁窗。（本例总的看是对比和对偶，这是两种辞格兼用。"罗网"和"铁窗"分别是借喻和借代，这两个辞格被对比、对偶包含，这又是套用。）

⑤有的作品内容确实不错，因为写得拖沓累赘，读起来就像是背着一块石板在剧场里看戏，使人感到吃力、头疼。而读大师们的名著呢，却有如顺风行船，轻松畅快。（本例从总体看是对比，而相对比的两部分内部又各自含有比喻。）

⑥桃树、杏树、梨树，你不让我，我不让你，都开满了花赶趟儿。（本例从总体看是拟人，它内部的"你不让我，我不让你"是回环。）

⑦几十年、几百年、几千年的时间，一转眼就过去了。（本例从总

体看是夸张,从"几十年、几百年、几千年"这个局部看是层递。)

⑧从小就会推车,可那时是赤臂滚钉板,推得腰弓背弯,推不完的冤深仇重,推不完的苦难;如今推的是啥?推的是胜利,推的是希望,越推腰背越直,越推心越甜。(本例从总体看是对比,而相对比的两部分内部又各自含有反复、拈连。)

这些例子,从总体看是甲种辞格,但看某些局部又用了乙种辞格,是甲辞格套上乙辞格。

四、连用、兼用、套用的交织运用

辞格的连用、兼用和套用三种方式,有时会交织在一起综合运用。例如:

①智识高超而眼光远大的先生们开导我们:生下来的倘不是圣贤、豪杰、天才,就不要生;写出来的倘不是不朽之作,就不要写;改革的事倘不是一下子就变成极乐世界,或者,至少能给我,有更多的好处,就万万不要动!

②我们亲爱的国民党先生们,你们指使张涤非写电文时何以对于这样多像瘟疫一样,像臭虫一样,像狗屎一样的所谓"主义",连一个附笔或一个但书也没有呢?难道在你们看来,一切这些反革命的东西,都是完好无损,十全十美,唯独一个马克思列宁主义就是破产干净了吗?

③你看,你看,这不又是一批新砍的毛竹滑下山来了吗?这些青翠的竹子,沿着细长的滑道,穿云钻雾,呼啸而来。它们滑下溪水,转入大河,流进赣江,挤上火车,走上迢迢的征途。井冈山的翠竹啊!去吧,去吧,快快地去吧!多少工地,多少工厂矿山,多少高楼大厦,多少城市和农村,都在殷切地等待着你们!(袁鹰《井冈翠竹》)

例①从全局看,是反语和排比的连用;而排比的前两项又可看作是后一项的喻体,因而这个排比又与比喻兼用。例②从总体看,是两个反问的同类辞格连用,而这两个反问又与前面的反语形成异类辞格的连用,在前一个反问句的内部又含有一个排比兼比喻的辞格,而这个比喻又是三项比喻的同类辞格连用。例③从总体看,是反复、反问、排比、排比、比拟的连用,其内部,前一处排比又兼属层递。这当中,有两处反复和两处排比与其他辞格交错使用,构成错综的异类辞格连用。

思考与练习七

一、辞格的综合运用有哪几种形式？各有什么修辞效果？试举三个综合运用的例子，分析它们的类型和表达效果。

二、请指出下列句子各用了哪些辞格？

①天上也是皎洁无比的蔚蓝色，只有几片薄纱似的轻云，平贴于空中，就如一个女郎，穿了绝美的蓝色夏衣，而颈间却围绕了一段绝细绝轻的白纱巾。(郑振铎《海燕》)

②我就向着最近的藤椅上瘫了下去，两手按住急颤的前胸，紧闭着眼，纵容内心的浑沌，一片黯黄，一片茶清，一片墨绿，影片似的在倦绝的眼膜上扯过……(徐志摩《我过的端阳节》)

③大理花多，多得园艺家定不出名字来称呼。大理花艳，艳得美术家调不出颜色来点染。大理花娇，娇得文学家想不出词句来描绘。大理花香，香得外来人一到这苍山下，洱海边，顿觉飘飘然，不酒而醉。(茅盾《春城飞花》)

④春天像刚落地的娃娃，从头到脚都是新的，它生长着。春天像小姑娘，花枝招展的，笑着走着。春天像健壮的青年，有铁一般的胳膊和腰脚，他领着我们上前去。(朱自清《春》)

⑤有的石头像莲花瓣，有的像大象头，有的像老人，有的像卧虎，有的错落成桥，有的兀立如柱，有的侧身探海，有的怒目相向。

⑥古时歌谣说："滟滪大如马，瞿塘不可下；滟滪大如猴，瞿塘不可游，滟滪大如龟，瞿塘不可回；滟滪大如象，瞿塘不可上。"这滟滪堆原是对准峡口的一堆黑色巨礁。

三、从综合运用的角度，分析下列各例所使用的各种辞格。

①那黄河和汶河又恰似两条飘舞的彩绸，正有两只看不见的大手在耍着；那连绵不断的大小山岭，却又像许多条龙灯一齐滚舞。——整个山河都在欢腾着啊！

②书山有路勤为径，学海无涯苦作舟。

③由谁来教育文艺工作者，给他们以营养呢？马克思主义的回答只能是：人民。人民是文艺工作者的母亲。

④在古老的年代，玛瑞河对岸是一片森林，森林边上的村落里，有一个名叫米拉朵黑的年轻人，他是一个出色的猎手。

论力气，米拉朵黑能和黑熊摔跤。
论人才，米拉朵黑像天神一般英俊。
论性情，米拉朵黑像一个温柔的少女。
⑤东方白，月儿落，车轮滚动地哆嗦。
长鞭甩碎空中雾，一车粪肥一车歌。
⑥好！黄山松，我大声为你叫好！
谁有你挺得硬，扎得稳，站得高！
九万里雷霆，八千里风暴，
劈不歪，砍不动，轰不倒！
⑦小山整把济南围了个圈儿，只有北边缺着点口儿。这一圈小山在冬天特别可爱，好像把济南放在一个小摇篮里，它们安静不动地低声地说："你们放心吧，这儿准保暖和。"
⑧当年毛委员和朱军长带领队伍下山去挑粮食，不就是用这样的扁担么？他们肩上挑的难道仅仅是粮食？不，他们挑的是中国的无产阶级革命。
⑨从火车上遥望泰山，几十年来有好些次了，每当想起"孔子登东山而小鲁，登泰山而小天下"那句话来，就觉得过而不登，像是欠下悠久的文化传统一笔债似的。
⑩层层的叶子中间，零星地点缀着些白花，有袅娜地开着的，有羞涩地打着朵儿的；正如一粒粒的明珠，又如碧天里的星星，又如刚出浴的美人。微风过处，送来缕缕清香，仿佛远处高楼上渺茫的歌声似的。
⑪工作，工作，衰弱到不能走路还是工作，手脚像芦柴棒一般的瘦，身体像弓一般的弯，面色像死人一般的惨，咳着，喘着，淌着冷汗，还是被压迫着工作。
⑫惨象，已使我目不忍视了；流言，尤使我耳不忍闻。我还有什么话可说呢？我懂得衰亡民族之所以默无声息的缘由了。沉默啊！沉默啊！不在沉默中爆发，就在沉默中灭亡。

第八节　现代汉语语体

一、什么是语体

语体是为适应不同的交际领域、交际对象、交际目的和交际方式，长期使用特定的语言材料而形成的语文体式。

不同交际领域如：社会活动、科学技术和文化活动、日常生活等。不同交际对象如：对上级、对下级、对同行专家、对外行，对干部、对群众，对本国人、对外国人或外交使节等等。不同交际目的如：说理，说明情况，抒发感情，发指示，鼓动，等等。不同交际方式如：口头，书面等一般交际方式，或电话、传真等现代通信手段。

语体通常分为口头语体和书面语体两大类，每类还可分出它的下属类型。

不同的语体之间既互相区别又互相联系。各种语体都有其特定的运用语言的特征体系、方式或约定的程式，一经形成，它就具有约束效应，我们必须遵守它，才能很好地完成交际任务。同时，各种语体之间也互相影响，互相渗透。

语体与文体既有联系又有区别。它们的联系表现在某种文体要求有与它相应的语体，否则将显得不协调。它们的区别是：第一，语体有口头语体和书面语体之别，一般说来，口头语体与文体显然不是一回事。第二，就书面语体来说，它与文体也是有区别的。文体是指文章的体裁，是文章的表现形式，比如某些事务性文体要求一定的格式，显然这不是语言问题；语体是指语言材料的运用体系，它涉及的是语音、词汇、语法等语言因素。

任何修辞活动都要受到语体的制约。切合语体，是修辞要时刻把握的重要方面。

修辞必须遵循价值原则，一切修辞都是为了增强语言的交际效果而实现它的价值。语体正是为了实现语言的交际功能而形成的语言运用体式，它使语言材料在功能价值上出现了分化。词语具有语体色彩，修辞必须注意词的语体色彩的配合得当。句子也有语体色彩。我们所讲的句类：陈述句、疑问句、祈使句、感叹句，可以看作是句子在功能价值上的基本分类。这四类句子功能不同，在不同的语体中使用情况不一样。在专门科技语体中，陈述句用得最多，疑问句用得少，祈使句、感叹句则基本不用。因此，我们说话、行文中遣词造句，必须把握好词语、句子的语体的色彩，这样才能增强表达效果，实现交际功能。

修辞必须遵循得体原则，这得体原则中就包括切合语体。一种语体形成之后，往往有它典型的表达手段和方式，以保持它的稳固性和独立性。虽然语体之间具有渗透性，但某一语体对其他语体的典型的表达手段和方式具有排斥性。比方说，公文语体就排斥文艺语体的典型的形象化的表达手段和方式。如果我们在一则通知中运用了比喻，那就会使人觉得不伦不类；如果我们在一份合同中运用了夸张，那只能造成交际的失败。比喻、夸张本身是非常有效的修辞手段，但如果不切合语体，就不能取得有效的交际效果。

二、口头语体及其特点

口头语体是语体的两大类型之一，它与书面语体相对而言，它是书面语体的基础。口头语体自然、活泼、通俗、生动。它充分利用语音手段，抑扬顿挫，停顿较多，语气词较多，富有感情；大量运用通俗生动的生活化词语，包括方言、俗语；运用灵活简短的句子形式，常用省略，有时也重复；话题经常变换，具有游移性、跳跃性。

口头语体以口语为典型形式，它包括"单向独白式口语体"和"双向会话式口语体"两类，每一类中又包括各种小类型。

（一）单向独白式口语体

单向独白式口语体是由一人或一方进行较长时间的正式的口语活动时形成的，它包括发言语体和演讲语体两种类型。

1. 发言语体

发言语体即发言活动的语言运用体式。发言一般用于正式的社交场合，它以所交际的事务为话语内容，发言者以冷静的阐述表达方式为手段，以求得听众接受和理解为目的。

从语言表达的角度看，发言语体一般具有三个特点。

（1）具有礼仪性。要注意听众的身份，注重协调与听众的关系。

（2）具有简短性。发言要精练，注重可接受的程度和时效，一般说来，精彩的发言听众不会感到厌倦，否则，发言的时间越长效果会越差。

（3）具有精彩性。发言的内容要为人所关注，选用的词语和句式应尽量精彩，有吸引力。

发言可以是有准备的主动式发言，也可以是没有事先准备的即兴发言。例如：

①过去，有些老实人说了老实话，吃了亏，而不老实的人却占了便宜。党内的这种情况使一些干部产生了一种印象：似乎老实人总是吃亏；似乎手长一点，隐瞒一点，说点假话，总是占便宜。这种印象是不正确的，不正常的。在共产党内，在人民群众中，不允许滋长这种风气，要抵制这种风气，要对这种风气进行斗争。说老实话真的吃亏，说假话真的不吃亏吗？老实人真的吃亏，不老实的人真的不吃亏吗？我看，不怕吃亏的老实人，最后是不会吃亏的。（刘少奇《在扩大的中央

工作会议上的讲话》）

上面一段引文是在正式会议上面向广大听众的讲话，属于有准备的发言语体。

②在麻省理工学院演讲后回答听众提出的中国如何确保充分发挥女性才能问题时，朱镕基作了精彩的回答，他说："我是十分赞成男女平等的，尽管中国社会从来存在着'重男轻女'的传统。我们代表团里有一位杰出的女性，国务委员吴仪女士。在这一次与美国方面的谈判中，她起了关键的作用，在与美国的谈判中，她是总理，我是副总理。我还要告诉您一个秘密，我在家里是完全听夫人的，我的口袋里连一分钱也没有，全部上缴给她了。"

他的发言兼具礼仪性、简短性和精彩性三大特点，既注重了可接受的程度和时效，协调了与美国听众的关系，又精心选择了吴仪和他的夫人作为例证，幽默而又很有说服力，给在场的人留下了美好而深刻的印象。

2. 演讲语体

演讲语体是演讲活动的语言运用体式。演讲通常用于公众聚集的场合，它以宣讲的主旨为话语内容，演讲者以宣传、鼓动的语言表达方式为手段，以求得尽量多的人赞成和接受为目的。演讲可以是事先做好充分准备的演讲，也可以是由于偶然因素而诱发的即兴演讲。从语言表达的角度看，演讲语体一般具有两个特点。

（1）具有条理性。演讲是较发言高一层次的单向口语表达形式，阐述与表述的内容不一定很简短，运用词语和句式要准确严密，有逻辑性。

（2）具有鼓动性。要选用精彩的词语、句式和辞格，并借助一些艺术手段和技巧，刺激听众的注意，影响听众的态度，激发听众的情感，引起听众的共鸣。下面是香港科技大学校长朱经武教授2002年的一次演讲：

各位毕业同学：

今天是你们毕业的大日子，谨代表科大同人衷心祝贺。从今天起，你们可以一展抱负，实现家长和老师对你们的期望，走上光明的前路。从今天起，你们将孕育、安排和实现自己的梦想。

大学毕业生应掌握自己的未来，尽知识分子的责任，为社会除弊兴利。你们的抱负将决定你们自己、香港、中国，以至世界的前途。身为科大毕业生，你们对社会更是责无旁贷，必须努力实现个人和社会大大小小的梦想。

实现梦想，是最令人兴奋的一件事。人生充满机会和变数，或在意料之中，或在意料之外。生活也因此更富挑战性，饶有趣味。

过去三年，香港和亚洲各国一样，经济举步维艰。现在通缩持续，阴霾未去。我绝对明白香港很多人面对的压力和困苦。我年轻时在台湾也经历过类似的日子，情况比香港的更坏，但我谨记着美国总统约翰·肯尼迪的父亲约瑟·肯尼迪曾说过的："道路险阻，总阻不住勇者。"

因此，我们不应为了目前的困顿而对未来失却信心，怀疑知识的价值，怀疑自己贡献社会的力量。悲观是没有意思的。为将来做足准备，然后可以掌握时机。乐观的人才会成功。

各位毕业同学，在进步的路上，母校一定会和你们携手同行。科大创办以来的成就可以为证。以今比昔，最能衡量进展，而且今天特别有意义，因为香港人目前最需要的就是意志。凭着意志，我们可以对抗冷漠，抵御宿命论者的嘲讽。

11年前，听说过香港科技大学的市民不多。今天，科大致力于发展的学科已取得国际学术界的称誉，香港也因此受到全球瞩目。科大教研人员从研究资助局及创新科技署取得的基础和应用研究经费，多年来始终在香港院校中占有领先地位。科大科学家研制出世界上最小的单壁纳米碳管，还制造了有效鉴别中草药真伪的基因芯片。科大又因制造工程和工程管理上的卓越教研成就，获制造工程师学会及计算机自动化系统分会颁授2001年LEAD奖。科大会计学系2001年发表于世界五本最重要会计学期刊的论文数目，首屈一指。工商管理硕士课程被《金融时报》评为世界第47位、亚洲第一位。科大中国研究位列全球五名之内，这是按1997—2001年间教研人员在三份顶尖学术期刊发表的论文数目计算的。

科大短短11年内能有这样的成就，关键在于信心。若不是我们对科大有信心，计划不可能一一实现。科大历史很短，但活力充沛，国际声誉日隆。我深信，各位只要对自己和香港有信心，成就定会超乎自己想象。请记着，你们接受良好教育，比很多人优胜，可以凭知识克服前面的种种困难。

同学也许会问："我可以熬过风浪吗？"我毫不犹豫跟你说："可以！"只要你具备以下四点：

第一，有创意，遇到问题能够推陈出新，另辟蹊径。

第二，有毅力，探索出路时百折不回。

第三，有乐观精神，解决问题绝不灰心。

第四，有助人的襟怀，乐意和别人分享辛苦努力的成果。

以上四点，各位在科大求学时固然不可缺少，将来要发展理想事业，更不可少。也许这四个要点可以归纳成为两个字：投入。

投入的人，就是积极参与，做什么都特别用功，务求成就惠及大众。爱因斯坦说："科学无非是日常思考的升华。"那一点点额外的努力，有人称为工作热忱，有人称为完美主义，但无论叫什么，追求卓越的精神，最能鼓舞我们上进。各位请勿以有工作为满足，必须追求有为。

各位毕业同学，请你们为师弟师妹树立榜样；教他们明白人生是多么绚烂，使他们相信希望是成功的关键。我要向各位说声珍重。再见时，各位已是科大校友了！（《在香港科技大学第十届学位颁授典礼上的演讲辞》）

这是一个简短的演讲，对于即将毕业的同学，既有鼓励，也有希望，言简意赅，条分缕析，堪为楷模。

（二）双向会话式口语体

双向会话式口语体是在由双方或多方直接参与的即时性互动口语活动中形成的，它主要包括交谈语体和论辩语体两种类型。

1. 交谈语体

交谈语体是交谈活动的语言表达体式。它以交换意见或交流感情为话语内容，交谈者以交互传递信息的语言表达方式为手段，以取得双方或多方的沟通为目的。交谈有正式的、有固定的严肃目的的（如组织与个人之间的谈话），也有随意的、没有固定的严肃目的的（如聊天）。从语体特征的角度看，正式的交谈语体与非正式的交谈语体有明显差异。

正式谈话语体与书面语体比较接近，它往往通过思考，有一定的酝酿过程，说话有准备。这种谈话一般用于比较严肃的社交场合，或是事务性的谈话。如讨论会上的发言、上下级或同事之间有关公事的谈话等等，都是有目的、有准备的。

正式谈话语体的特点是：

（1）在用词造句上多用通用词，少用方言词，避免不文雅的词汇和粗话。

（2）句法上一般比较完整，有时也用关联词语。

（3）语句之间、语段之间的逻辑性比随意谈话语体强。

（4）谈话内容不如随意谈话语体变化多，表达的意思比较完整，阐发的观点也比较清楚。

下面是2003年"非典"流行期间中央电视台《面对面》栏目记者王志采访北京市市长王岐山的对话中的一段：

王志：现在很多商店都关门了，很多行业都受到影响，你市长不是当一天两天，你还得考虑"非典"之后。这一点您想到过吗？经济会受什么样的影响？

王岐山：说真的，经济肯定会有点影响，看时间长短，我认为如果要说这个事情就在于，在三五个月之内解决的话，就不会受到很大的影响。工厂也没停工啊，主要是商业受些影响。但是商业看什么商店了，就这种医疗卫生用品、消毒用品的需求，包括医疗器械的进口，大批大批的。

王志：北京也出现过抢购的情况，能不能保证供应？

王岐山：绝对没问题。

王志：这也是市民非常关心的。

王岐山：这点我是最有信心的，因为那天抢购出现以后，我们都出去了。中央也非常关怀和支持。说实在的，从总的来讲，我是作为新的市长，我发现了，我们整个商业的这支队伍应急、应变能力和调度能力，在中央的支持之下非常之大。说实话，那也就一天半的时间就平息了。

王志：您上任以来出现这些转变，这种严厉的措施，老百姓应该说是很欢迎的，但是也有一种担心。

王岐山：我明白你的意思了，这问题有可能啊。任何真理就在于度，我想到这个问题，度的把握在于我们各级干部，联系实际地掌握火候。这是你提的这个问题的要害，是我担心的一个问题，是突如其来的，我们的科学认知、科学依据都是在一边摸索过程中一边进行研究。说句实话，你也知道，当一个新的科学被认同是多么的困难，就是专家们互相之间来认同，都是很难的。这时候说实话，在紧急的时候要靠政治家的决断进行各种测试，来尽快求得这种试剂能够得到应用。这个工作抓得还是很紧的。

王志：你对市民怎么说？你可以信赖这场抗击"非典"的战斗吗？

王岐山：控制疫情的发展现在还在紧张的进行，我们还在非常紧张地工作来控制疫情的发展，离真正的控制和切断还有一个距离。在这种情况下，我的心情也很沉重。我总希望尽快地让市民从这种恐惧中解脱出来，也就是刚才我讲的这种要有质量的基本前提的生活，就是要有安全感。在这种时候，我相信我们广大市民经过这一段时间，他们的心理承受和他们对这种疫情的了解和知识是不断增多的，他们的自我保护意识是加强的。我现在能对他们说的，我就希望他们好好过节，我就希望他们能够非常好地处理好个人现在的生活。使他们自己对自己，在自己的身体条件下，让他们保持一个良好的状态，这恐怕是现在他们能够做到抵御传染的一个最好的办法。我将为他们来创造环境，而他们自己要注意，处理好自己的生活，保持一个良好的状态。

王志：有人很形象地把北京今年的春天，比作一个戴口罩的春天，夏天也快要来了，这口罩还会延续吗？

王岐山：我不是说咱们现在不做那种猜测吗？

王志：但是我们很想知道。

王岐山：那你就且听下回分解吧！

王志：谢谢。（《〈面对面〉：王岐山·军中无戏言》节选）

王岐山在回答记者提问时，从不回避、遗漏问题。王岐山回答记者提问的时候，不但快人快语，不拖泥带水，而且语言明确、精练，叫人一听就懂，不会产生理解上的误会。从某种程度上来说，听王岐山回答问题，可以领略到北京市政府果断、干练的行政作风。

在《面对面》节目的最后，王志问"夏天也快要来了，这口罩还会延续吗？"时，王岐山不愿作这种猜测，当他看到时间已经到了，就顺势来了一句："那你就且听下回分解吧！"非常巧妙地结束了这次《面对面》的采访。

随意谈话语体，谈话非常自由，事前没有准备，不受任何约束。语言表达朴素自然，同时会有重复、停顿、拖延等不同的语速、语气，偶尔也会伴随着不同的面部表情、手势和身势等参与表达。词汇方面，使用全民所用的语汇，常用一些叠音词、拟声词、方言、俗语、俚语、谚语等，很少用关联词语和术语。句法上多用短句、倒装句、省略句等。修辞上常用比喻、夸张等辞格来增强语言的表现力。例如：

①一位买花的问卖花者："这种花容易活吗？"

卖花的说："好活。你要是死了找我。"

句中的"你"如果单看字面意思很明显不合逻辑，但在这个特定的语境中，买花人就知道卖花者所说的是"你的花"的意思。

②她问:"他们几个哩?"

水生说:"还在区上。爹哩?"

女人说:"睡了。"

"小华哩?"

"和他爷爷去收了半天虾篓,早就睡了。他们几个为什么还不回来?"(孙犁《荷花淀》)

这一段对话中,运用了省略句,而且话题的跳跃性很大。因为说话直接结合语境,所以对话双方的意思彼此都能明白。如果用完整句式,反而显得不够简练,从而失去了口头语言的神采。

2. 论辩语体

论辩语体是论辩活动的语言表达体式。论辩有正式的(如法庭辩论),也有非正式的(如生活中的争吵),它以争论是非或区别善恶为话语内容,论辩者以批驳和辩驳的表达方式为手段,以说服或降服对方为目的。论辩有生活论辩、公务论辩、赛场论辩等。

从语言表达的角度看,论辩这种口语体一般具有两个特点:第一,用语准确简洁,使用词语力求准确妥帖,选用句式力求简洁流畅;第二,表达逻辑严密,无论是批驳对方还是为己方辩驳,都应切情入理、无懈可击。

下例是在一次国际大专辩论会上正方对"金钱是万恶之源"论辩的总结陈述:

主席:再来请正方四辩周玄毅同学做总结陈述,时间是 4 分钟,请。

周玄毅:谢谢主席。大家好。的确呀,辩论是对于语言和文字的玩味。今天呢,我们也很欣赏对方四位同学玩味的能力。然而请问大家了,玩味的前提究竟是什么?是对于基本的概念有一个规范,有一个标准。今天这样一本最权威的《汉语大辞典》告诉大家,"万"字一共有九种意思,五种是名词,一种是数词,还有三种分别代表极大的,极度的,极多的。因此今天我方只需要证明,钱产生了这个世界上种类繁复、数量极多的罪恶,我方的观点就可以得到证明。而对方同学今天告诉大家,我方要证明钱产生了世界上一切的、微小的、琐碎的、细微的罪恶。这是不是有一点"纸糊的月亮当太阳——偷天换日"的嫌疑呢?(掌声)而且我还要提醒大家,《辞海》是一本辞书,而"万恶之源"是一个短语。一个短语居然能在《辞海》里面出现,这是不是有些奇怪呢?

总结对方同学今天的观点,其实无非是说恶源于人的内心,源于人的本性。可是请大家想一想，什么才是人的本性呢？孟子说，"人性之善也，犹水之就下也。"我们人都有是非、恻隐、恭敬、羞辱之四端，这才是本心，这才是本性。当心中有了恶念，就像是清澈的湖水里泛起了污秽。这污秽之源到底是湖水本身呢，还是外部的杂质呢？外在诱惑就是我们人心中的杂质，而金钱作为一般等价物，则是这种种外部诱惑的抽象化身，所以我们才说钱是万恶之源。

的确，是人类创造了钱，然而金钱的魔力却又使人们拜倒在它的脚下。当我们善良的本心被金钱所异化时，对方同学却把这被异化的本心当做了罪恶之源，这是不是有些欲加之罪呢？的确，金钱是人类的创造物，然而当我们发现这一个创造物能够购买到世界上一切的物质财富，染及人类最纯洁的灵魂时，它还仅仅只是一个创造物、一个工具那么的简单吗？当我们发现金钱反过来异化人的本性、奴役人的自由时，对方同学还能够否认钱是万恶之源吗？

事实胜于雄辩。今天，我们一起在历史中回顾金钱如何腐蚀了强大的罗马帝国和中世纪的天主教会，这个时候对方同学告诉大家，钱不是万恶之源；我们一起在现实中看到了，走私、贩毒、战争、有组织犯罪等等都是因为金钱而生，对方同学仍然告诉大家，钱不是万恶之源；我们一起看到了，人类几千年的文明史都在对于金钱的追求之中充满着血腥、暴力、仇恨与背叛的同时，对方同学仍然告诉大家，钱不是万恶之源。

此刻，就在对方辩友侃侃而谈为金钱进行辩护的同时，我们不知道在金钱魔杖的运转之下，又有多少奸商一夜暴富，有多少暴徒铤而走险。我们不知道，有多少人正在用闪闪发光的黄金去引诱那些原本纯朴、善良的灵魂，又有多少灵魂在金钱的引诱之下一步一步走向堕落的深渊。面对着这一切的一切，我们不能不觉察到金钱光辉背后罪恶的阴影，我们不能不聆听到金钱喧嚣声中良知的呻吟。

是的，钱是万恶之源。然而，万恶之源本身并不是恶。只要我们发扬自身的理性和良知，在历史的天平上，钱仍然有自己应该有的位置，在这个恶之源，同样可以开放出美丽的善之花。

的确，总有一种力量能让我们迷失本性，那是金钱无所不能的魔力。然而，同时也有一种力量让我们返回本心，那是我们心中永恒不灭的人性之光。谢谢。（《2001 国际大专辩论会：金钱是不是万恶之源辩论辞》）

以上是正式赛场论辩。

日常生活中的非正式论辩，很多是以争吵的形式出现的。例如：

②爸和妈……结合之日，就是争吵伊始。争吵的起因，多半是源于烟。家里常常是这样——

爸正抽着烟，妈在一旁发脾气："少抽点！"然后就夺走香烟。

爸便不高兴地说："我刚点着，你就拿走了！"

妈也不高兴："我不是怕你抽多了咳嗽，心疼你吗？"

爸更不高兴："你哪里是心疼我，你是心疼钱吧！"两人你一句我一句地争吵起来。后来，爸就到朋友家去抽烟。场景就换成另一个——爸很晚还没有回来，妈坐在家里焦急地等着，外面有一点动静，她便竖起耳朵听，走到窗前往外望。整个晚上，妈就这样一遍一遍地往外望，直到听到爸熟悉的脚步声，急切地打开门，责怪地说："怎么这么晚？就不能早点回来？"爸满身烟味地说："在二根家走棋呢！"妈埋怨说："你是打着走棋的幌子，出去抽烟吧，抽死你我也不管！"

爸爸反驳说："谁要你管了，是你整天没事瞎管……"

两个人就这样，一起过了三十三年。爸抽了三十三年的烟，妈留了三十三年的门，两个人为烟打了三十三年的仗。

上例选自2003年3月16日的《深圳特区报》，反映了发生在生活中的非正式论辩——争吵。

三、书面语体及其特点

书面语体是语体的两大类型之一，与口头语体相对而言，它是在口头语体的基础上发展而来的。书面语体以文字为媒介，借助文章的形式来体现，具有表达的严密性和体系的完整性等特点。它节拍分明，富有音乐感；大量使用书面词语，包括术语及文言词语；句子结构比较完整，合乎规范，修饰成分、并列成分、关联词语用得较多；话题集中，中心突出，表现出明显的连贯性、逻辑性。

书面语体一般分为公文语体、科技语体、政论语体和文艺语体四类。

（一）公文语体

公文语体是公文的语言表达体式。公文语体的使用范围：政治事务，如批复、公告；外交事务，如照会、国书、公告；军事事务，如命令；经济事务，如合同、协议书；机关团体日常事务，如通知、证明、介绍信函；人与人之间的事务往来，如领条、请假条等。

公文语体的基本要求是明确性、简要性、规格性。法律文件、政府公文、决议、契约、证书等固定的程式和套语、形成了这种语体的风格特征。在语言上的具体特点是：有大量的专用词语（承蒙、兹因、欣悉、遵照、如下、任免、审核、特此通报、予以查处、值此……之际等），多用陈述句和祈使句，很少使用渲染性的修辞格，风格趋于简洁、朴实、明快。例如：

①国务院公告：为表达全国各族人民对四川汶川大地震遇难同胞的深切哀悼，国务院决定，2008年5月19日至21日为全国哀悼日。在此期间，全国和各驻外机构下半旗志哀，停止公共娱乐活动，外交部和我国驻外使领馆设立吊唁簿。5月19日14时28分起，全国人民默哀3分钟，届时汽车、火车、舰船鸣笛，防空警报鸣响。

公告是公文的一种，从语体角度说，该公告在语言运用上体现了公文语体的明确性、简要性和规格性。

（二）科技语体

科技语体是记载、传播社会科学和自然科学研究成果的书面语言表达体式。

科技文章主要是叙述说明而非描绘抒情，因此其语言讲究逻辑性、科学性、简明性。科技文章大量运用科技术语，经常运用非自然语言的符号、公式、图表等。由于科学技术互相交流的需要，科技文章还往往在运用术语时插入相关外语的对应词语。句式严整而较少变化，而且有一些特定的句式框架，如"当且仅当……"、"设……"等。修辞上较少运用形象性、描绘性的修辞方式。例如：

①"科学"这个词，源于中世纪拉丁文"Scientia"，原义为"学问"、"知识"。但科学至今还没有一个为世人公认的定义。甚至有人认为，给科学下定义是无益的，也是不可能的。英国著名科学家贝尔纳指出："科学在全部人类历史中确已如此地改变了它的性质，以致无法下一个适合的定义"，"科学不是个能用定义一劳永逸地固定下来的单一体"。

一般地说，科学是人类认识客观世界的知识，但并不是任何关于客观世界的知识都是科学。1888年，达尔文曾给科学下过一个定义："科学就是整理事实，从中发现规律，作出结论。"达尔文的定义指出了科学的内涵，即事实与规律。科学要发现人所未知的事实，并以此为依据，实事求是，而不是脱离现实的纯思维的空想。至于规律，则是指客观事物之间内在的本质的必然联系。因此，科学是建立在实践基础上，经过实践检验和严密逻辑论证的，关于客观世界各种事物的本质及运动规律的知识体系。

科学包括自然科学、社会科学和思维科学等。自然科学是研究自然界不同对象的运动、变化和发展规律的科学。社会科学是研究人类社会不同领域的运动、变化和发展规律的科学。哲学也是一门科学，它是关于世界观的学说；是自然科学和社会科学知识的概括和总结；也是自然界、社会和思维的最一般的规律。

科学是特殊的社会历史现象，在其发展的不同历史阶段有不同的性质和特点。20 世纪以来，由于科学的迅猛发展和科学研究的规模日益扩大，现代科学已不仅仅是单一的知识体系，而且是一种社会活动，即生产知识的社会活动。这种特殊的社会生产形式，现已逐步发展为国家规模和跨国规模，使"科学是一种建制"的界说成为人们的共识。因此，我们不应把科学理解为仅仅是知识本身，也不能看成是单一的社会活动。苏联科学家拉契科夫认为："科学是关于现实本质联系的客观真知的动态体系，这些客观真知是由于特殊的社会活动而获得和发展起来的，并且由于其应用而转化为社会的直接实践力量。"科学既是历史发展总过程的产物，又是推动人类历史进步的巨大动力。

本例是一篇论述科学的科学论文，从语体角度说，行文中大量地使用完全句和常式句，准确、周密地表达出较为复杂的内容。属典型的科学语体。

②美感是否有关联想的问题与形式和内容的问题密切相关。康德是偏重形式而忽视内容的。他的学说在近代影响极大。近代艺术无论在理论方面或在实施方面，都在倾向形式主义。向来学者喜欢把艺术分为两个成分，一个是"内容"，又称"表现的成分"（representative element）或"联想的成分"（assoiative element）；一个是"形式"，又称"形式的成分"（formal element）或"直接的成分"（immediate element）。比如说图画，题材或故事属于"表现的成分"，颜色、线形、阴影的配合属于"形式的成分"。再比如说诗，我们读了一首诗所了解的意义是"表现的成分"，它的音节则是"形式的成分"。（朱光潜《文艺心理学》）

本例是社会科学语体。为便于读者查对原文，重点概念都附带了外文原文，句式严整，多使用一些特定的句式框架，如"……是……"、"比如……"等。修辞上排斥形象性、描绘性的修辞方式。

（三）政论语体

政论语体是政论性文章的语言表达体式。主要体现在社论、评论、报告等里面。

政论语体的特点：除政治术语外，政论语体多用一些通用词语，但为了增强鼓动的艺术感染力，也不排斥艺术性词语，句法上可选用各类句子，有时还运用一些增强形象性的修辞方式。例如：

①当今年的新年钟声敲响，全中国人民、全世界人民都怀着无比兴奋的心情迎接将要到来的新世纪曙光。值此重要的历史时刻，我们为千百年来人类文明的巨大进步深受鼓舞，为我们的党和人民在过去的岁月中所创造的辉煌业绩骄傲自豪，为有中国特色的社会主义事业焕发生机和活力而充满信心和力量。(《人民日报》1999年1月1日社论《迎接新世纪的曙光——元旦献辞》)

②今年是转变作风年。人们关注"两会"，自然也关注"两会"的会风。今年"两会"有什么新的变化呢？

会议短。根据大会日程安排，"两会"会期各为十天半，是本届人大、政协组成以来最短的。会议期间，无论是大会报告，还是有关例会，时间都比过去有所压缩。时间虽然短了，但内容并没有减少，标准并没有降低。朱总理作政府工作报告只用一个多小时，代表、委员反映很好。

发言短。发言短不是该说的话不说，而是为了说得更多、更好，为了让更多的人说。今年"两会"是本届人大、政协最后一次会议，代表、委员们有许多心里话要说。在有限的时间里，大家尽可能做到有话则"短"，发言直奔主题，不拖泥带水。记者听到最短的一个发言只有两分钟，谈的却是事关国家发展战略的具体建议。

行文短。代表委员的提案、议案和建议，也是陈言务去，力求简短。笔者看到张序三代表关于"实施海洋经济战略，提高海洋经济产值增长率"的建议，有观点、有论述、有例子，但行文只有200多字。

这"三短"，给会风带来的变化也许是细微的，但"于细微处见精神"，它说明"两会"的代表、委员们越来越求实了，参政议政水平也越来越高了。(陈广照《从会风看作风》，《解放军报》2002年3月12日)

（四）文艺语体

表现在文艺作品中的语言表达体式。文艺语体在书面语体中最具特色，重在给人以美的享受，重在形象思维，重形象性、生动性、变异性。

文艺语体首先可分为散文体、韵文体两大分体。

1. 散文体

散文体可以再分为散言体与对白体，前者与小说、散文，后者与戏剧等文体大致对应。

散文体的形式特点是散行排列，不讲究韵律，但仍注意利用语音因素提高表达效果。因无形式限制，散文体遣词造句、谋篇设段就自由而洒脱。所以比之韵文体，散文体更可兼容词汇体系中的所有词语，对所有的句式句型全面开放，凡有助于加强形象性、情意性的修辞方式都可以运用，语言的表现风格也相应呈现出丰富多彩的特点。例如：

　　①深巷里花香浮动。合欢树细枝密叶柔柔地沿街飘拂。凤凰木成堆的树叶像绿色的层层云片，掩映着一幢幢小楼，影影绰绰的。墙头藤萝蔓生，时或有一丛丛早开的象牙红探出头来，喜孜孜地红艳照人。长巷仄径，庭院深锁，疑是无人居住，忽然随风吹来飘忽的钢琴声，钢琴诗人肖邦的《升F长调夜曲》带着春日迟暮的气息，明亮而又迷茫。芬芳的音符款款飘垂，飘垂在小巷深处，犹如瓣瓣落花消逝在春水里。

（何为《白鹭和日光岩》）

2. 韵文体

韵文体指文艺语体中讲究用韵的一种分语体，其显著的标志是有鲜明的节奏与和谐的韵脚构成的韵律特征。韵文体特别注重语言的音乐美，凡有助于加强音乐性、提高表达效果的语音材料和表达手段，如押韵、双声、叠韵、叠音、拟声以及音节的配合、平仄的调配等等，都可以根据需要选用。现代的韵文还具有分行排列的特殊形式，从行款上就明显地区别于散文体。韵文体内部还可再分为格律体、自由体、说唱体。韵文体由于要适应其表达特点，词语运用与句法结构往往采用一些变异用法。例如，郭小川的《青纱帐——甘蔗林》押的是江阳辙，用了"芬芳"；在《甘蔗林——青纱帐》中则调换语序成为"芳芬"，因为押的是人辰辙。又如，徐志摩的《苏苏》中"苏苏是痴心的女子，像一朵野蔷薇，她的丰姿"有别于一般的句法结构，将谓语前置，突显"像一朵野蔷薇"，且"丰姿"与"女子"押韵。又如：

　　②她这一点头，
　　　是一杯蔷薇酒；
　　　倾进了我的咽喉，

散一阵凉风的清幽；
我细玩滋味，意态悠悠，
像湖上青鱼在雨后浮游。
她这一点头，
是一只象牙舟；
载去了我的烦愁，
转运来茉莉的芳秀；
我伫立台阶，情波荡流，
刹那间瞧见美丽的宇宙。
（曹葆华《她这一点头》）

本例是一首爱情诗，在语体上属于韵文体。在语言材料的运用上，要求形象化、艺术化、个性化。意思跳跃，重抒情，句式整齐、押韵。全诗12行，押"由求辙"，大量使用比喻、比拟等修辞手法，以跳动的思维和鲜明的形象抒发了内心对所爱的"她"的认识与感受，体现了韵文体的语体特点。

3. 戏剧体

戏剧体人物语言讲求个性化，口语色彩浓。例如：

①赵老：他心眼儿并不坏！

四嫂：我知道，要不然我怎么想跟您商量商量呢。当初哇，我讨厌他蹬车。因为蹬车不是正经行当，不体面，没个准进项。自小妞儿一死啊，今儿个他打连台不回来，明儿个喝醉了，干脆不好好干啦。赵大爷，您不是常说现下工人最体面吗？您劝劝他，叫他找个正经事由儿干，哪怕是作小工子活掏沟修道呢，我也好有个抓弄呀。这家伙，照现在这样，他蹬上车，日崩西直门了，日崩南苑了，他满天飞，我上哪儿找他去？挣多了，愣说一个子儿没挣，我上哪儿找对证去？您劝劝他，给他找点儿活干，挣多挣少，遇事儿我倒有个准地方找他呀！（老舍《龙须沟》）

四、各类语体的相互渗透

虽然我们把书面语体分为四种，其实往往是互相渗透的。如：文艺语体向科技语体渗透，形成通俗的科技语体；文艺语体向政论语体渗透，形成文艺政论语体；口语语体向书面语体渗透，形成书面口语语体等。

语体间互相交叉渗透的方式主要有三种。

(一) 加合式渗透

为帮助甲类语体更好地完成交际表达任务，在甲类语体中加入乙类语体的要素，乙类语体的要素渗入之后，甲类语体的基本特征保持不变，这种形式的要素渗透称为加合式渗透。以加合式方式进行渗透的要素可以是个体形式的，也可以是板块形式的。

个体形式即某个词语、某种句式或某类辞格等。个体形式的加合式渗透，如在文艺语体中运用某一科技术语，在事务语体中加入一个感情真挚的呼告等等。板块形式指一个完整的具有某种语体色彩的自然语言或非自然语言片断，是一种要素的组合。板块形式的加合式渗透，如在文艺语体中嵌入一段完整的法律公文、一幅逼真的科技图表、一张清楚的财务账单等等。这类加合而入的要素，个体的容易辨认，板块的更是色彩鲜明，完全可以独立出来。

加合式渗透是在保持甲语体特征的基础上引入乙语体的要素。来自乙语体的要素经过功能改造，被包含兼容于甲语体之中，既适合甲语体的表达，又保留着乙语体的语体特征。渗入的要素以一种有别于甲语体的鲜明特点，在甲语体内产生一种语体色彩的鲜明对照或极度不协调，在对照和不协调中求得诸如幽默诙谐、精确简练、生动形象之类的修辞效果，从而更好地为甲语体的交际目的和表现内容服务。例如：

> 他明白自己上当了，杯子里的溶液不但未使他心绪宁静，倒叫人像中了魔一样神经错乱了。他忽然想起初中学过的一个化学名词，叫乙醇中毒。(中杰英《在地震的废墟上》)

在描写科学家生活时不直言"酒"与"醉"，而代之以"溶液"和"乙醇中毒"的术语，其鲜明的科技语体色彩，在文艺语体中既切合人物身份，又使语言颇具情趣。

以加合式渗入的要素是个体还是板块形式，在接受渗透的各语体中有不同情况。一般说来，政论语体、事务语体等只接受个体形式的要素渗透，文艺语体就整体而言两种形式都可接受。进而言之，其分语体韵文体通常只接受个体形式的渗入，散文体则对个体和板块的要素渗入都可以接受。

(二) 融合式渗透

两种语体的要素整体性地相互渗透，形成一种体系性的相互融合，使两种语体浑然交融为一体，这种形式的融合称为融合式渗透。

融合式渗透并用两种语体的要素，渗透力是双向作用的，其结果是甲中有乙，乙中有甲，从不同角度观察就是不同的语体形式。这时它既是甲，又是乙，另一方面却又不是甲，也不是乙，而可能成为一种新的体式丙。丙兼用甲乙两种语体的要素，产生出一种新的语体色彩，这种色彩兼有甲乙的特点又有别于甲和乙。

融合式渗透往往产生发展出新的语体或分语体，如文艺性科学语体就是由科学语体与文艺语体的要素渗透融合而产生的一种新的混合语体，又可分为文艺性自然科学体和文艺性社会科学体。与文艺性自然科学体相对应的体裁就是科学文艺与科普作品；文艺性社会科学体则对应有文艺性评论、哲理小说、哲理散文、哲理诗等等。

其他混合语体的具体体裁还有新闻语体与文艺语体交融渗透产生的报告文学，事务语体和文艺语体交融渗透而产生的广告等等。某一语体内部各分语体之间，其语体要素也可能会交融渗透，产生新的分语体。文艺语体内部的散文诗就是文艺分体间散文体与韵文体的要素融合式渗透的产物。

同加合式渗透相反，融合式渗透不是在差异中见效果，而是在两种语体的基础上追求一种新的和谐统一，于和谐中体现出修辞效果。充分利用两种语体的语言材料和表现手段，为日益复杂的交际目的和内容服务。

（三）框架借用式渗透

除了加合式和融合式渗透以外，还有一种比较特殊的要素渗透形式，就是借用乙语体的框架格式来完成甲语体的交际任务，通俗地说，就是用乙瓶来装甲酒，如利用韵文格式写作的布告、公约，用公文形式写作的小说、杂文等等。从要素的整体性渗透来看它近于融合式渗透，但它无意于产生一种非甲非乙的融合体系，而是重在利用乙语体框架格式的鲜明语体色彩来映衬甲语体的内容，以求得特殊的修辞效果，这种从差异中见效果的方式又使得它近于加合式的渗透。因此这种渗透方式可称之为特殊的框架借用式渗透。如陈亭初的微型小说《提升报告》，叙述主人公李力四次被拟提升，终因各种原因而未能实现。小说的形式是典型的公文，全篇由四个提升报告及批复构成。李国文的小说《非绝密档案》在语体框架上则由十六份档案组成。

融合式渗透可能产生新的混合语体，框架借用式渗透却只是临时借用某种语体的框架来表述本应由另一种语体表述的内容，以营造特殊的修辞效果，一般不会形成新的语体。

思考与练习八

一、什么是语体？口头语体和书面语体有什么不同？语体与文体有什么联系和区别？

二、四种口头语体：发言、演讲、交谈、论辩，各有什么特点？

三、四种书面语体：事务语体、科技语体、政论语体、文艺语体，各有什么特点？

四、比较下面两个例子，说明文艺语体、科技语体的主要特点。

①三株名松都在这里。"卧龙松"与"抱塔松"同是僵仆的姿势，身躯奇伟，鳞甲苍然，有飞动之意。"九龙松"老干搓丫，如张牙舞爪一般。若在月光底下，森森然的松影当更有可看。此地最宜低回流连，不是匆匆一览所可领略。(朱自清《潭柘寺戒坛寺》)

②细菌有三种主要形态：球形（球菌）、杆形（杆菌）及螺旋形（螺旋菌）。但在这三类之间，还有许多不显著的过渡形态。细菌的形体虽然如此之小，但各类细菌间，其体积的差别很大。最小的杆菌，长约0.5微米，宽约0.2微米；一般杆菌为2×0.5微米。(李杨汉《植物学·细菌》)

本章参考文献

[1] 陈望道：《修辞学发凡》，上海：上海教育出版社1979年版。
[2] 冯寿忠：《表述与操作》，济南：山东教育出版社2002年版。
[3] 倪宝元：《修辞》，杭州：浙江人民出版社1980年版。
[4] 吴士文：《修辞格论析》，上海：上海教育出版社1986年版。
[5] 王德春：《语体略论》，福州：福建教育出版社1987年版。
[6] 王希杰：《汉语修辞学》，修订本，北京：商务印书馆2004年版。
[7] 袁晖：《二十世纪的汉语修辞学》，太原：书海出版社2000年版。
[8] 张弓：《现代汉语修辞学》，天津：天津人民出版社1963年版。
[9] 郑远汉：《辞格辨异》，武汉：湖北人民出版社1982年版。
[10] 宗廷虎：《中国现代修辞学史》，杭州：浙江教育出版社1990年版。
[11] 冯寿忠：《汉语教学修辞学新体系发凡》，《江苏技术师范学院学报》2005年第3期。

第1版后记

本书是一本高等学校文科教材，适用于本科汉语言文学、汉语言文学教育、对外汉语、新闻、文秘等专业。

"现代汉语"是高校文科最重要的基础课和必修课之一。我们在编写过程中，遵循"继承与创新相结合、传授知识和培养能力相统一"的原则，既注意充分吸收以往教材的长处，又积极吸收当代科学研究的最新成果，突出那些对当代大学生来说最需要、最重要的现代汉语基础知识，注重培养他们的语言理解能力、语言表达能力、发现分析和解决语言问题的能力，力求为他们毕业后胜任自己的工作和进一步深造打下坚实、雄厚的基础。

许多前辈编写的好教材给了我们有益的启示和参考，特别是黄伯荣、廖序东《现代汉语》、邢福义《现代汉语》、张斌《新编现代汉语》、邵敬敏《现代汉语通论》、冯志纯《现代汉语》，我们还吸收了许多前辈时贤的专著、论文中的精辟见解，在此一并表示衷心的感谢！

参加本教材编写的有：盐城师范学院、江苏技术师范学院、淮海工学院、廊坊师范学院、淮阴师范学院、盐城工学院等校任教"现代汉语"课程的教授、副教授、博士、硕士，共14人。分工如下：第一章"绪论"由邵霭吉主编，姚晓丹参编；第二章"现代汉语语音"由宁方民主编；第三章"现代汉字"由王俊霞主编，刘云汉、安俊丽参编；第四章"现代汉语词汇"由吉照远主编，李尧、徐彬参编；第五章"现代汉语语法"由邵霭吉主编，肖应平、皇甫素飞、唐余俊参编；第六章"现代汉语修辞"由冯寿忠主编，张晓旭参编。全部书稿皆由冯寿忠、王俊霞、宁方民、吉照远审阅并提出修改意见，姚晓丹审订了第二章，邵霭吉做全书统稿工作。

感谢盐城师范学院文学院、江苏技术师范学院人文社科学院、淮海工学院文学院、廊坊师范学院文学院、淮阴师范学院中文系、盐城工学院人文学院的领导和同行对本书编写工作的支持。感谢盐城师范学院柏文猛教授、陈义海教授、王艾录教授、淮阴师范学院力量教授、南京晓庄学院郭骏博士、连云港师专中文系牟晓明主任、泰州师专孙琴副教授对本书的大力支持。

我们深知编写教材是极其严肃的工作，所以群策群力，殚精竭虑，字斟句酌，力求把它写好，但由于我们水平有限，加上工作繁忙，时间紧迫，难免存在这样那样的疏失。对于本书的疏忽和失误之处，欢迎同行和读者批评指正。批评和建议的电子邮件请发至 shaoaiji@126.com，见信必复，并在本书修订再版时注意吸收，加以改进。

《现代汉语概论》编写组
2009 年 1 月

第 2 版后记

　　我们教材《现代汉语概论》2009 年出版后，随即受到许多同行专家的关注。著名语言学家、《现代汉语》教材编写专家黄伯荣教授看了我们教材后，2009 年 8 月 16 日给第一主编邵霭吉发来电子邮件，称赞我们教材"简明扼要，有新意，很难得"。他在之后发表的《三论框架核心分析法》中剖析我们教材采用的析句方法是"主谓双核心分析法"（黄伯荣、廖序东《现代汉语教学与自学参考书》增订五版，高等教育出版社，2011，第 376 页）。在附于黄伯荣、廖序东《现代汉语》（增订五版）的《现代汉语多媒体教程》（光盘）中把我们教材列入《现代汉语课程阅读书目》。著名语言学家、《现代汉语》教材编写专家邵敬敏教授在《新时期汉语语法学史》（商务印书馆，2011）中认为，我们教材是近年来出版的"《现代汉语》优秀教材"之一（第 592—595 页）。咸阳师范学院文学与传播学院张文元教授发表《邵冯本〈现代汉语概论〉的词组观》，称赞我们教材"有不少新的观点，有一些跟别的教材处理不一样的地方。这是一部巧妙、稳妥地论说汉语词组的现代汉语教材"（《咸阳师范学院学报》2010 年第 5 期）。张文元教授在《研究现代汉语教材的思路与做法》（《盐城师范学院学报》人文社会科学版，2010 年第 6 期）中对黄廖本、兰邢本和邵冯本作了比较后指出："黄廖本深入浅出，条理清晰，继承传统，积极更新；兰邢本材料丰富，博采众长，概括性强；邵冯本积极探索，富有创见，特色鲜明。"唐山师范学院中文系郭万青博士发表《谈邵冯本〈现代汉语概论〉的词类处理》，认为："邵冯本《现代汉语概论》的词类处理特色鲜明"，"是一部巧妙处理了汉语词类问题的现代汉语教材"（《唐山师范学院学报》2010 年第 4 期）。南京师范大学泰州学院李晓飞硕士发表《邵冯本〈现代汉语概论〉的继承和创新》，指出："邵冯本《现代汉语概论》既注意充分吸收以往各种教材的长处，又积极吸收当代语言科学研究的最新成果，着力突出那些对当代大学生来说最需要、最重要的现代汉语理论知识，着眼于培养他们的语言理解能力、语言表达能力、分析和解决语言问题的能力，是一本继承和创新相结合的好教材。"（《湖北第二师范学院学报》2011 年第 1 期）。山东泰安学院文学与传播学院的秦存钢教授、江苏技术师范学院人文学院的程树铭教授等也发来电子邮件，说这是一本好教材，并提出了中肯的修订意见。在此，谨向他们表示诚挚的感谢！

我们教材在使用两年后，申报参加了江苏省教育厅主办的高等学校精品教材评选，于2011年7月被评为"江苏省高等学校精品教材"，获得了"江苏省高等学校精品教材"荣誉证书。

江苏省教育厅在2011年7月29日《关于公布2011年江苏省高等学校精品教材建设遴选结果的通知》（苏教高〔2011〕27号）中，一方面要求江苏各高校积极推进精品教材资源共知、共建和共享，优先选用精品教材，确保高质量教材进课堂；另一方面要求"入选的精品教材要继续加强建设，紧跟科技进步，瞄准国际水平，更新教学内容，确保教材的领先地位"。为了落实江苏省教育厅的要求，也为了进一步提高教材质量、适应目前高校现代汉语教学跟时代同步的需要，我们决定修订《现代汉语概论》第一版，编写出版《现代汉语概论》第二版。

这次修订、编写工作，由盐城师范学院、淮阴师范学院、江苏理工学院、淮海工学院4所院校协作完成。具体分工如下。

第一章，《绪论》，淮阴师范学院，皇甫素飞负责，肖应平、王玉梅参加了这一章的修订、编写。

第二章，第六章，江苏理工学院，赵贤德负责第二章《现代汉语语音》，冯寿忠负责第六章《现代汉语修辞》，张晓旭、程树铭参加了这两章的修订、编写。淮阴师范学院皇甫素飞对《现代汉语语音》章提出了一些有价值的修订意见。

第三章，第四章，盐城师范学院，邵霭吉负责第三章《现代汉字》，李尧负责第四章《现代汉语词汇》，吉照远、姚晓丹、徐彬、张怡春、蔡旭、武荣强、乐守红参加了这两章的修订、编写。

第五章，《现代汉语语法》，淮海工学院，安俊丽负责，王俊霞、刘云汉、唐浩参加了这一章的修订、编写。淮阴师范学院肖应平对这一章提出了一些有价值的修订意见。

全书修订稿完成后，冯寿忠进行了全部修订稿的第一轮通读修改，邵霭吉进行了全部修订稿的第二轮通读修改。

在本次修订、编写中，各章都与时俱进，增加了一些新内容。第一章增加了国际汉语热、汉字规范化标准等内容，第二章增加了普通话跟古四声、方言声调相互比较的内容，第三章增加了《通用规范汉字表》、现代汉字的总字数、字种、汉字的整理与规范化、汉字简化方法等内容，第四章增加了离合词、缩略语、当代新词语等内容，第五章增加了词类的语法意义、状态词、多义词组的成因、病句的修改等内容，第六章增加了中国现代修辞学源流等内容。最新资料截止于 2015 年。

最后，再次感谢著名语言学家黄伯荣教授、邵敬敏教授对本教材的肯定，感谢同行专家张文元教授、郭万青博士、李晓飞硕士、秦存钢教授等对本教材的评说，感谢使用本教材的各高校老师和同学对本教材的关爱！并希望大家继续关心本教材，多多提出宝贵意见，以便我们的教材随着时代的步伐不断前进。

《现代汉语概论》编写组
2016 年 3 月

普通话声母韵母拼合表

韵母 声母 例字	-i	a	o	e	ê	ai	ei	ao	ou	an	en	ang	eng	er	i	ia	ie	iao	iou	ian	in	iang	ing	u	ua	uo	uai	uei	uan	uen	uang	ueng	ong	ü	üe	üan	ün	iong
b		ba 巴	bo 坡			bai 掰	bei 杯	bao 包		ban 搬	ben 奔	bang 帮	beng 崩		bi 逼		bie 憋	biao 标		bian 边	bin 宾		bing 冰	bu 逋														
p		pa 趴	po 坡			pai 拍	pei 胚	pao 抛	pou 剖	pan 潘	pen 喷	pang 乓	peng 烹		pi 批		pie 撇	piao 飘		pian 拼	pin 拼		ping 乒	pu 扑														
m		ma 妈	mo 摸 (么)	me (么)		mai 埋 (眉)	mei 眉	mao 猫	mou 谋 (蜜)	man 蛮 (忙)	men 闷 (忙)	mang 忙	meng 蒙		mi 咪		mie 掇	miao 喵	miu (谬)	mian (棉)	min (民)		ming (明)	mu (木)														
f		fa 发	fo (佛)				fei 飞		fou (否)	fan 翻	fen 分	fang 方	feng 风											fu 夫														
d		da 搭		de (得)		dai 呆 (得)	dei (得)	dao 刀	dou 兜	dan 单	den (挨)	dang 当	deng 登		di 低		die 叠	diao 雕	diu 丢	dian 颠			ding 丁	du 督		duo 多		dui 堆	duan 端	dun 蹲								
t		ta 他		te (特)		tai 胎		tao 掏	tou 偷	tan 摊		tang 汤	teng 疼		ti 梯		tie 贴	tiao 挑		tian 天			ting 听	tu 秃		tuo 脱		tui 推	tuan 湍	tun 吞			tong 通					
n		na 拿		ne (讷)		nai 奶	nei 内	nao 挠	nou (耨)	nan 南	nen 嫩	nang (攘)	neng 能		ni 泥		nie 捏	niao 鸟	niu 妞	nian 拈	nin (您)	niang 娘	ning (宁)	nu 奴		nuo 挪			nuan 暖				nong 农	nü 女	nüe (虐)			
l		la 拉		le (勒)		lai 来	lei 雷	lao 捞	lou 楼	lan (兰)		lang (冷)	leng 冷		li (利)	lia (俩)	lie (列)	liao (辽)	liu (溜)	lian (连)	lin (林)	liang (凉)	ling (铃)	lu (卢)		luo (罗)			luan (乱)	lun 抡			long (龙)	lü (驴)	lüe (略)			
g		ga 嘎		ge 哥		gai 该	gei 给	gao 高	gou 沟	gan 甘	gen 根	gang 刚	geng 耕											gu 咕	gua 瓜	guo 锅	guai 乖	gui 归	guan 关	gun 棍	guang 光		gong 工					
k		ka 咖		ke 科		kai 开	kei 尅	kao 考	kou 抠	kan 刊	ken 啃	kang 康	keng 坑											ku 枯	kua 夸	kuo 阔	kuai 快	kui 亏	kuan 宽	kun 昆	kuang 筐		kong 空					
h		ha 哈		he 喝		hai 海	hei 黑	hao 蒿	hou 猴	han 憨	hen 很	hang 杭	heng 哼											hu 呼	hua 花	huo 火	huai (怀)	hui 灰	huan 欢	hun 婚	huang 荒		hong 轰					
j															ji 基	jia 家	jie 街	jiao 交	jiu 究	jian 坚	jin 今	jiang 江	jing 京										ju 居	jue 撅	juan 捐	jun 军	jiong 窘
q															qi 欺	qia 掐	qie 切	qiao 悄	qiu 秋	qian 千	qin 亲	qiang 枪	qing 清										qu 区	que 缺	quan 圈	qun 群	qiong 穷
x															xi 希	xia 瞎	xie 歇	xiao 消	xiu 休	xian 先	xin 新	xiang 香	xing 兴										xu 需	xue 靴	xuan 宣	xun 勋	xiong 兄
zh	zhi 知	zha 渣		zhe 遮		zhai 斋	zhei (这)	zhao 招	zhou 周	zhan 沾	zhen 真	zhang 张	zheng 争											zhu 珠	zhua 抓	zhuo 桌	zhuai 拽	zhui 追	zhuan 专	zhun 谆	zhuang 庄		zhong 中					
ch	chi 吃	cha 插		che 车		chai 拆		chao 超	chou 抽	chan 搀	chen (陈)	chang 昌	cheng 称											chu 初	chua 欻	chuo 戳	chuai (啜)	chui 吹	chuan 川	chun 春	chuang 窗		chong 充					
sh	shi 诗	sha 沙		she 奢		shai 筛	shei 谁	shao 烧	shou 收	shan 山	shen 伸	shang 伤	sheng 生											shu 书	shua 刷	shuo 说	shuai 衰	shui 水	shuan 栓	shun 顺	shuang 双							
r	ri 日			re 热				rao 饶	rou 柔	ran 然	ren 人	rang 让	reng 扔											ru 如		ruo 若		rui 瑞	ruan (软)	run 润			rong 荣					
z	zi 资	za 咂		ze 则		zai 灾	zei 贼	zao 糟	zou 邹	zan 簪	zen 怎	zang 脏	zeng 增											zu 租		zuo 昨		zui 最	zuan 钻	zun 尊			zong 宗					
c	ci 疵	ca 擦		ce 策		cai 猜		cao 操	cou 凑	can 参	cen 岑	cang 仓	ceng 层											cu 粗		cuo 搓		cui 催	cuan 蹿	cun 村			cong 聪					
s	si 私	sa 撒		se (色)		sai 塞		sao 搔	sou 搜	san 三	sen 森	sang 桑	seng 僧											su 苏		suo 蓑		sui 虽	suan 酸	sun 孙			song 松					
[Ø]		a 啊	o 喔	e 鹅	ê 欸	ai 哀	ei 欸	ao 熬	ou 欧	an 安	en 恩	ang (昂)	eng (鞥)	er (儿)	yi 衣	ya 呀	ye 耶	yao 腰	you 优	yan 烟	yin 因	yang 央	ying 英	wu 乌	wa 蛙	wo 窝	wai 歪	wei 威	wan 弯	wen 温	wang 汪	weng 翁		yu 迂	yue 约	yuan 冤	yun 晕	yong 用

注：表中的例字未加括号的是阴平声调字，如果没有适当阴平声调字可用，就选用了其他声调的字，并加括号，以示区别。